熊铁基文集

第七卷

中国老庄学史

熊铁基／著

華中師範大学出版社

新出图证(鄂)字 10 号

图书在版编目(CIP)数据

熊铁基文集. 第七卷/熊铁基著. —武汉:华中师范大学出版社,2021.8
ISBN 978-7-5622-9475-7

Ⅰ.①熊… Ⅱ.①熊 … Ⅲ.①道家—文集 Ⅳ.①C53 ②B2-53

中国版本图书馆 CIP 数据核字(2021)第 153666 号

熊铁基文集 第七卷

责任编辑:张怀东 **责任校对**:肖绪旭 **封面设计**:罗明波
编辑室:学术出版中心 **电话**:027-67863280/7792
出版发行:华中师范大学出版社
社址:湖北省武汉市洪山区珞喻路 152 号 **邮编**:430079
销售电话:027-67863426
网址:http://press.ccnu.edu.cn **电子邮箱**:press@mail.ccnu.edu.cn
印刷:湖北新华印务有限公司 **督印**:刘 敏
开本:710mm×1000mm 1/16 **字数**:504 千字
版次:2021 年 12 月第 1 版 **印次**:2021 年 12 月第 1 次印刷
印张:31.75 **定价**:168.00 元

欢迎上网查询、购书

幼年与父母合影（中为作者）

初中留影

本科留影

研究生留影

与弟弟、妹妹合影
（右一为作者）

在华东师范大学

全家人合影（左一女儿、左二妻子、左四儿子）

与李雪松游长沙

与妻子李雪松游鸣沙山

与妻子李雪松手托老照片，记录时光

本科同班同学合影（二排右一为作者）

与研究生导师吴泽（中）、同学郭惠青（右）合影

研究生同学合影（前排左一为作者）

与何兹全（中）、李雪松（左）合影

与陈启云（右）合影

与安作璋（左）合影

与陈鼓应（右）合影

与李学勤（右）合影

与林甘泉（左一）、窦连荣（左二）、张美娣（左三）合影

与田昌五（右）合影

与裘锡圭（右）合影

与钟肇鹏（右）合影

与第一届研究生
赵国华（右）合影

第一届博士生论文答辩会合影
（含第二、三届的博士生，前排右三为作者）

八十华诞合影（前排右四为作者）

学／术／著／作

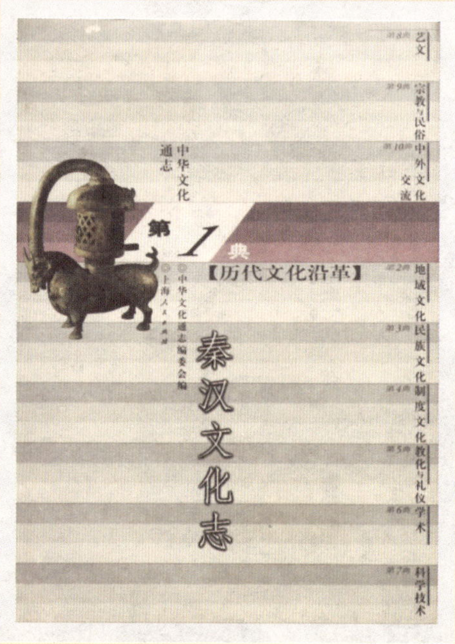

《秦汉文化志》

《秦汉文化史》

《汉唐文化史》

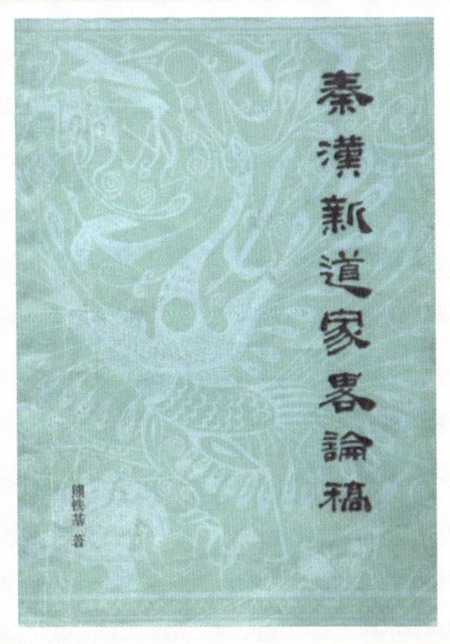

《秦汉新道家略论稿》

《秦汉军事制度史》

《熊铁基学术论著选》

《中国老学史》

《中国庄学史》

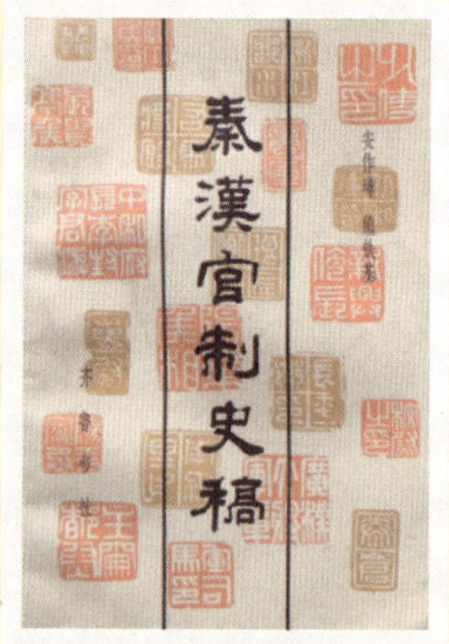

《秦汉官制史稿》

《二十世纪中国老学》

《汉代学术史论》

自　　序

有几位好学的朋友（学生）极力促成为我出一套文集，这对于一辈子读书、教书、写书的人也是一种总结，既有纪念意义，也有继续为社会做点贡献的作用。首先是它应有社会作用，这可以从内容谈起。

本文集共10卷，其中有9卷，主要是曾经出版过的专著（包括与人合作的由我撰写的部分）以及两部论文集。

我的第一本书是1984年出版的《秦汉新道家略论稿》，该书在当时是有一定影响的，引起哲学史领域的诸多学者的关注，这些我在2001年出版的《秦汉新道家》的前言中有所记述。1993年我参加大型丛书“中华文化通志”的编写，写了一本《秦汉文化志》，是有点新思考的（当时范军写了一篇有思想的书评），2007年上海东方出版中心组织一套断代文化史书系，把它以《秦汉文化史》的书名出版，除了做过一些文字校对之外，内容未做修改。没想到10年之后（2018年），北京新世界出版社又比较高调地出版了一次，书腰上写道：“一部诠释全球视野下秦汉时代文化发展脉络的重磅力作”，“一部了解秦汉时代历史文化沿革的入门经典读物”。两次重新出版，反映的是社会的某种需要。另一本书是我和安作璋先生合作的《秦汉官制史稿》，除开2007年因某些需要，齐鲁书社出了一个第2版之外，现在人民出版社又准备纳入“人民文库”出版，责任编辑翟金明告诉我：“‘人民文库’精选出一批在当时产生过重要历史作用，在当下仍具有深刻思想性、学术性以及珍贵史料价值的优秀作品。”看来该书有文化积累的意义，对当前社会文化的发展也是有意义的。前几天参加研究生的读书会，讨论制度史研究延伸和发展的问题。有学生说，即使延伸，原来的重要著作，如《秦汉官制史稿》之类的，也是基础，不可忽略（在读学生有此见解，也很难得）。以上是讲影响较大的两本书，其他如《汉唐文化史》（出版10年后，曾被纳入“学海一牛鸣”丛书再版）、《秦汉军事制度史》、《秦汉新道家》等，在小范围内也是有点影响的，读者各有所好地予以赞赏。既然如此，出版文集也不过是再多印刷一次罢了，或能满足需求者的需要。

主编和合作撰写的《中国老学史》与《中国庄学史》，我发起组织并自己动手撰写（《中国老学史》的秦汉以前部分、《中国庄学史》的隋唐以前部分）。这两本书在社会和学术上的影响都比较大，《中国老学史》出版以后，加印了四五次。《中国庄学史》先后在湖南人民出版社和福建人民出版社（增订本）两次出版。实际上可以说是开辟了老庄学史研究这样一个新的领域（紧接着我还组织出版了《二十世纪中国老学》和《二十世纪中国庄学》），后续的还有断代的和专题的老学史以及多卷本的中国老学通史出版。

另一大类是论文集，两卷。一卷是古代史，分秦汉史（秦汉史专攻了30多年）和其他关于古代史的论文两部分（包括几篇未刊稿，反映我学习和研究古代史的足迹）。另一卷是关于道家与道教研究的论文，道家研究是从读秦汉史书《吕氏春秋》开始的。开始是把它当作秦汉史的资料读，后来发现其思想研究的意义更大，写了《重评〈吕氏春秋〉》，接着是读《淮南子》，评《淮南子》，因而提出了一个"秦汉新道家"。道家与老子有关，从而研讨老学，进而研究庄学，这就有老庄学史的产生。20世纪90年代以后，道教界的学术研究风气日渐浓厚，时不时举行一些研讨会，我也常被邀请参加，因为老子是道祖，我写老子学史，那也就是道教文化的研究者。参加活动多了，自觉和不自觉地思考一些道教有关问题，陆陆续续也写了一些小文章，至今还在继续。现在我想解决的是道教何时产生的问题。

有些论文是产生过一定影响的，例如《秦始皇的最后十年》《重新认识古书辨疑》等曾为一些朋友津津乐道；有些论文如关于道教产生的问题，被作为一家之言看待；还有些虽被人称引（如李振宏的推介"汉人改造先秦典籍"并且有所发挥），我认为还未引起足够的重视，所以又写了"再论"和"三论"。"汉人改造先秦典籍"，这虽不是完全新的发现，但关系到如何依靠文献资料研究先秦史的问题，出土先秦文献越多，越说明这个问题重要，不应该把汉人的思想当作先秦人的思想。文集收集了一些散见的论文，更便于查考，这是最直接的意义。

文集收了几篇未刊稿，意在表明在某些问题上自己是思考过的，其实还有一些，就不必全收了。未公开发表的只是自己学习和研究的一个记录，从1956年当研究生开始，我可以说是笔耕不辍的，有些是作业，还有吴泽、束世澂等老师或长或短的评语；有些是自己学习过程中的心得体会，开始想学明清史，写过一些理论方面的东西，如资本主义萌芽问题之类。后来拜师唐长孺先生，认真读过《隋书》、新旧《唐书》、《资治通鉴》等相关史籍，写过几篇文章，还做过《隋书·食货志》译注（有原稿保存）。1979年转学秦汉史，开始写《秦统一六国》（也保存有原稿），汉武帝研究除已发表的之外，还有未刊的稿子。还有一些未刊稿没有产生过社会影响，也没有很特殊的见解，就不必收录了。

还有一卷，包括回忆录、序跋、杂文等，可以说这是从几个横断面看人生的足迹。我始终认为自己是一个普通人（本来也是），普通人和大众更接近，经历能得到更多人理解，有人或可从中获得点什么启发。记得何建明主持过我的一次讲座，一个较大的阶梯教室，室内走道、室外走廊满满都是人，屏声静气一个多小时。内容大概是结合个人经历讲未来。何建明说，不必太高远，可望而可即，也许这就是流行的接地气吧。我这一生，也就是读书、教书、写书，但不论什么时候，不论做什么事，都会与社会时事有关。这也是我长时间表示的一个看法，从古到今，完全脱离时势、政治的人和事是没有的（当然是就大的方面而言）。历史就是《资治通鉴》，一代一代的"资治"。人生也是如此，任何人都脱离不了时势和政治，只有自觉和不自觉、主动和被动的不同。写回忆录，我翻阅了一些旧日记、信件等材料。最近找到了两本高中一年级时的作文本（残缺不全），感慨甚多，老师逐字逐句地批改，文后还有批评或鼓励，篇头还盖有教务处的图章（教学管理如此之细），是1948年下半年和1949年上半年的（长沙解放前夕）。我当时就读于兑泽中学，学校在长沙东郊丝茅冲。我是一个很普通的学生，虽跟着参加过一些迎接解放的集会和游行，但并不认识任何地下党团或者是进步的学生。从题目看，作文与时事政治是有密切关系的。《币制改革后长沙面面观》《戡乱与救国》《徐州战争》《我所理想的学校》《暑假生活杂传》（老师改"传"为"缀"）……第二学期的题目有《寒假生活回忆》《国共和谈之我见》《更夫》《凄风苦雨话四七》（记当时南京的学生运动，老师评语：语多慷慨激昂）……好像都不是命题作文。结合回忆录的内容，可见形势、政治对一个普通学生的影响。我常说，回忆、口述是有很多不可靠的东西，包括记忆之不完整，个人的心态和主观思想等，读回忆和口述，要做一定的分析。

我写回忆录，开始于2018年暑期，当时全家人聚集在女儿嘉慧家里一个多月，我带了一本1948年下半年至1949年上半年的日记本（包括50年代前后也有一些不完整的记录）。开始写作，我发现，有许多我记得很清楚的人和事，日记上没有，日记上有些人和事我忘记了，甚至印象都没有。2019年以后，就以问题为中心陆陆续续写了。也是有日记的，不过只是一本本简单的流水账，能反映思想和具体生活的内容太少了。写出来我自己都不满意。

序、跋不多，有些事能反映我的工作态度，如1993年组织青年教师编写一本《传统文化与中国社会》，在前言中写道："总的设想是我提出的，经过大家讨论、充实，然后才分头去做。前后三四个年头了，每一篇从草拟提纲到写作完成，我都是提出了意见的（或多或少），每一篇从初稿到定稿，最少的看了两遍，有的看了三四遍，甚至更多。提出这一点是说明我对这本书的责任，如果有问题的话（缺点、错误、不足之处），我是不能辞其咎的，我等待着大家的批评。"主编《帝王宰相辞典》，协助张舜徽先生主编《中国史学名著题解》和《中国古代学者百人传》，我都是这样做的，如张先生所说，"在编写过程中，在奔走联系、组织人力方面，熊君之力尤多"，花了大量的时间和精力。

人们如何从过往的经历中认识和总结，这恐怕是值得探讨的一个问题，不是名人、大家的普通人，其人生足迹也有自己的特点，有的内容多少或可给他人一点启示。

人的一生，时间长了，有各种各样的经历，某些时候，认识错误、行为错误会有不少，但是，我没有故意为恶、害人过，善良、正直是主导面。好学勤奋是一生的努力，真正是死而后已。我经常想到：吾日三省吾身，为人谋而不忠乎？与朋友交而不信乎？传不习乎？时至今日，我还没有停息，恐怕既不是为名也不是为利了，名和利已经基本定型了。刚好翻到一篇1948年的作文《我们要过有意义的生活》，老师批语："现在社会上的人个个都是争名夺利，所以作者也只看到名利二字才是有意义的生活，可是我们想想、看看，争名夺利的结果怎样，归宿怎样，那就知道名利的害人，知道为名利是无意义的生活。（十二月四日）"感谢老师的早期教育！几十年来，名利思想恐怕是反复斗争、变化过的。写回忆录，恐怕反映不了这么多、这么复杂的发展变化。

因为我活得比较长，而写作生涯中有一个突出的现象，大多数研究成果是 60 岁前后特别是 60 岁以后出来的。我想人生不必要像坊间所说的那样：60 岁告老还乡，70 岁打打麻将，80 岁晒晒太阳，90 岁躺在床上。我的经历是 60 岁以后可以干事，可以干较多的事。但这又似乎没有普遍意义，60 岁以前成果不多，一方面有时代的客观原因，读书、做学问受到不少干扰；另一方面也是自己不行。过去和现在都有 50 岁前很有成就的人，我的经历唯一可以说的就是告诉人们，60 岁以后可以做一些事，可以做较多的事。愿与老朋友们共勉。现在我的很多学生都已经步入了老年。

我讲话、作报告有时候会有些幽默，能获得一点笑声和掌声，写文章却太缺乏文采，只能实话实说，这既是优点也是缺点。

目　　录

中国老学史（节选）

二十世纪中国老学（节选）

中国庄学史（节选）

中国老学史（节选）

前　言

近十几年来，文化的研究异常活跃，传统思想文化重新受到社会的重视，其中，道家、道教思想文化的研究大有与儒家思想文化的研究“分庭抗礼”之势。有一批学者专心于此事：创办专门的刊物，编写专门的书籍，成立专门的研究机构，召开专门的研讨会等等，成绩十分显著。道教史已出版了好几种，专门的道家思想史也有了，分门别类的专著更是为数不少。但是，迄今为止，还没有一部专门探讨、论述老子学说发展历史的著作。

一部《老子》，字不过五千，却拥有一个博大精深的理论体系，其内容涉及自然、社会、人事、政治、经济、文化等各个方面，故历来受到社会的重视。人们从不同的角度去探讨、研究、注释、阐发，由此而形成了一个庞大且悠长的学术流派，同时也就构成了一部老子学说史。

不同的时代，不同的学者，对《老子》有着各自不同的理解，诚如宋元之际的杜道坚所言：

> 道与世降，时有不同，注者多随代所尚，各自其成心而师之。故汉人注者为“汉老子”，晋人注者为“晋老子”，唐人、宋人注者为“唐老子”、“宋老子”。①

以后自然也就是“明老子”、“清老子”、“近代老子”、“当代老子”了。这如此众多的“老子”与作为原典的《老子》之间，可以说既有联系，又有区别；既有继承，又有发展。而正是这种联系与区别、继承与发展的长久交织、演进，组成了老学发展的历史，且赋予了它极为丰富的内容。揭示

---

① 杜道坚：《玄经原旨发挥》卷下，《道藏》第12册，文物出版社、上海书店、天津古籍出版社1988年版，第773页。

老学的历史进程，找出老学发展的内在规律，了解老学对中国文化的影响，从而确立老学的历史地位，这就是撰写此著的宗旨，同时也是它的任务。

既然是老学史，本书主要内容自然是讲历代文化人物对老子思想的理解和阐发。我们几个作者都是学历史的，现在都在专攻中国古代思想文化史，因而在研究中也有一些我们自己特别留意的地方：第一，对时代条件、发展过程特别注意。所谓“汉唐老子”、“宋元明清老子”，就是说各有其特点，而其特点又与时代的特点分不开。老学发展的过程，实际上紧密地联系着社会历史发展的过程。第二，我们写了各个时期的老学概况，有利于人们对老学发展的深入了解。第三，本书对非道家人物，甚至反对派对老子的研究和理解，也给予了一定的篇幅，以便从不同的角度来看待老子。第四，宋元明清之时，老学著作数量大幅度增加，其研究思路和方法也呈现出多样化的倾向，成为与占据统治地位的儒家思想相伴随的一股巨大的学术潜流，且在社会上具有较大的影响。鉴于此，本书对于这一时期的老学予以了较多的篇幅。

历代注释《老子》的著作甚多，今人严灵峰的《无求备斋老子集成初编》就收有明以前的著作 140 种，续编收录清代、民国时期及日本、韩国的 196 种，加上较易见到的《道藏》所收诸种《老子》注本，其数量是很大的。将这些材料加以系统的研究，是一个不小的工程。我们尽力而为，对各个时期的老学代表人物和著作都多多少少提出了自己的一孔之见。尽管其难以令人满意，但却为老学的研究抛了一块引玉之砖，尽了一份自己的责任。

此书秦汉以前的内容由我执笔，魏晋隋唐由马良怀执笔，宋元明清及附录由刘韶军执笔。马、刘二君所写的部分我都阅读了一遍，并略有修饰。由于是分工合作，各人的习惯不同，文风有异，所以前后的风格并不完全一致，但对于全书的整体来说，则没有大的影响。

第一章　老子其人其书

老学既然是研究老子之学，就得首先弄清楚老子是个什么人，《老子》是部什么书。但对于这两个问题，人们一直存在着不同看法，使老学的研究产生许多枝节。这里力求作些客观的介绍，并对有关材料提出一些看法。

第一节　老子其人

一、众说纷纭的老子

早在汉代司马迁写《史记》时就说："或曰（周太史）儋即老子，或曰非也，世莫知其然否。"可见汉代已经有关于老子的不同传说了。后来，他成了道教的开山祖师——太上老君，又一度成为大唐王朝的玄元圣祖，成了神话人物，关于他的传说就越来越多了。现列举几种传说如下：

高诱注《吕氏春秋·重言》时写道："老耽学于无为而贵道德，周史伯阳也，三川竭，知周将亡，孔子师之也。"这也许就是司马迁的"或曰"之一。后来的传说就更早了，薛致玄《道德真经藏室纂微开题科文疏》云："老子生于商王武丁之九年二月十五日卯时。"这种毫无根据的传说当更不可靠了。

在许多传说中，有一条是孔子师事老子，或者说孔子问礼于老子，在孔子成为儒家的教主之后，卫道者难免想要否认。可以见到的比较早的材料，是唐代韩愈在《原道》中所说："老者曰：'孔子，吾师之弟子也。'……为孔子者，习闻其说，乐其诞而自小也，亦曰'吾师亦尝师之'云尔。"其确实有点愤愤不平的样子。到了宋代，有人进一步提出疑问，如叶适在《习学记言》中就说："孔子赞其（老子）为龙，则是为黄老学者借孔子以重其师之辞也"，并断言"教孔子者必非著书之老子，而为此书者必非礼家所谓老聃，妄人讹而合之尔”。实际上其所谓“必”，并无可靠证据。清代考据之风盛行，对老子其人其书也进行了考证。毕沅、汪中、崔述等人提出了不少问题并进行考证。近现代许多学者进一步展开了研究和讨论。近现代学者的研究，不能说是卫道，但与学者们自己的思想和主张也是分不开的。例如钱穆先生在《先秦诸子系年考辨》跋中说：“时余治诸子，谓其渊源起于儒，始于孔子，而孔子之学见于《论语》《春秋》。《易系》非孔子书，老子不得在孔子前。”这是结论，也可以说是先入为主之见。再如把老子列入战国百家争鸣时代的冯友兰先生，他是接着宋儒讲新理学的，自然尧、舜、禹、汤、文、武、周公、孔子是一个文化传统（且不说以后如何一脉相传），所以他讲中国哲学史，主要是一部儒家思想发展史。我们说这些，并非扣帽子，而是说明一种客观的现象，仍然有点像司马迁所说：“世之学老子者则绌儒学，儒学亦绌老子。”①

在20世纪二三十年代，关于老子其人其书的问题，曾有一次集中的讨论，评论的主要内容被收入当时出版的《古史辨》第四册和第六册之中。罗根泽在该书第六册的自序中，比较系统地记述了自西汉以后考据老子的一些主要情况，而对当时的讨论记述得更为详细，很有参考价值。他写道：“关于考据老子年代的文章，止第四册及此册所收，就有三十五六万言，真是有点小题大作。不要说旁观者望而却走，当事者也见而生畏。”在该序的末尾，他列了宋代、清代和当时人的二十九种见解：

（一）陈师道：老子在关、杨后，墨、荀间。

（二）叶适：著书之老子，非孔子问礼之老子。

（三）黄震：《老子》书作于隐士嫉乱世而思无事者。

（四）宋佚名：同于叶适。

（五）吴子良：著书之老子，即孔子问礼之老子。

（六）毕沅：孔子问礼之老子，即太史儋。

（七）汪中：老子即太史儋，在孔子后。

（八）崔述：春秋时有老聃，但孔子并没有向他问礼；《老子》书是杨朱之徒的伪托。

① 司马迁：《史记》卷六十三，《老子韩非列传》，中华书局1982年版，第2143页。

（九）牟廷相：老子在周称伯阳父，在春秋称老聃，至战国称太史儋；《老子》书作于战国。

（十）康有为：《老子》书在孔子后。

（十一）梁任公先生：《老子》书作于战国之末。

（十二）张怡荪先生：《老子》书无产于战国嫌疑。

（十三）唐立厂先生：老聃确长于孔子；《老子》书是老聃的遗言，撰成在《墨》《孟》撰成的时期。

（十四）刘泽民先生：教孔子者是老聃，辑老聃格言为《老子》书者是李耳。

（十五）张仁父先生：《老子》著作时代在孟子前后。

（十六）钱宾四先生：《老子》成书于宋钘、公孙龙同时或稍后，作者大概是詹何。至孔子问礼的老子是老莱子，即荷蓧丈人。

（十七）张西堂先生：《老子》书成于《庄子·内篇》后。

（十八）黄方刚先生：老子长于孔子；《老子》书成于孔子存时。

（十九）冯芝生先生：老聃与李耳非一人；《老子》书在孔、墨、孟之后。

（二十）张季同先生：《老子》书是战国初期的产品，老子思想在孔、墨之后，杨朱、慎到、申不害、孟子、庄子之前。老子有是太史儋的可能。

（二十一）顾颉刚先生：老聃是杨朱、宋钘以后人；《老子》书成于《吕氏春秋》与《淮南子》之间。

（二十二）胡适之先生：孔子确曾向老子问礼，《老子》书确是老子所作。

（二十三）马夷初先生：《老子》非战国后期作品。

（二十四）张季善先生：同于胡适之先生。

（二十五）高晋生先生：同于胡适之先生。

（二十六）叶青先生：同于胡适之先生。

（二十七）郭沫若先生：老聃确是孔子之师；《老子》书是关尹即环渊所记老聃语录。

（二十八）谭戒甫先生：孔子问礼之老子为老莱子，即老彭；著书之老子为老聃，即太史儋。

（二十九）罗根泽：老聃即太史儋；《老子》书即太史儋所著。

以上所列，可以说是相当详尽了。首先，各家之说，大多是老子其人其书连在一起说，并且讲书的更多一些。其次，见解虽多，但归纳起来，主要有三派不同意见：

第一派认为老聃确在孔子之前，《老子》一书是老聃遗说的发挥。主张此说者，有胡适、马叙伦（马夷初）、张煦、唐兰（唐立厂）、郭沫若、高亨等人，他们都有专门的考证文章。吕振羽著《中国政治思想史》，也持此种主张。这一派主张者，有一些比较精细的考证，考证得比较合情合理，与历史事实相符，例如唐兰作《〈老子〉时代新考》时，就注意到："考据的方法，应注重事实，而避免推想。"① 事实上他的考证是比较注重事实的，只是对《史记》的《老子传》有点误解。他肯定"司马迁是深信老子和孔子同时的"，但又说："司马迁天生是一个文章家……而没有想做信史。他喜欢网罗旧闻而不擅于考订，所以《史记》里的记事十之二三是不可尽信的。"这有点主观武断，下面将专门讨论这篇《老子传》。

第二派意见认为老子是战国时代的人，《老子》书也是战国时代的书。或说战国末，或说战国初。这一派主张是从清代开始的，梁启超1922年写了一篇《论〈老子〉书作于战国之末》一文，提出六个"可疑"，引起了进一步的讨论。冯友兰、罗根泽等人有具体考证。范文澜的《中国通史》和侯外庐等的《中国思想通史》也都持此说。这一派更多的是从《老子》书的方面讨论的。这在下一节将进行讨论。

第三派也是主要讲书的，认为《老子》成书在秦汉之际。持此说者主要是顾颉刚，他1932年发表《从〈吕氏春秋〉推测〈老子〉之成书年代》②。这一派与讨论老子其人的问题关系不大。以上时代问题与时代有关。还有老子究竟是谁？与老莱子、太史儋等是否一人？这也有各种不同看法，或曰是，或曰非，甚或还有一些其他的推想，此类问题也是从《史记》的记载中产生的。因此，如何理解、分析《史记》的记载就是关

---

① 唐兰：《〈老子〉时代新考》，罗根泽编：《古史辨》第六册，上海古籍出版社1982年版，第597页。

② 顾颉刚：《从〈吕氏春秋〉推测〈老子〉之成书年代》，罗根泽编：《古史辨》第四册，上海古籍出版社1982年版，第462～520页。

键了。

二、关于《史记》记载的老子

关于老子其人的许多评论，都是从《史记》的记载中引申出来的。这就首先要从《史记》的原文谈起。好在文字不是太长，可以把主要原文全部录在这里：

老子者，楚苦县厉乡曲仁里人也，姓李氏，名耳，字〔伯阳，谥曰〕[①] 聃，周守藏室之史也。

孔子适周，将问礼于老子。老子曰："子所言者，其人与骨皆已朽矣，独其言在耳。且君子得其时则驾，不得其时则蓬累而行。吾闻之，良贾深藏若虚，君子盛德，容貌若愚。去子之骄气与多欲，态色与淫志，是皆无益于子之身。吾所以告子，若是而已。"孔子去，谓弟子曰："鸟，吾知其能飞；鱼，吾知其能游；兽，吾知其能走。走者可以为罔，游者可以为纶，飞者可以为矰。至于龙吾不能知，其乘风云而上天。吾今日见老子，其犹龙邪！"

老子修道德，其学以自隐无名为务。居周久之，见周之衰，乃遂去。至关，关令尹喜曰："子将隐矣，强为我著书。"于是老子乃著书上下篇，言道德之意五千余言而去，莫知其所终。

或曰：老莱子亦楚人也，著书十五篇，言道家之用，与孔子同时云。

盖老子百有六十余岁，或言二百余岁，以其修道而养寿也。

自孔子死之后百二十九年，而史记周太史儋见秦献公曰："始秦与周合，合五百岁而离，离七十岁而霸王者出焉。"或曰儋即老子，或曰非也，世莫知其然否。老子，隐君子也。

老子之子名宗，宗为魏将，封于段干。宗子注，注子宫，宫玄孙假，假仕于汉孝文帝。而假之子解为胶西王卬太傅，因家于齐焉。

世之学老子者则绌儒学，儒学亦绌老子。"道不同不相为谋"，岂谓是邪？

---

① 《史记索隐》及清人王念孙考证认为无此数字。

李耳无为自化，清静自正。

以上是《老子韩非列传》中关于老子的记述，在《孔子世家》中司马迁又写道：

鲁南宫敬叔言鲁君曰：“请与孔子适周。”鲁君与之一乘车，两马，一竖子俱，适周问礼，盖见老子云。辞去，而老子送之曰：“吾闻富贵者送人以财，仁人者送人以言。吾不能富贵，窃仁人之号，送子以言，曰：‘聪明深察而近于死者，好议人者也；博辩广大危其身者，发人之恶者也。为人子者毋以有己，为人臣者毋以有己。’”孔子自周反于鲁，弟子稍益进焉。

还有《仲尼弟子列传》记载说：

孔子之所严事：于周则老子；于卫，蘧伯玉；于齐，晏平仲；于楚，老莱子；于郑，子产；于鲁，孟公绰。

有人认为“老子无其人”，断言“司马迁所为《老子传》，实亦诞谩无稽，不足信也”①，可以说是主观武断，仅仅从一个“庄周之徒捏造”的“假设”出发而“论”“证”的，不必多和评论。然而，主张老先孔后且长于考证的唐兰先生也说：“司马迁天生是一个文章家，他做一篇列传，即是做一篇文章，而没有想做信史。他喜欢网罗旧闻而不擅于考订，所以《史记》里的记事十之二三是不可尽信的。”②《老子传》“杂凑了许多材料，并没有加考辨”，这一说法也是不能令人同意的。且不说大多数的史学工作者都相信司马迁是我国古代的大史学家。他的主要优点和贡献之一，就是在历史文献学方面的开拓，即奠定了考据学的雏形。他面临许多不同记载，能够“择其言尤雅者”，能够“考信于六艺”，“折中于夫子”，能够

① 孙次舟：《跋〈古史辨〉第四册并论老子之有无》，罗根泽编：《古史辨》第六册，上海古籍出版社 1982 年版，第 93 页。

② 唐兰：《〈老子〉时代新考》，罗根泽编：《古史辨》第六册，上海古籍出版社 1982 年版，第 603 页。

“信以传信，疑以传疑，故两言之”，形成了一整套文献考辨的原则，如有必要和可能还进行实地考察。这些都是众所周知的。他写《五帝本纪》，考察各地关于黄帝、尧、舜的传说，“总之不离古文者近是”。他在《三代世表》序中说：

> 余读谍记，黄帝以来皆有年数，稽其历谱谍、终始五德之传，古文咸不同，乖异。

他在《仲尼弟子列传》赞中又说：

> 太史公曰：学者多称七十子之徒，誉者或过其实，毁者或损其真，钧之未睹厥容貌，则论言弟子籍，出孔氏古文近是。

总而言之，不论是从他自己的表白，还是从他行事的结果来看，他的“实录”精神是不可否认的，正如班固在写《汉书·司马迁传》时所说：

> 自刘向、扬雄博极群书，皆称迁有良史之材，服其善序事理，辨而不华，质而不俚，其文直，其事核，不虚美，不隐恶，故谓之实录。

这是毋庸置疑的。

还是再回过头来具体谈谈司马迁关于老子的记载。

从《史记》记载看，老子的情况在司马迁时，有一些已经是传说了，而且还有一些不同的传说。但司马迁毕竟是历史学家，而且有了一套考据历史文献的原则和方法。他写的《老子传》，既有考据结论，又有存疑的记载，实事求是，是可信的。

首先，他对老子的身世和主要事迹有简单明确的记述，毫不含糊。这无疑是他从一些不同传说中考证的结果。至于掺杂几个后人窜入的文字，如上述的“字伯阳，谥曰”之类，那是另一回事。

其次，对于当时主要的不同传说，他也根据“两言之”的原则记下来了。当时还有一个与孔子同时的老莱子，也是“言道家之用”的，也是孔子曾讨教过的，他便记上一笔，以免引起误会。他在《仲尼弟子列传》中就明确指出，“孔子之所严事”者不止一人，“于周则老子”，“于楚，老莱子”等等。至于“孔子死之后百二十九年”的太史儋，“或曰儋即老子，或曰非也”。在当时“世莫知其然否”，司马迁是不含糊的。他既肯定孔子曾问礼于老子的事实，这个晚一百多年的太史儋，当然不是老子了。但因为老子比较长寿（究竟活了多少岁也传说不一，长寿却是可以肯定的），所以会有误会。司马迁把这种误会及其由来明确指出来了。实际上，只差一句话，老莱子、太史儋都不是老子。然而，这句话也是不必要的。

第三，过去有些人说老子生在战国中后期，还有一个重要理由，就是司马迁所记老子之世系，即老子之子是魏将宗，宗的后代假“仕于汉孝文帝”，似乎已有七八代，而孔子之后裔当时已是十三代了。这也展开了一番讨论。反对战国说者认为，两个世系八代与十三代同时也不是不可能的，更重要的是，“宗子注，注子宫，宫玄孙假”。“玄孙”可以是“远孙”①，那就不是七八代了。今又有人分析，《史记》“很可能是把太史儋的世系误作为老子的世系”。我们认为，关于老子的世系，司马迁本来也是当作一种传说记载的，不仅记于老莱子和太史儋之后，而且在记录这个世系之前还交代了一句“老子，隐君子也”，说明这个世系本身也是可疑的。

在分析以上问题之后，可以说，司马迁《史记》中关于老子的记载本身是没有什么问题的。人们说有矛盾，是因为忽略了司马迁的某些用词用语。有些是传说的材料，然而他对于传说是经过了考证的，既有肯定的结论，也有存疑的记载。

三、先秦文献中的老子

先秦文献中关于老子的记载，主要是《庄子》《韩非子》和《礼记·曾子问》。由此20世纪二三十年代人们展开了许多讨论。

不少人说，《论语》《墨子》《孟子》中都没有提到老子，因而老子是否有其人，是不是与孔子同时的人就值得怀疑了。这种看法显然是不妥当的。古代有些东西，有一条可靠的材料就可以说它有，但要说没有，那就

---

① 《左传·僖公二十八年》：“王子虎盟诸侯于王庭，要言曰：‘皆奖王室，无相害也。有渝此盟，明神殛之，俾队其师，无克祚国，及而玄孙，无有老幼。’”“玄孙”当为远孙。陈景元《道德真经藏室纂微开题》引《史记·老子传》作：“宫远孙假。”

很不容易。因为古代的许多文献都不是完整的，或多或少都有佚失，脱误和窜改的地方也不少。至于提不提到某人，也可能还有其他原因，不能因为没有提到就否认其人的存在。《孟子》书中也没有只字提到庄子，《庄子》书中也没有只字提到孟子，难道可以说没有庄子或孟子吗？另外，《论语》中提到老子没有，也是一个疑问，《述而》中的“窃比于我老彭”，或谓老彭即老子，或谓是老子与彭祖。

主要的还是《庄子》一书的记载，否定老子及其与孔子同时的人认为，其他记载都是受了《庄子》的骗，而《庄子》是“寓言十九”，而寓言是不可靠的。这个问题值得说一说。

首先，应弄清楚“寓言”二字的意思。《庄子·寓言》说“寓言十九，重言十七”，郭象注云：“寄之他人，则十言而九见信。”陈鼓应先生认为非是[①]，不知何故？我们认为郭注是符合《庄子》原意的，因为其原文中已有此解释：

> 寓言十九，借外论之。亲父不为其子媒。亲父誉之，不若非其父者也。非吾罪也，人之罪也。与己同则应，不与己同则反；同于己为是之，异于己为非之。

为什么要假托外人来论说？这正如郭象所说：“言出于己，俗多不受，故借外耳。”总之，其目的是使人相信、接受。接着还有一个“重言十七”，有人已指出，既说十分之九，又说十分之七，是“寓言里有重言，重言里也有寓言，是交互错综的”[②]。庄子原文也有解释：

> 重言十七，所以已言也，是为耆艾。年先矣，而无经纬本末，以期年耆者，是非先也。人而无以先人，无人道也。人而无人道，是之谓陈人。

庄子是为了终止争辩，而大量引用了长者的言论，并且这些长者不是徒长

① 陈鼓应：《庄子今注今译》，中华书局 1983 年版，第 728 页。

② 《庄子今注今译》注引张默生《庄子新释》。陈鼓应：《庄子今注今译》，中华书局 1983 年版，第 728 页。

年齿，而是有才德学识的长者。注文所云："所重乎耆艾者，年老而有道者也。"照此看来，庄子的言论不但不是不可信的，而且是相当可信的，是很客观的。

其次，可以说，老子和孔子都是庄子所说的"耆艾"，《庄子》书中称引孔子者有四十二处，称引老子者有十九处，没有其他人有如此之多。可见庄子所借重的耆艾，称引以孔子与老子为最多。只相信孔子，老子有无其人都成问题了，这岂非怪事？唐兰曾对《庄子》中显然说到老聃和老子的十六处进行了考证，辨别了是否为《庄子》原文，指出有些文字可能是庄子后学所作，但结论是："（子）老聃和老子是一人。（丑）老聃较在孔子前。……"① 结论是可信的，考证也比较精细。

再次，《庄子》书中讲到孔子与老子发生联系有八次之多。八处记载分别在内篇和外篇之中，都是关于孔子向老子问道、问礼、"语仁义"的事。不是一次，而是多次，看来不仅频繁，而且相当亲密，例如有一次：

> 孔子见老聃，老聃新沐，方将被发而干，慹然似非人。孔子便而待之，少焉见，曰："丘也眩与？其信然与？向者先生形体掘若槁木，似遗物离人而立于独也。"老聃曰："吾游心于物之初。"②

又一次：

> 孔子问于老聃曰："今日晏闲，敢问至道。"老聃曰："汝齐戒，疏瀹而心，澡雪而精神，掊击而知！夫道，窅然难言哉！将为汝言其崖略。"③

栩栩如生，也许有些文学的描写，但过往亲密或者是事实。因此，才有孔子"问礼于老子"的记载。司马迁写《史记》时是经过考证的。

除开《庄子》的记载外，其他记载，特别是儒家的记载，也是可以证

---

① 唐兰：《老聃的姓名和时代考》，罗根泽编：《古史辨》第四册，上海古籍出版社 1982 年版，第 346 页。

② 《庄子·田子方》。

③ 《庄子·知北游》。

明老子其人的某些事迹的。例如，《韩诗外传》卷五记载说：

> 哀公问于子夏曰：“必学然后可以安国保民乎？”子夏曰：“不学而能安国保民者，未之有也。”哀公曰：“然则五帝有师乎？”子夏曰：“臣闻黄帝学乎大坟，颛顼学乎禄图……文王学乎锡畴子斯，武王学乎太公，周公学乎虢叔，仲尼学乎老聃。此十二圣人，未遭此师，则功业不能著乎天下，名号不能传乎后世者也。”

这中间当然有一些是传说，特别是尧、舜以前的人物，传说不一，例如刘向在《新序》中引用了这条记载，黄帝之师的姓名就有不同，大坟作大真。这“仲尼学乎老聃”，出自儒者之口，见于儒家的著作，应该是相当慎重的，子夏是孔子的弟子，口中之所以称仲尼，是因为对象是哀公，他不好在哀公面前称夫子，重要的是他把孔子当作圣人，是和黄帝、尧、舜、文王、周公等相提并论的。《韩诗外传》的作者是西汉初传《诗》的一位儒者，刘向也是属于儒家的。据此可以说，汉代及其以前的儒者是承认孔子向老子学习过的。

另一儒家经籍记载了孔子和老子讲礼的一些具体内容，那就是《礼记·曾子问》，其中有四节记叙孔子引老聃的话，现引两节如下：

> 曾子问曰：“古者师行，必以迁庙主行乎？”孔子曰：“……吾闻诸老聃曰：‘天子崩，国君薨，则祝取群庙之主而藏诸祖庙，礼也。卒哭成事，而后主各反其庙。君去其国，大宰取群庙之主以从，礼也。……主出庙入庙必跸。’老聃云。”
>
> 曾子问曰：“葬引至于堩，日有食之，则有变乎，且不乎？”孔子曰：“昔者吾从老聃助葬于巷党，及堩，日有食之。老聃曰：‘丘！止柩就道右，止哭以听变。’既明反而后行，曰：‘礼也！’反葬，而丘问之曰：‘夫柩不可以反者也，日有食之，不知其已之迟数，则岂如行哉？’老聃曰：‘诸侯朝天子，见日而行，逮日而舍奠。……夫柩不早出，不莫宿。见星而行者，唯罪人与奔父母之丧者乎？日有食之，安知其不见星也？且君子行礼，不以人之亲痁患。’吾闻诸老聃云。”

另一节谈葬礼，还有一节记子夏问。这些记载完全可以证明，孔子师从老子绝非向壁虚构，再如何考辨，也难以否认。这里引的第二条记载，孔子“从老聃助葬于巷党”，以及老聃直呼其名为“丘”，说明他们有一段时间来往亲密，老子对孔子完全是老师命令学生的态度。更重要的是，以上材料谈了不少丧葬之礼，从原则到具体细节，老子都非常熟悉，多种“礼也”，孔子都“闻诸老聃”，都“学乎老聃”。“日有食之，安知其不见星也?”老子显然也有天文学的知识。古代的老师似乎是无所不知的，古代的学问，天文、地理、人事是相通相连的。不独老子、孔子如此，先秦诸子也都一样，只不过学问的深浅不同罢了。思想的深刻，正是建立在这种博通的基础上的。

这里值得一提的是，孔子向老子问礼，老子和孔子谈礼，老子熟悉甚至精通古礼。也有人对此提出过怀疑，说与老子的思想不合，老子是反对礼义的。其实，这里只有一个简单的道理，那就是越是了解的人，越有资格反对；懂得越多的人，反对的理由也就越深刻。老子之于礼，也就是如此。

还有一条也值得一提，那就是孔子学乎老聃，不仅是问礼，也问道。只不过《礼记·曾子问》中仅保留了一些问礼而且是问丧礼的内容，问道的内容被忽略了。《孔子家语》中有两条记载可以佐证，其《五帝》云：

> 季康子问于孔子曰：“旧闻五帝之名而不知其实，请问何谓五帝?”孔子曰：“昔丘也闻诸老聃曰：天有五行，水、火、金、木、土，分时化育，以成万物，其神谓之五帝。”

又《执辔》云：

> 子夏问于孔子曰：“商闻易之生人及万物，鸟兽昆虫，各有奇耦，气分不同。而凡人莫知其情，唯达德者能原其本焉。天一，地二，人三。……故人十月而生……其余各从其类矣。鸟鱼生阴而属于阳，故皆卵生。……是以至阴主牝，至阳主牡。敢问其然乎?”孔子曰：“然，吾昔闻诸老聃亦如汝之言。”

无需具体比较，以上孔子所闻诸老聃之言，与《老子》中的思想是一致的，有些原话在《淮南子》一书中可以找到是老子的思想，或者就是老子言论的转抄。

《孔子家语》被认为是伪书，但是过去的所谓伪书，多半是就其作者、成书年代而言的，并非指内容都是虚造的。《孔子家语》一书被认为是魏晋时代王肃编的古杂记，搜集了一些儒家传习的旧说，“未有一篇无所本者”（这是攻击《孔子家语》最烈的崔述之言）。

所有以上论述都可以证明，历史上有一个老子，此人先于孔子，而且孔子向他学习过，具体地问礼、问道过。

第二节 《老子》其书

上一节的第一个问题中已经提到，在众说纷纭中，有许多主张是老子其人与《老子》其书连在一起评论的。但二者并不是一回事，也是显然的。书的本身也有一些问题值得讨论，并且对于后代乃至今天，书的问题比人的问题更为重要，弄清楚书本身的有关情况更为重要，下面主要抽出几个问题来作些说明。

一、《老子》的作者

如上节所述，对于老子其人其书，有许多种不同意见，但《老子》书是客观存在的，作者是谁则又可以提出一些不同的看法。如前所述，除了认为《老子》书是老子所作之外，崔述认为“《老子》书是杨朱之徒的伪托”，刘泽民认为“辑老聃格言为《老子》书是李耳”（这是把老子和李耳当成两人），钱穆认为“作者大概是詹何”，郭沫若的说法为“《老子》书是关尹即环渊所记老聃的语录”，此外也还有说“《老子》书是《丹书》”的。这些不同见解，有的还有其他人支持，20 世纪二三十年代曾展开过讨论。詹剑峰在《老子其人其书及其道论》[1] 中，列了一个专节评述各种见解，我们认为是比较全面的、合理的。例如他驳“詹何为《老子》书的作者之说”，举出了一个很有力的证据，那就是《韩非子·解老》中所论述

① 詹剑峰：《老子其人其书及其道论》，湖北人民出版社 1982 年版。

的詹何：

> 前识者，无缘而妄意度也，何以论之？詹何坐，弟子侍，牛鸣于门外。弟子曰："是黑牛也，而白题。"詹何曰："然，是黑牛也，而白在其角。"使人视之，果黑牛而以布裹其角。以詹子之术，婴众人之心，华焉殆矣！故曰："道之华也。"……故以詹子之察，苦心伤神，而后与五尺之愚童子同功，是以曰："愚之首也。"故曰："前识者，道之华也，而愚之首也。"

这是以詹何为例来解释老子的原文，引文最后"故曰"的文字，与王弼注本小异（"前识者，道之华，而愚之始"），但与新出的帛书《老子》相同。这位"愚之首"的詹何怎么可能是《老子》的作者呢?!

类似的讨论还有很多，就不一一列举了。我们同意《老子》作者为老聃的这种看法，这是事实，或者说是本来没有问题的事实，不同看法是因"疑老"而产生的。既然有了不同主张，一是要批评各种看法，二是要说出肯定的理由，这些过去也都有人谈，似不必再多花力气去进行新的论证。我们认为，过去唐兰的考证就比较能说明问题，他的《〈老子〉时代新考》有"《老子》的作者"一节①，主要是引用《庄子·天下》和《韩非子》的《六反》与《内储说下六微》中的老聃之言，都可在今本《老子》中找到。他从而肯定："那末，在孔子卒后二百年左右，有一本业已流传的著作和今本《老子》差不多，当时人以为是老聃的语录，这大概是很真确的事实了。"这个论定之所以可靠，是因为内容无可怀疑，也与《天下》的作者是谁等问题无关。

可以肯定《老子》书的作者是老子，或者叫老聃。至于老聃和李耳是不是一个人，老聃是否太史儋等等，那是上一节的问题了。还值得指出的是，肯定《老子》书的作者是老子的人，都比较客观。他们或者说《老子》书是老子的遗言，或者说《老子》书是他的语录。在这个问题上表达得最清楚的是郭沫若，他在《老聃·关尹·环渊》一文中写道：

① 唐兰：《〈老子〉时代新考》，罗根泽编：《古史辨》第六册，上海古籍出版社1982年版，第599～600页。另见《学文月刊》1934年第4期。

《老子》书也确是老聃的语录，就和《论语》是孔子的语录，《墨子》是墨翟的语录一样。特集成《老子》这部语录的是楚人环渊。环渊集成这部语录时，没有孔门弟子那样质实，他用自己的文笔来润色了老师的遗说，故尔饱和着他自己的时代色彩。这种态度在墨家弟子中也未能免，真正的墨翟遗说只有今存《墨子》中分成了上中下三篇。……那是墨家三派所分别著诸竹帛的，但我们请把那几篇来比较一下，便可以知道那详略是怎样的不同。《论语》虽然不是孔子的手笔，《墨子》虽然不是墨翟的手笔，但其中的主要思想我们不能不说是孔子和墨子的东西。同这一样，《老子》虽然不是老聃的手笔，但其中的主要思想，仍然是老聃的创见，秦汉以前的人都是我们的证人，汉人所提出来的老莱子和太史儋实在是不能冒牌的。[①]

郭沫若的这一段论述，除了是否由环渊“集成”“这部语录”之外，我们认为，其他全部文字都是表达得最好最准确的。也有人曾讨论过既是语录，何以不是问答体，这是不需多讨论的。

二、《老子》成书的时间

老子其人其书的问题，关键是一个成书的时间问题。成书时间的分歧，在上一节已经举了。这里再具体清理一下。

主张《老子》是战国时代作品的人，提出过许多理由甚至假设，其中冯友兰和罗根泽的主张曾有较大的影响。冯友兰在他的《中国哲学史讲义》中提出“孔子以前，无私人著述之事”，似乎没有举出什么根据，胡适当时就已指出来了，他在给冯友兰的信中说：

当孔子生三岁时，叔孙豹已有三不朽之论，其中“立言”已为三不朽之一了。他并且明说：“鲁有先大夫曰臧文仲，既没，其言立。”难道其时的立言者都是口说传授吗？孔子自己所引，如周任之类，难道都是口说而已？至于邓析之书，虽不是今之传本，岂非私人所作？

① 郭沫若：《老聃·关尹·环渊》，罗根泽编：《古史辨》第六册，上海古籍出版社 1982 年版，第 636 页。另见郭沫若：《青铜时代》，北京科学出版社 1957 年版。

故我以为这一说殊不足用作根据。[1]

罗根泽则写了一篇很长的《战国前无私家著作说》[2]，文章一开头引的是章学诚“古人不著书”[3] 的话，然后找证据、找原因，例如他说“战国著录书无战国前私家著作”，办法是如果有春秋时人（如老子、孔子、史鳍、邓析），则否定其人（说老子是战国时人），或否定其书（如说《论语》亦成书于战国之类）。又例如他说“《左》《国》《公》《谷》及他战国初年书不引战国前私家著作”，也是做种种符合自己假设的解释（好在他把种种材料都列举了），只是解释上不同罢了。《左传》中引了周任之言、史佚之言十来处，他认为周任、史佚“皆史官，其言必见其所修之史”，并且说“成四年引史佚之志，志即史”。有人指出：“这是错误的。试举例以证其误，张衡引‘故道志之言云，有物混成，先天地生’。可见《道志》即《老子》书或《道德经》，《左传》引《军志》即是后世的‘兵书’。”[4] 的确，志是书的一般通称，如果《左传》中的《周志》《郑志》可以说是史的话，一般所谓志不过是记事的书或者文章。《左传·襄公二十五年》：“仲尼曰：‘志有之。’”杜预注曰：“志，古书。”《庄子·逍遥游》：“《齐谐》者，志怪者也。”这个志即是指一般记载而言。再者，如詹剑峰所说：

> 或曰，周任、史佚皆史官也，故非私人著述。但反问一句，老子不是周之征藏史么？司马迁是汉之太史，他作的《史记》不是私人著作么？再反问一句，孔子并非鲁国的史官，凭什么资格居然修起《春秋》来？孔子所修的《春秋》不是私人著作么？[5]

看来，有些假设是经不起推敲的。先提出某种假设，然后将所有相抵牾的材料加以各种曲解，不是解决问题的办法。

---

① 胡适：《与冯友兰先生论〈老子〉问题书》，罗根泽编：《古史辨》第四册，上海古籍出版社 1982 年版，第 418 页。

② 罗根泽：《战国前无私家著作说》，罗根泽编：《古史辨》第四册，上海古籍出版社 1982 年版，第 8～68 页。

③ 章学诚：《文史通义》卷一，《易教上》，上海书店 1988 年版。

④ 詹剑峰：《老子其人其书及其道论》，湖北人民出版社 1982 年版，第 80～81 页。

⑤ 詹剑峰：《老子其人其书及其道论》，湖北人民出版社 1982 年版，第 81 页。

除了“战国以前无私人著作”这条理由之外，主张成书于战国说者还有一些具体说法：

例如梁启超作《论〈老子〉书作于战国之末》①，就提出了六个疑问：第一，《史记·老子传》的记载，老子八代孙与后辈孔子十三代孙同时，“未免不合情理”，这一条前面已经涉及了，当时人们就从多方面列举许多事实加以批评；第二，墨子、孟子极好批评，“何故始终不提一字”；第三，孔子向老子问礼，与五千言精神不合；第四，《史记》根据《庄子》不可靠；第五，从思想系统上论，老子的话太自由、太激烈，不大像春秋时人说的，在《左》《论》《孟》中找不出一点痕迹；第六，文字语气（包括“王侯”“万乘之君”等等）以及某些官名都是战国的。对于这些，过去都有具体的讨论，赞成这些看法的人又作出一些具体的补充说明，反对这种看法的人则一一进行了反驳。特别值得一提的是，当时张煦写的《梁任公提诉〈老子〉时代一案判决书》，逐条加以反驳，虽“采用文学方式”，但梁启超也不得不承认“考证精核，极见学者态度”（虽然他“未撤回原诉”），兹举两段文字以见一斑：

> 查原告所称……仁义二字是孟子专卖品一句话……《易·系辞下传》说：“小人不耻不仁，不畏不义。”《左传》说：“酒以成礼，不继以淫，义也；以君成礼，弗纳于淫，仁也。”仁义为并文，与老子所说“绝仁弃义”，“先仁而后义”有何不同？《史记》引周初所制谥法云：“仁义之所往为王。”周初谥法篇义与此合，早以仁义为联同，与《老子》“大道废而后有仁义”有何不同？《易·说卦传》说：“立天之道，曰阴与阳；立地之道，曰柔与刚；立人之道，曰仁与义。”老子既说阴阳（如“万物负阴而抱阳”之类），又说刚柔（如“柔之胜刚”之类），为何独不能连说仁义？
>
> 原告说某诸侯在春秋后若干年始称王，才能“王侯”（《老子》或本作“侯王”）“王公”联用，那话从何见得？考吴子寿梦在《春秋》绝笔前一百零四年已称王，稍后越亦称王，楚更在春秋前称王。老子原籍与楚接壤，或后竟为楚人，岂有不知楚王？在周做官，岂有不知周王（夏

① 梁启超：《论〈老子〉书作于战国之末》，罗根泽编：《古史辨》第四册，上海古籍出版社1982年版，第305～307页。

商周皆称王)？何以孔子同时的老子，不会用他？《易·蛊之上九》“不事王侯，高尚其事”，不是早已“王侯”联用吗？《易·坎象》“王公被险以守其国”，《离象》“六五之吉离王公也”，不是“王公”联用吗？①

张煦所举事实是很有说服力的，其他考辨者也多类此，看来要说春秋时有老子其人其书比较容易，要加以否定比较困难。要说什么东西没有是颇不容易的，或者你未发现，或者还会从地下冒出来。过去，如唐代傅奕考校《老子》众本时，曾据“项羽妾本”，即“齐武平五年彭城人开项羽妾冢”② 所得之本。现在又有马王堆汉墓帛书《老子》出土。这对于曾出现的《老子》成书于西汉说，是极有力的反驳。

总而言之，我们的结论是，《老子》书是可以代表春秋时期老子思想的，其成书时间不晚于战国初年。今传本以及新出帛书本，也都难免有其后附加上去的文字，这也是几乎所有古籍都会存在的现象。

三、《老子》的版本

古籍的流传，时间愈久，问题越多，因为不断地传抄、整理、翻印，就使古籍或大或小地变样，像《老子》这样影响大的先秦古籍尤其如此。人们广为传抄，这个进行解说，那个加以注解，有心无心抄错的，有意无意窜改的，正文注文混淆的，所有这些，使人很难看到古籍的真正面貌。历史上常常有人追求古本，但很难达到。然而版本问题对于学术研究来说又是一个极为重要的问题，甚至一句话、一个字的对与错、有与无都至关重大，错了就会闹笑话，此例很多。《颜氏家训·勉学》记载：

江南有一权贵，读误本《蜀都赋》注，解“蹲鸱，芋也”，乃为“羊”字；人馈羊肉，答书云：“损惠蹲鸱。”（按：许多版本又误“损”为“捐”）举朝惊骇，不解事义。久后寻迹，方知如此。

这不过是贻笑众人。医书方面的错字，那就会与人命相关了，这种事例也

① 张煦：《梁任公提诉〈老子〉时代一案判决书》，罗根泽编：《古史辨》第四册，上海古籍出版社1982年版，第316～317页。

② 彭耜：《道德真经纂注杂说》引谢守灏《老君实录》。

有。如中医处方有时用饧（麦芽糖）作药引，有的庸医就读了误本“饧”作“锡”，就要人用锡作引①。这些涉及版本学、校勘学等专门学问，这里就不多谈了。下面简略地谈谈《老子》的版本问题。

唐宋以来，流传较广的是王弼注本和河上公注本，但唐宋时期就有人对这两个本子有异议，而不断地在追寻原本，包括两个注本的古本。唐代傅奕的《道德经古本篇》，也是重要的古本之一。《新唐书·刘知几传》记载：

> 开元初……（知几尝议）《老子》本无河上公注，请存王弼学。宰相宋璟等不然其论，奏与诸儒质辩。博士司马贞等阿意，共黜其言，请二家兼行……

实际上，在唐代一直是“二家兼行”的，陆德明为王弼本作音义，傅奕古本以王弼本为依据，而颜师古注《汉书》、贾公彦疏《周礼》、李贤注《后汉书》，都引用河上公本，有的如李善注《文选》则二本兼用。从总的情况看，唐宋时河上公本流传更广一些。宋以后王弼本被认为“还古者也”，原因是河上公本并非真正战国时河上丈人之作，《汉书·艺文志》中有《老子邻氏经传》等书，而无河上公章句。《隋书·经籍志》中才说“梁有战国时河上丈人注二卷”，其所本大约是阮孝绪的《七录》。也有人认为河上公注乃汉儒所为，马叙伦作《老子校诂》时作了一番考证，他在该书序文中写道：

> 余謚河上注曰：“魂者，雄也。主出入人鼻，与天通，故鼻为玄也。”又曰：“天门，北极紫微宫。”若此者，汉初犹无其说，何况战国时？又检王本，经注相謚，颇多错讹复重，亦有弼注讹入经中，而河上乃并弼注亦注之。其题箸之尤者，则“佳兵者”一章是也。亦有弼注后经文始有错讹者，而河上本亦同其错讹。以此证之，盖出于王本乱离错讹之后，为张道陵学者所为。独不解晋之中世，其书已行，而诸所存晋宋前籍，顾不多及。至梁元帝《金楼子》、阮孝绪《七录》始录其书。皇侃《论语义疏》始援引其注，从可知梁世乃大行。②

① 陆深：《俨山外集》卷八，《金台纪闻下》。
② 马叙伦：《老子校诂·序》，中华书局 1974 年版，第 6～7 页。

这个考证比较精细可信，还有其他学者也都指出，河上公本绝非战国作品，亦非汉时之作。但它也算是流传最广的古本之一了，唐宋时代在民间通行。王弼本及其注被认为是较好的本子和“古注中第一流的作品”①，但是应该指出，今行王本亦非原貌，马叙伦又说：

> 宋则众本杂出，率祖河上，益以徽宗尊道，甚于唐玄。故熊克求王本至谓“近世希有，久乃得之”。今行王本即熊氏所得，晁说之称为“近古者”也。然晁氏谓弼题是书曰《道德经》，不析乎道德而上下之。而音义所依为王本，已析上篇为《道经》，下篇为《德经》。晁氏谓：“‘常善救人，故无弃人；常善救物，故无弃物’，独得诸河上公本，而古本无有也。赖傅奕能辩之。”今王本仍有此四句，傅本亦然。以王注及陆氏音义与河上注参核经文，则依河上本以改王本者颇多。是今王本非复晁氏所见之旧，王注原本盖已不可复睹。②

因此，时代愈后，古籍的原样就愈难保存。清代考证的人很多，至少是提出了许多值得注意的问题。但考证也不是纯技术性的工作，也有考证人的思想观点在起作用，这些都是在研究《老子》思想时应该注意的问题。

1974 年长沙马王堆汉墓出土的一批帛书中，有甲、乙两种《老子》，这对于研究《老子》思想不能不说是一件特大的事。这出土的《老子》，无疑是今日能看到的真正的最古的《老子》本子。先秦诸子中有引《老子》原文者，但那也还可能有传抄之误的问题。所以《老子》帛书本是真正最古的，但是也要注意，它毕竟是汉代的本子（当然是汉初，这也不可忽视），而且同时就有两个不同的抄本，在研究时注意这些情况是有好处的。帛书本无疑给《老子》的研究提供了新资料：首先，哪些话有，哪些话无，哪些话究竟是怎样说的，等等。这是一切研究的基础。如上马叙伦所述，“常善救人”数句，晁说之引傅奕说古本无，等等，到底是有是无？两个帛书本都写道：

> 是以圣人（“圣”，甲本作“声”，乙本作“耶”）恒善救人（“救”，

① 陈鼓应：《历代老子注书评介》，《老子注译及评介》，中华书局 1984 年版，第 370 页。
② 马叙伦：《老子校诂·序》，中华书局 1974 年版，第 1～2 页。

甲、乙本皆作“怺”），而无弃人，物无弃财，是谓忡（“忡”，乙本作“曳”，今本作“袭”）。

与今本相比，文字有所不同，但意思完全是一样的。这样，唐宋以来的那几句话古本有无的问题就是多余的了。河上公本虽比王本晚出，假如真的王本没有的话，那倒是王本失真了。由此看来，帛书本价值是很大的。有的先生在比较之后指出：“今本《老子》有衍文”（如三十一章“夫佳兵者，不祥之器”多一“佳”字；六十五章“民之难治，以其多智”多一“多”字），“今本《老子》有夺文”（如今本“有无相生……前后相随”夺“恒也”二字；七十四章“常有司杀者杀”句本多一“杀”字，句前少“若民恒且必畏死”一句），“今本《老子》有错字”，“今本《老子》句读有误”，“帛书可澄清被误解的文字”，“帛书可解决聚讼多时之文字”，等等①。仔细比较，确实可以发现和解决不少问题，这里就不详细说了。

再就是注解本。王本、河上公本都有注，注文的本身经过反复传抄，也可能有很多问题，错、夺、衍等情况都在所难免。注文本身也是有很大意义的，主要在两方面：一方面是对《老子》的领会和掌握，另一方面则反映作注者本人的思想。这两方面又有密切关系，例如《老子》第三章的“常使民无知无欲”，王注为“守其真也”，河上公注为“反朴守淳”；第二十五章的“道法自然”，河上公注为“道性自然，无所法也”，王注云：

道不违自然，乃得其性。法自然者，在方而法方，在圆而法圆。于自然无所违。

这些理解，虽只一两句话，甚至是一两个字，却掌握了《老子》“自然”的主旨，把握了《老子》思想的真正意义，这是王弼、河上丈人（或者假借河上丈人名义的作者）对于《老子》思想的领会，或者说是接近《老子》本义的领会。

但是，另一些注文，则主要反映注者本人的思想。如王弼注第三十章“以道佐人主者，不以兵强天下，其事好还”时说：

① 郑良树：《论帛书本〈老子〉》，《竹简帛书论文集》，中华书局1982年版，第1～17页。

> 有道者务欲还反“无为”，故云其事好还也。

大多数注者认为“其事好还”是就“用兵”之事而言，含有“还报”或“报复”的意思①，如蒋锡昌《老子校诂》所说：

> 此谓用兵之事，必有不良之还报；下文所谓“师之所处，荆棘生焉，大军之后，必有凶年”也。

王弼的解释似乎与原意是不符的，但“有道者务欲还反‘无为’”这句话，似可以反映王弼的思想，反映王弼是积极主张无为的，这思想无疑是与其“以无为本”的思想一致的。我们研究王弼的思想时，他的《老子注》中有不少资料。

再如河上公注也是如此，其解第一章“玄之又玄”时说：

> 玄，天也。言有欲之人与无欲之人同受气于天。

解第六章“谷神不死”时说：

> 谷，养也。人能养神则不死也。神谓五藏之神也：肝藏魂，肺藏魄，心藏神，肾藏精，脾藏志。

此类例子颇多，其解释与《老子》原义无关，多为借题发挥，牵强附会。但是作为研究河上公本作者（不是战国时的河上丈人）的思想，倒是有一定意义的，如有的学者所指出的，“河上公注，多养生家言”，或者说“带有道教的有色眼镜去注老子”②，进而还可以看到一定历史时期的某些流派思想潮流。本书以下各章将较详细地论述这方面的问题。

这些是讲注释本的意义。

总而言之，《老子》的版本问题在老学发展史上是一个相当重要的问题，

---

① 陈鼓应：《历代老子注书评介》，《老子注译及评介》，中华书局1984年版，第370～374页。

② 陈鼓应：《历代老子注书评介》，《老子注译及评介》，中华书局1984年版，第386页。

它是研究《老子》的基础，虽然涉及许多训诂的问题，但在思想研究方面的意义也是重大的。

第三节 《老子》的基本思想

以上已经谈到，《老子》一书历来有一些不同的版本。马王堆帛书出土之后，进一步表明其在内容、文字上历来有一些不同。但是，从总的情况看，其基本思想却是相同的，可以把《老子》书作为一个整体来看，也可以把它所反映的思想作为一个整体看待。

《老子》一书号称五千文，帛书本有五千四百六十七个字，通行本不足五千字（唐代流行本四千九百九十九个字），也许是为了凑“五千文”之数，删掉了一些虚字（对比帛书本和原来通行本也确实如此）。书的字数不多，但言简意深，内容丰富，自然、社会、人事的许多方面都涉及了，人们在介绍其思想时，或分哲学思想、政治思想、伦理思想等几个大的方面，分别进行介绍；或者分得更具体一些，包括宇宙论或本体论、认识论、政治论、战争论、人生观、修养论、知行论或实践道德论等等。人们可以从《老子》中发现辩证法、策略思想，也可以找到养生之道。再提高一步，有人说它的思想是唯心主义的，有人说是唯物主义的；有人认为它是辩证的，有人认为它是形而上学的；各有各的道理。

无论说《老子》中的什么思想，或者对某种思想进行评论，首先是根据书中的那些语言和文字，其次才是评价者个人的看法。因此，重要的是弄清那些语言、文字的本身。从全书来看，它是一种语录体，本来是否分上下篇，或者分章，那是另一回事。也许成书时就分了，也许是后来才分的。自然的段落总是有的。从现存的传本以及出土的帛书（可说是汉初的传世之本）看，有许多并不相连的段落，或者说是章节。有的段落或章节包括几个独立的思想，也有的好几个段落或章节才有一个主要意思。而各种话语中表现出来的矛盾的思想，也确实是存在的。或者又有后来窜入的文字，或者本来就是矛盾的，这都是可能的。但并不妨碍人们学习和研究，甚至作一些总体的把握和认识也不是不可能的，因为它毕竟是一本独立的书。

既然情况比较复杂，作为介绍性的文字，我们就力求客观、全面一些，结论让读者自己去作。

一、道的各种意义

《老子》，又作《道德经》，或《老子道德经》。司马迁说是“上下篇言道德之意”，作为涵义大而且深的“道”、“德”二字，在书中使用的频率是较高的，“道”字出现六十九次，“德”字出现三十三次，更不消说一些与“道”字等同的“一”、“大”、“玄”、“朴”乃至“有”、“无”等字更多。可以这样说，反映《老子》思想的就是“道”、“德”二字，“道”字又是最根本的，所谓“孔德之容，惟道是从”①，大德的运作或者标志，是以道为转移的。历来解释“德”字，或者说“道之功也”（韩非语），或者说“道之用也”（陆德明语），或者说“道之见也”（苏辙语），现在的说法是“道的体现”或“道的形式”②。

“道”字是《老子》的中心，是其特点，但“道”这个字由来甚古，并非老子的发明，一些更早的古书中都已出现过。例如《诗经》中的“周道如砥，其直如矢”③，这是道路之道；《说文》所谓“所行道也”，“一达谓之道”。事理、规律之类的意义，是由此而引申出来的。《书经》中也有“道”字，不过所谓《伪古文尚书》中较多，又渗有后来的思想，如《大禹谟》中之“违道以干百姓之誉”，“反道败德，君子在野，小人在位”，“满招损，谦受益，时乃天道”。这些涉及德、理、道德、规律等等，《顾命》中的“道扬末命”也是引申义。引申义也是比较早就有了，春秋时期，有“道德”意义的“道”出现很多，例如《左传》中的“道”字使用很多，多是道义、道德的意思。例如：“天灾流行，国家代有，救灾恤邻，道也。行道有福。”④ 此乃“道义”之道。又如：“所谓道，忠于民而信于神也。上思利民，忠也；祝史正辞，信也。”⑤ 忠、信之类，属于道德范畴，不过，这里和神联系在一起，《春秋左传正义》解释说：“道犹道路，行不失正，名之曰道。施于人君，则治民事神，使之得所，乃可称为道

---

① 《老子》第二十一章。

② 陈鼓应：《老子注译及评介》，中华书局 1984 年版，第 148 页。

③ 《诗经・小雅・大车》，十三经注疏本，中华书局 1980 年版。

④ 《左传・僖公十三年》，十三经注疏本，中华书局 1980 年版。

⑤ 《左传・桓公六年》，十三经注疏本，中华书局 1980 年版。

矣。”古人常说天道、神道，是一种宗教性质的思想，当然有时候也有自然规律的意思。所谓“天之道”或者“神道设教”[①]，人们可以从两方面去发挥：一方面是宗教世界的天和神，一方面是自然规律。《老子》主要是发挥了后一方面的意义。

那么，《老子》的道究竟是什么意义？比较一致的看法是，有几个方面的意义：首先是作为天地万物的根源，其次是讲事物发展的规律，再次就是讲生活的准则，属于伦理道德的范围，不过看法、标准不同罢了，略分述如下：

首先，道是天地万物的本原，这一点是确定无疑的，它说：

> 道冲而用之，或不盈。渊兮似万物之宗。[②]
>
> 道生一，一生二，二生三，三生万物。[③]
>
> 道生之，德畜之，物形之，势成之。是以万物莫不尊道而贵德。[④]

再就是第一章的“无，名天地之始；有，名万物之母”，无和有是道的代称，是没有疑问的，似亦无任何争议，讲的也是天地万物的本原。道这方面的意义，不说是《老子》的独创，也是它的突出贡献，是最大的特点。

至于道本身又是一个什么东西呢？有几段集中描述的文字：

> 视之不见，名曰夷；听之不闻，名曰希；搏之不得，名曰微。此三者不可致诘，故混而为一。其上不皦，其下不昧。绳绳兮不可名，复归于无物。是谓无状之状，无物之象，是谓惚恍。迎之不见其首，随之不见其后。[⑤]

---

① 《易经·临》《易经·观》，十三经注疏本，中华书局1980年版。
② 《老子》第四章。
③ 《老子》第四十二章。
④ 《老子》第五十一章。
⑤ 《老子》第十四章。

道之为物，惟恍惟惚。惚兮恍兮，其中有象；恍兮惚兮，其中有物。窈兮冥兮，其中有精；其精甚真，其中有信。①

有物混成，先天地生。寂兮寥兮，独立而不改，周行而不殆，可以为天地母。吾不知其名，强字之曰道，强为之名曰大。大曰逝，逝曰远，远曰反。②

这个天地万物的本原，虽用“道”字（或者“大”字以及“一”、“无”等字）来表示，怎么也不好下一个十分明确的定义。事实上，后人虽“多为之辞”、“博为之说”，也难以讲清，也许是因为受人们认识的限制。这个“恍兮惚兮”的道到底是实体还是虚无，在《老子》中似乎都能找到根据，于是生出了唯物与唯心的许多争论。这里暂不作明确表态，希望能有更深的研究、更合理的解释。

其次，道是事物发展的规律。《老子》中有这方面的意义，也是毋庸置疑的。

致虚极，守静笃。万物并作，吾以观复。夫物芸芸，各复归其根。归根曰静，静曰复命。复命曰常，知常曰明。不知常，妄作凶。知常容，容乃公，公乃全，全乃天，天乃道，道乃久，没身不殆。③

“天乃道”，符合自然才能符合于道。道的规律是自然的规律。

有物混成……独立而不改，周行而不殆……强字之曰道，强为之名曰大。大曰逝，逝曰远，远曰反。④

“周行而不殆”，循环运行而生生不息。“逝”也是讲“行”，“流行不息也”，讲道的运行规律。

---

① 《老子》第二十一章。
② 《老子》第二十五章。
③ 《老子》第十六章。
④ 《老子》第二十五章。

执古之道，以御今之有。能知古始，是谓道纪。①

这是指掌握和运用规律而言的。而“惟道是从”②，“道法自然”③，自然也是讲规律的。此外，其还具体讲了一些人事和自然的规律，如：

功遂身退，天之道也。④

为者败之，执者失之。⑤

天之道，不争而善胜，不言而善应，不召而自来，繟然而善谋。⑥

这些是在讲人事的规律。《老子》认为人事的规律与自然规律是一致的。

飘风不终朝，骤雨不终日。⑦

这是专讲自然规律。

柔弱胜刚强。⑧

这是讲自然与人事共有的规律。

道有规律的意义，但是怎样的规律？它是怎样运行和发展的？这在上面行文中已经涉及，更有较集中的表述，如：

天下皆知美之为美，斯恶已；皆知善之为善，斯不善已。⑨

① 《老子》第十四章。
② 《老子》第二十一章。
③ 《老子》第二十五章。
④ 《老子》第九章。
⑤ 《老子》第二十九章。
⑥ 《老子》第七十三章。
⑦ 《老子》第二十三章。
⑧ 《老子》第三十六章。
⑨ 《老子》第二章。

有无相生，难易相成，长短相形，高下相盈，音声相和，前后相随，恒也。①

曲则全，枉则直，洼则盈，敝则新，少则得，多则惑。是以圣人抱一为天下式。②

祸兮福之所倚，福兮祸之所伏。孰知其极？其无正也。正复为奇，善复为妖。人之迷，其日固久。③

有人说这是对立转化规律，是辩证法思想；有人认为非是，甚至“恰恰是《老子》的形而上学相对主义本质”。这又是见仁见智了。可以肯定地说，《老子》上述思想中有合理因素，有值得借鉴的东西。

再次，道有生活准则的意义，而且这也是《老子》中的主要内容，数量最大。所谓道德的德，就是道的显现和作用。它说：

道生之，德畜之，物形之，势成之。是以万物莫不尊道而贵德。道之尊，德之贵，夫莫之命而常自然。故道生之，德畜之，长之，育之，亭之，毒之，养之，覆之。生而不有，为而不恃，长而不宰，是谓玄德。④

以下再罗列一些具体论述看看：

持而盈之，不如其已；揣而锐之，不可长保。金玉满堂，莫之能守。富贵而骄，自遗其咎。功遂身退，天之道也。⑤

致虚极，守静笃。⑥

① 《老子》第二章。
② 《老子》第二十二章。
③ 《老子》第五十八章。
④ 《老子》第五十一章。
⑤ 《老子》第九章。
⑥ 《老子》第十六章。

大道废，有仁义。智慧出，有大伪。六亲不和，有孝慈。国家昏乱，有忠臣。①

企者不立，跨者不行，自见者不明，自是者不彰，自伐者无功，自矜者不长。其在道也，曰余食赘形。物或恶之，故有道者不处。②

以道佐人主者，不以兵强天下。③

善有果而已，不以取强。果而勿矜，果而勿伐，果而勿骄，果而不得已，果而勿强。④

物壮则老，是谓不道，不道早已。⑤

上德无为而无以为，下德无为而有以为。⑥

故失道而后德，失德而后仁，失仁而后义，失义而后礼。⑦

前识者，道之华，而愚之始。⑧

为学日益，为道日损，损之又损，以至于无为。⑨

无为而无不为。取天下常以无事，及其有事，不足以取天下。⑩

---

① 《老子》第十八章。
② 《老子》第二十四章。
③ 《老子》第三十章。
④ 《老子》第三十章。
⑤ 《老子》第三十章。
⑥ 《老子》第三十八章。
⑦ 《老子》第三十八章。
⑧ 《老子》第三十八章。
⑨ 《老子》第四十八章。
⑩ 《老子》第四十八章。

治人事天，莫若啬。……长生久视之道。①

治大国，若烹小鲜。以道莅天下……②

古之善为道者，非以明民，将以愚之。③

我有三宝，持而保之。一曰慈，二曰俭，三曰不敢为天下先。④

天之道，利而不害。圣人之道，为而不争。⑤

从以上引文可以看出，其涉及社会、政治、人生的各个方面。《老子》的许多具体论述充满智慧，非常深刻，给后人多方面的启发。

二、道的各种特性

《老子》思想的意义及其所发挥的影响，主要还在于它描述“道”这个字的字义时所突出的一些特征。

1\. 自然

“自然”一词在《老子》中仅数见（五处），却是一个极为重要的观念，带有根本性的意义，所以《老子》的哲学被称为“自然”哲学。最主要的是两句话：

人法地，地法天，天法道，道法自然。⑥

“道法自然”，道纯任自然，实际上天、地、人所取法的都是自然。

① 《老子》第五十九章。
② 《老子》第六十章。
③ 《老子》第六十五章。
④ 《老子》第六十七章。
⑤ 《老子》第八十一章。
⑥ 《老子》第二十五章。

道之尊，德之贵，夫莫之命而常自然。①

道、德之尊贵，就在于其不加干涉，而顺任自然。这就是一种可称为“指导思想”的语言了。其他的话，则是具体的解说和运用，如：

悠兮其贵言，功成事遂，百姓皆谓：“我自然。”②

希言自然。③

故飘风不终朝，骤雨不终日。④

这个“自然”特性，这种不加强制而顺从自然的状态，可以从自然界、社会、人事的各方面表现出来。

2. 无为

“无为”在《老子》书中是一个更重要的观念，更有实际意义的观念。它是“自然”观念的具体化，特别是在政治思想方面的具体化，无为也就是顺任自然，如第六十四章所说：

是以圣人欲不欲，不贵难得之货；学不学，复众人之所过，以辅万物之自然而不敢为。

“不敢为”，不加干预，就是无为的本来意思。无为是相对有为而言的。第七十五章说：

民之难治，以其上之有为，是以难治。

而第五十七章说的是：

---

① 《老子》第五十一章。
② 《老子》第十七章。
③ 《老子》第二十三章。
④ 《老子》第二十三章。

> 我无为，而民自化；我好静，而民自正；我无事，而民自富；我无欲，而民自朴。

确实可以说，“好静”、“无事”、“无欲”都是“无为思想的写状”，“都是无为的内涵”[①]。这无为的思想和观念，在《老子》中或明显或隐约，在很多地方表现出来，尤其是在政治问题上，表现得最为明显，以上第五十七、七十五两章全是这个意思，而第六十章“治大国，若烹小鲜”也是这种思想的体现。

另外，第三十七章中直接把无为和道联系起来：

> 道常无为而无不为。侯王若能守之，万物将自化。化而欲作，吾将镇之以无名之朴。镇之以无名之朴，夫将不欲。不欲以静，天下将自正。

这里“无为”是就政治而言的，希望“侯王”“能守之”，并且又有“无为而无不为”的话。但是，新出土的帛书《老子》甲、乙两个本子的第一句话都是“道恒无名”，而不是“道常无为而无不为”。有人指出，帛书本应为《老子》原文，与第三十二章中的“道常无名……侯王若能守之”是一致的[②]。这个看法也许是对的。本段中下文“镇之以无名之朴”，与上之“道恒无名”更为一致，理由更为充足。注意此问题的人进一步指出：“老子谈‘无为’，谈‘无以为’，老子不谈‘无不为’。”[③]《老子》原文中没有“无为而无不为”这句话，是可能的，但说没有“无为而无不为”的思想，那就不能肯定。关键是对“无不为”如何理解？如果理解为无所不为，那么“无为而无不为”就是表面上无为，暗地里无所不为，那就是阴谋、权术。如果理解为一种无为的结果，即实际上什么事情都做成了，那就仍然是顺其自然而成功了。这个思想，在《老子》中是确实有的。第三章中的“为无为，则无不治”就表达得很明显，按照帛书本的“使天知不敢为而已，则无不治矣”意思也是一样的。后来的人，从韩非开始，就明确强调

① 陈鼓应：《老子哲学系统的形成》，《老子注译及评介》，中华书局 1984 年版，第 33～34 页。

② 郑良树：《论帛书本〈老子〉》，《竹简帛书论文集》，中华书局 1982 年版，第 7 页。

③ 郑良树：《论帛书本〈老子〉》，《竹简帛书论文集》，中华书局 1982 年版，第 7 页。

了无为而无不为的思想了，不过始终是有多方面的理解和运用的。

3. 虚静

道的又一个重要特性就是虚和静，这在《老子》第十六章中比较明显地表示出来：

> 致虚极，守静笃。万物并作，吾以观复。夫物芸芸，各复归其根。归根曰静，静曰复命。复命曰常，知常曰明。不知常，妄作凶。

虚可以说是对道有特性的一种描写。守静，是致虚的一种功夫，是道的虚的特性在人生、政治方面的落实，整章的文字是这个意思。这方面与无为是差不多的。“致虚极，守静笃”，这话又似乎来得突然。但如有的学者指出的，“这一章是根据上一章不盈的意思，演绎下来的”[①]。这就比较自然了。因为上一章讲：“古之善为道者[②]，微妙玄通，深不可识。夫唯不可识，故强为之容。”它做了多方面的勉强的形容，其中就有虚与静的形容，如“旷兮其若谷”、“孰能浊以静之徐清”（帛书本作“浊而静之，徐清”）等等，最后又说：“保此道者，不欲盈。”盈与虚是相对的，“不欲盈”就是致虚，只有守静才能达到。

在政治上，“我好静，而民自正”，后来的“清静无为”的政治主张就是由此而来的。这方面，《老子》是反复论述的：

> 不欲以静，天下自正。[③]

> 静胜躁，寒胜热。清静为天下正。[④]

清静无为、无事、无欲等是相关联的、一致的，反对的是急躁、烦扰、多欲等等。它认为急躁不得：

① 许啸天编著：《老子》，成都古籍书店1988年版，第84页。

② “道”字或作“士”字，帛书本作“道”。从下文“保此道者”看，“道”字为是。

③ 《老子》第三十七章。

④ 《老子》第四十五章。

> 重为轻根，静为躁君。是以君子终日行不离辎重，虽有荣观，燕处超然。奈何万乘之主，而以身轻天下？轻则失根，躁则失君。①

它反对烦扰：

> 以正治国……以无事取天下。吾何以知其然哉？以此：天下多忌讳，而民弥贫；人多利器，国家滋昏；人多伎巧，奇物滋起；法令②滋彰，盗贼多有。③

那无为、好静、无事、无欲的“圣人”之言正是在这段文字之后引述的。其主张什么，反对什么，以及无为与清静等的关系，在这一章中讲得比较集中，也比较清楚。它还反对多欲：

> 五色令人目盲，五音令人耳聋，五味令人口爽，驰骋畋猎令人心发狂，难得之货令人行妨。是以圣人为腹不为目，故去彼取此。④

无欲的思想是针对多欲提出来的，这是毫无问题的。如何看待这种思想？是否“我无欲”就会“民自朴”？那是另一回事。至于如何做到无欲以及无欲到什么程度，似乎没有明说。

4. 柔弱

《老子》讲了道的许多特性，除了以上所说的之外，另一个重要的根本性的特性就是柔弱。《庄子·天下》在描述老聃之道时说“以濡弱谦下为表，以空虚不毁万物为实”，可见柔弱这个表象特征是十分突出的。《老子》本文中，理论性的概括是第四十章的一段：

> 反者道之动，弱者道之用。天下万物生于有，有生于无。

---

① 《老子》第二十六章。
② 帛书本“令”字作“物”字，值得研究。
③ 《老子》第五十七章。
④ 《老子》第十二章。

每一句话都是理论的概括，后两句涉及天地万物的起源和本体，与第一章“有，名万物之母”的观点是一致的，讲的是超现象的形上之道。而前两句则是对道的特性的描述。“反者道之动”，讲道是运动的，与第二十五章所说“大曰逝，逝曰远，远曰反”相同。但究竟如何解说为好，这里不多说它。“弱者道之用”，是值得认真解释的一句。仅仅译成“道的作用是柔弱的”[①] 恐怕远远不够，甚至不当。它应该首先是讲道的特性，如《庄子·天下》的描述“为表”，然后才讲它的柔弱发挥作用。这句话比较好的具体的解说，可以引用如下一说：

弱，是顺的意思。道是最虚，最静，最柔顺，从来不自作主张，违抗万物的生理。但我们须知他的弱，是要养成容纳万事万物的真理，虚怀谦退，不逞主观的意气，才能明白天地间至公至正的大道。这是有主张的弱，有作用的弱，不是柔弱无能的弱。因此，天道最弱，也是最强。任你如何有大势力的人物，总不能够违背天道。你若逆天行事，便要得到天道最后的裁判，好似水一般。水是最柔，也是最刚，水最仁慈，能利润万物；但你若违背了水性，便有洪水之灾，能淹没高山大地，伤害无数生命。我们从这上面，可以知道天道的弱，正是他的作用，所以说弱者道之用。[②]

这个解释讲得很清楚，比较全面，与《老子》的原意是相符合的。《老子》的这个思想，是从观察和分析自然与人生的现象而得出来的。它说：

人之生也柔弱，其死也坚强。草木之生也柔脆，其死也枯槁。故坚强者死之徒，柔弱者生之徒。是以兵强则灭，木强则折。强大处下，柔弱处上。[③]

天下莫柔弱于水，而攻坚强者莫之能胜，以其无以易之。弱之胜

---

① 陈鼓应：《老子注译及评介》，中华书局 1984 年版，第 225 页。
② 许啸天编著：《老子》，成都古籍书店 1988 年版，第 204～205 页。
③ 《老子》第七十六章。

> 强，柔之胜刚，天下莫不知，莫能行。①

从观察分析的结果得出“柔弱胜刚强”② 的结论。甚至于说：“天下之至柔，驰骋天下之至坚。”③《老子》之尚柔或者说贵柔，话有些过头了，但也是有一定道理的，并且是有针对性的，上文“兵强则灭，木强则折”已经提到了。还有，它是与无为思想紧密相连的，上引第四十三章文之后接着就写道：“无有入无间，吾是以知无为之有益。”

5. 不先、不争

与无为思想一致，与尚柔思想一致，《老子》中还有大量不先、不争的思想，这也被认为是道的特性。关于不先，它说：

> 我有三宝，持而保之。一曰慈，二曰俭，三曰不敢为天下先。……不敢为天下先，故能成器长。……舍后且先，死矣！④

不先是为了“成器长”，这个道理，《老子》也进行了阐述：

> 江海之所以能为百谷王者，以其善下之，故能为百谷王。是以圣人欲上民，必以言下之；欲先民，必以身后之。是以圣人处上而民不重，处前而民不害。是以天下乐推而不厌。以其不争，故天下莫能与之争。⑤

不先、处下、不争等等，都只是手段、策略，其结果是“后其身而身先，外其身而身存”⑥，最终目的是要达到“天下莫能与之争”。因此，不争的思想和无为的思想一样，不是不为，而是有所为：

> 上善若水。水善利万物而不争，处众人之所恶，故几于道。……

---

① 《老子》第七十八章。
② 《老子》第三十六章。
③ 《老子》第四十三章。
④ 《老子》第六十七章。
⑤ 《老子》第六十六章。
⑥ 《老子》第七章。

夫唯不争，故无尤。①

像水一样不争，就近于道了。不争是作为道的一种特性的。

天之道，不争而善胜，不言而善应，不召而自来，繟然而善谋。天网恢恢，疏而不失。②

王弼注云："天唯不争，故天下莫能与之争。"

天之道，利而不害；人之道，为而不争。③

这可以说是一句总结性的话了。不争不是放弃，还是要为，要像"天之道，利而不害"那样去为。与不争思想一致的，还有不有、不言、不私、不长、不召等思想，都被认为是绝对的自然法则，是"天之道"。

三、如何领会和应用《老子》的思想

以上就是《老子》一书的基本思想，简而言之，就是一个"道"字（包括"德"字在内的道），然后是道的各种意义，再然后就是道的各种特性。书中还有许多论述政治和人生的格言，也都是由道的基本思想引申和发挥出来的。我们着重的是比较客观地介绍，而没有做过多的评议（当然又不可能完全不反映自己的看法和思想倾向）。因为唯物与唯心、辩证和形而上学等等，争议很多，分歧很大，这里尽量作一客观的介绍。

《老子》五千文，可以说是格言，思想内容非常丰富。用现代人文科学来划分，有哲学思想，其中又包括本体论、认识论、辩证法等等；有社会政治思想，包括社会政治理想、社会法则理论、国家学说、政治策略等等；有伦理思想，包括人性论、道德论、处世哲学等等；有经济思想；有军事思想；有美学思想；有养生之道；等等。在各种专门史中，几乎都可以立专章专节进行论述。但可以这样说，一半是《老子》书中的格言，一

① 《老子》第八章。
② 《老子》第七十三章。
③ 《老子》第八十一章。

半是学《老子》者个人的体会和发挥。这也是不足为怪的，任何思想都是如此，不过有的高深，有的肤浅，所谓见仁见智，境界、水平等不同罢了。下面举例说明。

关于哲学、政治等方面的思想讨论得很多，唯物、唯心之类的见解都反反复复地在讨论，这些就不说它了。且从争论较少的方面来谈谈。

先说说经济思想。较大的思想史和有的思想通史，都列有《老子》中经济思想的专节。的确，《老子》中不少格言，是直接与经济思想有关的，在有些问题上还不只是一句两句，可以说是有比较系统的思想，如对于财富的看法和态度就很明显：

不贵难得之货，使民不为盗。①

难得之货，令人行妨。②

绝巧弃利，盗贼无有。③

少则得，多则惑。④

知足者富。⑤

身与货孰多？……多藏必厚亡。故知足不辱。⑥

……财货有余，是谓盗夸。⑦

① 《老子》第三章。
② 《老子》第十二章。
③ 《老子》第十九章。
④ 《老子》第二十二章。
⑤ 《老子》第三十三章。
⑥ 《老子》第四十四章。
⑦ 《老子》第五十三章。

我无事而民自富。①

我有三宝：……二曰俭……俭故能广……舍俭且广……死矣。②

不难看出，《老子》对于财富基本上是持否定态度的，甚至认为财富（货、物等等）是万恶之源，这无疑是对社会上物欲横流的一种反对，它由此而提出去奢、崇俭的思想。这些都明显是经济思想，意义也是比较明确的。但另外有些话是否属于经济思想，那就在于人们如何体味了，例如：

生而不有，为而不恃，长而不宰。③

有的著作写道："这是氏族公社社会的生产原则。义释为：生产而不私有，劳动而不占有劳动成果，至于反映到阶级关系，虽有氏族长者，然并未发生统治权的作用（宰），或并未发生统治阶级（弗居。按：'长而不宰'一句在第二章为'功成而弗居'）。"④ 这无疑是作者的看法和体会，有的著作写得比较客观："把这句话应用到社会经济制度上来，就是说，人们从事物质资料的生产，但并不要占有生产资料及其产品。"⑤ 其讲的是"应用"，这是比较合适的，因为其本意是就"道"字而言的，"道生之，德畜之"，是讲道或者德生长万物而不据为己有，兴作万物而不恃己能，长养万物而不为主宰。这就是所谓玄德，如何引申其义，那是另一回事了。

再谈谈美学思想。其虽然没有经济思想的内容多，也不是一般思想史会讲到的，但美学思想史、文学理论史著作等也往往有专章专节，那是因为它的思想确实曾在这个领域里发生影响。《老子》中有一些格言是直接与美学思想有关的，如第二章的"天下皆知美之为美，斯恶已"，有的认为无美恶是《老子》的根本思想；有的则认为《老子》是承认美的存在，一种只能心领神会、难以名字称谓的存在。这样，前者可以引申为《老

① 《老子》第五十七章。
② 《老子》第六十七章。
③ 《老子》第五十一章。
④ 侯外庐、赵纪彬、杜国庠：《中国思想通史》第一卷，人民出版社 1957 年版，第 280～281 页。
⑤ 胡寄窗：《中国经济思想史》上，上海人民出版社 1962 年版，第 211 页。

子》根本否定美，甚至反对文化和文学艺术等等；后者我们则从中看到了辩证思想。《老子》中的许多格言是需要人们意会的。历代的文学家，现今的美学家，可以从中见到许多美学的东西，可以见到阴柔之美，浑沦、恍惚之美妙①等等。“大音希声”这一句，也是与美学思想有直接关系的，如何领会呢？钱锺书《管锥编》分析说：

> 按《庄子·天运》：“无声之中，独闻和焉”，即此意。……强为之容，则陆机《连珠》：“繁会之音，生于绝弦”，白居易《琵琶行》：“此时无声胜有声”，其庶几乎。……寂之于音，或为先声，或为遗响，当声之无，有声之用。是以有绝响或阒响之静（empty silences），亦有蕴响或酝响之静（peopled silences）。静故曰“希声”，虽“希声”而蕴响酝响，是谓“大音”。乐止响息之时太久，则静之与声若长别远睽，疏阔遗忘，不复相关交接。《琵琶行》“此时”二字最宜着眼……此境生于闻根直觉，无待他根。②

《管锥编》中这种联系中外的分析颇多，例如其在论《老子》第一章时写道：

> 词章之士以语文为专门本分，托命安身，而叹恨其不足以宣心写妙者，又比比焉。陆机《文赋》曰：“恒患意不称物，文不逮意”；陶潜《饮酒》曰：“此中有真意，欲辩已忘言”；《文心雕龙·神思》曰：“思表纤旨，文外曲旨，言所不追，笔固知止”；黄庭坚《品令》曰：“口不能言，心下快活自省”；古希腊文家（Favorinus）曰：“目所能辨之色，多于语言文字所能道”……但丁叹言为意胜……歌德谓事物之真质殊性非笔舌能传……聊举荦荦大者，以见责备语文，实繁有徒。要莫过于神秘宗者。彼法中人充类至尽，矫枉过正，以为至理妙道非言可喻，副墨洛诵乃守株待兔、刻舟求剑耳。《庄子·秋水》谓：“言之所不能论，意之所不能察致者”，即《妙法莲华经·方便品》第

① 敏泽：《中国美学思想史》第一卷，齐鲁书社1987年版。
② 钱锺书：《管锥编》第二册，中华书局1979年版，第449～450页。

> 二佛说偈之“止、止不须说！我法妙难思”，亦即智者《摩诃止观》卷五之“不可思议境”。《法华玄义》卷一下所谓“圣默然”，西方神秘家言标目全同，几若迻译。《老子》开宗明义，勿外斯意。心行处灭，言语道断也。[1]

此虽是分析“道可道，非常道。名可名，非常名”时的议论，但举的文学艺术的例子涉及的是美学思想。又例如，其在论述《老子》第十四章“惚恍”之时写道：

> 游艺观物，此境每遭。……韩愈《早春呈水部张十八员外》之一：“天街小雨润如酥，草色遥看近却无”（参观李华《仙游寺》：“听声静复喧，望色无更有”）；司空图《诗品·冲淡》：“遇之匪深，即之愈稀”，又《飘逸》：“如不可执，如将有闻”；曹元宠《卜算子·咏兰》：“著意闻时不肯香，香在无心处”；辛弃疾《鹧鸪天·石门道中》：“似有人声听却无”；梅曾亮《游小盘谷记》：“寂寥无声而耳听常满”，又《钵山余霞阁记》：“市声近寂而远闻”；罗斯金（Ruskin）描摹名画（Turner：“Babylon”）中风物有云：“天际片云，其轮廓始则不可见，渐乃差许意会，然后不注目时才觉宛在，稍一注目又消失无痕”……近人论“自由诗”（vers libre）所蕴节奏……云：“不经心读时，则逼人而不可忽视；经心读时，又退藏于密”……立言各有攸为，而百虑一致，皆示惟恍惟惚。《文子·精诚》篇所谓“远之即近，近之即疏”，是矣。[2]

这些举例可以说明：第一，《老子》思想有相当普遍的意义，它的许多格言，都在不同时间、不同地区、由不同的哲人用相似或相近的语言文字表达出来；第二，《老子》思想有相当的深刻性，它的许多格言，可以说是至理妙道；第三，《老子》的确有美学思想，它的美学思想与文学艺术理论中的意境说有密切的关系；第四，上述有些古代名句、古代文艺理论

---

① 钱锺书：《管锥编》第二册，中华书局 1979 年版，第 408 页。
② 钱锺书：《管锥编》第二册，中华书局 1979 年版，第 432～433 页。

家，可以断言是受了《老子》思想影响的，例如上面提到的《文心雕龙·神思》中还说：

> 是以陶钧文思，贵在虚静，疏瀹五藏，澡雪精神。

这话可说是受到《老子》思想的影响，因为后两句直接来源于《庄子·知北游》：

> 老聃曰：汝齐戒，疏瀹而心，澡雪而精神。

明确在文艺理论中使用虚静概念可以说是从《文心雕龙》开始，它就直接来源于老庄。当然，虚静思想在艺术领域中的应用还可以推得更早。东汉蔡邕在《笔论》中说：

> 夫书先默坐静思，随意所适，言不出口，气不盈息，沉密神彩，如对至尊，则无不善矣。

要求在书写之前屏声静气，冷静思考，沉入到书法意象中去。蔡邕是否受过老庄的影响，还找不到明显的证据，《后汉书》本传上只说他“少博学”，“好辞章、数术、天文，妙操音律”等等，这本身也就已经离经叛道了，而好辞章之类，不会不读老庄的，他那个时代，已是一个老庄开始流行的时代。这些就不多说了。

以上仅就经济和美学两个方面稍加论述，《老子》思想内容之丰富，影响之深远，或可见其一斑。最后强调一点，谈《老子》的基本思想，首先要力求客观，切忌“各逞私意，阴为笔削”，今日“阴为笔削”是不可能了，也不会有人去做。但历史上有意无意这样做的人是有的，这就对研究《老子》思想制造了不少困难，也是值得在今日研究中加以注意的。当然，如何领会《老子》的思想，仁者见仁，智者见智，那是不可避免的，也是正常的。一部老学发展史，主要也就是讲一个如何领会、发挥、应用《老子》思想的问题。

第四节 《老子》的思想渊源

老子被认为是道家的创始者，《老子》书是道家思想发展的主要根据。但并非说《老子》的思想是从天而降的（如某些道教文献说的那样）。看看它对古代思想的继承和发展，对于了解《老子》也是很重要的。

一、《老子》的述古

老子明确地承认自己的思想与古代思想的继承关系，第十四章说：

> 执古之道，以御今之有。能知古始，是谓道纪。

严复说得好：

> “执古”二语，与孟子“求故”同一意蕴。科哲诸学，皆事此者也。吾尝谓老子为柱下吏，又享高年，故其得道，全由历史之本。读“执古”、“御今”二语，益信。①

因此老子把许多内容都说成是解释古人的思想行为，如说“古之善为道者”如何如何，“是以圣人”如何如何，以及“故”如何如何，等等。虽然有不少是他自己的发展和创造，但他有点像孔子所说的那样：“述而不作，信而好古”，只有很少几处把他自己摆进去，如第五十三章：

> 使我介然有知，行于大道，唯施是畏。

第七十章：

> 吾言甚易知，甚易行。

---

① 严复：《严复评点老子道德经》，商务印书馆 1935 年版。

大多是解释和引用古人之说。因此，《老子》中引用了不少古人、古书之说，有的明白标出了，有的未标明但原文相同，类似的更多，下面就分别举例：

首先，明引古人之说者，如第二十二章：

> 古之所谓“曲则全”者，岂虚言哉？

第四十一章：

> 故建言有之：明道若昧；进道若退；夷道若颣；上德若谷……

一般解释“建言”均为“立言”，指古之立言者。高亨说：“‘建言’殆老子所称书名也”①，也是值得参考的意见，因为接下去好像是摘引的一些名言，而且是比较系统的、经整理过的名言，这出自一书是很可能的。又如第五十七章：

> 故圣人云：“我无为，而民自化；我好静，而民自正；我无事，而民自富；我无欲，而民自朴。”

无为、好静、无事、无欲这样重要的思想，《老子》明确说是圣人之言，“故圣人云”，帛书本作“是以〔圣〕人之言曰”。第六十九章：

> 用兵有言：“吾不敢为主而为客；不敢进寸而退尺。”

《左传·昭公二十一年》：

> 《军志》有之：先人有夺人之心，后人有待其衰。

“用兵有言”和“《军志》有之”的语法相似，所引内容思想相连，《老子》

---

① 高亨：《老子正诂》，古籍出版社1956年版，第93页。

所引“用兵者”之言，当亦《军志》之类。第七十八章：

是以圣人云：“受国之垢，是谓社稷主；受国不祥，是为天下王。”

这“圣人”所云看来在春秋时还颇为流行。《左传·宣公十五年》记载：

宋人使乐婴齐告急于晋，晋侯欲救之。伯宗曰：“不可。古人有言曰：‘虽鞭之长，不及马腹。’……谚曰：‘高下在心，川泽纳污，山薮藏疾，瑾瑜匿瑕。’国君含垢，天之道也。君其待之。”乃止。

伯宗不能算圣人，但他说“国君含垢，天之道也”，证明此看法是较流行的，所以用“谚曰”来证明。《老子》则直引某圣人之言。

以上皆明言引古人之说者。

其次，《老子》之言论有本之于《诗》《书》《易》等古书者①，文字相同，或极相似。兹举例如下：

《老子》第九章说：

功遂身退，天之道也。

《河上公章句》作：

功成，名遂，身退，天之道。

并且解释说：

言人所为，功成、事立、名迹、称遂，不退身避位，则遇于害，此乃天之常道也。譬如日中则移，月满则亏，物盛则衰，乐极则哀。

① 詹剑峰：《老子其人其书及其道论》，湖北人民出版社 1982 年版，第 159～162 页。

此类思想在中国古代也几乎是众所周知的了。《史记·范雎蔡泽列传》记载蔡泽对范雎大讲功成身退的道理，旁征博引，既引“语曰：日中则移，月满则亏”，又引“《书》曰：成功之下，不可久处”。《老子》之文，显然是述古。又如第三十六章：

将欲翕之，必固张之；将欲弱之，必固强之；将欲废之，必固兴之；将欲取之，必固与之。

此文之所本，有战国时人任章所称引的《周书》曰①：

将欲败之，必姑辅之；将欲取之，必姑予之。

又有《吕氏春秋·行论》引《诗》曰：

将欲毁之，必重累之；将欲踣之，必高举之。

第六十四章云：

慎终如始，则无败事。

《左传·襄公二十五年》引《书》曰：

慎始而敬终，终以不困。

此文唐人孔颖达的《正义》作了一个很好的解释：

《尚书·蔡仲之命》云：“慎厥初，惟厥终，终以不困。”此所引者，盖是彼文学者各传所闻，而字有改易，或引其意，而不全其文，故不同也。

① 《战国策·魏策》及《韩非子·说林》均有记载。

以上所引《老子》所本之《诗》《书》，文字不同者当亦合此解释，也有的可能是《诗》《书》之逸文。再有如第七十九章的：

天道无亲，常与善人。

《后汉书·郎颉传》记载学《京氏易》的郎颉引《易》曰：

天道无亲，常与善人。

又《尚书·蔡仲之命》云：

皇天无亲，唯德是辅。①

或者《易》《书》皆有此意义的文字。

另外，有人举出《金人铭》亦为古书，为《老子》所继承，所谓《金人铭》，是指孔子观太庙时所见一金人背上之铭文。《说苑·敬慎》记其事②曰：

孔子之周，观于太庙。右陛之前有金人焉，三缄其口，而铭其背曰……孔子顾谓弟子曰："记之！此言虽鄙而中事情。《诗》曰：'战战兢兢，如临深渊，如履薄冰。'行身如此，岂以口遇祸哉！"

此事之可靠性似无可怀疑，因为《说苑》虽"皆录遗闻佚事"，然古籍"多赖此以存"③。从事情本身看，没有伪造的必要，那么所记的《金人铭》大体也是可靠的。孔子说"此言虽鄙"，他并不完全同意其思想，实即所谓"道家"的思想（当时尚无道家），所录铭文表示得十分清楚，其文曰：

古之慎言人也，戒之哉！戒之哉！无多言，多言多败；无多事，

---

① 《左传·僖公五年》引《周书》同，杜预注云："周书，逸书。"
② 《孔子家语·观周》亦记其事其文。
③ 《四库全书总目提要》卷九十一，《子部一·儒家类一》。

> 多事多患。安乐必戒，无行所悔。勿谓何伤，其祸将女；勿谓何害，其祸将大；勿谓何残，其祸将然。勿谓莫闻，天妖伺人。荧荧不灭，炎炎奈何；涓涓不壅，将成江河；绵绵不绝，将成网罗；青青不伐，将寻斧柯。诚不能慎之，祸之根也。口是何伤，祸之门也。强梁者不得其死，好胜者必遇其敌。盗怨主人，民害其贵。君子知天下之不可盖也，故后之下之，使人慕之。执雌持下，莫能与之争者。人皆趋彼，我独守此。众人惑惑，我独不从。内藏我知，不与人论技。我虽尊高，人莫害我。夫江河长百谷者，以其卑下也。天道无亲，常与善人。戒之哉！戒之哉！

《孔子家语·观周》所记文字与此略异，有些话比此文更清楚，如：

> 君子知天下之不可上也，故下之；知众人之不可先也，故后之。温恭慎德，使人慕之……

有些话则不如上文确切，如“天道无亲，而能下人”。这也符合孔颖达所说的“各传所闻，而字有改易，或引其意，而不全其文”。例如《说苑》引文曰：“诚不能慎之，祸之根也。”《孔子家语》引文则作：“诚能慎之，福之根也。”这也许是当时人引古文的一个通例。

值得注意的是，铭文一开头说“古之慎言人也”，表明它也是引用古人之言。《金人铭》中所表述的许多思想，例如“无多言”、“无多事”、“执雌持下”、守柔去刚等等，与《老子》的思想完全是一致的①。这样，不论此铭文是在老子之前或是与老子同时，保守一点看，都可以作为《老子》述古的证据。

二、《老子》对古代思想的总结和发展

据上所述，《老子》中的许多思想，甚至大部分具体的思想，都是渊源有自的，或引古文，或引古义，似可以说“述而不作”。但是，实际上

---

① 黄钊主编《道家思想史纲》（湖南师范大学出版社 1991 年版）第一章第二节将《金人铭》与《老子》作了十个方面的仔细比较，可参考。

《老子》一书又有很大的创造性，它在广泛继承的基础上进行总结，并从总结中进行创造和发展，可以从以下几个重要方面来说明。

1. 道为万物之本原观念的明确提出

屈原在《天问》中一开头就问道：

> 遂古之初谁传道之？上下未形何由考之？冥昭瞢暗谁能极之？冯翼惟像何以识之？明明暗暗惟时何为？阴阳三合何本何化？圜则九重孰营度之？惟兹何功孰初作之？……

提出了一系列天地如何形成、万物如何化生的问题。人类文明发展到一定阶段，必然要对宇宙万物的生成和变化进行探讨，世界各地都是如此。例如，古希腊哲学家泰勒斯（约前624—约前547）认为万物都是水生出来的，水是万物的本原；阿那克西曼德（约前610—前546）认为世界万物的本原是一种不固定的物质，他称其为“无限”；阿那克西米尼（约前588—约前525）认为万物的本原是气；赫拉克利特（约前540—约前480与前470之间）则认为万物的本原既不是水，也不是气，而是比水和气更加生动、更善于变化的火①。

在中国历史上，众所周知，五行之说起源很早。《尚书》中不只一处讲五行，其《洪范》篇明确说是水、火、土、金、木，学术界比较确切地认为，这五行并非说是构成宇宙万物的五种成分，而只是对于人的生活有用的和不可缺少的五种物质形态。这一点《尚书大传》讲得很清楚：

> 水火者，百姓之所饮食也；金木者，百姓之所兴作也；土者，万物之所资生也；是为人用。

但是，先秦时代也已有了水、土等物为万物本原之说，例如《管子·水地》一开头就说：

> 地者，万物之本原，诸生之根菀也。美恶、贤不肖、愚俊之所

① 汪子嵩等：《欧洲哲学史简编》，人民出版社1972年版。

生也。

但是该篇主要是详细论证了水为万物之本原：

故曰：水者何也？万物之本原也，诸生之宗室也，美恶、贤不肖、愚俊之所产也。

这“万物之本原”怎么既是地（土）又是水，对于二者的关系，它解释说：

水者，地之血气，如筋脉之涌流者也。

这解释并不很明确，也不太好理解，从全篇的内容看，主要是说明水为万物之本；从其举例分析来看，说明人和万物都是水组成的，“具者何也？水是也。万物莫不以生”，例如说：

人，水也，男女精气合，而水流形，三月如咀……五月而成，十月而生……

这“万物之本原”是否真正哲学意义上的本原说？詹剑峰曾将《管子》与泰勒斯之说作过具体比较，认为二者对于水为万物之本原的解说理由是相近的①。

关于地为万物之本原，先秦文献其他记载可以证明，例如《国语·越语下》记载范蠡对越王之问时说：

……唯地能包万物以为一，其事不失。生万物，容畜禽兽。然后受其名而兼其利，美恶皆成以养其生。（韦昭注云：物之美恶各有所宜，皆成之以养人也。）

---

① 参阅詹剑峰于第二届国际中国哲学讨论会上提交的论文《中国哲学起源的探讨》。

又如《庄子·在宥》记广成子曰：

> 今夫百昌（成玄英疏云：百物昌盛），皆生于土而反于土。

万物从土而生，万物又得归于土。土为万物之本原的思想可以肯定是有的。

此外，还有气为万物本原之说。从《国语·周语》记伯阳父所说“夫天地之气，不失其序”开始，有不少关于气的思想，包括《管子》中的精气思想等等。

以上关于万物本原的各种思想，有些肯定是《老子》之前的，有些可能是与《老子》同时的，这里没有必要详细考证，主要是说明很早以前就有关于宇宙万物之本原的各种说法。而我们所要证明的是，《老子》在这个问题上有继承、总结和发展。众所周知，那就是道为万物本原的思想的明确提出，并且有相当充分的论述，具体内容在前面已经论述过了，这里不再重复，需要进一步指出的有两点：

第一，《老子》的道论与春秋时期已有的自然天道观也有密切关系。《左传》《国语》的记载表明，时人对于天道的自然规律性已有了各种各样的概括，如前者有：

> 盈而荡，天之道也。①

> 天为刚德。②

> 美恶周必复。③

> 盈必毁，天之道也。④

---

① 《左传·庄公四年》。
② 《左传·文公五年》。
③ 《左传·昭公十一年》。
④ 《左传·哀公十一年》。

又如《国语·越语下》在记述范蠡的天道思想时说：

> 天道盈而不溢，盛而不骄，劳而不矜其功。

> 天道皇皇，日月以为常。明者以为法，微者则是行。阳至而阴，阴至而阳。日困而还，月盈而匡。

他把天道的自然法则称为“天地之常”或“天地之恒制”。《老子》继承了这种自然天道观，以上这些思想和言论，《老子》也有直接的引用，如第十五章所说：

> 保此道者，不欲盈。夫唯不盈，故能敝而新成。

第二，《老子》吸收了上述诸万物本原说，以道为万物本原，因而其道论中以往关于水、气等思想都有比较重要的地位。其关于水的论述不少，而在第八章中更说：

> 上善若水。水善利万物而不争……故几于道。

其关于气的论述也很特殊，第四十二章在说“道生一……三生万物”时还说了一句：

> 万物负阴而抱阳，冲气以为和。

后来许多老学研究者、道家思想家，在水与气这两个思想上多有论述，就是在《老子》这种继承和发挥的基础上展开的。例如关于气的思想，关于气是万物本原的思想，在中国古代是非常之多的，有不少是直接对《老子》的发挥，这在战国时期的《庄子》《荀子》等著作中，秦汉时期的《吕氏春秋》《淮南子》乃至董仲舒的著作中，都可以看到。

东汉张衡在《灵宪》中写道：

太素始萌，萌而未兆，并气同色，浑沌不分。故道志之言云：“有物混成，先天地生。”其气体固未可得而形，其迟速固未可得而纪也。①

显然，其认为浑沌之物就是气，而引用的是《老子》第二十五章的话（何以曰“道志之言”，待考），是直接对《老子》的发挥。

又如，唐代孔颖达在《周易正义》中写道：

太极谓天地未分之前，元气混而为一，即是太初、太一也。故《老子》云“道生一”，即此太极是也。

也是明白表示《老子》思想的影响。

2. 无为等思想的继承和发展

无为是由天道自然发展起来的一个重要的政治思想，是《老子》思想的一个重要内容。它也是渊源有自的，《诗经·国风·兔爰》云：

我生之初尚无为，我生之后逢此百罹。

作“无所作为”、清闲自在解释的无为，这当是最早的记载了。这诗是记载春秋时期的事，从《左传》《国语》等书的记载看，这无为思想已相当流行了，政治上的无为而治的思想也很明确。《说苑·君道》记载：

晋平公问于师旷曰：“人君之道如何?”对曰：“人君之道清静无为。……”

这是刘向所采遗闻逸事，不必怀疑，摆在那时代背景中是可信的。因此，与老子同时而稍晚的孔子对无为也是一再称道，甚至是赞赏的。《论语·卫灵公》记载他所说：

无为而治者，其舜也与！夫何为哉？恭己正南面而已矣。

① 张衡：《灵宪》，严可均辑：《全后汉文》卷五十五，商务印书馆1999年版，第565页。

《礼记》中还记载孔子对哀公之问时说：

> 无为而物成，是天道也。

关于孔子的言论人们是不怀疑的，他讲这个问题，并不提老子，从侧面可证明无为的思想非《老子》所首创，而是当时已有的一种思想。但不可否认，《老子》的无为而无不为的思想是讲得比较充分的，并且是与其道论直接相连的。这就是《老子》的创造和发展。

此外，《老子》的贵柔、去私、恶盈、顺乎自然等思想，无一不有继承和发挥。

例如，《老子》贵柔。《尚书·皋陶谟》中的“九德”之一是“柔而立”，其《洪范》“三德”又是“三曰柔克”；《诗经·大雅·崧高》“申伯之德，柔惠且直”，又《烝民》“仲山甫之德，柔嘉维则”；对于柔和、柔弱都是十分重视的。以柔克刚的思想则是《老子》提出的，并且与《易传》中对刚柔关系的态度明显不同。

又例如“顺乎自然”，上面引用过《国语·越语下》中范蠡的天道思想，他不是孤立地谈天道的，而是认为“夫人事必将与天地同参，然后乃可以成功”，所以他时时刻刻都在讲因天、因时、顺其自然：

> 天道盈而不溢，盛而不骄，劳而不矜其功。夫圣人随时以行，是谓守时。天时不作，弗为人客；人事不起，弗为之始。

> 时不至不可强生，事不究不可强成，自若以处，以度天下，待其来者而正之，因时之所宜而定之。

> 必有以知天地之恒制，乃可以有天下之成利。

> 因阴阳之恒，顺天地之常。

> 因天地之常，与之俱行。

范蠡这样随时顺口而出的“圣人因天”，足见这种思想是时人的共识（范蠡是答问所说，当然对方也要有共识才行）。顺便说一下，顺天的思想在《易经》中也多次出现，如其说：

> 天地革而四时成，汤武革命，顺乎天而应乎人，革之时大矣哉。①

这至少也是《老子》前后的记载，亦可证其为时人之共识。《老子》在前人论述、时人共识的基础上创造性地概括说：

> 人法地，地法天，天法道，道法自然。②

对此，其还有一系列的论述，如：“知常曰明。不知常，妄作凶。”③“孔德之容，惟道是从。”④ 这样的话也见于《国语·楚语上》：

> 君子之行，欲其道也。故进退周旋，唯道是从。

3. 关于辩证的观念

《老子》一书中的辩证法思想，大家所共认，很少有不同意见。这方面也是渊源有自的。老子以前的古人或同时代的人，不少是富于辩证思想的。古老的《夏小正》把天、地、人看成一个互相联系的整体，是最早的统一性思想，其中还有因时因地因物制宜的思想萌芽。最早的文献典籍《易经》《书经》都有这方面的思想。拿《易经》来说，对偶卦组本身就显示着对立统一的思想，六十四卦以乾坤为首，乾坤二卦所代表的物象是：乾为天，坤为地；乾为父，坤为母；乾主刚，坤主柔。其卦德乾为健，坤为顺。无不是对立统一的范畴。《易经》中有关于事物发展变化的思想，如：

---

① 《易经·革》，十三经注疏本，中华书局 1980 年版。
② 《老子》第二十五章。
③ 《老子》第十六章。
④ 《老子》第二十一章。

履霜，坚冰至。①

介于石，不终日。②

有关于事物转化的思想，如：

无平不陂，无往不复。③

莫益之，或击之。④

弗损，益之。⑤

还有不少文字反映具体问题具体分析的思想，等等。

春秋之后，文献记载更多一些，有关的资料也更多一些。《左传》《国语》等书记载的许多人的言论中就充满了辩证思维，如前引《国语》中范蠡、伯阳父等人的一些言论，论阴阳、论天道之法则等等。这样的言论和思想还有许多具体例子，有些还论述得很具体、很充分，例如史伯之等人论“和同”，就是如此。《国语·郑语》记载史伯之言曰：

夫和实生物，同则不继。以它平它谓之和（谓阴阳相生，异味相和也），故能丰长而物生之。若以同裨同，尽乃弃矣。故先王以土与金、木、水、火杂以成百物。……声一无听，物（色?）一无文，味一无果，物一不讲。

百物由不同元素组成，“同则不继”，只有由矛盾而生统一，由相反而得调和。晏子也论述过这种和同的思想，《左传·昭公二十年》记载说：

① 《易经·坤初六》，十三经注疏本，中华书局1980年版。
② 《易经·豫六二》，十三经注疏本，中华书局1980年版。
③ 《易经·泰九三》，十三经注疏本，中华书局1980年版。
④ 《易经·益上九》，十三经注疏本，中华书局1980年版。
⑤ 《易经·损上九》，十三经注疏本，中华书局1980年版。

公曰："和与同异乎？"（晏子）对曰："异。和如羹焉，水、火、醯、醢、盐、梅以烹鱼肉，燀之以薪。宰夫和之，齐之以味，济其不及，以泄其过。……声亦如味，一气、二体、三类、四物、五声、六律、七音、八风、九歌以相成也。清浊、大小、短长、疾徐、哀乐、刚柔、迟速、高下、出入、周疏以相济也。……若以水济水，谁能食之？若琴瑟之专壹，谁能听之？同之不可也如是。"

解释和与同的区别，富有高度的哲学意义。

以上这些辩证观念，在《老子》中都有总结和发挥。《老子》思想中有丰富的矛盾观念，在对立统一、相反相成、矛盾转化等方面，往往有集中的概括或典型的表述，例如：

有无相生，难易相成，长短相形，高下相盈，音声相和，前后相随，恒也。①

曲则全，枉则直，洼则盈，敝则新，少则得，多则惑。②

飘风不终朝，骤雨不终日。③

反者道之动。④

祸兮福之所倚，福兮祸之所伏。……正复为奇，善复为妖。⑤

由此可见，《老子》的辩证法思想是在前人的基础上总结和提高的。

三、承先启后的《老子》

前面论述证明，《老子》是一部承先启后的著作。已故哲学史学家詹

---

① 《老子》第二章。
② 《老子》第二十二章。
③ 《老子》第二十三章。
④ 《老子》第四十章。
⑤ 《老子》第五十八章。

剑峰先生在《老子其人其书及其道论》一书中述老子哲学的思想渊源的最后写道：

> 总而言之，老子是中国第一个哲学家。他的哲学体系在中国古代哲学史中是伟大的。不仅在中国古代，就是列在世界古代哲学史里也是伟大的。但是他的哲学亦非绝无依傍的，他是吸收先民中唯物的、辩证的思想，创造性地组成一个精密的体系。老子之道术，对他以后之思想界，影响至巨。以其承先，故能启后，以其承先之厚，故其启后乃深。一句话，他是承先启后的伟大哲学家。[①]

是否第一个以及如何理解这第一，也许会有不同的看法，但说他伟大是不为过的。我们这里论老子其人之伟大，主要是依据《老子》这部书，书的本身虽然也有许多问题（如成书时间、版本等问题），但大的方面是清楚的。《老子》的思想涉及面广，对自然、社会、政治、人生皆有论述，而且含义深刻，许多议论发人深省，耐人寻味。五千文多格言、警句，有不少观念是我国传统文化的精华。虽然其中许多文字都可说是古已有之，有所继承，但它的承先有总结，有创造，有发展，引古人、古书之言形成了自己的一个体系。《道德经》虽是后人加的名字，但分“道”、“德”二篇，无论谁先谁后，本身就是一个体系。《老子》的思想体系或者系统不难被发现，今人已经做了不少这方面的工作，就不一一述及了。但是，也应该注意到，《老子》是一本语录体的书，由于记录、整理、传抄等原因，其结构、体系又不是很严密的。分析《老子》思想的时候，要特别注意，否则重复甚至矛盾等问题又会纠缠不清。

最后，承先及“承先之厚”本节已概略地说明了，至于启后，对后世的深刻影响，正是本书写作的主要目的，这就要看以下各章了。

① 詹剑峰：《老子其人其书及其道论》，湖北人民出版社1982年版，第173页。

第二章　老学的初兴

在确定了老子其人其书及基本思想之后，接下来研讨《老子》传播的问题：《老子》如何流传？老子有没有弟子？《老子》的思想如何为人们所接受？《老子》怎样成为一种专门的学问？等等。

第一节　急剧变化的战国时代

对《老子》进行研究，是在战国时代首先兴起的。众所周知，战国时代是一个社会急剧变化的时代。现在就简略地谈一下这个时代有关的几个问题。

一、时代特点

中国古代很早就有“革命”一词，《易经·革》云：

> 天地革而四时成，汤武革命，顺乎天而应乎人，革之时大矣哉！

据说这是孔夫子的解释，称商汤代夏、周武代商为革命，原本多少还有点“顺乎天而应乎人”而实施变革的意思，后来把所有改朝换代都叫作革命，所谓“昔汉祖以神武革命，开建帝业”①，乃至武则天之短暂地做皇帝也被称为“武周革命”。改朝换代多少也有些非变不可的内容，多少也“应乎”一些人群之需要，但大多谈不上大的变革，中国古代的这种革命，和今日之所谓革命的意义是有所不同的。今日之理解，革命是指事物由旧质向新质的飞跃，在自然方面是指人对自然的重大改造，在社会政治（包括社会经济）方面是指最重大的变革，关系到生产力的重大发展。准此，则一般

---

① 房玄龄等：《晋书》卷九十八，《王敦传》，中华书局 1982 年版，第 2555 页。

的改朝换代不应称为革命。

春秋战国时期，名义上没有改朝换代，仍然是周朝，但这一时期的社会、政治、经济各方面都发生了革命性的变化。当代学者对此做了许多探讨，意见也不统一，有的认为是奴隶制向封建制的转变，有的认为是早期奴隶制向发达奴隶制的转变，有的认为是封建领主制向封建地主制的转变，总之，谁都不否认这一时期发生了重大的转变。其究竟是一种什么性质的转变，似乎还可以进一步研究和讨论，这里我们不作深谈。但为了说明战国时代是一个急剧变化的时代，可以举出一些基本的事实。

1. 生产力的显著发展

这是在历史学界（包括考古学界）已得到广泛论证的一个问题。诸如铁器的使用，牛耕的推广，种植技术的发展，水利工程的兴修等等，不仅有明确具体的记载，而且有越来越多的考古发掘资料予以证明。

当时的社会经济呈现出某种繁荣景象，尤以商业发达表现得最突出。当时的诸侯国很多，一国有一个政治中心，而这个政治中心同时也就是商业中心，并且不断地发展，如《战国策·赵策三》所说：

> 古者四海之内，分为万国，城虽大，无过三百丈者；人虽众，无过三千家者。……今千丈之城，万家之邑相望也。

一个诸侯国有好几个大城市，如齐的临淄、即墨、莒、薛，赵的邯郸、蔺、离石，魏的安邑、大梁，韩的郑、阳翟、宜阳，东周的洛阳，楚的郢、陈、蕲春，宋的定陶等等，中小城市更多。大城市作为商业中心，一是人口多，所谓“万家之邑”，如“临淄之中七万户”[①] 之类；二是店铺林立，经营衣食住行各种商品的店铺都有，据《史记·货殖列传》记载，一个“通邑大都”，吃的粮食（“贩谷粜千钟”）、果菜（“信果菜千钟”）、肉类（“屠牛羊彘千皮”）、鱼、豉、酒、酱等等，穿的布帛、文采、裘皮，居住用的竹、木、铁、漆诸原料和器物，行所需的车、马，无所不有，还有一些特殊行业，如买卖奴僮、放高利贷及杂业等等。关于店铺的具体情况，可以引证两条材料说明：

---

① 《战国策·齐策一》。

宋人有酤酒者，升概甚平，遇客甚谨，为酒甚美，悬帜甚高著……①

齐人有欲得金者，清旦，被衣冠，往鬻金者之所，见人操金，攫而夺之。②

前者为一酒店，这当是很普遍的，可见城市人口多、商业繁荣，其高悬旗帜、遇客、为酒等又是一点具体的描述，比较形象了。后者则为一个金店，这当然更能说明经济的繁荣、商业的发达。作为大都会，大城市当然不只有本地的土特产交易，还有四面八方的货物聚散，如《荀子·王制篇》所说：

北海则有走马、吠犬焉，然而中国得而畜使之；南海则有羽翮、齿革、曾青、丹干焉，然而中国得而财之；东海则有紫紶、鱼、盐焉，然而中国得而衣食之；西海则有皮革、文旄焉，然而中国得而用之。

另外，随着商业发展，货币使用日盛。战国时的钱币，不仅有记载，而且有实物出土。人们熟知的是各国皆有铸币，如三晋和周地的布币，齐燕等地的刀币，楚的贝形币和郢爰，秦及黄河中上游一带的圆形方孔或圆形币，等等。值得注意的是，当时的钱币往往由城邑来发行，钱币上多铸有地名，常见的有安邑、阴晋、垣、邯郸、晋阳、离石、蔺、长子、皮氏、高都、安阳、即墨、襄平等一百多个地点。总之，许多事实可以说明当时商业的繁荣，而商业的繁荣无疑是建立在农业和手工业发展的基础上的。

手工业的发展这里就不多说了，仅各地大量出土的手工业产品，如铜器、玉器、陶器、漆器以及众多的纺织品，数量之多，工艺水平之高，最有说服力。

---

① 《韩非子·外储说右上》，诸子集成本，中华书局 1954 年版。
② 《吕氏春秋·去宥》，诸子集成本，中华书局 1954 年版。

还有，与生产力发展密切相关的是自然科学的重大成就，特别是天文、历法、数学、医学等方面最为突出。当时人们对天文的观测和记录，有很高的科学价值，这与农业的发展是分不开的。为了农业的发展，历法、数学也有长足的进步，一年365日的四分历已经正式使用。这些在世界几个文明古国中都是领先的。

生产力的发展为文化思想的发展提供了基础和条件，文化人、思想家充分利用这些条件，在他们的言论中常常反映当时生产力和自然科学的成就，有些人本身也就是经济专家和自然科学家。

2. 社会政治的急剧变化

春秋以来，分裂割据的局面日益形成。周天子的权力越来越小，诸侯势力越来越大。到了战国，周天子连一个小诸侯国都不如。诸侯分立凭借的是什么？孟子说得好："诸侯之宝三：土地、人民、政事。"① 这是一个很深刻的概括，春秋战国时期的一切社会政治变化，都是围绕着这"三宝"展开的。

先说土地。据《左传》记载，诸侯之间为了土地的交涉，如所谓"争田"、"夺田"、"抢田"、"赏田"、"赂田"、"易田"、"还田"、"取田"等，部分统计就不下五六十次。战国时期因土地纠纷而引起战争，所谓"争地以战，杀人盈野；争城以战，杀人盈城"②。战国之战从根本上说，都是因争夺土地而引起的，这一点毋庸置疑。对土地需求的增加，是因为农业生产力的提高。随着农业生产力的提高，不但原有土地的单位面积产量可以提高，而且富余劳动力可以去开辟新的土地。这样，原有的土地制度，原有的土地占有关系就必然发生变化。私田的大量出现，就是从春秋到战国的一个极为普遍的现象。这种现象又必然引起各诸侯国的重视和制定新的办法，所谓变法就是这样发生的。春秋时期齐国实行"叁其国而伍其鄙"，晋国实行"爰田制"，到战国时期秦国商鞅的"废井田，开阡陌"，以及魏国李悝的"尽地力之教"等等，都是关于土地关系的改革③。

再说人民。没有土地，无法种植庄稼，仅有土地而没有人，不过是大

① 《孟子·尽心下》，诸子集成本，中华书局1954年版。
② 《孟子·离娄上》，诸子集成本，中华书局1954年版。
③ 陈守实：《中国古代土地关系史稿》，上海人民出版社1984年版，第5～31页。

量荒地。所以人是生产力中最重要的因素，工具要人去使用、改进，生产技术要人去总结、提高。因此，从生产的角度重视人民，如何招徕、利用人民从事生产，也是当时政治家、思想家所重视的一个问题。例如，《商君书》中专门有一篇《徕民》，就是讲这方面的道理，就是讲不仅要“取其地”，而且要“夺其民”，提出了“夺其民”的方法。它说：

> 意民之情，其所欲者田宅也，晋之无有也（按：三晋地少人多，除了土地的绝对数量少之外，当也因为生产力提高之后，劳动力有富余这个因素），信秦之有余也。必如此而民不西者，秦士戚而民苦也。……今利其田宅，而复之三世。此必与其所欲，而不使行其所恶也。然则山东之民，无不西者矣。
>
> 今以草茅之地，徕三晋之民，而使之事本，此其损敌也，与战胜同实，而秦得之以为粟，此反行两登之计也。

由此看来，孟子所言之“宝”，可称为真知灼见。

至于政事，那比土地和人民要复杂得多。孟子是把人民与政事紧密联系在一起的，这就是他的仁政主张。其“仁政”说有不少宝贵的思想，如对民的重视、得民之道等等，但过于理想，与当时现实并不一致，不能全部反映当时的现实问题，更不能解决当时的现实问题。当时的政事，主要反映着社会的变化，生产力的发展，私田的出现并日益发展，是基础性的变化，许多僭越的现象由此而发生，不该占有的占有了，不该发生的发生了。总之，春秋末年孔老夫子哀叹的礼崩乐坏，更加不可收拾。原来的那一套宗法制和分封制、等级制等等，完全乱了套。再也没有人在那里空喊“是可忍孰不可忍”了，也很少有人打“尊王攘夷”的旗号了。几个大国争雄，无休止地进行兼并战争，人们讨论得更多的是如何能够得天下。在这种总的发展形势下，所谓战国七雄，齐、魏、赵、韩、楚、秦、燕，在内外矛盾的促使下，都在内部进行了一系列不同程度的政治改革。这就是所谓各国的变法运动，并随之出现了一大批政治改革家，著名的如李悝、吴起、商鞅等人，还有国君齐威王、魏文侯、赵烈侯、楚悼王、秦孝公等等。他们的改革实际上是适应经济基础的变化，而从政治上采取一些促进的措施。基础是私田的出现和发展，必然与原有的世卿世禄制度发生矛盾，如吴起讲楚国问题时说：“大臣太重，封君太众。”① 因而，“废井田”，论军功行赏之类，就与世禄制度发生矛盾；罢黜奸吏、“损不急之枝官”、选用贤能，就直接剥夺世卿者的利益，当时甚至采取“使封君之子孙三世而收爵禄”的措施②。这样的改革从根本上动摇了旧的一切，因而遭到旧势力的反抗也是必然的。吴起、商鞅等改革家遭到杀身之祸，但改革并未停止，如韩非所说：

> 及孝公、商君死，惠王即位，秦法未败也。③

“秦法未败”，秦的变法比较彻底，因而秦最后能够统一天下，即所谓得天下。实际上，这也是整个社会的急剧变化、迅速发展。

社会的急剧变化，在政治上的突出表现，除了变法运动之外，各国内部的政局变化频繁，各国之间的兼并战争激烈，时代向人们提出了各种各样需要回答和解决的问题。

二、士的活跃

在社会大变化、大动荡之中，士的阶层显得特别活跃，这方面的情况应该专门谈谈。士是些什么人？有必要对士的历史渊源作些简要的了解。

首先，在中国古代最早的一些典籍中，士有青壮年男子通称的意思，如《诗经·郑风·女曰鸡鸣》中的“士曰昧旦”，《尚书·武成》中的“肆予东征，绥厥士女”等等。

其次，士在古代曾作为一个等级而存在，如《礼记·王制》所说：

> 诸侯之上大夫卿、下大夫、上士、中士、下士，凡五等。

学界对于《礼记》这本书的时代有不同看法，其所记内容反映西周统治阶级的一种等级制度是没有问题的。《孟子·万章下》记载，北宫锜问“周室班爵禄”之制，孟子曰：

---

① 《韩非子·和氏》，诸子集成本，中华书局 1954 年版。
② 《韩非子·和氏》，诸子集成本，中华书局 1954 年版。
③ 《韩非子·定法》，诸子集成本，中华书局 1954 年版。

其详不可得闻也，诸侯恶其害己也，而皆去其籍；然而轲也尝闻其略也。天子一位，公一位，侯一位，伯一位，子、男同一位，凡五等也。君一位，卿一位，大夫一位，上士一位，中士一位，下士一位，凡六等。

孟子所说的这个大略的等级秩序，在《左传》《国语》等许多零星的记载中是可以得到证明的。在西周时期，可以说士是统治阶级中最低的一个等级，其中又有上、中、下之分，可见其人数也较多，这与“士”的本义也较为符合。《说文》云：

士，事也。数始于一，终于十，从一，从十。孔子曰：“推十合一为士。”

士就是做各种事情的人，所谓“职事”，事情很多，因而在统治阶级中士的人数也较多，且分出一个上、中、下来。统治阶级本来就像一个金字塔一样，越是上层人数越少，天子只能有一个，然后卿、大夫、士越来越多。

再次，关于士的发展还有一个武士与文士的问题。《诗经》《尚书》等记载中讲士的时候，或者是指从事耕作等劳动的男子，或者是指从事保卫、作战等工作的男子。而具体记载，尤以武士为多，如国士、力士、豪士、勇士、教士①等等。因而有人认为，士最初是武士，春秋战国后转化为文士②。这看到了一定的变化，但并不确切，应注意的是，文、武之士，开始时是没有明显界限的③，例如“孔门弟子殆无不能从行陈者”，甚至“孔子之劲，能拓国门之关，而不肯以力闻”，这条《列子》的记载，当有所本④。孔子要教学生礼、乐、射、御，他本身能武应当是可信的。

春秋战国时期，社会急剧变化，士的情况也有显著变化，这变化不能

① 《吕思勉读史札记》甲帙“国士”条。吕思勉：《吕思勉读史札记》，上海古籍出版社 1982 年版，第 310～317 页。

② 余英时：《士与中国文化》，上海人民出版社 1987 年版，第 6 页。

③ 顾颉刚：《武士与文士之蜕化》，《史林杂识初编》，中华书局 1963 年版，第 85～91 页。

④ 《吕氏春秋·慎大览》亦云：“孔子之劲，举国门之关，而不肯以力闻。”

说是武士向文士的变化，应该说是武士与文士明显的分途，而文士的数量日益增多，且在社会、政治各方面特别活跃。以下从两方面来具体说明。

第一，春秋战国时期，士成了介乎统治阶级与被统治阶级之间的一个中间阶层，数量多，流动性也较大。

先说士是一个中间阶层。如前所述，古代的士是低级贵族，到了春秋战国时期，又成为四民之首，如《管子·小匡》所云：

> 士农工商四民者，国之石民也。

《穀梁传·成公元年》亦云：

> 古者有四民，有士民，有商民，有农民，有工民。

商的位置有所不同，当有其原因，这里不论。两书皆以士为民，又是四民之首，与前此为低级贵族相接，颇能说明其中间阶层的性质。因而士的各种称呼，也可以反映这种中间性，如士民、士庶、士伍、士卒等等，士人与庶民的地位大体相近，如《管子·大匡》说：

> 君有过，大夫不谏，士庶人有善，而大夫不进，可罚也。士庶人闻之吏贤孝悌，可赏也。

士庶与大夫、吏相对而言，显然是在民的地位。另一方面，士又有统治阶级或者其附庸的属性，士大夫一词，还有士师、士君子等连称，就反映这种属性。士大夫，在先秦典籍中，多半是指一切官吏，如《周礼·考工记》所云：

> 坐而论道，谓之王公，作而行之，谓之士大夫。（注：亲受其职，居其官也。）

《墨子·三辨》中的“士大夫倦于听治”，《战国策·秦策》中的“诸士大夫皆贺”，《荀子·王霸篇》中的“士大夫分职而听”等等，皆泛指一切官吏。另一种记述值得特别一提，那就是《史记·田敬仲完世家》齐宣王的养士：

> 宣王喜文学游说之士，自如驺衍……环渊之徒七十六人，皆赐列第，为上大夫……

这就是说，齐宣王给了七十六人以上大夫的待遇（其他或者给中大夫、下大夫不等）。这是士大夫比较确切的一个含义。这就是说，士被给以官职，就是士大夫；当然，未被授予官职，那就是士庶，或者士民。士是一个中间阶层，它的地位有流动性。

再说士的来源有很大的流动性。随着分封制、宗法制及原有等级制的破坏，三十年河东，三十年河西，这是不可抵挡的变化规律，谁也能看到，谁也无法否认，《礼记》中的“五世则迁者也”，孔子说的“五世希不失”、“三世希不失”①，孟子说的“五世而斩”②，都是这个意思。贵族的破落，其庶孽有一些就沦为士，战国诸子中的一些重要代表人物，如张仪、范雎、商鞅、韩非等人，都是贵族出身。这种流动历来就有，春秋战国以后就特别多，成为士的一个重要来源。另一个重要来源就是由庶民中上升而来。如果说这种情况在古代只会个别、偶然地发生的话，那么到了春秋战国时期就大量、经常地出现了。因为这一时期，在适应经济变化的政治改革中，选举贤能是重要的内容之一，各诸侯国的变法和改革，几乎都有这一项，选贤与能首先就打破了原有的等级界线，真正做到了墨子所说：

> 虽在农与工肆之人，有能则举之。③

虽然墨子说这是“古者圣王之为政”④，并列举了尧举舜、汤举伊尹等例子，但毕竟是些个别的事例。从下层庶民中选士举能是战国时的事，这一

---

① 《论语·季氏》，诸子集成本，中华书局 1954 年版。
② 《孟子·离娄下》，诸子集成本，中华书局 1954 年版。
③ 《墨子·尚贤》，诸子集成本，中华书局 1954 年版。
④ 《墨子·尚贤》，诸子集成本，中华书局 1954 年版。

时期武士可以因军功而升爵、封侯，文士可以因各种才能而得到升官、拜相。春秋战国以来，各种各样原因的战争多得很，为了克敌制胜，各国往往以重赏来达到目的，除了赏以官职、爵位、土地、钱财之外，还包括《左传·哀公二年》所记赵简子誓言中的内容：

> 庶人工商遂，人臣隶圉免。

杜预解释“遂”说“得遂进仕”，这是庶民地位可以上升的有力证据。从春秋开始，人们的观念已经开始变化了，如《管子·小匡》认为士农工商不能杂处，“士之子常为士”，“农之子常为农”，但另一方面又认为：

> 朴野而不慝，其秀才之能为士者，则足赖也。

观念变了，上升的机遇又多，因而战国时期士的队伍迅速扩大。

第二，士日益受到重视，养士之风盛行。春秋争霸，战国争雄，都是为了争天下。争天下靠实力，实力无非是人力、物力、财力。人力无疑是其中最重要的，所以《管子·霸言》说：

> 夫争天下者必先争人。明大数者得人，审小计者失人。得天下之众者王，得其半者霸。是故圣王卑礼以下天下之贤而王之，均分以钓天下之众而臣之，故贵为天子，富有天下。

实力又可分为武力和智力，这也都与人有关。武力除了人之外，还有武器、装备、粮草等财和物，几者结合；智力则主要在人的头脑之中。对此，《管子·霸言》也有很好的论述：

> 夫欲臣伐君、正四海者，不可以兵独攻而取也，必先定谋虑，便地形，利权称，亲与国，视时而动，王者之术也。

这“必先”的几项，全靠人的智力，例如“亲与国”就要靠纵横家那一套思想、策略。其又说：

> 夫争强之国，必先争谋，争刑，争权。令人主一喜一怒者，谋也；令国一轻一重者，刑也；令兵一进一退者，权也。故精于谋，则人主之愿可得而令可行也；精于刑，则大国之地可夺，强国之兵可围也；精于权，则天下之兵可齐，诸侯之君可朝也。夫神圣视天下之刑，知世之所谋，知兵之所攻，知地之所归，知令之所加矣。①

争强、争霸、争天下，“必先争人”，关键还在于“神圣”，谋、权、刑以及“视时”、“便地形”等等，均在“神圣”的头脑之中，“是故先王之所师者，神圣也；其所赏者，明圣也”。因为他们一言可以兴邦，一言可以亡国，所谓“夫一言而寿国，不听则国亡，若此者，大圣之言也”②。这话虽然很极端，难免片面，但反映人们的某一种认识，即对智力作用的认识，前面提到的那个赵简子也说过：“与吾得革车千乘，不如闻行人烛过之一言也。”③

以上这些，反映了对智力的需求，也反映了对士的重视，同时又可以说是时代和当时社会对士人及其智力的需求，因为他们对社会的发展起着举足轻重的作用。东汉王充对此曾概括地指出：

> 六国之时，贤才之臣，入楚楚重，出齐齐轻，为赵赵完，畔魏魏伤。④

“神圣”、“明圣”、“贤才”等都是士，是士中之佼佼者。但是，谁是佼佼者，有时也不易分辨，平原君有“不敢复相士”⑤ 之叹，所以有毛遂自荐、冯骥弹剑而歌之类的故事。统治者因而也有许多礼贤下士的行为，甚至以师相待。诸侯之中，赵简子、魏文侯、齐宣王、燕昭王等人是一些突出的代表，有一些突出的事迹，只是记载零散，且多后人追述，有待考证。钱穆《先秦诸子系年考辨》中有《魏文侯礼贤考》《鲁缪公礼贤考》，就是做

---

① 《管子·霸言》，诸子集成本，中华书局 1954 年版。
② 《管子·霸言》，诸子集成本，中华书局 1954 年版。
③ 《韩非子·难二》，诸子集成本，中华书局 1954 年版。
④ 《论衡·效力篇》，诸子集成本，中华书局 1954 年版。
⑤ 司马迁：《史记》卷七十六，《平原君列传》，中华书局 1982 年版，第 2368 页。

的这方面的工作。

一个普普通通的士，一经国君赏识，便可平步青云，甚至被提拔为执政大臣，一些著名的改革家都是如此。既然有尚贤的风气，求贤的需求，士人也就四处游说，形成了游说的风气。有的是单枪匹马，有的则是成群结队。早在春秋时期，儒家的祖师爷孔夫子就是这样做的，不过他生不逢时，几乎是四处碰壁（这当然与他的主张不合时宜更有关系）。他的徒子徒孙遇上了激烈争夺人才的时代，境遇就要好得多，如“亚圣”孟子游说时是很阔气的，“后车数十乘，从者数百人，以传食于诸侯”①。齐宣王甚至说：“我欲中国而授孟子室，养弟子以万钟，使诸大夫国人皆有所矜式。”② 此类流动极为频繁，一个小小的滕国，也有不少士人跑去游说，“有为神农之学者许行，自楚之滕”，并且是和“其徒数十人”一起，又有“陈良之徒陈相与其弟辛负耒耜而自宋之滕”③。

当时，不仅诸侯国君争养士人，权臣贵族也“争相倾以待（一作‘得’）士”，特别突出的有所谓四公子，齐有孟尝君，赵有平原君，魏有信陵君，楚有春申君，“方争下士，招致宾客，以相倾夺，辅国持权”④。

> 孟尝君在薛，招致诸侯宾客及亡人有罪者，皆归孟尝君。孟尝君舍业厚遇之，以故倾天下之士。食客数千人，无贵贱一与文等。⑤

> 平原君赵胜者，赵之诸公子也。诸子中胜最贤，喜宾客，宾客盖至者数千人。⑥

> （魏）公子（无忌）为人仁而下士，士无贤不肖皆谦而礼交之，不敢以其富贵骄士。士以此方数千里争往归之，致食客三千人。当是时，诸侯以公子贤，多客，不敢加兵谋魏十余年。⑦

① 《孟子·滕文公下》，诸子集成本，中华书局 1954 年版。
② 《孟子·公孙丑下》，诸子集成本，中华书局 1954 年版。
③ 《孟子·滕文公上》，诸子集成本，中华书局 1954 年版。
④ 司马迁：《史记》卷七十八，《春申君列传》，中华书局 1982 年版，第 2395 页。
⑤ 司马迁：《史记》卷七十五，《孟尝君列传》，中华书局 1982 年版，第 2353～2354 页。
⑥ 司马迁：《史记》卷七十六，《平原君列传》，中华书局 1982 年版，第 2365 页。
⑦ 司马迁：《史记》卷七十七，《魏公子列传》，中华书局 1982 年版，第 2377 页。

> 春申君（黄歇）客三千余人，其上客皆蹑珠履……①

这四公子的事例比较突出，所以记载较多。实际上，如司马迁所说："天下诸公子亦有喜士者矣。"② 吕不韦宾客也有三千，说明当时养士之风的盛行，士的流动量大，这方面司马迁还搞了一点实地调查，他在《史记·孟尝君列传》的最后写道：

> 太史公曰：吾尝过薛，其俗闾里率多暴桀子弟，与邹、鲁殊。问其故，曰："孟尝君招致天下任侠，奸人入薛中盖六万余家矣。"世之传孟尝君好客自喜，名不虚矣。

这个调查及其分析可靠与否是另一个问题，一个不是太大的地方，因为孟尝君养士，就有外来户六万余家（当然不可能全是"奸人"，也不会都是"任侠"，而是武士、文士乃至一般平民都会有），说明士的流动量大是比较有力的。

以上所言士的情况，大多是笼统而言的，既包括文士，也包括武士，以及各种各样的游士，甚至于鸡鸣狗盗之徒和"亡人有罪者"，都非常活跃。士与养士者的关系，几乎是一种利害关系，在当时，"士为知己者死"和"士为知己者用"的因素都很少，以孟尝君养士为例就很清楚，先是"孟尝君客无所择，皆善遇之。人人各自以为孟尝君亲己"。后来他一度遭废，"诸客皆去"，"后召而复之"，孟尝君愤愤不平，打算对"复见者"，"唾其面而大辱之"，当时冯驩讲了一通人情世故的话：

> 生者必有死，物之必至也；富贵多士，贫贱寡友，事之固然也。君独不见夫趣市朝者乎？明旦，侧肩争门而入；日暮之后，过市朝者掉臂而不顾。非好朝而恶暮，所期物忘其中。今君失位，宾客皆去，不足以怨士而徒绝宾客之路。愿君遇客如故。③

---

① 司马迁：《史记》卷七十八，《春申君列传》，中华书局1982年版，第2395页。
② 司马迁：《史记》卷七十七，《魏公子列传》，中华书局1982年版，第2385页。
③ 司马迁：《史记》卷七十五，《孟尝君列传》，中华书局1982年版，第2362页。

“遇客如故”仍然是为了利害关系。孟尝君养宾客有他的特点，什么人都以宾客相待，他列鸡鸣狗盗之徒为宾客，“宾客尽羞之”，但是恰恰是这二人解决了他在秦国时的危难。当然，宾客中起作用更大的是冯驩，他凭三寸不烂之舌使孟尝君得齐国相位①。他算是智能之士，是文士，他和苏秦、张仪这类的人物是一样的。这些人在当时社会政治活动中简直可以兴风作浪，如：

> 景春曰：公孙衍、张仪岂不诚大丈夫哉？一怒而诸侯惧，安居而天下熄。②

也许这是把纵横之士的作用过分夸大了，但智能之士的作用确实是不小的，前面也涉及了一些，这里就不再多说了。

三、百家争鸣

在社会急剧变化的过程中，人们要思考和回答许多问题，解决社会政治的现实问题需要理论指导，因而思想非常活跃，理论竞相产生，形成了“百家之说”③，有了“诸子百家之书”④，这就是所谓诸子百家。今人的新概括叫作百家争鸣，是个能更好更准确地反映事实真相的表述，因为它既表示了诸说林立，又指明了它们竞相争高。

那么，百家争鸣的局面是怎样出现的？它形成的原因是什么呢？本节前面两个问题已提供了答案的基础。吕思勉《先秦学术概论》中有几句话概括说：

> 世变既亟，贤君良相，竞求才智以自辅；仁人君子，思行道术以救世；下焉者，亦思说人主，出其金玉锦绣，取卿相之尊。社会之组织既变，平民之能从事于学问者亦日多，而诸子百家，遂如云蒸霞蔚矣。⑤

① 司马迁：《史记》卷七十五，《孟尝君列传》，中华书局 1982 年版，第 2362 页。
② 《孟子·滕文公下》，诸子集成本，中华书局 1954 年版。
③ 《荀子·解蔽篇》：“今诸侯异政，百家异说。”
④ 《史记·贾谊传》：贾谊年少“颇通诸子百家之书”。
⑤ 吕思勉：《先秦学术概论》，中国大百科全书出版社 1985 年版，第 17 页。

第一句即所谓社会的急剧变化，这是总的形势和条件，中间几句即以上“士的活跃”中所述内容的概括。值得注意的是所谓“仁人君子”与“下焉者”的两种士人的区分。单纯为利禄而说入主者是“下焉者”，这种人数量还不少，甚至是大多数（从大量士人的数量上讲）。而“仁人君子”之“道术”，就有主张，有信仰，他们宁弃富贵而不屈信仰，如孔子、墨子等大师即是如此，这些人在思想理论上也就有所贡献。“社会之组织既变”，当即指“世卿世禄”之废除，“学在官府”之改变，等等。总之，形成百家争鸣的原因是比较清楚的，也没有什么分歧的看法。

其次，诸子百家如何概述？大的方面是一致的，所谓“百家”不过是极言其多，从开始出现就是这个意思，如《庄子·秋水》中记载公孙龙的言论“困百家之知，穷众口之辩”，“百”与“众”相对而言，至于“诸子”之分家，就是分为不同的思想派别，也是战国时候的事，《庄子·天下》《荀子·非十二子篇》等有各种不同的划分法。到了汉代，先是司马谈的《论六家要旨》，论述了阴阳、儒、墨、名、法、道德六家；后来是班固写出了《汉书·艺文志》，从图书分类的角度，详细地划分了诸子百家的篇籍，然后写道：

> 凡诸子百八十九家，四千三百二十四篇。诸子十家，其可观者九家而已。

前面的“家”字，是作量词使用的。小说家中有“百家”百三十九卷，亦为此意。后面的“家”字才指派别而言。他列举的十家是儒家、道家、阴阳家、法家、名家、墨家、纵横家、杂家、农家、小说家。小说家属于“街谈巷语，道听途说者之所造也”。“如或一言可采，此亦刍荛狂夫之议也。”所以说“可观者九家”。实际上，独立性更大、思想影响也颇大的是儒、道、墨、法四家，其他各家或因种种原因，逐渐失去了独立性，或因其社会政治影响不大，流传范围很小。例如，阴阳家在战国时也曾出现过邹衍那样的大师，他著书立说，有不少徒属。但这一家的思想内容后来分别为儒家和道家所吸收和改造，其独立性就逐渐丧失了。又例如名家、纵横家，虽有公孙龙、惠施、张仪、苏秦这样一些著名的代表人物，但可以说他们并没有什么明确的主张和中心思想，本来就很难成为独立的学派，他们的思想方法，各家各派都可利用。有意思的是，《汉书·艺文志》在评述这两家时都引用了孔子的话，在评论名家时说：

> 孔子曰："必也正名乎！名不正则言不顺，言不顺则事不成也。"此其所长也。

在评论纵横家时说：

> 孔子曰："诵诗三百，使于四方，不能专对，虽多亦奚以为？"又曰："使乎！使乎！"言其当权事制宜，受命而不受辞，此其所长也。

儒家（其他各家也一样）是需要他们的思想和方法的，他们搞辩论，四处游说，儒家和各家各派也都是这样做的。假如有兵家的话，也属此种情况。再例如小说家、农家，影响不大，特别是在政治上的影响不大。杂家本不成家，这一点我们反复考虑都是如此，不多说了。因此主要是儒、墨、道、法四家。

1. 关于墨家

墨子所创这一个学派，在战国时有很大影响。孟子曾经说：

> 圣王不作，诸侯放恣，处士横议，杨朱、墨翟之言盈天下，天下之言，不归杨则归墨。①

《韩非子·显学》也说：

> 世之显学，儒、墨也。

关于墨家的主张及其长短得失，司马谈的论述是有意义的。他说：

---

① 《孟子·滕文公下》，诸子集成本，中华书局1954年版。

墨者俭而难遵，是以其事不可遍循；然其强本节用，不可废也。[①]

他同时又进一步具体写道：

墨者亦尚尧舜道，言其德行曰："堂高三尺，土阶三等，茅茨不翦，采椽不刮。食土簋，啜土刑，粝粱之食，藜藿之羹。夏日葛衣，冬日鹿裘。"其送死，桐棺三寸，举音不尽其哀。教丧礼，必以此为万民之率。使天下法若此，则尊卑无别也。夫世异时移，事业不必同，故曰"俭而难遵"。要曰强本节用，则人给家足之道也。此墨子之所长，虽百家弗能废也。[②]

应该说，其说得相当好，一个"世异时移"，一个"俭而难遵"，有着深刻的意义，是从大量事实和丰富内容中得出的结论。司马谈明确指出了其"强本节用"的重要意义，但其大多数原则和行事在变化了的社会中行不通，尤其是很难为当权者所接受、采用。正因为如此，以后就没有明显的墨者的踪迹了。

2. 关于法家

《汉书·艺文志》中所列法家不多，远不及儒、道等家，但其所列举的代表人物及其著作，都是赫赫有名的，如李悝的《李子》，商鞅的《商君》，申不害的《申子》，韩非的《韩非子》等，他们的主张和思想是在政治实践中得到了运用的，一直到秦统一六国，大多是成功的运用。但是这一派别的主张和思想也有比较突出的缺点，司马谈说：

法家严而少恩，然其正君臣上下之分，不可改矣。

具体的说明是：

法家不别亲疏，不殊贵贱，一断于法，则亲亲尊尊之恩绝矣。可

① 司马迁：《史记》卷一百三十，《太史公自序》，中华书局1982年版，第3289页。
② 司马迁：《史记》卷一百三十，《太史公自序》，中华书局1982年版，第3290～3291页。

以行一时之计，而不可长用也，故曰“严而少恩”。若尊主卑臣，明分职不得相逾越，虽百家弗能改也。①

“可以行一时之计，而不可长用”，也许是从战国变法和秦统一以后的历史总结而得出的结论，并不全面。但到了汉代，严而少恩的法家思想、主张，特别是其实践，遭到猛烈批评。不过，“尊主卑臣”不能改，因而就有外儒内法，或者“霸王道杂之”等现象的产生，以后谁也不再公开打法家的旗号了。

3. 关于儒家

儒家既是战国时期的显学，又是后来占据统治地位的一大学派。其源远流长，派别分明，可以说人数多，著述也最多，在《汉书·艺文志》中，记录儒家及其著作的篇幅居诸子首，并且书中“六艺略”的内容可说都是属于儒家的。作为“百家”之一，儒家和其他各家一样，有长处，也有短处，司马谈论其长短曰：

儒者博而寡要，劳而少功，是以其事难尽从；然其序君臣父子之礼，列夫妇长幼之别，不可易也。

夫儒者以《六艺》为法，《六艺》经传以千万数，累世不能通其学，当年不能究其礼，故曰“博而寡要，劳而少功”。若夫列君臣父子之礼，序夫妇长幼之别，虽百家弗能易也。②

儒家之烦琐，无用的东西多，这在以后的历史上是有事实证明的。在评价儒家这一点上，司马谈比较客观。这里要插一句，司马谈主要是站在道家立场上的（我们称之为新道家），他对各家都有长短之论，而且主要讲其不妥之处，唯独没有讲道家的短处。后来班固也论各家之长短，因为他是在所谓独尊儒术之后，对儒家的评论当然就与司马谈不同，他在《汉书·艺文志》中写道：

① 司马迁：《史记》卷一百三十，《太史公自序》，中华书局1982年版，第3291页。
② 司马迁：《史记》卷一百三十，《太史公自序》，中华书局1982年版，第3289、3290页。

儒家者流，盖出于司徒之官，助人君顺阴阳明教化者也。游文于六经之中，留意于仁义之际，祖述尧舜，宪章文武，宗师仲尼，以重其言，于道为最高。孔子曰："如有所誉，其有所试。"唐虞之隆，殷周之盛，仲尼之业，已试之效者也。然惑者既失精微，而辟者又随时抑扬，违离道本，苟以哗众取宠，后进循之，是以五经乖析，儒学浸衰，此辟儒之患。

在班固看来，儒家的思想主张是很好的，"已试之效"。有问题则是"辟儒之患"，他们"乖析"五经，"违离道本"，这是又一种说法。

4. 关于道家

道家的情况与其他各家不同，它不同于儒、墨之有宗师、有传人甚至可以说是有组织的派别；也与法家不同，法家人物虽无直接的师承关系，但都有明确而集中的主张——"信赏必罚"，都有"明罚饬法"① 的实践。司马谈崇尚道家，几乎认为道家是最好的，但是他也说"其实易行，其辞难知"②。道家究竟是怎么回事？这是本章要讨论的主要问题。以下各节将分别论述。

诸子百家即或九流十派，也无法一一论列了。最后为了对百家争鸣深入地了解，提几点总的看法。

第一，殊途同归。

司马谈把诸子百家归纳为六家，着重对六家的学说思想进行了评论，可说是对战国百家争鸣的一种总结。而他开章明义的一段话，尤为经典之论。他写道：

《易大传》："天下一致而百虑，同归而殊途。"夫阴阳、儒、墨、名、法、道德，此务为治者也，直所从言之异路，有省不省耳。③

"务为治"，是诸子百家的共同目的，至少从战国以来，人们都有这样的认识，只要谈到诸子学说的目的，都会归到这个"治"字上来，例如《庄

① 班固：《汉书》卷三十，《艺文志》，中华书局 1962 年版，第 1736 页。
② 司马迁：《史记》卷一百三十，《太史公自序》，中华书局 1982 年版，第 3292 页。
③ 司马迁：《史记》卷一百三十，《太史公自序》，中华书局 1982 年版，第 3292 页。

子·天下》说：

> 天下大乱，贤圣不明，道德不一，天下多得一察焉以自好。……犹百家众技也，皆有所长，时有所用。虽然，不该不遍，一曲之士也。……是故内圣外王之道，暗而不明，郁而不发，天下之人各为其所欲焉以自为方。悲夫！百家往而不反，必不合矣！

批评的是“百家”“自好”之偏，涉及的是治世之道。又如另一综述诸子的《荀子·非十二子篇》说：

> 假今之世，饰邪说，文奸言，以枭乱天下，矞宇嵬琐，使天下混然不知是非治乱之所存者，有人矣。

批评十二子“其持之有故，其言之成理，足以欺惑愚众”，但“不足以合文通治”。由此可见，司马谈的表述最为简明扼要。

第二，相生相灭。

班固在《汉书·艺文志》“诸子略”的最后总结说：

> 诸子十家，其可观者九家而已。皆起于王道既微，诸侯力政，时君世主，好恶殊方，是以九家之术蜂出并作，各引一端，崇其所善，以此驰说，取合诸侯。
>
> 其言虽殊，辟犹水火，相灭亦相生也。仁之与义，敬之与和，真相反而皆相成也。《易》曰：“天下同归而殊途，一致而百虑。”

前一段话也涉及“务为治”，还涉及诸子兴起的原因（详下）。后一句从另一个角度解释“同归殊途”，指出了各派之间“相生相灭”、“相反相成”这一重要特点，只可惜未加申述。这是一个相当深刻的重要思想，有普遍性的意义。它讲的是对立统一以及统一体中对立面的相互转化等问题。“相反相成”，这个成语是常有人用的，对于《汉书·艺文志》之用在百家争鸣这个问题上，也有人作过诠释，例如吕思勉《论诸子之法》曾经说：

> 然则一切现象，正惟相反，然后相成，故无是非善恶之可言，而物伦可齐也。夫道家主因任自然，而法家主整齐画一，似相反矣；然其整齐画一，乃正欲使天下皆遵守自然之律，而绝去私意，则法家之旨，与道家不相背也。儒家贵仁，而法家贱之。然其言曰：“法之为道，前苦而长利；仁之为道，偷乐而后穷。”则其所攻者，乃姑息之爱，非儒家所谓仁也。儒家重文学，而法家列之五蠹。然其言曰：“糟糠不饱者，不务粱肉；短褐不完者，不待文绣。”则亦取救一时之急耳。秦有天下，遂行商君之政而不改，非法家本意也。则法家之与儒家，又不相背也。举此数端，余可类推。要之古代哲学之根本大义，仍贯通乎诸子之中。有时其言似相反者，则以其所论之事不同。史谈所谓“所从言之者异”耳。故《汉志》譬诸水火，相灭亦相生也。①

“余可类推”，具体的比较说明确实可以说上很多。不过，还应该指出，吕思勉先生以上所言，也只是就一个主要方面而言的，是就其目的和“根本大义”而言的，所以他还说：“万物既出于一，则形色虽殊，原理不异。”至于对立面的如何转化，百家之间如何互相影响、彼此吸收等等，也应该是相反相成的内容，这从儒、道等家本身前前后后的一些变化中可以看出来。仅以荀子为例作一简单说明。荀子是推崇孔子的，他也以“雅儒”、“大儒”自居，他在思想方面的成就是很高的，其原因就是吸收了各家的思想，论短较长，从而形成自己的学说。他在《解蔽篇》中说：

> 墨子蔽于用而不知文，宋子蔽于欲而不知得，慎子蔽于法而不知贤，申子蔽于势而不知知，惠子蔽于辞而不知实，庄子蔽于天而不知人。故由用谓之道，尽利矣；由俗（欲）谓之道，尽嗛矣；由法谓之道，尽数矣；由势谓之道，尽便矣；由辞谓之道，尽论矣；由天谓之道，尽因矣。此数具者，皆道之一隅也。夫道者，体常而尽变，一隅不足以举之。

① 吕思勉：《先秦学术概论》，中国大百科全书出版社 1985 年版，第 10 页。

荀子深刻认识到诸子之蔽，作了全面衡量，所以他兼取各家强调的东西，以长补短，从而形成自己的新思想、新学说。例如对庄子的“蔽于天而不知人”，他注云“天谓无为自然之道，庄子但推治乱于天而不知在人也”，主张“善言天者必有征于人”①，应该“明于天人之分”。他说：

> 天行有常，不为尧存，不为桀亡。应之以治则吉，应之以乱则凶。强本而节用，则天不能贫；养备而动时，则天不能病；修道而不贰，则天不能祸。②

“天行有常”是承认道家的道法自然的思想，其他则讲吉凶祸福由人不由天。这是“天人之分”。更重要的是，对于天道，他进行了冷静的思考，运用天道自然观，对人的客观自然性进行多方面的描述和规定。如他讲礼的起源，就从“人生而有欲”讲起，礼义就是为了“养人之欲，给人之求”，“使欲必不穷于物，物不屈于欲”③。这样，就把老子反对人道有为的天道自然观转化成了人道有为的依据，老子说：“夫礼者，忠信之薄，而乱之首。”④ 荀子说：

> 人莫贵乎生，莫乐乎安，所以养生安乐者，莫大乎礼义。⑤

因为礼是顺人之欲而产生的。这种相反相成的转化是比较明显的。

第三，同源异流。

诸子百家同源异流。《庄子·天下》认为，众多的方术，“皆原于一”，即各种学问都只是“无乎不在”的“道术”的一部分：

> 后世之学者，不幸不见天地之纯，古人之大体，道术将为天下裂。

① 《荀子·性恶篇》，诸子集成本，中华书局 1954 年版。
② 《荀子·天论篇》，诸子集成本，中华书局 1954 年版。
③ 《荀子·天论篇》，诸子集成本，中华书局 1954 年版。
④ 《老子》第三十八章。
⑤ 《荀子·强国篇》，诸子集成本，中华书局 1954 年版。

诸子学说都只是“古之道术”的一部分，上述荀子所谓“道之一隅”也有这个意思，认为诸子主张都只不过是道的一部分。尽管庄子和荀子各自所理解的道并不相同，但可以说他们都认为诸子学说的源头是相同的。

到了汉代，这同源之说，一方面，有人坚持以上看法，《淮南子·齐俗训》说：

> 故百家之言，指奏相反，其合道一体也。

另一方面，又有了新的解释，《汉书·艺文志》说：

> 今异家者各推所长，穷知究虑，以明其指，虽有蔽短，合其要归，亦六经之支与流裔。

各家学说皆源于六经，这显然是推孔尊经的汉代所形成的看法，但也不是毫无根据的，如姚明辉《汉志注解》云：

> 异家，各相异之家也。所长，如墨家《贵俭》《兼爱》《尚贤》《右鬼》《非命》《上同》是。……九家各引一端，则指殊方矣。故长于此者，必有所蔽而短于彼……如墨家之非礼及不知别亲疏，即其蔽短也。……九家虽殊涂，而同归于六经，虽百虑而一致于六经，故其会归皆合于六经。儒无论已，道合于尧之克攘，《易》之嗛嗛，是六经之支与流裔也。阴阳出于羲和。法，同《易》噬嗑之象辞。名，孔子亦欲正名，是皆六经之支与流裔也。墨之六长，悉本于六经。孔子叹使乎使乎，为纵横家所长。杂能一贯王治。农知所重民食。又皆六经之支与流裔之证也。[①]

的确各家的思想和主张，都可以在六经中找到根据。

诸子源头是相同的，不同的是因为“各引一端”，或“各取一隅”[②]，

---

① 转引自陈国庆：《汉书艺文志注释汇编》，中华书局 1983 年版，第 164～165 页。

② 《荀子·解蔽篇》，诸子集成本，中华书局 1954 年版。

“各为其所欲焉以自为方”①。

某一种主张开始形成之时，为了得到“世主”的赏识和采纳，必尽力加以完善，同时也要尽力排斥其他的主张和学说，孟子之诛杨、墨，驳许由等事迹可证。再者，各派创始人的弟子大多是亦步亦趋，这样就形成了派别。不过派别开始形成之时，也就是分裂的开始，事实上没有一成不变的派别。学说、思想也是不断发展的。这一点《韩非子·显学》中讲得再明白不过：

> 世之显学，儒、墨也。儒之所至，孔丘也。墨之所至，墨翟也。自孔子之死也，有子张之儒，有子思之儒，有颜氏之儒，有孟氏之儒，有漆雕氏之儒，有仲良氏之儒，有孙氏之儒，有乐正氏之儒。自墨子之死也，有相里氏之墨，有相夫氏之墨，有邓陵氏之墨。故孔、墨之后，儒分为八，墨离为三，取舍相反不同，而皆自谓真孔、墨，孔、墨不可复生，将谁使定后世之学乎？

在每一个大学派内部，也有“取舍相反不同”，这诸子百家的情况够复杂的了。明确这一点，对理解所谓诸子百家的学术思想也是有好处的。

第四，求同存异与“齐万不同”。

战国后期，面对“譬犹水火”的诸子百家，学术界开始了检视个性、审视得失的各种评价。这也是理解百家争鸣所应该知道的。

大体与商鞅同时的尸佼②，作有《尸子》二十篇，亡佚已多，据其《广泽》云：

> 墨子贵兼，孔子贵公，皇子贵衷，田子贵均，列子贵虚，料子贵别囿。其学之相非也，数世矣而已，皆弇于私也。……若使兼、公、虚、均、衷、平易、别囿一实，则无相非也。③

---

① 《庄子·天下》。

② 钱穆：《先秦诸子系年考辨》，《民国丛书》第三编第2册，上海书店出版社1992年版，第255页。

③ 文据汪继培辑本。

这里且不谈其所言各派主张的个性特征是否确切，单就说它的“一实，则无相非也”。这“一实”与以上所说的同源、同目的等意义理当相同。“无相非也”则可以说是一种求同的取向。但没有具体的论述，不好多加评论。

《庄子·天下》对百家的看法，在上文已经征引了其原文。其承认“道术不一”、“各自为方”，看到了“天下多得一察焉以自好”，同时又承认他们“皆有所长，时有所用”。可以说这是一种存异的取向。

荀子的态度则十分偏激，他在《荀子·非十二子篇》中主张：

> 上则法舜、禹之制，下则法仲尼、子弓之义，以务息十二子之说，如是则天下之害除，仁人之事毕，圣王之迹著矣。

表面看来，他门户之见深，“伐异而不存同，舍仲尼、子弓外，无不斥为‘欺惑愚众’，虽子思、孟轲亦勿免于‘非’、‘罪’之诃焉”[①]。实际也不尽然，上文已提到，荀子认为诸子之蔽在于只见道之一隅，而不见事物的另一方面，并未完全否定那一隅。从他的思想包容性来看，也是兼采了各家之说的。他的批判精神也是可取的。

韩非子是主张禁绝百家的，他对儒、墨这两派显学攻击批评得尤为厉害，说它们是“愚诬之学，杂反之行”。他在《显学》中写道：

> 自愚诬之学、杂反之辞争，而人主俱听之，故海内之士，言无定术，行无常议。夫冰炭不同器而久，寒暑不兼时而至，杂反之学不两立而治。今兼听杂学谬行同异之辞，安得无乱乎？听行如此，其于治人又必然矣。
>
> ……今乃欲审尧、舜之道于三千岁之前，意者其不可必乎！无参验而必之者，愚也；弗能必而据之者，诬也。故明据先王，必定尧、舜者，非愚则诬也。愚诬之学，杂反之行，明主弗受也。

其看法未免失之片面、极端，但应该“参验”而“必”这个思想是可取

① 钱锺书：《管锥编》第一册，中华书局 1979 年版，第 390 页。

的。他是主张统一思想的，如要求“境内之民，其言说者必轨于法”①。

《吕氏春秋》也认为“听群众人议以治国，国危无日矣”，主张“齐万不同”，兼容并包，让各自发挥其长处，起不同的作用，它说：

> 有金鼓所以一耳也；同法令所以一心也；智者不得巧，愚者不得拙，所以一众也；勇者不得先，惧者不得后，所以一力也。故一则治，异则乱；一则安，异则危。夫能齐万不同，愚智工拙，皆尽力竭能，如出乎一穴者，其唯圣人矣乎！②

《吕氏春秋》能够兼容并包，择善而从，比较客观、公正，也符合百家争鸣发展之大趋势。以上所述几个代表证明，战国时期是有一个统一思想的趋势。但如何统一，各家之主张不同。尸子、庄子没有明确主张，《荀子》《韩非子》“党性”太强，而且这种“党性”后来为董仲舒等人所继承：

> 诸不在六艺之科孔子之术者，皆绝其道，勿使并进。邪辟之说灭息，然后统纪可一而法度可明，民知所从矣。③

而《吕氏春秋》的主张，可以说是一种超越的取向，虽然它是很不自觉的。

《淮南子》总结和继承了以上看法和主张：

> 故百家之言，指奏相反，其合道一体也。④

> 百川异源而归于海，百家殊业而皆务于治。⑤

而它也是反对“循一迹之路，守一隅之指”⑥ 的。因为时代的限制，这种

① 《韩非子·五蠹》，诸子集成本，中华书局 1954 年版。
② 《吕氏春秋·不二》，诸子集成本，中华书局 1954 年版。
③ 班固：《汉书》卷五十六，《董仲舒传》，中华书局 1962 年版，第 2523 页。
④ 《淮南子·齐俗训》，诸子集成本，中华书局 1954 年版。
⑤ 《淮南子·氾论训》，诸子集成本，中华书局 1954 年版。
⑥ 《淮南子·齐俗训》，诸子集成本，中华书局 1954 年版。

超越思想不可能得到充分发展。

第二节　和老子有关的人

如果不否定老子其人及其书的话，也不应该否认有关的记载。记载表明，有些人是与老子有关的，大致可分为几种情况。

一、老聃的弟子及向他问学的人

一般都认为，老子既未像孔子那样开门授徒，更没有像墨子那样形成一个有严密组织的墨者集团。但不能绝对地说他就没有弟子，即便是所谓隐士，也是有弟子的。老子作为一个学识渊博的人，自然有人从学或向他问学，否则他也就不成其为老子。事实上，也有他的弟子的记载。《庄子》的《庚桑楚》《则阳》《寓言》等篇中①，就记有老子的弟子，没有理由进行否认。《庚桑楚》记载说：

> 老聃之役，有庚桑楚者，偏得老聃之道，以北居畏垒之山。其臣之画然知者去之，其妾之挈然仁者远之，拥肿之与居，鞅掌之为使。

他“居三年，畏垒大穰”，畏垒之民认为他是圣人，要推举他出来主政，他不乐意，并且说“吾是以不释于老聃之言”，不愿意违背老聃的教诲。他的弟子又反复劝说，并以尧、舜的事迹来劝说。他也反复教导“小子”们，甚至说：

> 大乱之本，必生于尧、舜之间，其末存乎千世之后。千世之后，其必有人与人相食者也。

这岂非与《老子》思想一脉相承，或者更偏颇。所以说“偏得老聃之道”，如成玄英说：“门人之中，庚桑楚最胜，故称偏得也。”② 偏得是“独得”

---

① 这几篇都被认为是先秦庄派早期的著作。

② 成玄英：《庄子疏》。

的意思[①]。役，就是门人或者弟子[②]。庚桑楚是老子的弟子，他自己也有弟子。老子的学说得以传播，是与这些弟子相传分不开的。《老子》一书当然不是自著，那就与《论语》《墨子》一样，是弟子们记其师言行的语录了。

《则阳》记载了另一个弟子：

> 柏矩学于老聃，曰："请之天下游。"老聃曰："已矣！天下犹是也。"又请之，老聃曰："汝将何始？"曰："始于齐。"

老子和孔子不同，没有也不愿游说诸侯，所以柏矩欲游天下，他一再阻止。柏矩至齐之后，面对其所见的现实，"号天而哭"，由此而说：

> 荣辱立，然后睹所病；货财聚，然后睹所争。今立人之所病，聚人之所争，穷困人之身使无休时……古之君人者，以得为在民，以失为在己；以正为在民，以枉为在己。故一形而失其形者，退而自责。今则不然，匿为物而过不识，大为难而罪不敢，重为任而罚不胜，远其途而诛不至。民知力竭，则以伪继之。日出多伪，士民安取不伪？夫力不足则伪，知不足则欺，财不足则盗。盗窃之行，于谁责而可乎？

把矛头指向统治者，和《老子》的思想基本一致，只是具体表述有所不同罢了。

又《寓言》记载说：

> 阳子居南之沛，老聃西游于秦，邀于郊，至于梁而遇老子。老子中道仰天而叹曰："始以汝为可教，今不可也。"阳子居不答。至舍，进盥漱巾栉，脱屦户外，膝行而前，曰："向者弟子欲请夫子，夫子行不闲，是以不敢。今闲矣，请问其过。"老子曰："而睢睢盱盱，而

① 林希逸：《南华真经口义·庚桑楚》，云南人民出版社 2002 年版，第 329 页。
② 成玄英《庄子疏》载陆德明《经典释文》引司马彪之说。

谁与居？大白若辱，盛德若不足。”阳子居蹴然变容曰：“敬闻命矣！”

这阳子居究竟是何人，是否即杨朱，有各种不同的看法，这里就不详谈了。以上记载不过表明他是老子的弟子之一，至于思想是否与老子完全一样，则是另一个问题，此暂不论之。

问学于老子的人，《庄子》一书中也有记载，如《在宥》记有“崔瞿问于老聃”的事，老聃所言与《老子》思想一致。又如《天道》记有士成绮慕名问学于老子的事，并有孔子见老聃的记载。关于孔子向老子问学，《天运》记载说：

孔子行年五十有一而不闻道，乃南之沛见老聃。老聃曰：“子来乎？吾闻子，北方之贤者也，子亦得道乎？”孔子曰：“未得也。”老子曰：“子恶乎求之哉？”曰：“吾求之于度数，五年而未得也。”老子曰：“子又恶乎求之哉？”曰：“吾求之于阴阳，十有二年而未得。”……

孔子见老聃而语仁义。……孔子见老聃归，三日不谈。弟子问曰：“夫子见老聃，亦将何规哉？”孔子曰：“吾乃今于是乎见龙！龙，合而成体，散而成章，乘云气而养乎阴阳。予口张而不能嗋，予又何规老聃哉！”

这记载实在没有什么不可靠之处，没有什么门户之见，也没有什么编造的痕迹，以为《庄子》“寓言”甚多，就加以否认，认为不可信，实在是不应该的。《史记·老子韩非列传》的记载与此大同小异，也该是可信的：

孔子适周，将问礼于老子。老子曰：“子所言者，其人与骨皆已朽矣，独其言在耳。且君子得其时则驾，不得其时则蓬累而行。吾闻之，良贾深藏若虚，君子盛德容貌若愚。去子之骄气与多欲，态色与淫志，是皆无益于子之身。吾所以告子，若是而已。”孔子去，谓弟子曰：“鸟，吾知其能飞；鱼，吾知其能游；兽，吾知其能走。走者可以为罔，游者可以为纶，飞者可以为矰。至于龙吾不能知，其乘风云而上天。吾今日见老子，其犹龙邪！”

这种记述，在儒家的记载中也有，绝非子虚乌有之说。

据上所述，老子的确可说是当时一个学问高深的圣人。有弟子是不奇怪的，不过直接传授者不多罢了。有人问学也是当然的，并且他并非完全不理会人，而是对不同的人采取不同的回答方式，基本思想却是一贯的。正因为如此，他的思想学说才得以流传。

二、关尹、列御寇、杨朱

这是几个与老聃有关系，与老学形成和发展有关系的人，比较重要，但又因材料缺乏，故只能言其大概。

1. 关尹

关尹何人？这应该从《庄子·天下》的记载说起：

> 以本为精，以物为粗，以有积为不足，澹然独与神明居。古之道术有在于是者，关尹、老聃闻其风而悦之。建之以常无有，主之以太一，以濡弱谦下为表，以空虚不毁万物为实。
>
> 关尹曰："在己无居，形物自著。"其动若水，其静若镜，其应若响。芴乎若亡，寂乎若清。同焉者和，得焉者失。未尝先人而常随人。
>
> ……关尹、老聃乎！古之博大真人哉！

《庄子》对关尹、老聃的评价是很高的，对于他们思想的概括也是很精确的。《吕氏春秋·不二》说得更为简要："老聃贵柔"，"关尹贵清"。以上"关尹曰"中"其静若镜"、"寂乎若清"等语，均可见其"贵清"。另外，《庄子·达生》中有记关尹答列子问的一些话，有"纯气之守"，"其天守全，其神无隙，物奚自入焉"，以及"圣人藏于天，故莫之能伤也"等等，也与"贵清"思想精神一致。是则关尹是一个与老聃思想有共同点的"博大真人"。

关尹究竟是个怎样的人？有关的记载实在太少了。《史记·老子韩非列传》中的记载算是比较早的：

> 老子修道德，其学以自隐无名为务。居周久之，见周之衰，乃遂

去。至关，关令尹喜曰："子将隐矣，强为我著书。"于是老子乃著书上下篇，言道德之意五千余言而去，莫知其所终。

司马迁的根据是什么不得而知。汉人的其他记载与此基本一致，高诱注《吕氏春秋·不二》说：

关尹，关正也，名喜，作《道书》九篇，能相风角，知将有神人，而老子到，喜说之，请著上至［下］经五千言，而从之游也。

又注《审己》时说：

关尹喜师老子也。

《汉书·艺文志》"道家类"著录《关尹子》九篇，自注云：

名喜，为关吏，老子过关，喜去吏而从之。

看来，高诱、班固对于关尹的了解并非仅据司马迁的《史记》，必有其他根据。"喜去吏而从之"，"从之游也"，这倒是有点意思的记载，或可说明关尹最后也隐去了。

学术界对于关尹也展开过一场讨论，例如《史记》中的"关令尹喜"，"令"字是否衍文，"喜"字是否人名等等。郭沫若更认为"关尹即是环渊，关环渊尹均一声之转"，是"老子弟子"，"《老子上下篇》乃环渊所录老聃之遗训"等等[①]。这些都有点节外生枝了。重要的是，关尹和老聃的思想基本一致，《老子》的流传与关尹有密切关系。

2. 列御寇

列御寇即一般所谓列子，有关他的记载比关尹要多一些，这个晚于老聃和关尹的人是毋庸置疑的。关于列子的事迹，《庄子》的《逍遥游》《应

① 郭沫若：《老聃·关尹·环渊》，罗根泽编：《古史辨》第六册，上海古籍出版社 1982 年版，第 638、639、642 页。

帝王》《至乐》《田子方》《让王》《列御寇》等篇中都称举了其言其事。有些言行在《韩非子》《吕氏春秋》《尸子》等书中也有记载，尤其是《战国策·韩策》中记有“治列子圄寇之言”的人及其所言列子的贵正思想更加可贵。

有“治列子之言”的人，但列子的事迹在汉代就不怎么流传了。《史记》中无传，原因也许可从《吕氏春秋·观世》的记载看出一点消息：

> 子列子穷，容貌有饥色。客有言之于郑子阳者，曰：“列御寇，盖有道之士也，居君之国而穷，君无乃为不好士乎？”郑子阳令官遗之粟数十秉，子列子出见使者，再拜而辞。使者去，子列子入，其妻望而拊心曰：“闻为有道者妻子，皆得逸乐。今妻子有饥色矣，君过而遗先生食，先生又弗受也，岂非命也哉！”子列子笑而谓之曰：“君非自知我也，以人之言而遗我粟也，至已而罪我也，有罪且以人言，此吾所以不受也。”其卒民果作难，杀子阳。受人之养，而不死其难则不义，死其难则死无道也。死无道，逆也。子列子除不义，去逆也，岂不远哉！且方有饥寒之患矣，而犹不苟取，先见其化也。先见其化而已动，远乎性命之情也。（按：“远”字当作“达”或“通”。）

他能够“先见其化”，能够“达乎性命之情”，是一个“体道之人”，不会在政治上很活跃，也不会刻意去开门授徒，其言与事自然就很难流传了。但其在当时思想界很有影响，所以被称为“子列子”。议其事者虽不必为其门人弟子，但是“治列子之言”的人，高诱注《吕氏春秋》时有几处说明：

> 子列子，贤人，体道者，请问其射所以中于关尹喜。[①]

> 子列子，御寇，体道人也，著书八篇，在庄子前，庄子称之也。[②]

① 《吕氏春秋·审己》，诸子集成本，中华书局1954年版。
② 《吕氏春秋·观世》，诸子集成本，中华书局1954年版。

体道人也，壶子弟子。①

《汉书·艺文志》道家类著录《列子》八篇，班固自注云：

名圄寇，先庄子，庄子称之。

汉人把他列入道家，并且认定其对庄子有影响，这都是可以肯定的。

那么，列子的思想是什么呢？《吕氏春秋·不二》概括为：

子列子贵虚。

此贵虚之说，前引《尸子·广泽》亦同。又《列子·天瑞》亦有“或谓子列子曰：子奚贵虚”之问。他的贵虚思想，《庄子·应帝王》更有较具体的描述。列子在随壶子学道之后：

然后列子自以为未始学而归，三年不出。为其妻爨，食豕如食人。于事无与亲，雕琢复朴，块然独以其形立。纷而封哉，一以是终。

无为名尸，无为谋府，无为事任，无为知主。体尽无穷，而游无朕；尽其所受乎天，而无见得，亦虚而已。至人之用心若镜，不将不迎，应而不藏，故能胜物而不伤。

这第二段文字，我们同意亦“列子贵虚之意”②。有关列子贵虚思想的记载，大体就是这些了。至于以上提到的贵正，从《战国策·韩策》记载的情况看，是史疾主张以列子之贵正来“为国”、“圉盗”，具体针对的是那些自称廉洁胜任的大小官吏，不能禁“盗贼公行”。那么，列子不为毫利所动的正气，是可以“为国”、“圉盗”的。这或者也符合无为之道。后人所发挥的无为思想正是沿着这种思路发展的。

---

① 《吕氏春秋·不二》，诸子集成本，中华书局1954年版。

② 马叙伦：《庄子义证》第七卷，《民国丛书》第五编第6册，上海书店1996年版，第7页。

列子当是一个传播和发挥关尹、老聃思想的人。

3. 杨朱

杨朱比关尹、列御寇更为复杂一些，不仅《史记》未载其人，《汉书·艺文志》亦无其书。但先秦记载中又确有其人其事。杨朱的争论也更大，有的人把他看作道家的始祖，认为"老庄皆继杨朱之绪"①；有的人认为杨朱是老聃的弟子②；有的人又认为杨朱是春秋战国时期一个独立学派的开创者③。《庄子》中有如《孟子》"杨墨"并提的叙述，又有阳子居的言行记载，有的人认为子居即杨朱，有的认为非是。又有《列子·杨朱》，都认为是伪书，极不可靠。这里讲老学，着重谈谈其思想与老学的关系。那就从《孟子》讲起。

《孟子·滕文公下》：

> 孟子曰：予岂好辩哉！予不得已也。……圣王不作，诸侯放恣，处士横议，杨朱、墨翟之言盈天下。天下之言不归杨，则归墨。杨氏为我，是无君也；墨氏兼爱，是无父也。……杨墨之道不息，孔子之道不著，是邪说诬民，充塞仁义也。……吾为此惧，闲先圣之道，距杨墨，放淫辞，邪说者不得作。作于其心，害于其事。作于其事，害于其政。圣人复起，不易吾言矣。……能言距杨墨者，圣人之徒也。

这段话实在没有什么可怀疑的理由，为了否定杨朱在当时的影响硬说孟子是夸大，也是不对的。明明是为了回答"外人皆称夫子好辩"的问题，难道还可以任意夸大？只能承认孟子当时确有一个杨墨之学"盈天下"的问题。其次，从以上言论中可见，孟子是为了捍卫孔子的仁义之道，而杨墨的无君无父——无父实亦讲无君父，兼爱、尚同就是破坏等级、礼制，杨朱、墨翟是从"为我"和兼爱两个极端来破坏仁义之道。这个道理也是清清楚楚的。墨子的思想是什么，有《墨子》一书，能知其大概面貌。兼爱并非《墨子》思想的全部，司马谈在概述墨家思想时，说他"俭而难遵"，

---

① 冯友兰：《中国哲学史》上册，商务印书馆1947年版，第173页。

② 郭沫若：《十批判书·稷下黄老学派的批判》，东方出版社1996年版，第162页。

③ 詹剑峰：《杨朱非道家论》，中国哲学编辑部：《中国哲学》第七辑，生活·读书·新知三联书店1982年版，第58～65页。

因为他尚尧舜之道，主张节俭，“使天下法若此，则尊卑无别也”①，不是从他兼爱的角度来讲他破坏尊卑秩序，同时又肯定其“强本节用”的主张。依此看来，可以认为，杨朱的“为我”和墨子的兼爱一样，是孟子从破坏仁义之道的角度所作的一种概括，并且“为我”二字又主要是一种贬义之辞。其《尽心上》所言：

杨子取为我，拔一毛而利天下，不为也。

也是一种极端的形容之词。这“为我”二字，不如“贵己”二字来得客观，《吕氏春秋·不二》有“阳生贵己”的概括，此阳生即杨朱，从汉代以来的注释没有疑义，有的“生”字就直接引为“朱”字。对于上述“拔一毛而利天下，不为也”的“为我”作如何解释?《列子·杨朱》说：

有生之最灵者（人）也。人者，爪牙不足以供守卫，肌肤不足以自捍御，趋走不足以从利逃害，无毛羽以御寒暑，必将资物以为养，任智而不恃力。故智之所贵，存我为贵；力之所贱，侵物为贱。

古之人损一毫利天下，不与也；悉天下奉一身，不取也。人人不损一毫，人人不利天下，天下治矣。

《列子》虽有问题，其对“为我”的这种解释当是有所本的。《韩非子·显学》的一段话可作参考：

今有人于此，义不入危城，不处军旅，不以天下大利易其胫一毛，世主必从而礼之，贵其智而高其行，以为轻物重生之士也。

“轻物重生”是一种值得称赞的道行。有的学者认为，《吕氏春秋》中的《本生》《重生》《贵生》《情欲》等篇正是发挥“阳生贵己”的思想，保存了“杨朱学派贵生重生的道德论”②。这是顺理成章，符合历史实际的。

---

① 司马迁：《史记》卷一百三十，《太史公自序》，中华书局1982年版，第3290～3291页。

② 侯外庐、赵纪彬、杜国庠：《中国思想通史》第一卷，人民出版社1967年版，第337～350页。

如何更确切地反映杨朱的思想，《淮南子·氾论训》的记述特别有意义：

> 夫弦歌鼓舞以为乐，盘旋揖让以修礼，厚葬久丧以送死，孔子之所立也，而墨子非之。兼爱尚贤，右鬼非命，墨子之所立也，而杨子非之。全性保真，不以物累形，杨子之所立也，而孟子非之。

这里对儒、墨、杨的思想都有概括，虽仍不全面，但最主要的思想都概括到了。其对于杨子的概括是“全性保真，不以物累形”，这就比“为我”的概括客观得多、全面得多，比“贵己”的概括又具体得多、清楚得多。这样，“为我—贵己—轻物重生—不以物累形”就是一个思想主旨了。“全性保真”，可说是理论升华，无疑是早期道家的根本思想之一，与《老子》的思想有关系，更与后来的《庄子》思想有联系。由此看来，杨朱是从老子到庄子思想演变过程中的一个中间人物，讲老学的发展，不能不有这样一个中间人物。

另一个值得一提的是，《庄子》说杨朱“游心于坚白同异之间”，因而有人注意到他思想中的名家因素。《庄子·骈拇》把杨朱、墨翟和离朱、师旷、曾史等人都看作“非天下之至正”的“旁枝之道”，其言杨、墨云：

> 骈于辩者，累瓦结绳窜句棰辞，游心于坚白同异之间，而敝跬誉无用之言非乎？而杨墨是已。

这不过是说他的“骈于辩”，和一般的辩者或辩士一样，是用“坚白同异”那样的方法来宣传自己的主张，并求得一时的名誉（“敝跬誉”）。这一点，与老子的归隐态度不同，甚至宣传自己的主张还很厉害，只是没得到任用罢了。所以《韩非子·八说》才说：

> 杨朱、墨翟，天下之所察也，干世乱而卒不决，虽察而不可以为官职之令。

杨朱、墨翟是天下有名的察士，并且也都是“干世乱而卒不决”的。这里和《庄子》一样，也没有说明他们的主张是什么，只是说他们积极推行自己的主张。这样，前引孟子所说“杨朱、墨翟之言盈天下”、“天下之言不归杨则归墨”以及所谓“逃墨必归于杨，逃杨必归于儒”，就可以理解了，确实有那么一段时间，杨、墨之言曾风行一时，威胁着儒家的仁义之道，因此儒家非起来抗拒不可。“辩”或“察”的问题不涉及具体思想主张，当然不排斥杨朱的思想中会有一些其他学派的内容，包括名家的思想和主张。儒和墨不都是讲过“名”与“实”吗？孔子不也要“正名”吗？因此，说杨朱的主要思想是什么是一回事，杨朱思想及其发展有没有别派的因素是另一回事。

三、庄子

庄子其人其书有许多问题，但主要事实是比较清楚的。庄子书的数量不少，其主要思想也是清楚的。从思想方面看，庄子与老子关系密切，有同有异。自汉以来，老庄相连，因而老庄为什么相连，老庄相连的意义何在，是这里想要探讨的问题。

《庄子·天下》中把关尹、老聃称为“博大真人”，《庄子》一书中引用、重述《老子》的语言和思想不少，所反映老子的思想也是很多的，但由于《庄子》一书分内、外、杂篇，非一人所作，有些内容和思想被认为是属于庄子后学的，单就庄子思想而言，过去和现在都有人认为它是“别为一宗”，如王夫之就说：

> 内篇虽与老子相近，而别为一宗，以脱卸其矫激权诈之失；外篇则但为老子作训诂，而不能探化理于玄微。故其可与内篇相发明者，十之二三，而浅薄虚嚣之说，杂出而厌观；盖非出一人之手，乃学庄者杂辑以成书。①

这段话可以说是一些具体考证的结论，今人也有强调这“别为一宗”方面的。但这段话无论说“为老子作训诂”也好，或“与老子相近”也好，都清楚地表明，庄子与老子的关系是比较密切的。但老庄怎样开始连在一

① 王夫之：《庄子解》卷八，《论外篇》，中华书局1964年版，第76页。

起，这要略作一些说明。

先秦记载中，尚未发现直接的连称，专讲学术思想的一些记载也没有连称，直接讨论其继承发展关系的似乎也没有，如《庄子·天下》《荀子·非十二子篇》《韩非子·显学》等都没有，《荀子·解蔽篇》从“蔽于一曲”的角度批评了“庄子蔽于天而不知人”，也未提到老子。当然这些关于学术思想的记载，除了儒、墨涉及派别及其传承之外，其他多半是对一个个人物（最多两个相近的人物）的某一方面的思想进行批评。《庄子·天下》关尹、老聃并提，讲了他们共同的和不同的思想主张，庄周单提，没有讲到他和老子的关系。这样，从记载的情况看，把老子和庄子联系起来，最早的是司马迁了，是他的《史记·老子韩非列传》。如何联系？这要玩味他的原文：

> 庄子……其学无所不窥，然其要本归于老子之言。故其著书十余万言，大抵率寓言也。作《渔父》《盗跖》《胠箧》，以诋訾孔子之徒，以明老子之术。《畏累虚》《亢桑子》之属，皆空语无事实。然善属书离辞，指事类情，用剽剥儒、墨，虽当世宿学不能自解免也。其言洸洋自恣以适己，故自王公大人不能器之。

最后又写道：

> 太史公曰：老子所贵道，虚无，因应变化于无为，故著书辞称微妙难识。庄子散道德，放论，要亦归之自然。申子卑卑……韩子……皆原于道德之意，而老子深远矣。

应该说这个叙述很符合实际，结论是明确可靠的，完全可以得到进一步的论证。说庄子其学“要本归于老子之言”，显然司马迁是就思想之根本相同而言的，是他在研究了《老子》《庄子》的内容，作了比较分析，结论认为庄子的学术思想之要是归本于老子的，并且老子、庄子还有申子、韩子“皆原于道德之意”。但是他没有全面写“老庄比较论”，庄子如何“明老子之术”，只作了个举例式的说明，特别是有关“诋訾孔子之徒”的方面，并非全面地论述其学术思想。不过从主要的比较又可以清楚地看出，可以说老庄之同在“道”，异亦在“道德”。学术界曾就司马迁所举《庄子》篇名讨论成书时间及庄子思想问题，我们同意这种看法：司马迁是把他见到的《庄子》看成一个整体的，所举数篇，是以“微辞见旨”，具体说明“世之学老子者则绌儒学”。他没有注意区分今本之所谓内、外、杂篇，或者他所见的《庄子》篇目次序等与今本不同①。重要的是，司马迁把老子和庄子联系起来了，且与申子、韩子之“归本于黄老”一样，庄子“本归于老子之言”，是“明老子之术”。这样，和黄老一样，老庄相连是呼之欲出的。因此，几乎与司马迁同时的《淮南子·要略》中就有“考验乎老庄之术”的提法了。有人怀疑此文是否后人之窜入②，那是不对的。这句话前后语义连贯，毫无可疑之处：

> 道应者，揽掇遂事之踪，追观往古之迹，察祸福利害之反，考验乎老庄之术，而以合得失之势者也。

还有：

> 已言俗变而不言往事，则不知道德之应。

《道应训》这一篇如何是“考验”“老庄之术”的呢？

> 曾国藩云：此篇虽杂征事实，而证之以老子道德之言。意以已验之事皆与昔之言道者相应也，故题曰《道应》。每节之末，皆引老子语证之，凡引五十二处。③

似乎主要是说老子，该篇只有一处明确引“老子曰”。但是该篇征引的许多事实都是《庄子》中有的，尤其是该篇开头“太清问于无穷……”那一

---

① 张德钧：《庄子内篇是西汉人著作吗?》，《哲学研究》编辑部编：《庄子哲学讨论集》，中华书局1962年版，第245～283页；张恒寿：《庄子新探》，湖北人民出版社1983年版，第101～104页。

② 张维华：《释“黄老”之称》，《文史哲》1981年第4期。

③ 刘文典：《淮南鸿烈集解》卷十二，《道应训》引，中华书局1989年版，第378页。

大段文字，应该说是根据《庄子·知北游》改写的。因此我们认为，“道应者……考验乎老庄之术”，无疑是《淮南子·要略》的原文，而非窜入之文。汉初，《庄子》没有《老子》流行广，没有被重视（其原因当另考论）。但是，刘安和他的门客中，肯定有人是钻研过《庄子》的，这有淮南子《庄子后解》《淮南王庄子要略》可证①。和司马迁一样，他们经过研究，从主要思想方面，把老庄联系起来。至于东汉人提到老庄，魏晋以后之老庄作为道家的代名词，都是以后的事。以上所说乃老庄相连的渊源。

笼统地说，老子和庄子都属于道家，这是没有多大问题的。老子在道家中的开山祖师地位虽可能有不同看法，关系到其人其书的一些问题，但在前面一章已经论定了。道家思想的基础，无论如何还是在《老子》一书中，那么，庄子在道家的地位如何呢？这也和老庄相连有关。庄子的地位问题，郭沫若曾有一段精彩的论述，他在《十批判书·庄子的批判》中写道：

> 从庄子的思想上看来，他只采取了关尹、老聃清静无为的一面，而把他们的关于权变的主张扬弃了。庄子这一派或许可以称为纯粹的道家吧？没有庄子的出现，道家思想尽管在齐国的稷下学宫受着温暖的保育，然而已经向别的方面分化了：宋钘、尹文一派发展而为名家，田骈、慎到一派发展而为法家，关尹一派发展而为术家。道家本身如没有庄子的出现，可能是已经归于消灭了。然而就因为有他的出现，他从稷下三派吸收他们的精华，而维系了老聃的正统，从此便与儒、墨两家鼎足而三了。在庄周自己并没有存心以“道家”自命，他只是想折衷各派的学说而成一家言，但结果他在事实上成为了道家的马鸣、龙树。

这段话中关于稷下学宫的内容，下一节要专门讨论。其关于庄子地位的话表述得较好，不过这种“相当卓越”的见解有人也已指出，马鸣、龙树“稍嫌比喻不确”②。庄子不是“复兴”道家的问题，而可以说是关系到“纯粹道家”形成的问题（将另行考论）。从庄子与老子的关系看，也就是

---

① 《文选》注中提到此二书。张恒寿：《庄子新探》，湖北人民出版社 1983 年版，第 22～26 页。

② 张恒寿：《庄子新探》，湖北人民出版社 1983 年版，第 400 页。

从老学发展的角度看，郭文所说“采取”了什么，“扬弃”了什么，以及“维系了老聃的正统”（当然对正统也可能提出不同的看法）等等，是值得进一步深入研讨的。

无可否认的事实是，庄子继承和发展了老子的基本思想。从主要方面看，首先，庄子的本体论与老子大体相同，都是以道或者无为本体，道或无是天地万物的本原，它超时空存在，它绝对地无差别，不过庄子的说明更为明确具体，有些还非常形象，例如《庄子·知北游》云：

> 东郭子问于庄子曰：“所谓道，恶乎在？”庄子曰：“无所不在。”东郭子曰：“期而后可。”庄子曰：“在蝼蚁。”曰：“何其下邪？”曰：“在稊稗。”曰：“何其愈下邪？”曰：“在瓦甓。”曰：“何其愈甚邪？”曰：“在屎溺。”东郭子不应。庄子曰：“夫子之问也，固不及质。正获之问于监市履狶也，每下愈况。汝唯莫必，无乎逃物。至道若是，大言亦然。周、遍、咸三者，异名同实，其指一也。”

“道无所不在”，说得如此具体明确，似乎有些玩世不恭。但他讲的是实“质”问题，“至道”是“无乎逃物”的，道是不离物的。《老子》的表述没有如此明确，说得有些恍恍惚惚，如第一章：

> 道可道，非常道；名可名，非常名。

道是不可以言说的，是不可以说出来的。又第四章：

> 道冲而用之或不盈，渊兮似万物之宗。

然后，第二十一章“道之为物，惟恍惟惚”的描述，第二十五章“有物混成，先天地生”的说明等等，所有关于道的描述，都不如庄子“道无所不在”的说法简单明晰。当然，这个道要彻底弄清楚也并不那么容易，老子、庄子以及后来人，都要“多为之辞，博为之说”①，这是另外一个问

① 《淮南子·要略》，诸子集成本，中华书局 1954 年版。

题。庄子继承了老子的道为本体的思想，具体还有新发展，如肯定道和无是世界万物的本体，《老子》第一章说“无，名天地之始；有，名万物之母”，《庄子·齐物论》中却还有一段论述：

> 有始也者，有未始有始也者，有未始有夫未始有始也者。有有也者，有无也者，有未始有无也者，有未始有夫未始有无也者。

不满足于“无名天地之始”，还要追求这个“无”、“有始”以前的“无始”、“无无始”等等，要问到底，这种思考，实际意义不大。或者可以说明，庄子是沿着老子的某些思想往更深的方面发展下去的。

如上引郭沫若所说，庄子取了老子“清静无为”的一面，而“把他们的关于权变的主张扬弃了”。的确，庄子是公开拒绝参加政治的，《史记》为他立传文字不多，用一半的篇幅记述道：

> 楚威王闻庄周贤，使使厚币迎之，许以为相。庄周笑谓楚使者曰：“千金，重利；卿相，尊位也。子独不见郊祭之牺牛乎？养食之数岁，衣以文绣，以入太庙。当是之时，虽欲为孤豚，岂可得乎？子亟去，无污我。我宁游戏污渎之中自快，无为有国者所羁，终身不仕，以快吾志焉。”①

这段记述，比许多论述有力，活生生地说明了庄子不干预政治的思想。说道家的出世思想，当主要从庄子的这段话开始。在《庄子》中可以看出，除了对社会政治有些冷嘲热讽的批评外（当然也可看出一些政治思想），很难找到积极的治世方案。那么，这种思想与老子有什么关系？那就是对老子“清静自然”思想的继承和发挥，例如关于人性、人生观之崇尚自然，有些是和老子一样的，像“全形养生”，庄子对“全形”、“养生”、“达生”、“卫生”、“尊生”以及“活身”等等，作了许多论述，他认为：

---

① 司马迁：《史记》卷六十二，《老子韩非列传》，中华书局 1982 年版，第 2145 页。

夫全其形生之人，藏其身也，不厌深眇而已矣。①

成玄英疏云：

全形养生者，故当远迹尘俗，深就山泉，若婴于利禄，则粗而浅也。

这远世藏身的思想，就是所谓出世思想，与上述《史记》记载是一致的，是庄子的一个主要思想，是老子、杨朱等“全性保真”思想的极端发展。他甚至还说：

全汝形，抱汝生，无使汝思虑营营。②

看来这和老子“弃智”的思想不是一回事，他完全只是从“全形养生”的角度来说的。《庄子·德充符》说：

吾所谓无情者，言人之不以好恶内伤其身，常因自然而不益生也。

道与之貌，天与之形，无以好恶内伤其身。

“因自然”也用在“全形养生”的上面。他还主张：

无为名尸，无为谋府，无为事任，无为知主。

一切无为，这样才能不受损伤。

再进一步，庄子形成了一种超越的人生观，这包括死生一如观、物人一体观以及绝对命运论等等，认为人生的理想在于超脱相对的、有限的世界，而逍遥于绝对的无限世界。他认为达到了这种境界的人，就叫作至

① 《庄子·庚桑楚》。
② 《庄子·庚桑楚》。

人、神人或真人。为达到此人生最高境界，就要无为、无用，断绝名利欲望，除去成心，乃至于为心斋坐忘等等。由此看来，庄子的思想确实比老子更为详密，更为彻底。这个“要本归于老子之言”的庄子，使一个“纯粹的道家”得以形成。这是我们的结论。

最后，还要说明一个问题，《庄子·天下》既概括了关尹、老聃的思想，也单独概述了庄子的思想。由此看来老庄思想的关系如何？钱基博先生曾著有《读庄子天下篇疏记》①，在论庄周时，对“庄周闻其风而悦之”的“道术”作了逐句的解说，以老子之言进行比较，说明“其要本归于老子之言”，然后指出：

> 一言以蔽之曰“道法自然”，曰“绝圣弃知”而已。“古之道术有在于是者”，盖庄周以自明其学之所宗；而非所以自明其学也。余观庄周，所以自明其学者，特详造辞之法与著书之趣；所不同于诸家者也。

他在具体解说了“造辞之法与著书之趣”以后说：

> 换言之曰：未能如关尹、老聃之“以本为精，以物为粗，以有积为不足，澹然独与神明居尔”！夫“以本为精”，则“应于化”矣！“以物为粗”，则“解于物”矣！“应于化而解于物”，则尽“芒乎昧乎”之道，而能以“不足”用其“有积”，“澹然独与神明居”矣！此关尹老聃之所以为“博大真人”，而庄生未以自许也。

我们同意这些分析和议论。

第三节 稷下黄老及其他

上一节讲和老子有关的人，主要是关系比较密切、直接的人，及其在传播老学方面的作用，本节则要谈在《老子》思想基础上发展起来的一些

① 钱基博：《读庄子天下篇疏记》，商务印书馆1930年版，第54～58页。

新的思想和学说，主要讲稷下黄老之学。首先从稷下学宫谈起。

一、稷下学宫

前已说明，春秋战国时期士的阶层特别活跃，适应着各诸侯国统治者“争天下者必先争人”[①] 的情况。各诸侯国乃至一些重要的政治人物都搜罗人才，形成养士之风。齐国作为从春秋到战国一直都强大的一个国家，在这方面也是比较突出的。它的稷下学宫就是一个典型例子。

从有关的记载看，从齐桓公开始，到荀子离齐适楚，整整一百年的时间，稷下学宫的大事可查，其中几度兴衰，而以宣王时期为鼎盛。徐干《中论·亡国》写道：

> 昔齐桓公立稷下之宫[②]，设大夫之号，招致贤人而尊崇之。自孟轲之徒皆游于齐。

这记载的时间较晚，而且尚未考见其他记载印证，但是可以相信的。首先，齐桓公为巩固自己的地位，招纳贤士，是完全可能的[③]。其次，《史记·田敬仲完世家》的记载更为明确：

> 宣王喜文学游说之士……是以齐稷下学士复盛，且数百千人。

“复盛”二字可证明有始兴之时。

招贤纳士，养起来，养了多少？怎样养法？养起来的人干什么？《史记》中两处记载可见其大概，《田敬仲完世家》写道：

> 宣王喜文学游说之士，自如驺衍、淳于髡、田骈、接子、慎到、环渊之徒七十六人，皆赐列第，为上大夫，不治而议论。是以齐稷下

① 《管子·霸言》，诸子集成本，中华书局 1954 年版。

② 稷下又称棘下。齐临淄城西门曰稷门，在此附近的学堂便名稷下宫。刘向《别录》等书有记载。

③ 钱穆：《先秦诸子系年考辨》，《民国丛书》第三编第 2 册，上海书店出版社 1992 年版，第 215～217 页。

学士复盛，且数百千人。

《孟子荀卿列传》的记载是：

自驺衍与齐之稷下先生，如淳于髡、慎到、环渊、接子、田骈、驺奭之徒，各著书言治乱之事，以干世主，岂可胜道哉！……于是齐王嘉之，自如淳于髡以下，皆命曰列大夫，为开第康庄之衢，高门大屋，尊宠之。览天下诸侯宾客，言齐能致天下贤士也。

人数不少，待遇优厚，宣王时"赐列第，为上大夫"的就有七十六人，几乎每个人都有一大群弟子。这些人游说之时，往往和孟子"后车数十乘"一样，都是有门徒跟随的。淳于髡游说时，"约车十乘"①，且有记载说"髡死，诸弟子三千人为髡缞绖"②。又如田骈也有"徒百人"，待遇是"訾养千钟"③。这些人还互相引荐，例如《战国策·齐策三》记载说：

淳于髡一日而见七人于宣王。王曰："子来。寡人闻之：千里而一士，是比肩而立；百世而一圣，若随踵而至也。今子一朝而见七士，则士不亦众乎？"淳于髡曰："不然。夫鸟同翼者而聚居，兽同足者而俱行。今求柴胡、桔梗于沮泽，则累世不得一焉，及之睪黍、梁父之阴，则郄车而载耳。夫物各有畴，今髡贤者之畴也。王求士于髡，譬若挹水于河，而取火于燧也。髡将复见之，岂特七士也！"

这段话很有意思，我们只说它招贤纳士之一个侧面。

招贤纳士，有一部分人是任用为官职的，如"驺忌之见三月而受相印"④。也有临时差遣的，如淳于髡之"为齐使荆楚"⑤、"之赵请救兵"⑥等等。但大部分是"不治而议论"。他们虽享受大夫之禄，而不任职治事，

① 《吕氏春秋·离谓》，诸子集成本，中华书局1954年版。
② 《太平寰宇记》卷十九引《史记》，今本《史记》无。
③ 《战国策·齐策四》。
④ 司马迁：《史记》卷四十六，《田敬仲完世家》，中华书局1982年版，第1890页。
⑤ 《战国策·齐策三》。
⑥ 司马迁：《史记》卷一百二十六，《滑稽列传》，中华书局1982年版，第3198页。

如《盐铁论·论儒》所说：

> 齐宣王褒尊儒学，孟轲、淳于髡之徒受上大夫之禄，不任职而论国事。盖齐稷下先生千有余人。

这里要指出，“褒尊儒学”这话是不可靠的，是按照汉代儒家的观点看问题，重要的是“不任职而论国事”，或者如《新序·杂事》说：

> 齐有稷下先生，喜议政事。

总之，议政是稷下先生们的主要活动，统治者重金收养的目的也正是在此，因而重要人物都是直接与齐王议政过的，有泛泛的议，也有具体的议，如：

> 齐宣王坐，淳于髡侍。宣王曰：“先生论寡人何好?”淳于髡曰：“古者所好四，而王所好三焉。”宣王曰：“古者所好何与寡人所好?”淳于髡曰：“古者好马，王亦好马；古者好味，王亦好味；古者好色，王亦好色；古者好士，王独不好士。”宣王曰：“国无士耳，有则寡人亦悦之矣。”淳于髡曰：“古者骅骝、骐骥，今无有，王选于众，王好马矣；古者有豹象之胎，今无有，王选于众，王好味矣；古者有毛嫱、西施，今无有，王选于众，王好色矣；王必将待尧、舜、禹、汤之士而后好，则尧、舜、禹、汤之士亦不好王矣。”宣王嘿然无以应。[1]

看来淳于髡在当时各方面起的作用都不小，这且不深谈。其议政之事较多。许多零星记载可以证明，其他稷下先生也有与齐王议政的，如：

> 田骈以道术说齐，齐王应之曰：“寡人所有者齐国也，愿闻齐国之政。”田骈对曰：“臣之言，无政而可以得政。譬之若林木，无材而可以得材。愿王之自取齐国之政也。骈犹浅言之也，博言之，岂独齐

① 刘向：《说苑·尊贤》。

国之政哉！变化应来而皆有章，因性任物而莫不宜当。彭祖以寿，三代以昌，五帝以昭，神农以鸿。”①

此外，如《吕氏春秋·正名》记有齐王与尹文的一大段议政的对话，以及孟子与齐王之议论等等，这里就不一一征引了。

议政的另一重要形式就是“作书刺世”，如刘向《孙卿书录》云：

方齐宣王、威王之时，聚天下贤士于稷下，尊宠之。若邹衍、田骈、淳于髡之属甚众，号曰列大夫，皆世所称，咸作书以刺世。②

著名的稷下先生，大多有著作传世，所有的著作也都是直接或间接议政的。另外，像《管子》《周礼》这些书，有人以为出自稷下学者之手；已佚的《王度记》，刘向《别录》就认为“似齐宣王时淳于髡等所说”。这些就不一一详说了。

稷下先生们另一方面的活动可以说是议学。议学与议政是分不开的，各种学说的目的“皆务为治者也”，都是“刺世”，都是“言治乱之事以干世主”，只是具体主张不同罢了。但是，议学也有相对的独立性。议学包括自由讨论，互相争辩，包括“师尽智竭道以教”③，也包括著书立说等等。

关于自由讨论，如上所述，当时还没有“褒尊儒学”的问题，“期会于稷下”的“谈说之士”各种学派的人都有，“毁五帝，罪三王”的言论都可以发表，环境是比较宽松的，思想是很活跃的，兹举两段记载证明：

齐有稷下先生，喜议政事。邹忌既为齐相，稷下先生淳于髡之属七十二人皆轻忌，以谓（为）设以辞，邹忌不能及，乃相与俱往见邹忌。淳于髡之徒礼倨，邹忌之礼卑。淳于髡等曰：“狐白之裘补以弊羊皮，何如？”邹忌曰：“敬诺，请不敢杂贤以不肖。”淳于髡等曰：

① 《吕氏春秋·执一》，诸子集成本，中华书局1954年版。又同书《用众》亦有议政之对话。

② 此文又见《风俗通义·穷通》。

③ 《吕氏春秋·劝学》，诸子集成本，中华书局1954年版。

“方内而员釭，何如?”邹忌曰：“敬诺，请谨门内不敢留宾客。”淳于髡等曰：“三人共牧一羊，羊不得食，人亦不得息，何如?”邹忌曰：“敬诺，减吏省员，使无扰民也。”淳于髡等三称，邹忌三知之如应响。淳于髡等辞屈而去，邹忌之礼倨，淳于髡等之礼卑。①

《史记·田敬仲完世家》也有类似的记载，并且是五问五答，除“狐裘”一问略同之外，其余均不同，不过只说二人之间的问答。上引记载写的则是淳于髡等人对邹忌的“围攻”（恕用此现代化的语言）。并且这批人居然敢轻视身为齐相的邹忌（邹忌“知之如应响”，说明他确有才能，有学问）。又如：

齐辩士田巴，服狙丘，议稷下，毁五帝，罪三王，服五伯，离坚白，合同异，一日服千人。有徐劫者，其弟子曰鲁仲连，年十二，号“千里驹”，往请田巴曰：“臣闻堂上不奋，郊草不芸，白刃交前，不救流矢，急不暇缓也。今楚军南阳，赵伐高唐，燕人十万，聊城不去，国亡在旦夕，先生奈之何？若不能者，先生之言有似枭鸣，出城而人恶之。愿先生勿复言。”田巴曰：“谨闻命矣。”巴谓徐劫曰：“先生乃飞兔也，岂直千里驹!”巴终身不谈。②

稷下学宫学术空气之浓厚、之自由，由此可见一斑。田巴遭到指责的不是“毁五帝，罪三王”，而在于他的不能解决国家的危难。

二、学黄老道德之术

“黄老”一词，在汉初流行，集中反映在《史记》当中，这是众所周知的。今之所谓稷下黄老，也主要是依据《史记》的一些记载。《史记·孟子荀卿列传》有两段记述特别明显：

自驺衍与齐之稷下先生，如淳于髡、慎到、环渊、接子、田骈、

① 刘向：《新序·杂事》。《史记·田敬仲完世家》集解引文略异。
② 《史记·鲁仲连邹阳列传》正义引《鲁仲连子》。《太平御览》卷四百六十四所引文略详。

邹奭之徒，各著书言治乱之事，以干世主，岂可胜道哉！

慎到，赵人。田骈、接子，齐人。环渊，楚人。皆学黄老道德之术，因发明序其指意。故慎到著十二论，环渊著上下篇，而田骈、接子皆有所论焉。

这些事实表明，司马迁既是记述稷下先生们干什么，即上述之议政、议学；也告诉人们稷下先生中有各诸侯国的学士，不仅是齐人。他还试图对稷下先生们的学术思想作一大概的分析，例如说驺衍之“深观阴阳消息而作怪迂之变……然要其归，必止乎仁义节俭，君臣上下六亲之施始也滥耳”，而驺奭“亦颇采驺衍之术”，又例如说淳于髡“学无所主”①。特别值得注意的就是他说有一批人“皆学黄老道德之术，因发明序其指意”。这一句话与黄老之学有密切关系，几乎每一个字都值得推敲，因为它有实际内容：首先，“皆学”者，大家都学习也，学习和研究的人比较多，现在有人说“老子与黄帝结合的黄老之学，就成为稷下学宫的主体”，恐怕主要也是从学习的人较多这方面来理解的。

其次，“黄老道德之术”在《史记》中与“黄帝老子之术”、“黄老之言”（乃至“《老子》书”）通用，或简称“黄老”。可学的东西，当然主要是图书，如《老子》，如托名黄帝之书。这里要说明一下，“黄老”之称，黄帝摆在老子之前，但事实上黄帝书比《老子》晚出，黄帝书是后人伪托的，是按《老子》的道论而造作的，汉代人不是不知道，却要以“黄老”名之，司马迁很清楚：

百家言黄帝，其文不雅训，荐绅先生难言之。②

可他在《史记》中，左一个“黄老之学”，右一个“黄帝老子之术”，显然是从俗了，如《淮南子·修务训》所说：

---

① 司马迁：《史记》卷七十四，《孟子荀卿列传》，中华书局1982年版，第2347页。
② 司马迁：《史记》卷一，《五帝本纪》，中华书局1982年版，第46页。

世俗之人，多尊古而贱今，故为道者，必托之于神农、黄帝而后能入说。

战国时期百家争鸣，为了“高尚”自己的学说，称道文武周公还远远不够，而把更早的神农、黄帝抬出来，此俗是春秋战国时期兴起的，司马迁不过是客观地反映。这里有必要把战国时依托黄帝以论道的客观情况也说上几句。上引《淮南子·修务训》之文下面接着还有以下几句：

乱世暗主，高远其所从来，因而贵之。为学者，蔽于论而尊其所闻，相与危坐而称之，正领而诵之。

为学者之依托，还有一个统治者提倡的问题，据《国语》《左传》等书记载，在当时的人心目中，黄帝是圣帝明王，“黄帝能成命百物，以明民共财”[①]。黄帝是各诸侯国的祖先，因而田齐政权也以黄帝为自己的高祖，这有齐威王时的《陈侯因資敦》的实物为证，其铭文曰：

其惟因資（威王之名，《史记》写为“因齐”），扬皇考昭统，高祖黄帝，弭嗣桓、文……[②]

这就是“高远其所从来，因而贵之”。上有所好下必效焉，学者们先是“尊其所闻”，依托编造一些书出来，然后“相与危坐而称之，正领而诵之”。这样慢慢地就无的变成有的，假的变成真的了，“黄老道德之术”也就产生了。

再次，“因发明序其旨意”。“因”者，依也，依顺黄帝、老子之言——实际是依老子之言；“发明”，阐明；“序”，叙述；“指意”，主旨意图。这样，该两句话用现在的语言表达即为：

许多人（或者田骈、接子等许多人）都学习黄帝、老子关于道德

① 《国语·鲁语上》。
② 郭沫若：《两周金文辞大系图录考释·释文》下编，科学出版社1957年版，第219页。

> 的思想和理论，并且根据这些思想和理论，进一步阐明和解释其主旨意图。

因而就有阐明、解释的文字，所以接下去就是列举慎到、环渊之所著，并且说“田骈、接子皆有所论焉”。虽只列举了四个人，但是如司马迁上文所言，“稷下先生”、“某某之徒”，“各著书言治乱之事……岂可胜道哉”，说都说不完！无论是后来的《汉书·艺文志》记载的，还是未记载的，叙述和“发明”“黄老道德之术”的著作的确不少。考古发掘出土的新材料尤为可贵。可以断言，稷下学宫“言黄老道德之术”的人不少，但究竟哪些内容是黄老之学，哪些人可以算是这一学派的人物，是另外值得研究的问题。

我们已经明确，《老子》是客观存在的，黄帝书则是伪托的。战国以来托为黄帝的书不少，据《汉书·艺文志》记载，托为黄帝的书，在“方技略”中有九种，一百六十六卷；“数术略”中有五种，一百二十七卷（篇）；“兵书略”兵阴阳中有“《黄帝》十六篇，图三卷”；阴阳家和小说家中各有黄帝书一种，前者班固自注为“六国时韩诸公子所作”，后者他注明“迂诞依托”。这说明司马迁“百家言黄帝”之说是确实的。这里要说的是，《汉书·艺文志》中道家类关于黄帝书的记载，有《黄帝四经》四篇，《黄帝铭》六篇①，《黄帝君臣》十篇，《杂黄帝》五十八篇。另有《力牧》二十二篇，依托的是黄帝相力牧，思想体系理当一致②。这些书籍，班固大多注明了是“六国时所作”或“六国时贤者所作”，《黄帝君臣》更明确写道：

> 起六国时，与《老子》相似也。

可以说明，汉代人很清楚：第一，所谓黄帝之书，多半是战国时人的依托之作；第二，非常重要的一点是，它们“与《老子》相似”。黄帝老子之术主要是《老子》之术，这一点是可以肯定的。但二者又不完全相同，不同之点下面再详谈。这样，依托黄帝的书，是属于黄老之学的内容，

① 顾实《汉书艺文志讲疏》：“黄帝《金人铭》，见于《荀子》、《太公金匮》、刘向《说苑》；黄帝《巾几铭》，见于《路史》。是六铭尚有其二也。”

② 马王堆帛书《经法》中有力牧的一些言论，可为佐证。

也是可以肯定的。这些书的作者是谁无从考查了，他们默默无闻地为黄老之学的建立做出了贡献。另一些书也属于黄老之学的内容，如《管子》中的《心术》上下篇和《白心》《内业》等就是。作者是谁，今人也只能作些推测，或认为是宋钘、尹文之遗著，或认为是慎到、田骈派的作品。反正和标明黄帝书的作者一样，其作者可说是战国时代的"贤者"，其内容对了解黄老之学是有意义的。它们都对《老子》思想有新的"发明"，这是写老学史应注意的。从这个角度看，一些有名有姓甚至有著作的人与《老子》思想的关系，也就值得进行一番讨论了。下面就专列一部分谈谈。

三、与黄老思想有直接和间接关系的人

除了那些"造作"黄帝书的"贤者"之外，还有两大类：一类是司马迁所提到的那些"学黄老道德之术"的稷下先生；一类是他所谓"归本于黄老"的一些人。下面分别作些具体分析。先从慎到说起。

慎到，司马迁说他发明黄老道德之意著《十二论》，《汉书·艺文志》诸子法家类列《慎子》四十二篇，注云："名到，先申韩，申韩称之。"《十二论》与四十二篇《慎子》是一书还是二书，难以断言，均无原本传下，流传下来的《慎子》书不可不信也不可全信，慎到的思想最可靠的记载是《庄子》等书。《庄子·天下》关于慎到个人的思想具体写道：

> 是故慎到弃知去己，而缘不得已。冷汰于物，以为道理，曰："知不知，将薄知而后邻伤之者也。"謑髁无任，而笑天下之尚贤也；纵脱无行，而非天下之大圣。椎拍輐断，与物宛转；舍是与非，苟可以免。不师知虑，不知前后，魏然而已矣。推而后行，曳而后往，若飘风之还，若落羽之旋，若磨石之隧，全而无非，动静无过，未尝有罪。是何故？夫无知之物，无建己之患，无用知之累，动静不离于理，是以终身无誉。故曰："至于若无知之物而已，无用贤圣，夫块不失道。"

这里所说的思想和《老子》思想是基本一致的，似不必多论，比较自明。但《庄子》认为慎到并不能算知"道"。另外，如《荀子·天论篇》中说"慎子有见于后，无见于先"，也是"自以为知道，无知也"。这都是讲慎

到“发明”的道家思想，但他只是偏于“道术”之一个方面或者某些方面。

当然，偏于道家的理论又并非慎到的全部思想。荀子还讲了他的另一个方面，在《荀子·非十二子篇》中，也是把慎到和田骈连在一起的，可以说是讲他们偏于法家方面的理论，但是他“尚法而无法”，法的理论也是不很全面、不很成熟的。不过，他的思想直接影响了申、韩，“先申、韩，申、韩称之”这个说法是很有道理的。《韩非子·难势》一开头就引了慎到关于势的论述。从现存的《慎子》来看，关于法的论述是比较多的，故《汉书·艺文志》把它列于法家。郭沫若在半个世纪以前作《十批判书·稷下黄老学派的批判》时写道：

> 据这辑本《慎到》来看，差不多全部都是法理论，黄老气息比较稀薄，但这一部分的法理论毫无疑问也是道家思想的发展。

这是比较客观的描述。可以说明，像慎到这样的稷下学士，在“发明”“黄老道德之术”的过程中，同时“创造”了关于法的一些理论和思想，后再进一步发展成比较完整的法家理论。然而，就慎到在稷下的当时来说，可以说是属于研究黄老之学的。

慎到的思想是如此，田骈、接子、环渊的思想也是如此，既复杂又有所归。这里就不一一剖析了。有的人甚至认为，《史记》中举例的邹衍、邹奭、淳于髡一流人，“统在齐国底稷下，皆可目为第三期初叶的道家”，并且说是“新道家”。假如分析阴阳家的起源，讲阴阳家与道家的关系，像讲法家与道家的关系一样，也是有一番道理的。持此说者云：

> 就广义言，阴阳家实即道家。因为道是从本质言，阴阳是从历程言；道是玄学上所谓本体论，阴阳是玄学上所谓宇宙论。上段讲过，道的开展永久是辩证式的，即一正（阳）一反（阴）的。道——纯理的讲来，虽是绝对宁静，但决非一死物；它——实际地讲来，必须要开展，而这开展又必然地为一正一反的辩证。所以道离开阴阳，便无道可言，不妨说阴阳就是道底灵魂。驺衍底慧眼，独能对于道窥破其奥妙之所在，故司马迁称他“深观阴阳消息”的

确是一针见血之评。①

这个分析合情合理，所以把它大段地引出来以作参考。但是，战国诸子讲邹衍的不多，更没有怎么多谈阴阳家的问题，这是值得研究的。

稷下黄老学派的人物，除司马迁所列举的人名之外，还有一些人，钱穆《先秦诸子系年考辨》列稷下学士十七名，大多与黄老之学有关，其中尤以宋钘、尹文为著，例如其《宋钘考》，将诸子所记宋钘之言论与《老子》中的言论一一加以对比，证明班固所说“孙卿道宋子，其言黄老意”②。其实，其与《老子》思想一致之处，也是以《庄子·天下》的记述为全面：

不累于俗，不饰于物，不苛于人，不忮于众，愿天下之安宁以活民命，人我之养毕足而止，以此白心，古之道术有在于是者。宋钘、尹文闻其风而悦之。

接着还有一些具体论述，包括“见侮不辱”、“以情欲寡浅为内”等思想，都是与《老子》思想一致的。而其他的一些思想内容，如“接万物以别宥为始”、“禁攻寝兵，救世之战”等等，又与《墨子》的主张一致。所以《荀子·非十二子篇》把宋钘和墨翟相提并论，同时荀子也注意到宋子关于道家方面的思想，如《正论篇》中言“见侮不辱”、“使人之情欲之寡”以及《天论篇》的“宋子有见于少，无见于多”等等。由于这些复杂的现象，钱穆先生曾说：

余尝谓，黄老起于晚周，兴于齐，又谓道原于墨。若宋子宗墨氏之风，设教稷下，其殆黄老道德之开先耶？③

---

① 谢扶雅：《田骈和驺衍》，罗根泽编：《古史辨》第五册，上海古籍出版社 1982 年重印版，第 738～739 页。

② 《汉书·艺文志》：《宋子》十八篇。

③ 钱穆：《先秦诸子系年考辨》，《民国丛书》第三编第 2 册，上海书店出版社 1992 年版，第 342 页。

指出了稷下诸子的复杂渊源和关系。

除了以上列举和提到的一些，当还有未留下姓名的人，不说那稷下数百千人之中，就是那七十六人之中也还会有“学黄老道德之术”者。再说，著名大师们还有不少弟子以及受他们影响的人，如《荀子·正论篇》云：

> 今子宋子严然而好说，聚人徒，立师学，成文曲。

又如《战国策·齐策四》云：

> 齐人见田骈曰：……今先生设为不宦，訾养千钟，徒百人。

再如上引徐劫之“千里驹”弟子鲁仲连等等。总之，仅就稷下而言，学黄老道德之术的人是很多的。这批人，无论是集中之当时，还是后来分散之后，都以不同的方式发挥影响和作用。《盐铁论·论儒》写道：

> （愍王时）诸儒谏不从，各分散。慎到、接予亡去，田骈如薛，而孙卿适楚。

这一批资深的稷下学者分散到各地去了，他们的门徒、“文曲”自然也就分散了。这已是战国末期的事。随着人才向秦国的流动，秦相吕不韦大招宾客作《吕氏春秋》，大量的黄老之学的学者再一次聚集在一起，虽然没有前辈的知名度高，但对黄老之学的贡献却是超过了前人的。他们依靠集体的力量，以集体的智慧创作的《吕氏春秋》，是黄老之学的第一部完整的代表作。《吕氏春秋》的产生，标志着黄老新道家学派的形成。

以上是与黄老思想有直接关系的人，下面再简单谈谈有间接关系的人。所谓间接关系，不讲得太多太泛，仅就司马迁明确讲“本于黄老”的申不害、韩非来具体谈谈。

首先，要从老庄申韩合传谈起。司马迁写这个合传，是因为他们在思想上有共同的东西，有渊源关系（不论这渊源关系的具体发展是怎样的）。传末的“太史公曰”讲得很清楚：

老子所贵道，虚无，因应变化于无为，故著书辞称微妙难识。庄子散道德，放论，要亦归之自然。申子卑卑，施之于名实。韩子引绳墨，切事情，明是非，其极惨礉少恩。皆原于道德之意，而老子深远矣！①

“原于道德之意”与上述“学黄老道德之术，因发明序其旨意”的基本思想是一致的。不过这里的范围更扩大了，既讲了与黄老明显不同的庄子，又讲了“归本于黄老”的申韩。各自的特点是很清楚的，只不过没有讲不同特点之间的关系罢了。

其次，应该承认，司马迁并没有具体说明为什么以及如何“归本于黄老”。或者他认为这是毋庸置疑的。这并非想当然，从司马迁在《史记·管晏列传》的最后所作的说明可以为旁证：

吾读管氏《牧民》《山高》《乘马》《轻重》《九府》，及《晏子春秋》，详哉其言之也。既见其著书，欲观其行事，故次其传。至其书，世多有之，是以不论，论其轶事。

他写申不害和韩非也是如此，因为“申子、韩子皆著书，传于后世，学者多有”②，自然也就“不论”，而只“论其轶事”了。《申不害传》极为简单，《韩非传》稍详一点，其思想学说只引了一篇《说难》③，显然是有感而发，引该文之前他写道：

然韩非知说之难，为《说难》书甚具，终死于秦，不能自脱。④

他写完全传之后又写了一句：

余独悲韩子为《说难》而不能自脱耳。⑤

① 司马迁：《史记》卷六十三，《老子韩非列传》，中华书局 1982 年版，第 2156 页。
② 司马迁：《史记》卷六十三，《老子韩非列传》，中华书局 1982 年版，第 2155 页。
③ 文字与今《韩非子·说难》不尽相同。
④ 司马迁：《史记》卷六十三，《老子韩非列传》，中华书局 1982 年版，第 2148 页。
⑤ 司马迁：《史记》卷六十三，《老子韩非列传》，中华书局 1982 年版，第 2155 页。

写书的人当然有自己的思想，又难免涉及政事。司马迁写《史记》时的心情是复杂的，写出来的结果也被后人评为“谤书”，这就难免有感慨了。此虽与本题无关，却也值得叙上几句。

关于申韩的思想，除了上引“太史公曰”的那些记述加评论之外，传中所记实际都只有一句话：

> 申子之学，本于黄老，而主刑名。

> （韩非）喜刑名法术之学，而其归本于黄老。①

如上所说，司马迁是通过大家都能看到的书来知道和论述其人的学问的。

《申子》一书是个什么样子？《汉书·艺文志》列其于法家，书早已亡佚，无法详论其与黄老思想的关系，但也不是完全无迹可寻。《吕氏春秋·任数》为了论证“耳目知巧”之“不足恃”，曾节引过申不害的几句话：

> 申不害闻之，曰：“何以知其聋？以其耳之聪也。何以知其盲？以其目之明也。何以知其狂？以其言之当也。故曰去听无以闻则聪，去视无以见则明，去智无以知则公。去三者不任则治，三者任则乱。”

作者解释和发挥说：

> 故至智弃智，至仁忘仁，至德不德。无言无思，静以待时，时至而应，心暇者胜。凡应之理，清净公素，而正始卒。焉此治纪，无唱有和，无先有随。古之王者，其所为少，其所因多。因者，君术也；为者，臣道也。为则扰矣，因则静矣。因冬为寒，因夏为暑，君奚事哉？故曰君道无知无为，而贤于有知有为，则得之矣。

作为成熟了的黄老新道家的作者的论述，这当然是表达得较完整的。但是

① 司马迁：《史记》卷六十三，《老子韩非列传》，中华书局1982年版，第2146页。

他们是从引申申不害的思想和言论而来的，而申不害“去听”、“去视”、“去知”的思想又显然与《老子》的“绝圣弃智”思想有密切关系，是一致的，或者就是从《老子》那里来的。看来申不害之“术”的哲学思想基础与《老子》思想是一致的。然而他主刑名，着重“术”的应用，与《老子》又有所不同，与后产生的黄帝学又很相像，是其主要的一部分。所以说其学“本于黄老”。

韩非比起申不害来就好说多了，有书存在。但是关于《韩非子》的问题，也有些不同看法，特别是有道家思想的一些篇章，有人认为不是韩非的作品。不过也有人作了合理的考证，认定韩老的思想有一致之处①。现征引两段如下。陈奇猷《韩非子集释》说：

> 老氏使人无欲无求，而韩非则令人在分内立功努力，不越分而有所求。因之韩非之理想社会，乃基于老氏而致进。故韩非有取于老氏者，此也。史迁谓韩非“归本于黄老”者，亦此也。
>
> 按此以求，虽韩子中多用老氏之文，亦不致与老子旨趣相混矣。

张纯、王晓波《韩非思想的历史研究》一书，有《韩非思想的哲学基础》一章，在分析比较之后指出：

> 韩非思想与《解老》《喻老》或《老子》书的思想有一致之处，但由于老子哲学的抽象性而产生解释上的混含和歧义，韩非的解释是否全都是老子本意则不得而知，唯韩非肯定他所解释的老子思想，所以这些解释只能当成韩非自己的哲学思想。自觉根据这种哲学思想，而有韩非对政治、社会及其他各层面的思想主张。故言其“归本于黄老”，而太史公不诬也。

这些说明都比较客观，韩非的思想当然就是韩非自己的思想，但他的思想来源是可以探求的。司马迁说韩非的思想“原于道德之意”，“归本于黄老”，用现在的话说，即韩非思想的哲学基础是“道德”二字，也就是通

① 张纯、王晓波：《韩非思想的历史研究》，中华书局1986版，第31～66页。

常所说的道论，这道论与《老子》是一致的，或者说是从《老子》那里来的。请看《韩非子》关于道的论述：

道者，万物之始，是非之纪也。是以明君守始以知万物之源，治纪以知善败之端。故虚静以待令，令名自命也，令事自定也。虚则知实之情，静则知动者正。①

夫道者，弘大而无形；德者，核理而普至。至于群生，斟酌用之，万物皆盛，而不与其宁。道者，下周于事，因稽而命，与时生死。参名异事，通一同情。故曰：道不同于万物，德不同于阴阳，衡不同于轻重，绳不同于出入，和不同于燥湿，君不同于群臣。凡此六者，道之出也。道无双，故曰一。是故明君贵独道之容。②

这是韩非用自己的语言对道所作的描述，道是万物的本体、根源，“道无双，故曰一”，它“弘大而无形”，而“下周于事”。这些与《老子》的道论思想基本是一致的。更不消说他在《解老》和《喻老》中对于道的说明了，那种解释可说是相当精确的，如：

道者，万物之所然也，万理之所稽也。③

既是本原，又是规律。又曰：

今道虽不可得闻见，圣人执其见功以处见其形。故曰：“无状之状，无物之象。”④

这是对《老子》今本第十四章的一段解释，是对“恍惚”之道的一种描写，“执其见功以处见其形”，则是他的体会和阐发。其体会和阐发又是与

① 《韩非子·主道》，诸子集成本，中华书局 1954 年版。
② 《韩非子·扬权》，诸子集成本，中华书局 1954 年版。
③ 《韩非子·解老》，诸子集成本，中华书局 1954 年版。
④ 《韩非子·解老》，诸子集成本，中华书局 1954 年版。

黄老新道家的思想一致的，例如：

> 天得之以高，地得之以藏，维斗得之以成其威，日月得之以恒其光，五常得之以常其位，列星得之以端其行，四时得之以御其变气，轩辕得之以擅四方，赤松子得之与天地统，圣人得之以成文章。道，与尧、舜俱智，与接舆俱狂，与桀、纣俱灭，与汤、武俱昌。以为近乎？游于四极。以为远乎？常在吾侧。以为暗乎？其光昭昭。以为明乎？其物冥冥。而功成天地，和化雷霆，宇内之物，恃之以成。凡道之情，不制不形，柔弱随时，与理相应。万物得之以死，得之以生；万事得之以败，得之以成。道，譬诸若水，溺者多饮之即死，渴者适饮之即生；譬之若剑戟，愚人以行忿则祸生，圣人以诛暴则福成。①

这正如《淮南子》所说，对于道“多为之辞，博为之说”，从不同的角度和方面，用各种不同的比喻，来说明道的性质和作用。《淮南子》第一篇《原道训》就是像韩非这样来描述道的。由此，也可见韩非思想与黄老思想的密切关系。

同时，我们认为，黄老主要源于老，以《老子》的道论为基础，不过广泛地吸收了儒、墨、名、法、阴阳等家的思想，因而被称为黄帝著作的那些书，如马王堆出土的《经法》等书，有人称之为“道法家”，法家的思想也很突出。然而韩非则又有所不同，他作《解老》和《喻老》，说明他对老学下过一番功夫。《韩非子》也引用过黄帝，称“黄帝有言曰”，一是数量不多，二也未引进什么主要思想，因此可以说，韩非是直接援老入法的，是用而能化的。从老学发展的角度看，韩非对《老子》的解释和发展有重要意义。

四、《文子》

《文子》是一部早期的老学著作。

从老学发展的角度看，黄老之学是一种特定的形态，而名之曰《黄帝四经》之类的书籍。虽其思想内容源于《老子》，是打着黄帝的招牌的老

---

① 《韩非子·解老》，诸子集成本，中华书局 1954 年版。

学，但毕竟又脱离了老子之名，而名为《文子》的书，则明显是流传下来的早期老学著作之一，甚至可以说是最早的老学著作。

《文子》这部书，《汉书·艺文志》和《隋书·经籍志》均有记载。除了篇数不同之外，两书的注都说文子是老子弟子。北魏李暹以为文子是计然，但在马总的《意林》里，既有《文子》，同时又有《范子》，后者即范蠡问而计然答，则显然是两人之书。唐代的柳宗元曾专门写了一篇《辨文子》，一方面说“其指意皆本老子”，另一方面又称之为“驳书”，说它“浑而类者少，窃取他书以合之者多，凡孟管辈数家，皆见剽窃。峣然而出其类，其意绪、文词叉牙相抵不相合”。但是，柳宗元作结论还是比较谨慎的，他说：“不知人之增益之欤？或者众为聚敛以成其书欤?”柳宗元提出的这个问题不能说没有其道理，作《文子》者，或者说文子其人，既然是老子弟子与孔子同时，而杂有“孟管辈数家”的内容，那当然就值得怀疑了。柳宗元以后，认为此书全伪的人不少，其重要理由即认为《文子》大半抄袭《淮南子》（章太炎、梁启超均如此说）。也有认为作伪时间是魏晋以后。近年来考古发掘出土的材料，对于解决这个问题，提供了新的证据。1973年河北定县汉墓出土的大量竹简中就有《文子》，现已整理出与今本《文子》相同的文字六章①。不论这个汉墓主人是谁，但其是西汉的人可以肯定。西汉流传的《文子》与今本《文子》大体相同，这一点就可以肯定今本《文子》就是《汉书·艺文志》著录之本。如果说在《淮南子》同时或者稍后一些，有一个大部分抄袭《淮南子》的赝品在流行，何以不但没有任何人提出异议（像今古文之争那样），而且还深信不疑呢?西汉人把它珍贵地藏于墓葬中，就是相信它的明证。《汉书·艺文志》是正面肯定记载的。王充也是相信文子其人的，他说“老子、文子，似天地者也”②，说明他是通过《文子》其书来了解其人的，他把文子当作老子的正传弟子，如同孔子与颜回一样。

既然今本《文子》就是《汉书·艺文志》所录的《文子》（但传抄的讹误以及注入正文等问题又当别论），那么，《文子》是否即老子弟子所作呢?那事实上也不可能，柳宗元提出的问题还是比较有力的。如果把《文子》成

① 何直刚、刘世枢：《定县40号汉墓出土竹简简介》，《文物》1981年第8期。

② 王充：《论衡·自然篇》，诸子集成本，中华书局1954年版。

书的年代定在战国末年，或者秦末汉初，这个问题就解决了。从西汉初年的黄老之学的盛行、黄老新道家的形成和发展情况看，当时关于黄帝言的书不少，除《汉书·艺文志》有著录之外，马王堆汉墓出土的帛书《经法》更是现在能看到的当时留下来的物证。关于老子言，《老子》的本身就有不同版本（马王堆帛书也可证明），这个甚至可以称为“道德经义疏”的《文子》，在当时存在是毫不足怪的。从《吕氏春秋》到《淮南子》都抄它的内容来看，《文子》产生于战国末年——黄老新道家的形成时期更为合理。

这里要特别提出的是孙星衍关于《文子》的研究。他在《文子》序中说：

> 黄老之学存于文子，西汉用以治世，当时诸臣皆能称道其说，故其书最显。①

孙星衍的论断是颇有见识的，今汉墓出土之帛书也可证“其书最显”。这里，不妨再抄录一段孙星衍关于《文子》研究的原文，其文曰：

> 《文子》云：“妄为要中，功成不足以塞责，事败足以灭身。”《淮南》作“功之成也，不足以更责；事之败也，不足以灭身”，增“不”字，而失其深戒之旨。……《文子》云：“天地无私也，故无夺也；无德也，故无怨也。”《淮南》作“日月无德也，故无怨也”，取日月以俪天地，而殊无义。《文子》云：“下之任，惧不可胜理，故君失一，则乱甚于无君也。”《淮南》作“下之径衢”，直误读其句而改其字。《文子》云：“葧之为缟也，或为冠，或为絑。”《淮南》作“钧之镐也”，直认“葧”为“钧”，其义浅劣。《文子》云：“譬若山林而可以为材，材不及山林，山林不及云雨”，言有材不及生材之地，生材之地不及生物之天，其生愈广。《淮南》作“譬若林木无材，而可以为材，材不及林，林不及雨”，其义不赡。《文子》云：“以禁苛为主。”《淮南》作“以奈何为主”，则形近而误。若此之属，不能悉数。则知《文子》胜于《淮南》。此十二篇，必是汉人依据之本。由当时

① 孙星衍：《问字堂集》卷四，商务印书馆1937年版，第87页。

> 宾客迫于成书，不及修辞达意。或有非贤，厕于其列，杂出所见，聊用献酬群心。又怪其时汉之阙庭无能刺其龃龉。古今好学之士，久已稀觏也。赖今《文子》具存，可得援证。柳宗元疑此驳书，所谓以不狂为狂者与？①

> 有完本存于道藏中，其传不绝，亦其力也。今《文子》十二卷，实《七录》旧本。班固《艺文志》称九篇者，疑古以《上仁》《上义》《上礼》三篇为一篇，以配《下德》耳。②

孙星衍论证之精，不能不令人折服。

以上主要说《文子》一书在西汉初年肯定是存在的，成书时间或者是战国末年，或者是秦末汉初。因此说其是老子弟子之作是不可靠的。其或者是文子的数传弟子所记，或者是战国末年黄老学派依托文子而作。这样，书中反映了战国的时代背景就不奇怪了，如《上礼》说：

> ……兼国有地，伏尸数十万，老弱饥寒而死者不可胜计。自此之后，天下未尝得安其性命、乐其习俗也。贤圣勃然而起，持以道德，辅以仁义，近者进其智，远者怀其德，天下混而为一，子孙相代辅佐，黜谗佞之端，息末辩之说，除刻削之法，去烦苛之事，屏流言之迹，塞朋党之门，消智能，循大常，隳肢体，黜聪明，大通混冥，万物各复归其根。夫圣人非能生时，时至而不失也，是以不得中绝。

前面几句打上了时代的烙印，反映了战国时大规模战争的情况，不是战国末年的人是写不出来的。自“贤圣勃然而起”以下，是作者的政治理想，也是战国末年和秦末汉初黄老学派的政治理想。

确定《文子》成书的大致时间，不仅能解决其真伪问题，而且也有利于研讨其思想。关于《文子》的思想，这里只作一大概的介绍。首先，其归本于道，以道为理论基础，对道的性质、作用等有多方面的描述。第一

---

① 孙星衍：《问字堂集》卷四，商务印书馆1937年版，第88～89页。
② 孙星衍：《问字堂集》卷四，商务印书馆1937年版，第87页。

篇就叫《道原》，这和后来陆贾《新语》的第一篇是《道基》、《淮南子》的第一篇是《原道》一样，明白表示以道论为基础，后者显然是跟着《文子》来的，新出土的《经法》中也有《道原》。《文子》讲道的性质如：

老子曰：执道以御民者，事来而循之，物动而因之。万物之化，无不应也；百事之变，无不耦也。故道者，虚无、平易、清静、柔弱、纯粹、素朴，此五者，道之形象也。虚无者，道之舍也；平易者，道之素也；清静者，道之鉴也；柔弱者，道之用也。反者，道之常也；柔者，道之刚也；弱者，道之强也。纯粹、素朴者，道之干也。虚者，中无载也；平者，心无累也。嗜欲不载，虚之至也；无所好憎，平之至也；一而不变，静之至也；不与物杂，粹之至也；不忧不乐，德之至也。①

这是《道原》中的叙述。该篇中后文还有进一步的阐述，如：

夫无形大，有形细；无形多，有形少；无形强，有形弱；无形实，有形虚。有形者，遂事也；无形者，作始也。遂事者，成器也；作始者，朴也。有形则有声，无形则无声。有形产于无形，故无形者有形之始也。广厚有名，有名者贵全也；俭薄无名，无名者贱轻也。殷富有名，有名者尊宠也；贫寡无名，无名者卑辱也。雄牡有名，有名者章明也；雌牝无名，无名者隐约也。有余者有名，有名者高贤也；不足者无名，无名者任下也。有功即有名，无功即无名。有名产于无名，无名者有名之母也。夫道有无相生也，难易相成也。是以圣人执道，虚静微妙以成其德。故有道即有德，有德即有功，有功即有名，有名即复归于道。功名长久，终身无咎。王公有功名，孤寡无功名，故曰圣人自谓孤寡，归其根本。功成而不有，故有功以为利，无名以为用。②

以上所引只是两段比较集中的论述，分散的就不一一征引了。讲道的作

① 《文子·原道》，守山阁丛书本。
② 《文子·原道》，守山阁丛书本。

用，如《道原》说：

> 夫道者高不可极，深不可测，苞裹天地，禀受无形。原流泏泏，冲而不盈。浊以静之徐清，施之无穷无所，朝夕表之，不盈一握。约而能张，幽而能明，柔而能刚，含阴吐阳，而彰三光。山以之高，渊以之深……星历以之行。以亡取存，以卑取尊，以退取先。古者三皇得道之统，立于中央，神与化游，以抚四方。是故能天运地墆轮转而无废。①

这段话《淮南子·原道训》一开头就照抄了（其中有几句话略有文字上的修饰），其全篇是在此基础上展开论述的。由此可见，对于《老子》的道论，《文子》可说是作了详尽的阐述，而且在时间上是较早的，是初期老学中最重要的进展之一。

其次，《文子》是博采了众家之说的。这在《上仁》《上义》《上礼》中都有反映，其和《老子》基本否定仁、义、礼、德等不同，而是拿来为己所用。当然，讲这些也是以道为纲，仁、义、礼、乐等是从道德自然而产生的，“得道则举，失道则废”，受道的制约，如《上礼》所说：

> 昔者之圣王，仰取象于天，俯取度于地，中取法于人。……中受人事以制礼乐，行仁义之道以治人伦，列金木水火士之性以立父子之亲而成家，听五音清浊六律相生之数以立君臣之义而成国，察四时孟仲季之序以立长幼之节而成官。列地而州之，分国而治之，立大学以教之。此治之纲纪也，得道则举，失道则废。②

总之，《文子》是属于道家，具体说属于黄老新道家的作品。但它是直接对《老子》思想进行发挥，不论其“老子曰”也好，“文子曰”也罢，虽不是《老子》的原文，却明显是解说和发挥《老子》的思想，就像后来严遵的《老子指归》，对后世的影响也很大。所以，在老学发展史上，《文子》是应该特别注意的一部书。

---

① 《文子·原道》，守山阁丛书本。

② 《文子·上礼》，守山阁丛书本。

第三章　秦汉时期的老学

如果说战国时期对《老子》的研究，形成了老庄与黄老两个道家派别，那么，秦汉时期，特别是两汉时期，重新开始对《老子》的学习和研究，则是老学发展的一个重要阶段。因为先秦的两派道家，虽未离开《老子》的基本思想，但都着重在发挥他们各自的思想和主张，有意无意地忽略了《老子》本身。在汉代，则在某种意义上是人们对《老子》本身的重新学习和研究，这使得《老子》得以继续流传，老学得以发展。而其流传与发展，又首先是与时代的特点有关的。

第一节　时代特点

秦王朝的时间很短，汉王朝前后四百年，秦汉实际上是一个完整的历史时期。虽然汉人在口头上力图与暴秦划清界限，但“汉承秦制”却是一个明显的事实。这一时期，在中国历史上，在中国文化思想史上，有极重要的地位。这一时期内所形成的经济、政治制度，是两千多年中国封建社会各种制度的基础。这一时期的文化思想长时间在中国社会和中国人中间产生影响，而这一切又与当时的时代特点有关。时代特点简述如下。

一、国家的大一统

公元前221年，秦王政顺应历史潮流，顺应社会的需要，完成了“吞六国而亡诸侯”的统一大业，建立了专制主义中央集权的统一国家。在这一点上，他“自以为功过五帝，地广三王”，看来并不为过。单从“地广三王”来说，他不仅统一了分裂割据的各诸侯国，并且北筑长城，南平百越，巩固和发展了大一统的局面。《史记·秦始皇本纪》有如下两段记载：

地东至海暨朝鲜，西至临洮、羌中，南至北向户，北据河为塞，并阴山至辽东。

这是司马迁的概述，而秦始皇二十八年（前 219 年）琅邪台刻石则云：

六合之内，皇帝之土。西涉流沙，南尽北户。东有东海，北过大夏。人迹所至，无不臣者。

似乎天底下都是秦的版图。“六合”包含天地，似乎“领空权”也预见到了，当然主要是讲领土。具体来说，东边到了海，而且是“东有东海”，在秦人看来，海外只有神人仙岛了。南边到了“北向户”，房屋的门不能再朝南方开了，南边已经无路可走。从设立南海、象郡的情况看，实际超过了今日的疆界。问题是西边和北边。西边羌中、流沙，自古以来有不少考证，不如把其看作一种泛指，即羌人所居之地，广大沙漠地区，是“人迹所至”的地方，最西边就是了。虽然事实上当时人迹还未完全到过的西部地方还大得很。北边，“北过大夏”，假如大夏指今山西境内的话，“过大夏”“过”了多远？从北边设郡的情况看，是包括了今宁夏、内蒙古（大青山以南）一带的。

到了汉代，特别是汉武帝时期，秦代所开创的这个规划得到了进一步的巩固和发展，包括河西走廊郡县之增设与南方（包括西南）郡县之调整等等，这些不必一一细说了。

一个疆域辽阔的大帝国建立了，不仅是“六合之内”都成了“皇帝之土”，而且是“海内”“一统皆为郡县”。这个大一统的帝国还建立了一个专制主义中央集权的、庞大的中央政府组织，即一般所谓三公九卿制度。这制度包含许多具体内容，前前后后也有许多具体变化，这些不是本文所要叙述的。关键是它在当时实际政治中发挥了作用，主要又是保证了国家的大一统。

国家的大一统，有利于中华民族凝聚力的形成。具体来说，在当时初步形成了我国最大的汉民族。本来在秦汉以前蛮夷华夏的关系发生着急剧的变化，华夏的范围越来越大，夷夏的界限越来越小（严夷夏之防的思想可以说是客观情况变化的反面反映），大一统的国家正好加速了这方面的变化，汉民族于是形成。

国家的大一统有利于社会生产的发展，有利于各地方经济文化的交流，这些是不言而喻的。同时，一个强大的统一国家在世界上有不可忽视的地位，从而中外经济文化交流在此时也得到了很大的发展，汉民族的汉文化从此远播到外域。

二、政策的大统一

战国时诸侯割据，“田畴异亩，车途异轨，律令异法，衣冠异制，言语异声，文字异形”①。秦始皇统一六国之后，“一法度衡石丈尺。车同轨。书同文字”②，在政策上来了一个全国大统一。如秦始皇二十八年（前 219 年）琅邪台刻石所云：

> 维二十八年，皇帝作始。端平法度，万物之纪。……皇帝之功，勤劳本事。上农除末，黔首是富。普天之下，抟心揖志。器械一量，同书文字。日月所照，舟舆所载。皆终其命，莫不得意。应时动事，是维皇帝。匡饬异俗，陵水经地。忧恤黔首，朝夕不懈。除疑定法，咸知所辟。方伯分职，诸治经易。举错必当，莫不如画。皇帝之明，临察四方。尊卑贵贱，不逾次行。奸邪不容，皆务贞良。细大尽力，莫敢怠荒。远迩辟隐，专务肃庄。端直敦忠，事业有常。皇帝之德，存定四极。诛乱除害，兴利致福。节事以时，诸产繁殖。黔首安宁，不用兵革。六亲相保，终无寇贼。欢欣奉教，尽知法式。③

这当然是一篇歌功颂德之辞，但是反映的都是经济、政治、法律、文化等各方面政策的大统一。

秦王朝存在的时间不长，但它所开创的各方面的统一政策，基本上为汉王朝所继承，有些甚至影响到整个中国古代社会。关于“汉承秦制”是毋庸置疑的，例如官制，《后汉书·百官志》写道：

> 唯班固著《百官公卿表》，记汉承秦置官本末，讫于王莽，差有

① 许慎：《说文解字》卷十五，《叙》，中华书局 1963 年版，第 315 页。
② 司马迁：《史记》卷六，《秦始皇本纪》，中华书局 1982 年版，第 239 页。
③ 司马迁：《史记》卷六，《秦始皇本纪》，中华书局 1982 年版，第 245 页。

> 条贯；然皆孝武奢广之事，又职分未悉。世祖节约之制，宜为常宪，故依其官簿，粗注职分，以为《百官志》。凡置官之本，及中兴所省，无因复见者，既在《汉书百官表》，不复悉载。

可以看出，所谓三公九卿以及地方的郡县、乡、亭、里等制度，终两汉之世是没有大的变化的。虽有武帝“多所改作”以及“世祖节约”等现象，都不过是名称、下属职分等方面一些具体的变化，基本体制没有变化，大的并省和增减不多。可以说全国统一的政治制度始终未变。

再具体一些的如舆服制度，《后汉书·舆服志》一再说明：

> 汉承秦制，御为乘舆，所谓孔子乘殷之路者也。

> 秦以战国即天子位，灭去礼学，郊祀之服皆以袀玄。汉承秦故。

> 秦乃以采组连结于璲，光明章表，转相结受，故谓之绶。汉承秦制，用而弗改。

由此可见一斑。以上这些，虽非今日所谓关系国计民生之大事，但在古代却是真正的头等大事。

秦王朝崇法，汉王朝尊儒，表面看来，有些政策似乎是不一样的，其实不然。例如，秦王朝“以法为教”、“以吏为师”，汉代或可以说是“以礼为教”，但礼与法是具有同等意义的，更不消说实际是所谓“外儒内法”，这都是就指导思想而言的。而“以吏为师”的制度，实际也是“汉承秦制”的。汉代博士弟子员制度，为师者亦为吏。各地专掌教化的乡官——三老，是属于吏的范围。汉武帝以后，下令天下郡国皆立学校，学校所设的经师、《孝经》师、都讲之类，也是属于小吏。这一套学校、教化制度，仍可说是“以吏为师”。

政策的大统一，来源于国家的大一统，其所以有并且能付诸实施的统一政策，是因为有一套中央集权的国家机器，从中央到地方，从政治到军事，实行了强有力的统治。但是“大一统”也是相对而言的，有的政策虽是统一的，但能否真正统一地执行，这中间就会大打折扣，甚至也有的政策会根据情况有所改动。例如赋税政策，这是国家财政收入的重要来源，基本上是全国统一的，但在有些边远少数民族地区，具体征收赋税的办法、种类、数量等都有所不同。又例如，虽然从汉武帝开始下令天下郡国都立学校，西汉末年平帝时又进一步重申并作更具体的规定，但实际上全国各地都设学校几乎是不可能的。不说乡里，即便全国的郡县所在地也不可能。这是显而易见的。一些地方兴学的记载可以从反面进行证明。例如《后汉书·南蛮西南夷列传》记载，桓帝时牂牁"郡人尹珍自以生于荒裔……学成，还乡里教授，于是南域始有学焉"。"南域始有学焉"，有一定的代表性。当然还有各地时兴时废等情况。总之，政策大统一的相对性这一点是值得注意的。思想方面的统一政策也是如此。下面就谈这个问题。

三、思想的大融合

一个大统一的时代，一个大一统的国家，必然要求思想的大统一。但是这种统一，比起政治、军事的统一更为复杂。在统治思想上要求统一，在客观实际的进程中则是大融合。

前一章讲百家争鸣时已经说明，到了战国后期，各家各派的互相吸收、互相影响，已经有了"无相非也"的求同倾向，也有了"齐万不同"的超越取向。但秦汉时期的统治者，还没有明显的兼容并包的自觉意识，因而面对着各种各样的主张和献策，在选择统治思想上，左选择来，右选择去，虽然有时代发展的条件在制约着和影响着，但主观的认识局限性不小，就连后来唐代儒、道、释并重的那种气象也没有表现出来。另一方面，各派思想又在适应形势的变化，不断地改变自己，形成一种大融合的趋向。

从统治思想的选择来说，秦始皇为适应大统一的形势，在秦国原有统治思想的基础上，确定"以法为教"，实可称之为"独尊法术"。但"严而少恩"的法家思想，很快带来了秦王朝的覆灭——当然不完全是法家思想的原因。汉朝初年，为适应社会和人民生活安定的需要，统治集团采用了黄老新道家思想作为统治指导思想，因而一度读《黄帝》《老子》成风，如《史记·外戚世家》说：

窦太后好黄帝、老子言，帝（景帝）及太子（武帝）、诸窦不得不读《黄帝》《老子》，尊其术。

此言的真实性及其意义，今日的考古发掘可作很好的证明，那就是长沙马王堆汉墓出土的一批帛书，特别有被称为《经法》的黄帝书和《老子》合抄在一起。汉初在理论上和实践中尊崇黄老是不争的事实。但是，从汉武帝以后，统治思想发生了明显的重大变化，那就是所谓“罢黜百家，独尊儒术”，一直到两汉之末（且不说以后的发展变化），似乎都是儒家的“一统天下”，或者说占主导地位。其实这个问题并非这么简单，这中间有一系列的问题需要进一步探讨，需要重新认识。这些问题包括：儒学是否“独尊”？儒学何以能“独尊”？儒学究竟是怎样的儒学？其他一些主要学派特别是道、法等学派以后的情况如何？等等。总的结论可以说：罢黜、独尊都只是相对的。下面再从思想流派本身及其相互关系的发展来谈谈。

众所周知，战国开始，逐渐出现了一些明显的主张不同的思想流派，所谓“诸子百家”，所谓“九流十家”，主要是阴阳、儒、墨、名、法、道德各家。前又指出，各家各派虽互相水火，同时相反相成、相生相灭，能互相影响和吸收，这是其发展的特点之一。另一相关联的重要特点是，各种派别本身在发展中也在不断变化，有些变化还十分明显。例如，法家，法、术、势之结合；道家，老庄、黄老之分野；儒家，礼与法之合流，再后一些的吸收阴阳。不变或少变的流派，例如墨家，那就只有趋向消失。战国以来的这些变化，在汉代实际上都在进一步发展，不过又仍然是在斗争中发展的。

汉朝初年发生过一次明显的儒道之争。司马迁概括当时的情况说：

世之学老子者则绌儒学，儒学亦绌老子。“道不同不相为谋”，岂谓是邪？①

这斗争的情况是有迹可寻的。汉高祖刘邦溲溺儒冠，开口就大骂“竖儒”，

① 司马迁：《史记》卷六十三，《老子韩非列传》，中华书局 1982 年版，第 2143 页。

即所谓“沛公不好儒”①。什么原因？一方面因为鞍马未定，用不着儒生和诗书，所谓“乃公居马上而得之，安事《诗》《书》”②？另一方面也因为他周围有陈平等一批学黄老之言的人，他们实际是绌儒的。所以像陆贾《新语》那样的新道家的代表作特别受欢迎。当时儒者是难以得到任用的。所以当时没有人敢以儒生去见的。以《诗经》见长的申公，在“高祖过鲁时”，“以弟子从师入见高祖于鲁南宫”③，挨骂了没有不得而知，但没有得到任用是可以肯定的。当时唯一的例外是叔孙通，他开始是“儒服”，刘邦也是“憎之”，“乃变其服，服短衣，楚制，汉王喜”。他自己捞到一个“博士，号稷嗣君”，《史记集解》引：

徐广曰：盖言德业足以继踪齐稷下之风流也。

然而他只在那里“帮闲”，其门下“儒生弟子百余人”不敢言进，“专言诸故群盗壮士进之”，一时间弟子们极为不满。但他算是识时务者，深知“汉王方蒙矢石争天下，诸生宁能斗乎”？他等待时机，所谓“儒者难与进取，可与守成”。五年以后，他在“定汉诸法仪”中露了头角，使刘邦感叹“吾乃今日知皇帝之贵也”。可见，叔孙通使得儒家能立住脚是走了一段很大弯路的。司马迁说：

叔孙通希世度务，制礼进退，与时变化，卒为汉家儒宗。“大直若绌，道固委蛇”，盖谓是乎？④

慢慢地，儒家比较吃得开了，所谓“汉兴，然后诸儒始得修其经艺，讲习大射乡饮之礼”⑤，这显然是有个过程的。对于儒生，皇帝不仅不再拒而不见、开口便骂了，而且从文帝开始还慢慢有所征用。不过，在汉武帝之前，是没有很多儒生得到重用的。《史记·儒林列传》虽说“孝文时，颇

① 司马迁：《史记》卷九十七，《郦生陆贾列传》，中华书局1982年版，第2692页。
② 司马迁：《史记》卷九十七，《郦生陆贾列传》，中华书局1982年版，第2699页。
③ 司马迁：《史记》卷一百二十一，《儒林列传》，中华书局1982年版，第3117页。
④ 司马迁：《史记》卷九十九，《刘敬叔孙通列传》，中华书局1982年版，第2726页。
⑤ 司马迁：《史记》卷一百二十一，《儒林列传》，中华书局1982年版，第3120页。

征用”“文学之士”(《史记正义》:“稍用文学之士居位”),总的状况却是:

> 孝文本好刑名之言,及至孝景,不任儒者,而窦太后又好黄老之术,故诸博士具官待问,未有进者。

这里须说明,“刑名之言”很容易被理解为法家之言,但这并非司马迁的原意,在《史记·礼书》中,他明确地说:

> 孝文好道家之学,以为繁礼饰貌,无益于治。

对于“道家之学”、“刑名之言”、“黄老之术”这几种提法,司马迁未严加区别,如在《史记·老子韩非列传》中就说:

> 申子之学,本于黄老,而主刑名。

在《史记·儒林列传》中,前说“本好刑名”,后说“又好黄老”,中间还有一个“不任儒者”,几种不同的提法,主要是行文的不同,以避免重复。那么,“不任儒者”的景帝好什么呢?在《史记·儒林列传》的《辕固生传》中,记载了辕固生与黄生的一次辩论,景帝是袒护了习道论的黄生的。再说,笃信黄老的窦太后也督促他非学黄老之学不可,前已指出。

汉朝初年,“学老子者则绌儒学”,可说是占主导的倾向,在窦太后身上表现得特别突出。在《史记·儒林列传》里还记载说:

> 窦太后好《老子》书,召辕固生问《老子》书。固曰:“此是家人言耳。”太后怒曰:“安得司空城旦书乎?”乃使固入圈刺豕……豕应手而倒。太后默然,无以复罪,罢之。

又《史记·魏其武安侯列传》记载说:

> (窦)太后好黄老之言,而魏其、武安、赵绾、王臧等,务隆推儒术,贬道家言,是以窦太后滋不说魏其等。……乃罢逐赵绾、王臧

等……魏其、武安由此以侯家居。

这里不仅看到了“学老子者则绌儒学”占主导倾向的情况，同时也看到了“儒学亦绌老子”的事实。汉初，学儒者在政治上虽然没有太得势，但是他们看不起学《老子》的人，极力贬低道家之言，称之为“家人言”，似乎是一般人都知道的常识，然而恰恰又说明新道家风行一时是历史的实际。

汉武帝以后，儒家战胜了道家，几乎处于独尊的地位，这事实大家已经熟知了。这里想要说明的一点是，当时战胜道家的儒家，是融合了各家学说的新儒家。以下就以董仲舒的思想为例予以说明。

在儒学独尊的过程中，不应过高估计董仲舒在当时的作用，但应该承认他是一个代表性的人物，一个关键性的人物。儒之所以能独尊，在一定程度上是它适应形势的变化而有了新的面貌，它吸收了各家思想，实现了一次以儒家为主体的新的思想上的大融合。董仲舒也是一个典型代表，他的思想是儒家思想与阴阳家思想在新的历史条件下的合流，这一点早已为学术界所注意。因为《汉书·五行志》明确写道：

汉兴，承秦灭学之后，景、武之世，董仲舒治《公羊春秋》，始推阴阳，为儒者宗。

这方面不必再多说了。外儒内法，“霸王道杂之”，也都是比较明显的。要特别指出的是他受道家思想——主要是黄老新道家思想的影响，已经有人注意到了，并且进行了论述。余明光的《董仲舒与“黄老”之学——〈黄帝四经〉对董仲舒的影响》值得称引：

构成董仲舒的思想因素是多方面的。但近世学者在探求他的思想渊源时，多从儒家或阴阳家追踪，很少从道家的角度作研究，因之对董氏的思想缺乏全面的了解。……而生活在这期间（汉初）的董仲舒，不能不受道家此种思想的强烈熏陶和影响，在其思想上打下深深的烙印。但董氏为学之精，却在于吸收黄老之要，以论儒学之真。从而使儒学在理论上有个新发展。①

这段论述我们完全同意。且略引董仲舒自己的几段论述，读者一看自明。他在《春秋繁露·离合根》中说：

> 天高其位而下其施，藏其形而见其光。高其位，所以为尊也；下其施，所以为仁也；藏其形，所以为神；见其光，所以为明。故位尊而施仁，藏神而见光者，天之行也。故为人主者，法天之行。是故内深藏，所以为神；外博观，所以为明也。任群贤，所以为受成；乃不自劳于事，所以为尊也；泛爱群生，不以喜怒赏罚，所以为仁也。故为人主者，以无为为道，以不私为宝。立无为之位，而乘备具之官。足不自动，而相者导进；口不自言，而摈者赞辞；心不自虑，而群臣效当。故莫见其为之，而功成矣。此人主所以法天之行也。

他在同书《保位权》中又说：

> 为人君者，居无为之位，行不言之教，寂而无声，静而无形，执一无端，为国源泉。因国以为身，因臣以为心。以臣言为声，以臣事为形。……是以群臣分职而治，各敬而事。……此自然致力之术也。圣人由之，故功出于臣，名归于君也。

“自然”、“无为”、“虚”、“静”、“无声”、“无形”等都来了，如果不标明篇名，或可认为是什么新出的“黄帝书”，而有些语言几乎在黄老新道家的重要代表作中都可见到，当然是董仲舒“抄”别人的。不过不同的是，董仲舒没有突出道，而强调的是天，无为之道，归结为“法天之行”。因此，“天人合一”成为其思想突出特点之一。还有其阴阳刑德之说等思想，也非来源于邹衍，而直接来源于黄老新道家。总之，仔细清理董仲舒的思想就可发现，新时期新条件下出现了新的思想大融合，这种大融合的趋

---

① 余明光：《董仲舒与“黄老”之学——〈黄帝四经〉对董仲舒的影响》，陈鼓应主编：《道家文化研究》第二辑，上海古籍出版社 1992 年版，第 209～210 页。

势，又有不断的新发展和新变化。

第二节 《老子》的流传及其影响

从《老子》开始，后来形成了老庄和黄老两个道家派别，但《老子》始终单独流行，这是无可否认的事实，它的思想在各方面也直接发生影响。

一、《老子》流传概况

《老子》的流传，一靠原本的传抄，不过也很难有真正的原本，或因编者不同，或有传抄中的改变，这是难免的。长沙马王堆汉墓同时出土的被称为甲、乙本的两种《老子》，就充分说明原本是很难确定的。另一种就是靠传注本传述，这方面，《汉书·艺文志》留下了线索和痕迹，其所著录之书有：

《老子邻氏经传》四篇。自注：姓李，名耳，邻氏传其学。（残，传亡）

《老子傅氏经说》三十七篇。自注：述老子学。（亡）

《老子徐氏经说》六篇。自注：字少季，临淄人，传《老子》。（亡）

刘向《说老子》四篇。（亡）

班固仅著录四种，且在当时均已亡佚。而除刘向之外，是几个什么样的人，是战国时的人还是西汉时的人，也无法知道。但几种关于《老子》的经传和经说，刘向可能见到过，至少是知道的，因此班固才得以著录。当然肯定还有其他传、注本而《汉书·艺文志》未载的，如严遵的《老子注》和《老子指归》之类。

传述《老子》的书不只四种，但也不会太多。已经有的一些。后来也亡佚了。这原因是该探讨一下的，其实也不难，只要看看儒学的发展就明白一半了。班固在《汉书·儒林传》的最后写道：

> 自武帝立五经博士，开弟子员，设科射策，劝以官禄。讫于元始，百有余年，传业者寖盛，支叶蕃滋。一经说至百余万言，大师众至千余人，盖禄利之路然也。

老学无禄利可图，自然是传业者日少，更无人去“网罗遗失，兼而存之”了。显然，一种学问的兴盛与否，与物质条件有关，人们总得吃饱穿暖之后方可言学；与政策导向也有关，学总是要用的，学术的发展变化也往往与政策的发展变化有关。

从某种意义上说，特别是与儒学相比，老学曾一度衰微，但并未废绝。这原因似可探寻。首先，不能不注意到的是，汉初的那种对读《老子》的提倡已如前述，只可惜未采取立博士官之类的政策，影响是很大的（下详），给人们的印象是深刻的。抄写本也必然有不少广泛流传，如马王堆汉墓出土帛书所表明的那样。这就使有一定条件的人比较容易读到《老子》，乃至起于民间的道教都能利用之（下详）。其次，那就应该是《老子》本身的博大精深，真正搞学术的就不能不阅读和研究《老子》，许多著名的学者和思想家都受《老子》思想影响。前已指出，西汉董仲舒思想中的黄老因素以及刘向之说《老子》，都是具体的例子。东汉儒学经学大师林立，有许多都是兼通《易》《老》的，“博通经籍”的一代名儒马融也注过《老子》[①]，即为突出的一例。当时究竟有多少人作过《老子》注，颇难考证。从《隋书·经籍志》记载的情况或可作一些分析。该志列有《老子道德经》二卷多种，在第一种之下注云：

> 周柱下史李耳撰，汉文帝时，河上公注。梁有战国时河上丈人注《老子经》二卷；汉长陵三老毋丘望之注《老子》二卷，汉隐士严遵注《老子》二卷，虞翻注《老子》二卷。亡。

这里所肯定的是河上公注本，其他是附记，附记梁时还有而当时已亡的几个注本。第一，这个附记比较含混，河上公与河上丈人注是一还是二？第二，毋丘望之注与《经典释文》著录的《毋丘望之章句》二卷是否一回

---

① 范晔：《后汉书》卷六十上，《马融列传》，中华书局1965年版，第1972页。

事？又与《高士传》等记载的安丘望之《老子章句》是否一回事？第三，这几种注本究竟是何时的产物？这几个问题都曾被人考证过。例如王明先生作《〈老子河上公章句〉考》，他说：

> 战国之末，当有“河上丈人”，但并未为《老子注》。汉文帝时，实无河上公其人，更无所谓《老子章句》，今所传《老子河上公章句》，盖后汉人所依托耳。①

这主要是就今有《老子河上公章句》而言的，不无道理，但并不能完全否定《隋书·经籍志》的附记之文。当然，现在也无法考证清楚，只能说，在隋以前是还有多种《老子》注本存在的，而《隋书·经籍志》所附记的远非实际情况，因为它连马融的《老子注》都未提到。

重要的是，当时人仍主要是读《老子》原文（当然是有许多不同的抄本）。《后汉书》中有关习、说《老子》的记载，虽简略，但四处可见，如《耿弇传》：

> 父况……与王莽从弟伋共学《老子》于安丘先生。

《范升传》：

> （范升）九岁通《论语》《孝经》，及长，习《梁丘易》《老子》，教授后生。

《淳于恭传》：

> （淳于恭）善说《老子》，清静不慕荣名。……（肃宗时）进对陈政，皆本道德，帝与之言，未尝不称善。

《翟酺传》：

---

① 王明：《道家和道教思想研究》，中国社会科学出版社1984年版，第302页。

翟酺……四世传《诗》。酺好《老子》，尤善图纬、天文、历算。

《逸民传》：

向长字子平，河内朝歌人也。隐居不仕，性尚中和，好通《老》《易》。

初，（梁）鸿友人京兆高恢，少好《老子》，隐于华阴山中。

《独行传》：

向栩……少为书生，性卓诡不伦，恒读《老子》。状如学道，又似狂生。

另一些人是所谓“好黄老”，例如《任光传》：

（任）隗字仲和，少好黄老，清静寡欲。所得奉秩，常以赈恤宗族，收养孤寡。……隗义行内修，不求名誉，而以沈正见重于世。

《郑均传》：

少好黄老书。

《樊宏传》：

（樊）瑞，好黄老言，清静少欲。

《酷吏传》：

（樊晔）子融，有俊才，好黄老，不肯为吏。

《方术传》：

折象……能通《京氏易》，好黄老言。

《逸民传》：

矫慎……少好黄老，隐遁山谷，因穴为室……与马融、苏章乡里并时，融以才博显名，章以廉直称，然皆推先于慎。汝南吴苍甚重之，因遗书以观其志曰："……盖闻黄老之言，乘虚入冥，藏身远遁，亦有理国养人，施于为政。至于登山绝迹，神不著其证，人不睹其验。吾欲先生从其可者，于意何如？……"慎不答。

时人对于黄老的理解，和西汉初年一样，是"施于为政"的，这黄老也仍然是以《老子》本文为主的。所以李贤注云：

《老子》曰："致虚极，守静笃。"又曰："窈兮冥兮，其中有精。"又曰："理大国若烹小鲜。"又曰："非所以爱人治国"也。①

汉人、唐人都是如此。从某种意义上说，黄老就是《老子》，战国秦汉风行一时的黄老书，后来大都遗佚了。《老子》始终流传不绝，这是一个基本的历史事实。"好黄老"者必读《老子》无疑。

此外，《后汉书》中还记述一些人，说他们"性好道术"、"恬静寡欲"、"道就虚全，事违尘枉"②，虽未明言其读《老子》之事，但肯定与《老子》有关。如《逸民传》所载法真"性恬静寡欲，不交人间事"，"辟公府，举贤良皆不就"。同郡田弱向朝廷推荐说：

处士法真，体兼四业，学穷典奥，幽居恬泊，乐以忘忧，将蹈老氏之高踪，不为玄纁屈也。臣愿圣朝就加衮职，必能唱《清庙》之歌，致来仪之凤矣。

---

① 范晔：《后汉书》卷八十三，《逸民列传》，中华书局1965年版，第2772页。
② 范晔：《后汉书》卷八十三，《逸民列传》，中华书局1965年版，第2777页。

把他比为“老氏”，希望他和老子一样为“清庙之守”（传说的），法真拒绝了。《后汉书》写道：

> 真曰：“吾既不能遁形远世，岂饮洗耳之水哉？”遂深自隐绝，终不降屈。友人郭正称之曰：“法真名可得闻，身难得而见，逃名而名我随，避名而名我追，可谓百世之师者矣！”乃共刊石颂之，号曰玄德先生。年八十九，中平五年，以寿终。[①]

其言、其行，其名号、其评价，无一不与《老子》有关。

总而言之，东汉时期，从不同角度读《老子》的人很多，《老子》流传很广，自不待言。东汉时期，儒学经学化、谶纬化是一种主要倾向，同时也有越来越多的人讲求通（实际也是一种学术思想的融合），如班固那样“博贯载籍，九流百家之言，无不穷究”[②]，《老子》自然是重要的一家。

二、《老子》理论在政治学术方面的影响

前面有些章节中已经涉及这问题，如《吕氏春秋》（还值得更深入研究），如西汉初的“学老子者之绌儒学”，如上述之《老子》流传情况等等，有时候政治和学术是完全掺和在一起的，有时是可以分开的，有时影响大一些明显一些，有时不大明显。西汉初影响大，前面已经叙述了。后来虽不明显，但始终未断，以上所引材料，有许多是西汉末东汉初的人。东汉初年有两件事值得注意，一是《后汉书·光武帝纪》的最后有一段记述说：

> （帝）每旦视朝，日仄乃罢。数引公卿、郎、将讲论经理，夜分乃寐。皇太子见帝勤劳不怠，承间谏曰：“陛下有禹汤之明，而失黄老养性之福，愿颐爱精神，优游自宁。”帝曰：“我自乐此，不为疲也。”

---

① 范晔：《后汉书》卷八十三，《逸民列传》，中华书局 1965 年版，第 2774 页。

② 范晔：《后汉书》卷四十上，《班彪列传上》，中华书局 1965 年版，第 1330 页。

这太子可能是原来的太子刘强，而非后来的明帝。再一件事就是《后汉书·光武十王列传》所记楚王英之事：

> 楚王英……自显宗为太子时，英常独归附太子，太子特亲爱之。及即位，数受赏赐。……英少时好游侠，交通宾客，晚节更喜黄老，学为浮屠斋戒祭祀。……英遣郎中令奉黄缣白纨三十匹诣国相曰："托在蕃辅，过恶累积，欢喜大恩，奉送缣帛，以赎愆罪。"国相以闻，诏报曰："楚王诵黄老之微言，尚浮屠之仁祠，洁斋三月，与神为誓，何嫌何疑？……"因以班示诸国中傅。英后遂大交通方士，作金龟玉鹤，刻文字以为符瑞。

据此二事，或可认为，东汉初曾一度有重演西汉黄老之治的思潮，皇太子以黄老相谏，反映当时有实行黄老之治的主张。楚王英所为，有点像步淮南王刘安之后尘。只是时间、条件不同罢了，所以没有历史的重演。重要的一条是儒学有足够的条件和势力，以适应新王朝稳定和发展的需要，加上还有图谶之学、浮屠之祀等"新"东西流行，休养生息是需要的，清静无为已经行不通了。黄老，或者老子，不可能再一次重演其辉煌的过去。

不过，东汉中后期，随着儒学的僵化、神学化等情况的发展，道家、《老子》的影响重新得到重视和运用，特别值得注意的是，《后汉书·祭祀志》特记了一件祀老子之事：

> 桓帝即位十八年，好神仙事。延熹八年，初使中常侍之陈国苦县祠老子。九年，亲祠老子于濯龙。文罽为坛，饰淳金釦器，设华盖之坐，用效天乐也。

这事《后汉书·桓帝纪》的记载是：

> 八年春正月，遣中常侍左悺之苦县，祠老子。（李贤注云：有神庙，故就祠之。）

> （十一月）使中常侍管霸之苦县，祠老子。

九年（秋七月）庚午，祠黄、老于濯龙宫。

《祭祀志》中有一个“初”字，是八年之初，还是第一次派人去“祠老子”。前前后后的情况，尚未能清楚，但可以肯定，这不是一个孤立的现象，而是与东汉中后期老子影响增大的气氛有关系的。可以从一些零星的记载中分析出其影响之日益增大。

例如，《后汉书·杨厚传》记载说：

（杨厚）修黄老，教授门生，上名录者三千余人。太尉李固数荐言之。本初元年，梁太后诏备古礼以聘厚，遂辞疾不就。建和三年，太后复诏征之，经四年不至。年八十二，卒于家，策书吊祭。乡人谥曰文父。门人为立庙，郡文学掾史春秋飨射常祠之。

门生达三千多人，与一些儒学大师的门生弟子相比算不了什么，但以黄老“教授”则值得注意，说明修、习黄老之人的确不少。而太尉李固数推荐，梁太后一再征诏，则已经是从政治方面的一种反映了。从李固的情况看，他是具有黄老思想的，《后汉书·李固传》记其“上疏陈事曰”：

臣闻气之清者为神，人之清者为贤。养身者以练神为宝，安国者以积贤为道。

正是在这次“陈事”中，他提到广汉杨厚，还有南阳樊英、江夏黄琼、会稽贺纯等人，以及樊英“习《京氏易》”[①]，贺纯“博极群艺”[②]，都是淡于名利，不太愿受聘请的名士[③]。由此可见，东汉后期已不再是以儒学为唯一的利禄之途了。

还有一条不可忽视的材料，据《后汉书·翟酺传》记载说：

（安帝）时尚书有缺，诏将大夫六百石以上试对政事、天文、道

① 范晔：《后汉书》卷八十二上，《方术列传上》，中华书局1965年版，第2721页。
② 范晔：《后汉书》卷六十三，《李杜列传》，中华书局1965年版，第2082页。
③ 范晔：《后汉书》卷八十二上，《方术列传上》，中华书局1965年版，第2724页。

术，以高第者补之。

这“道术”或者是泛指道德学术，并非专指儒术[①]，而且在试对中不是占最重要的地位，所以“好《老子》，尤善图纬、天文、历算”的翟酺以“对第一，拜尚书”。他曾在谏疏中写道：

故孔子曰：“吐珠于泽，谁能不含？”老子称：“国之利器，不可以示人。”此最安危亡〔之极〕戒，社稷之深计也。

他这里将老子之言与孔子之言相提并论。更有意思的是，他的孔子曰还引用纬书，注云引自《春秋保乾图》。由此可见，儒学、儒术已再没有那么崇高的地位了。

而《老子》思想在政治和学术两方面都产生明显影响。政治方面主要是沿着黄老道家的一条线索发展，各种各样的政治家和政治思想家运用和发挥《老子》思想。学术方面则又有两种情况，一是道家学者本身的传承（包括为《老子》作注），一是非道家学者对《老子》思想理论的吸收。这后者，前述董仲舒的道论可算典型事例。下面再结合一些具体人物来谈谈。

扬雄：

扬雄在中国哲学史上有着重要地位，人们总结说：（一）他的哲学著作对当时神学、经学的权威有冲击作用；（二）他的无神论倾向给予桓谭、王充以直接的影响，是他们的先驱者；（三）他的《太玄》给予东汉张衡以双重的影响；（四）他的《太玄》对魏晋玄学有深刻的影响；（五）扬雄捍卫儒学正统的战斗精神对后世儒者有影响[②]。扬雄所著《太玄》和《法言》是其理论代表作，其中表现了他的宇宙观、人生观和政治态度。可以说，扬雄的理论和思想深受《老子》思想的影响。其有事实为证，《汉书·扬雄传》云：

① 《后汉书·徐防传》载其上疏言试博士弟子时，有“轻侮道术”一句，似亦可作“道德学术”解。

② 任继愈主编：《中国哲学发展史（秦汉）》，人民出版社1985年版，第409～414页。

雄少而好学，不为章句，训诂通而已，博览无所不见。为人简易佚荡，口吃不能剧谈，默而好深湛之思，清静亡为，少嗜欲，不汲汲于富贵，不戚戚于贫贱，不修廉隅以徼名当世。

这种人生态度，绝对是道家系统的，是受《老子》影响而形成的。事实上扬雄少时就曾从注《老子》并作《老子指归》的严君平游学，并且特别推崇他。《汉书·王贡两龚鲍传》说：

扬雄少时从游学，以而仕京师显名，数为朝廷在位贤者称君平德。

他对严君平敬重、了解，蜀郡守李强曾叹“扬子云诚知人”。严君平及其所授《老子》，无疑对扬雄有深刻的影响。扬雄对《老子》是重视的，也是客观的。例如他和一般儒者不一样，一方面推重尧舜等先王和孔孟等先师，另一方面孔老并提，他说：

孔子作《春秋》，几（师古曰：几读曰冀）君子之前睹也。老聃有遗言，贵知我者希，此非其操与？[1]

但是他又很明确地说：

老子之言道德，吾有取焉耳，及其槌仁义，绝灭礼学，吾无取焉耳。

他确实是这样做的，他的著作中很多地方都取了《老子》思想，特别是其《太玄》，虽说是仿《易》之作，但受《老子》思想的影响很大。玄这个哲学范畴，就来自《老子》。扬雄的玄在一定意义上是《老子》道的翻版：玄是至高无上的，为宇宙之始，为事物变化之源，它无所不能，无所不在，无形无象而又支配一切。这方面，几乎所有的哲学史和思想史的著作

① 班固：《汉书》卷八十七下，《扬雄传下》，中华书局1962年版，第3578页。

都注意到了，不再多说。有的著作分析其哲学体系的主要来源，列举六七个方面，其中包括《老子》《淮南子》以及严遵的《老子指归》。但归根结底都是《老子》思想的影响。

王充：

我们认为，王充的思想应该属于黄老新道家一派①。这里略作说明。《后汉书·王充传》极为简略，但有一段高度概括的论述，它说：

> 充好论说，始若诡异，终有理实。以为俗儒守文，多失其真。乃闭门潜思，绝庆吊之礼，户牖墙壁各置刀笔。著《论衡》八十五篇，二十余万言，释物类同异，正时俗嫌疑。

时人和后人就主要依据这部《论衡》来论其思想，所谓“正时俗嫌疑”，当今学者正确指出，就是他对神学化的儒学以及神仙方术和世俗迷信的批判，批判得十分有力，并且“终有理实”，所以他又被称为战斗的唯物主义者。那么，他战斗、批判的理论武器是什么呢？他在《论衡·自然篇》中写道：

> （谴告等）论之所以难别也，说合于人事，不入于道意。从道不随事，虽违儒家之说，合黄老之义也。

他主要依据的是黄老思想，用的是自然、无为之类的道家理论。他在《自然篇》中明确地表示是“试依道家论之”。从他关于自然、无为的具体论述看，也的确是如此。他是对道家思想作了一些具体的补充和说明，因而有所继承和发挥。《自然篇》仍然是批判儒家的“谴告”说，抬出的是道家天地自然、无为论。他认为：

> 儒家说夫妇之道取法于天地。知夫妇法天地，不知推夫妇之道以论天地之性，可谓惑矣。②

① 熊铁基：《秦汉新道家略论稿》，上海人民出版社1984年版，第169页。
② 王充：《论衡·自然篇》，诸子集成本，中华书局1954年版。

“天地之性”即自然无为之性，前此他已反复论述了。他又说道：

> 道家德厚，下当其上，上安其下，纯蒙无为，何复谴告？……老子、文子似天地者也。①

对于道家、老子的肯定溢于言表。

王充不满足于道家的理论，在《自然篇》中还说：

> 道家论自然，不知引物事以验其言行，故自然之说未见信也。

道家思想确有其不足之处，像《荀子》批评庄子那样，“蔽于天而不知人”，那就完全是不知引“物事”以验。黄老新道家的代表作《吕氏春秋》《淮南子》，引验了不少“物事”，但战斗性不强。王充针锋相对，指名道姓“问孔”、“刺孟”，与他以前的新道家有所不同，不过“自然之说未见信也”，并非否定道家的自然之说，只是说需要加强引验，所以他努力实践了。他的继承和运用，应该说是做得相当好的，且举一例：

> 天道无为，听恣其性，故放鱼于川，纵兽于山，从其性命之欲也。……夫百姓，鱼兽之类也，上德治之，若烹小鲜，与天地同操也。②

其对《老子》“治大国若烹小鲜”的思想，运用得多么自如！

也有人说王充“《定贤》不许老聃之徒为贤者”。这有点误解，为了批判道家的神学化，他也写《道虚篇》，批判那些“好道学仙之人”所鼓吹的长生不老、寿而不死乃至鸡犬升天之类的虚妄之言。所以《定贤篇》说“道人与贤殊科”，不是一回事，不能因为“道人”也打着老聃的旗号，自称老聃之徒，而笼统说“不许老聃之徒”。在王充心目中，老子是“贤之纯者”：

---

① 王充：《论衡·自然篇》，诸子集成本，中华书局1954年版。

② 王充：《论衡·自然篇》，诸子集成本，中华书局1954年版。

谓天自然无为者何？气也。恬淡无欲，无为无事者也，老聃得以寿矣。老聃禀之于天，使天无此气，老聃安所禀受此性！

贤之纯者，黄、老是也。黄者，黄帝也。老者，老子也。黄老之操，身中恬淡，其治无为，正身共己而阴阳自和，无心于为而物自化，无意于生而物自成。①

由此可见，王充对老子的态度及其所受的深深的影响。当然，由《老子》清静寡欲发展起来的修身养性思想学说对他也有影响，所以他晚年：

年渐七十，志力衰耗，乃造《养性书》十六篇，裁节嗜欲，颐神自守。②

王符与仲长统：

《后汉书》把王符、仲长统二人与王充合传，并且最后在“论曰”中写道：

数子之言当世失得皆究矣，然多谬通方之训，好申一隅之说。贵清静者，以席上为腐议；束名实者，以柱下为诞辞。

对他们既有肯定，又不完全赞同。这是《后汉书》作者的观点，但是作者看到了这被唐人韩愈视为“后汉三贤”的共同之处，那就是“言当世失得”。从王符的《潜夫论》和仲长统的《昌言》中可以明显看出他们的批判思想，对社会现实，对“时政雕弊”、“豪人”的巧取豪夺、谶纬迷信等各方面展开了批判。这些就不具体论述了，这里要说的是，他们的批判武器和王充一样，是以道家思想作为自己的理论基础的。这样，《后汉书》把三子合传并有上引“论曰”的几句话，不能不说是独具慧眼了。他们或多或少与《老子》的思想影响有些关系。

王符的生平事迹记载很简略，《后汉书》本传说他“耿介不同于俗”，

---

① 王充：《论衡·自然篇》，诸子集成本，中华书局 1954 年版。
② 范晔：《后汉书》卷四十九，《王充王符仲长统列传》，中华书局 1965 年版，第 1630 页。

“志意蕴愤，乃隐居著书三十余篇，以讥当时失得，不欲章显其名，故号曰《潜夫论》”。该书主要是“指讦时短，讨谪物情”，是一些政论文章。哲学问题也主要是在政论中反映出来的，只有《本训》一篇似专讲天道观，可看作是其政论的哲学理论基础。他在《叙录》中说：

> 人天情通，气感相和，善恶相征，异端变化。圣人运之，若御舟车。作民精神，莫能（不?）含嘉，故叙《本训》第三十二。

那么他如何表达其天道观呢?《本训》原文说：

> 上古之世，太素之时，元气窈冥，未有形兆，万精合并，混而为一，莫制莫御。若斯久之，翻然自化，清浊分别，变成阴阳。阴阳有体，实生两仪，天地一郁，万物化淳，和气生人，以统理之。

又说：

> 是故道德之用，莫大于气。道者，气之根也。气者，道之使也。必有其根，其气乃生。必有其使，变化乃成。是故道之为物也，至神以妙；其为功也，至强以大。天之以动，地之以静，日之以光，月之以明，四时五行，鬼神人民，亿兆丑类，变异吉凶，何非气然?

以上文字，有些可说是来自《易传》，但全面来看，其叙述的具体文字和方式都和许多黄老道家作品相同。只是两段文字显然矛盾，既说元气是万物的本原，又说“道者，气之根也”，本原又有“根”，纠缠不清。

王符的思想观属于道家思想的天道观，在政论中也常运用。他没有讲自然，但讲了无为，“因”的思想是有的，例如《考绩》中说：

> 圣王之建百官也，皆以承天治地，牧养万民者也。

又说：

夫圣人为天口，贤人为圣译，是故圣人之言，天之心也。贤者之所说，圣人之意也。先师京君，科察考功，以遗贤俊，太平之基，必自此始，无为之化，必自此来也。

他的“承天治地”与“天人合一”的神学论不同，是指“无为之化。”

在王符的政论中，不难见到《老子》思想的影响。例如其在《遏利》中的义利之辨，列举古今“上以天子，下至庶人”好利而亡的例子说：“此皆以货身亡，用财自灭。”这实即《老子》“多藏必厚亡”的翻版。又如其在《思贤》中为了说明“养寿之士，先病服药；养世之君，先乱任贤”，直接引用：

《老子》曰：“夫唯病病，是以不病。”《易》称“其亡其亡，系于苞桑”。

仲长统所著《昌言》早已亡佚，只留下了一些片段文字，但《后汉书》本传对他的志趣记载较多，对了解其思想倾向有很大帮助：

统性俶傥，敢直言，不矜小节，默语无常，时人或谓之狂生。每州郡命召，辄称疾不就。常以为凡游帝王者，欲以立身扬名耳，而名不常存，人生易灭，优游偃仰，可以自娱。欲卜居清旷，以乐其志，论之曰：“……安神闺房，思老氏之玄虚；呼吸精和，求至人之仿佛。与达者数子，论道讲书，俯仰二仪，错综人物。弹《南风》之雅操，发清商之妙曲。消摇一世之上，睥睨天地之间。不受当时之责，永葆性命之期。如是，则可以陵霄汉，出宇宙之外矣。岂羡夫入帝王之门哉！”

以上省去的一小段文字表明，他向往的生活，与老子的“小国寡民”思想不完全一致。他不是舟车不用，而是“舟车足以代步涉之艰”；他不是老死不相往来，而是“良朋萃止，则陈酒肴以娱之”；等等。但其所表达的志趣，深受《老子》之影响也是跃然纸上的。仲长统本传又引了两首“见其志”的诗篇，其辞句也是如此：

……至人能变，达士拔俗。……沆瀣当餐，九阳代烛。……六合之内，恣心所欲。人事可遗，何为局促？

大道虽夷，见几者寡。……百虑何为？至要在我。寄愁天上，埋忧地下。叛散五经，灭弃《风》《雅》。百家杂碎，请用从火。抗志山栖，游心海左。元气为舟，微风为柂。敖翔太清，纵意容冶。

在人生观方面，仲长统“思老氏之玄虚”是十分明显的。问题是他的政论，他对社会现实的批判，是否有《老子》思想的影响？材料不多，但不是看不出来。例如他的天道观，虽然他主张“人事为本，天道为末”，但也必须用天道。他说：

所贵乎用天之道者，则指星辰以授民事，顺四时而兴功业。①

本传中所著录之《损益》中有一段话说：

或曰：善为政者，欲除烦去苛，并官省职，为之以无为，事之以无事，何子言之云云也？

这是他在讲了许多可为之政务之后，假设有人提出此问题，并非否定无为、无事。其中包括政在人为，以及“由其道而得之”，“由其道而取之”，实际也是解释无为并非什么也不干，而“反谓薄屋者为高，藿食者为清”，那是“既失天地之性，又开虚伪之名”。仲长统在人生态度上有出世归隐的倾向，在政论上却是黄老思想，并且自觉不自觉地运用《老子》的思想。例如他说的“纯朴已去，智慧已来”，和老子“智慧出，有大伪”是一个意思；他说“角智者皆穷，角力者皆负”，也是老子反对用智逞强的运用；等等。

以上从一些不同角度，论述了《老子》思想的影响。学术界对这种情况都有所注意，有人曾经说：“总之后汉时代，横在思想界深底的，就是

① 魏征等编：《群书治要》卷四十五，《昌言》。

老庄和《五行论》，还有发见在表面的，就是训诂学和印度佛教。”① 并且说这是“继承前汉的学术”。五行论的影响，早有顾颉刚的《秦汉的方士与儒生》一书详细论述，本文则扼要叙述了《老子》的影响，是从老学发展的角度进行论述的。

三、《老子》思想流行与道教的产生

中国独特的道教之形成，与中国古代的巫术迷信、神仙信仰以及方术、方士的发展都有关系，与两汉盛行的黄老道家思想之宗教化也有关系。这里要谈的是后一方面的问题。

如上所述，黄老思想在两汉时期广泛、深入地在各方面发生着影响，不少人把它当作修身治国之术。在修身方面，与神仙、方术结合起来，满足人们长生成仙的欲望，因而同时出现了黄帝、老子神学化的过程，黄老思想宗教化的过程。

远的不说，只从秦始皇说起。他相信有仙人，希望得到不死之药，终成泡影。另一个突出的就是汉武帝，他一方面提倡融合了五行的儒术，另一方面又希望长生不老成为仙者，《史记·孝武本纪》记载说：

> 是时而李少君亦以祠灶、谷道、却老方见上，上尊之。……少君言于上曰：“祠灶则致物，致物而丹砂可化为黄金，黄金成以为饮食器则益寿，益寿而海中蓬莱仙者可见，见之以封禅则不死，黄帝是也。臣尝游海上，见安期生，食巨枣，大如瓜。安期生仙者，通蓬莱中，合则见人，不合则隐。”

汉武帝居然相信这一套瞎编的话，又是“亲祠灶”，又是“遣方士入海求蓬莱安期生之属”；李少君病死了，还“以为化去不死”，这样引得更多的方士“相效，更言神事矣”。他后来又宠信言方术的栾大，拜为五利将军，“佩六印，贵振天下，而海上燕齐之间，莫不搤腕而自言有禁方，能神仙矣”。汉武帝似乎越来越入迷，乃至亲自“东巡海上，行礼祠八神。齐人之上疏言神怪奇方者以万数”。司马迁写《孝武本纪》，用大量篇幅记载其

---

① 贾丰臻：《中国理学史》，商务印书馆 1937 年版，第 132 页。

事，让“后有君子，得以览焉”，是不以为然的。但是，事实上，这种长生成仙的欲望从来没有停止过，而且人们越来越迷信，特别在统治阶级中，养生成仙之道也就越来越神，而社会上影响最大的黄老之学，对于养生之术是有一套理论和方法的，这样就逐渐形成了黄老道。黄老道并非道教最早的名称，不过是表示黄老之学宗教化的一个过程。据查，此名之出现当在东汉后期。《后汉书·王涣传》记载说：

> 延熹中，桓帝事黄老道，悉毁诸房祀，唯特诏密县存故太傅卓茂庙，洛阳留王涣祠焉。

许多祠庙皆为“百姓追思”所立，这里是说为了特别祠祀黄老而“悉毁诸房祀”，宗教意义更大于纪念意义。实际上，此处所谓“黄老道”，应理解为“黄老之道”①，而且这“事黄老道”的具体内容实即前述延熹八、九年之祠老子。

黄帝“成仙”比较早，早就被方士神仙家“造成”神仙了，上引李少君之言亦可见，这方面似不必多说。老子之“得道”、“成仙”，甚至变为通天教主，比黄帝更值得注意。老子神化的原因和过程如何？有关记载多少可以提供一点线索。《隶释》卷三著录有边韶的《老子铭》，其序文曰：

> 其二篇之书，称天地所以能长久者，以不自生也。……或有“谷神不死，是谓玄牝”之言。由是世之好道者，触类而长之。以老子离合于混沌之气，与三光为终始，观天作谶（缺），降升斗星，随日九变，与时消息。规矩三光，四灵在旁，存想丹田，大一紫房。道成身化，蝉蜕渡世，自羲农以来（缺），为圣者作师。

这是说“好道者”依据《老子》的某些内容，编造了一批“三光”、“四灵”之类的神化内容。其又曰：

① 《后汉书·皇甫嵩传》云“张角自称‘大贤良师’，奉事黄老道”，亦指信奉黄老，而非教名。

皇上尚道弘德，含闳光大，存神养性，意在凌云，是以潜心黄轩，同符高宗，梦见老子，尊而祀之。

当时为陈相之边韶因作《老子铭》，时间记为“延熹八年八月甲子”，即上述遣使至苦县祠老子之时。在头脑比较清醒的知识分子看来，老子的神化是“好道者触类而长之”。这方面《魏书·释老志》的概述应该说是比较客观而且比较全面的：

道家之原，出于老子。其自言也，先天地生，以资万类。……至于丹书紫字，升玄飞步之经；玉石金光，妙有灵洞之说。如此之文，不可胜纪。其为教也，咸蠲去邪累，澡雪心神，积行树功，累德增善，乃至白日升天，长生世上。所以秦皇、汉武，甘心不息。灵帝（按：当为桓帝）置华盖于濯龙，设坛场而为礼。及张陵受道于鹄鸣，因传天官章本千有二百，弟子相授，其事大行。斋祠跪拜，各成法道，有三元九府、百二十官，一切诸神，咸所统摄。又称劫数，颇类佛经。其延康、龙汉、赤明、开皇之属，皆其名也。……其书多有禁秘，非其徒也，不得辄观。至于化金销玉，行符敕水，奇方妙术，万等千条，上云羽化飞天，次称消灾灭祸。故好异者往往而尊事之。

概述的是道教形成初期的一些情况：

第一，和边韶的说法一样，道教的理论乃至法术等等，都是老子之“自言”所引申出来的。

第二，道教的形成，与秦皇汉武以来崇信的神仙方术有关，神仙、方术的长生之说，着重心性的修养，去邪累、洗心神、积功德、行善事等等，实际也是与老子思想有关的。

第三，张陵等人的活动，使得“其事大行”，这是讲原始道教的发展，不过没有具体化。此外，还涉及斋祠礼仪的形成，以及道教与佛教的关系等等。

以上第三点，涉及原始道教，主要是民间道教。从史学考证的角度看，《魏书》说张陵之事，与道教的形成有重要关系。张陵的孙子张鲁以五斗米道起事，曾“雄据巴汉垂三十年”，又曾为曹操所用，因而《三国志》为其立传。他和他祖父的事迹，以及有关情况，也就多少有些记载。《后汉书·刘焉传》记载说：

> （张）鲁字公旗，初，祖父陵，顺帝时客于蜀，学道鹤鸣山中，造作符书，以惑百姓。受其道者辄出米五斗，故谓之“米贼”。陵传子衡，衡传于鲁，鲁遂自号师君。其来学者，初名为“鬼卒”，后号“祭酒”。……皆校以诚信，不听欺妄，有病但令首过而已。

《三国志·魏书·张鲁传》注引《典略》曰：

> 熹平中，妖贼大起，三辅有骆曜。光和中，东方有张角，汉中有张修。骆曜教民缅匿法，角为太平道，修为五斗米道。太平道者，师持九节杖为符祝，教病人叩头思过，因以符水饮之，得病或日浅而愈者，则云此人信道，其或不愈，则为不信道。修法略与角同，加施静室，使病者处其中思过。又使人为奸令祭酒，祭酒主以《老子》五千文，使都习，号为奸令。为鬼吏，主为病者请祷。……作三通，其一上之天，著山上，其一埋之地，其一沉之水，谓之三官手书。使病者家出米五斗以为常，故号曰五斗米师。实无益于治病，但为淫妄。然小人昏愚，竞共事之。后角被诛，修亦亡。及鲁在汉中，因其民信行修业，遂增饰之。

此文李贤注《后汉书》上述关于张鲁记载时亦有征引，文字略同。以上两段文字，特作如下一些说明。

首先，以上两段文字是根据某些原始资料整理而成的，透露出早期道教的某些真实情况，但比较零散，恐非一个时期的资料，当然更不可能是一种资料。而整理者，即《后汉书》和《典略》作者都有自己的取舍。

其次，张陵是顺帝时人，学道于鹤鸣山中的时间当早于桓帝祠老子二三十年，也许这就正是道教形成的时期。张陵所学之道，当即当时流行的黄老之道，值得注意的是他“造作符书”，《魏书》以及《华阳国志》等均为“造作道书”。“造作”二字颇有“历史”意义，反映“道书”或者“符书”是人们“造作”出来的。而神人传神书之类的神话更为骗人。问题是他“造”了哪些书？史无明文，后来假托的甚多，又不可靠。据考证，《老子想尔注》（以下简称《想尔注》）二卷，明确说是“三天法师张道陵所注”，基本是可信的[①]。这《想尔注》明显地把《老子》解释成宗教性的道书。其利用《老子》有神秘意味的道，进一步使之宗教化，例如，其注“载营魄抱一能无离乎”说：

> 一者，道也。……一散形为气，聚形为太上老君，常治昆仑，或言虚无，或言自然，或言无名，皆同一耳。今布道诫教人，守诫不违，即为守一矣；不行其诫，即为失一也。[②]

还有关于道的各种描述和解释，就不一一列举了。借题发挥，本来是任何时候、任何人作注都不能免的，但《想尔注》和《老子》之义相反的也有，改字作释的也有，例如将“以其无私，故能成其私”的“私”字改成“尸”字，然后注曰：

> 不知长生之道，身皆尸行耳。非道所行，悉尸行也。道人所以得仙寿者，不行尸行，与俗别异，故能成其尸，令为仙士也。[③]

关于《想尔注》内容的分析，学术界也做了不少工作，这里就不一一重复了。仅从以上两小段引文可以看出，“太上老君”、“道人”、“仙士”都出场了。“道教”一词，似亦由此书首次提出，所谓：

> 真道藏，邪文出，世间常伪伎称道教，皆为大伪不可用。[④]

另外，以上引文中“今布道诫”之“道诫”，可以从《想尔注》中归纳出十几种：

---

① 黄钊：《道家思想史纲》，湖南师范大学出版社 1991 年版，第 245 页。
② 饶宗颐：《老子想尔注校笺》，选堂丛书本，第 13 页。
③ 饶宗颐：《老子想尔注校笺》，选堂丛书本，第 11 页。
④ 饶宗颐：《老子想尔注校笺》，选堂丛书本，第 24 页。

> 1.“学知清静”（20 页）；2.“施惠散财”（49 页）；3.“竞行忠孝”（24 页）；4.“喜怒悉去”（29 页）；5.“不为贰过”（33 页）；6.“禁祭餟祷祠”（34 页）；7.“不贵荣禄财宝”（28 页）；8. 道重继祠(10 页)；9.“男女之事，不可勤也”（10 页）；10.“不食五味以恣”（10 页）；11.“知止足”（49 页），“不敢多求”（49 页）；12.“宁人负我，我不可负人”等。①

作为宗教，必须有一套清规戒律，《想尔注》已经初步具有了这方面的内容，而这些内容又是由《老子》思想中引申出来的。

由上所述，可以总结说：早期的道教，既以《老子》五千文为经典，又根据宗教的需要，把《老子》思想神学化，《老子》成为道教的《道德真经》，有其特殊的地位。另一部较早的道教经典——《太平经》，与《老子》，与道家思想也有多方面的联系。但是，所有这些，即有关道教的产生，或可说是老学的一个支流。老子其人其书在道教发展中的各种变化，严格地说，不能称为老学的发展。

第三节　严遵在老学中的地位

老学在汉代发展的概况已如上述，读《老子》的抽象记载不少，传《老子》的具体情况不多。西汉后期的严君平及其所留下的关于老学的著作是有典型意义的。

一、严遵其人及其著作

严遵（或作尊），字君平，他的生平事迹，最早最可靠的记载见于《汉书·王贡两龚鲍传》，其文曰：

> 蜀有严君平（师古曰：《地理志》谓君平为严遵。《三辅决录》云……君平名尊，则君平……其字也），皆修身自保，非其服弗服，

① 任继愈主编：《中国哲学发展史（秦汉）》，人民出版社 1985 年版，第 695～696 页。其中“宁人负我，我不可负人”后原缺页码。

非其食弗食。……君平卜筮于成都市，以为："卜筮者贱业，而可以惠众人。有邪恶非正之问，则依蓍龟为言利害。与人子言依于孝，与人弟言依于顺，与人臣言依于忠，各因势导之以善，从吾言者，已过半矣。"裁日阅数人，得百钱足自养，则闭肆下帘而授《老子》。博览亡不通，依老子、严周之指著书十余万言（师古曰：严周即庄周）。杨雄少时从游学，以而仕京师显名，数为朝廷在位贤者称君平德。……君平年九十余，遂以其业终，蜀人爱敬，至今称焉。

这极简略的记述，有一定具体内容，是可信可靠的。另一记载是唐代谷神子在《老子指归》序目小注中所说：

严君平者，蜀郡成都人也，姓庄氏，故称庄子。东汉章、和之间，班固作《汉书》，避明帝讳，更之为严，庄、严亦古今之通语。君平生西汉中叶，王莽篡治，遂隐遁炀和，盖上世之真人也。

此记载主要说他原本姓庄，比较合理，也必有所据。采用此说，还可解释其著作中"庄子曰"的疑问。

以上对严君平的姓氏、籍贯以及生活年代的记载都是比较明确的。他的为人、处世之大概有所反映，思想的主要倾向是在道家，而导人以忠、孝等等，则显示又脱离不了儒家思想的影响。这方面，其所著《座右铭》有明显的反映，铭文曰：

夫疾行不能遁影，大音不能掩响。默然托荫，则影响无因。常体卑弱，则祸患无萌。口舌者，祸福之门，……出失则患入，言失则亡身。是以圣人当言而怀，发言而忧，如赴水火，履危临深，有不得已，当而后言。嗜欲者，溃腹之矛；货利者，丧身之仇；嫉妒者，亡躯之害；谗佞者，刎颈之兵；残酷者，绝世之殃；陷害者，灭嗣之场；淫戏者，殚家之堑；嗜酒者，穷馁之薮；忠孝者，富贵之门；节俭者，不竭之源。吾日三省，传告后嗣，万世勿遗。

他是很想"默然托荫"、"常体卑弱"的，但事实上是不可能的。在现实生活中，应该禁忌些什么？如嗜欲、货利、淫戏、嗜酒之类。应该讲究和提倡什么？如忠孝、节俭以及“当而后言”等等。在具体处世原则上，可说是儒道兼行的。有一些禁忌可说是道家思想所特别注重的，但儒家也并不反对，甚或主张相同。而“忠孝者，富贵之门”，则明显是儒家所讲究的。严遵的思想同样反映出世与入世的矛盾。以后玄学时代，著名玄学家写《诫子书》时也是如此，本人放荡不羁，诫子却讲忠孝礼义。

从生平事迹论严遵的思想，材料不多，只能说出如上这些。他所留下的著作，是研究其思想的主要依据。根据记载，现在也还能看到的严遵著作，一为《老子注》，二为《老子指归》。

关于《老子注》，《汉书·艺文志》没有著录，但上引《汉书》中已提到严遵的“依老子、严周之指著书十余万言”。《汉书·艺文志》未著录，不足以否定。《隋书·经籍志》注有“汉隐士严遵注《老子》二卷”；陆德明《经典释文叙录》亦有《老子》“严遵注二卷”，并且此二记载都说“又作《老子指归》”（前者为十一卷，后者为十四卷）。严遵注的文字，在唐宋人的著作中，多少有些保留，今人严灵峰《辑严遵老子注》一书，颇为完备，很有参考价值。他在序中作了一些简要说明，现节引一段：

> 《老子指归》已非完书，而严注老子二卷，唐志已不著录，想散佚已久。惟强思齐《道德真经玄德纂疏》首题：“唐玄宗御注并疏，河上公、严君平、李荣注，西华法师成玄英疏，蒙阳强思齐纂。”则强氏纂辑注、疏各书中，称“严曰”者即为君平注本，则五代、宋初严注原书固尚存人间也。兹分别抄录，并辑宋陈景元《道德真经藏室纂微篇》、李霖《道德真经取善集》、刘惟永《道德真经集义》、范应元《道德经古本集注》诸书有关严注文字，或属《指归》佚文，盖《严注》与《指归》二本并为一家之言，皆明理国之道，其旨当无大别，则二书复出之文，自可相互为用。为“注”，为“论”，仅为详略之分，原无轩轾；故并加采摭，以为补苴，并略校异同；……仍从八十一章旧制，免生无谓之辩。

事情的原委以及议论都是比较确当的。

《老子指归》，《隋书·经籍志》《经典释文》《唐书·经籍志》《新唐书·艺文志》《宋史·艺文志》皆有著录，但卷数略有不同，隋志作十一卷，两唐志作十四卷，宋志作十二卷。唐人记载多为十四卷，宋以后多为十三卷，今本标明十三卷，但仅存后七卷。唐以前和上述几部正史之志均名《老子指归》，亦称“严遵《老子指归》”，或简称“严遵《指归》”、“严君平《指归》者”，宋以后则有《道德真经指归》等名称。清以前无人疑其书之真伪。清代学者全祖望和四库全书馆臣首发异议，“疑是书乃赝本”①，提出了一些疑问，但经后来许多令人信服的考证，证明《老子指归》并非伪作，但可能有后人附益的部分。严灵峰的《无求备斋老子集成》初编中辑有《严遵道德指归六卷》（明汲古阁刊津逮本）和《谷神子道德指归论注七卷》（明刊正统道藏本）两种。前一种书中还附有较详细的考证，以及前半部分的补佚，很有参阅价值。以下论严遵思想引文即将以此为据。

二、虚无自然的哲学思想

《老子》的哲学思想，它对自然和社会的根本观点和看法，主要在论述“道德”二字中反映出来，严遵作《老子指归》，又名《道德指归论》，就是归根到底地指明《老子》思想的宗旨、意向所在，亦即所谓《道德经》的宗旨、意向，并展开一些议论，因而《道德指归论》的名是十分精确的。该书今虽只存后半部分，但从体例上看，严遵的每一篇论述都紧扣“道德”二字，并且是开章明义说的，且从每篇开头文字来看：

“上德不德”：天地所由，物类所以，道为之元，德为之始，神明为宗，太和为祖，道有深微，德有厚薄，神有清浊，和有高下。②

“得一”：一者道之子，神明之母，太和之宗，天地之祖，于神为无，于道为有，于神为人，于道为小。③

“上士闻道”：道德天地，各有所章，物有高下，气有短长，各乐

① 全祖望：《鲒埼亭集外编》卷三十四，《读道德指归》，上海书店 1989 年版，第 20 页。
② 严遵：《老子指归》卷七。
③ 严遵：《老子指归》卷七。

其所乐，患其所患，见其所见，闻其所闻，取舍殊谬，畏喜殊方。①

“道生一”：有虚之虚者……故虚之虚者生虚虚者，无之无者生无无者，无者生有形者。②

“至柔”：道德至灵，而神明宾，神明至无，而太和臣。清浊太和，至柔无形，包裹天地，含囊阴阳，经纪万物，无不维纲。或在宇外，或处天内，人、物借之而生。③

“名身孰亲”：我性之所禀而为我者，道德也；其所假而生者，神明也；其所因而成者，太和也；其所托而形者，天地也。凡此数者然我，而我不能然也。故法象莫崇乎道德，稽式莫高乎神明，表仪莫广乎太和，著明莫大乎天地……④

“大成若缺”：道德无为而神明然矣；神明无为而太和自起；太和无为而万物自理……⑤

这里不再一一详列了。其无论直接解释道德，或者明确论述社会、政治、人生问题，皆以“道德”开头，如论“不出户”以“道德变化”⑥ 开头，“为学日益”以“道德之化”⑦ 开头，“圣人无常心”以“道德无形”⑧ 开头，“行于大道”以“道德不为智巧”⑨ 开头，“知者不言”以“道无常术，德无常方”⑩ 开头，“以正治国”以“道德之情”⑪ 开头，“方而不割”以

① 严遵：《老子指归》卷七。
② 严遵：《老子指归》卷八。
③ 严遵：《老子指归》卷八。
④ 严遵：《老子指归》卷八。
⑤ 严遵：《老子指归》卷八。
⑥ 严遵：《老子指归》卷八。
⑦ 严遵：《老子指归》卷九。
⑧ 严遵：《老子指归》卷九。
⑨ 严遵：《老子指归》卷九。
⑩ 严遵：《老子指归》卷十。
⑪ 严遵：《老子指归》卷十。

“道无不有”① 开头，“为无为”以“神明之数，自然之道”② 开头，“江海”以“道德不生万物，而万物自生焉”③ 开头，“用兵”以“道无不有”④ 开头，“言甚易知”以“夫无形无声而使物自然者，道与神也”⑤ 开头，“知不知”以“道德之教自然是也”⑥ 开头，“民不畏威”以“道德之旨”⑦ 开头，“勇敢”以“天地之道”⑧ 开头，等等。

由此可见，《老子指归》将天地间一切事物“指归”于“道德”，又对“道德”之“指归”有所论述，那么，严遵如何理解和说明《老子》之道呢？

和《老子》的看法一样，严遵认为宇宙本原是道，即上引所谓道之“元”。他在《老子指归》卷八也说：

> 万物所由，性命所以，无有所名者谓之道。

但是人们的认识是不停止的，道为宇宙的本原，道是什么、道之前还有什么等问题是一定会产生的。因此，严遵在论《老子》的“道生一，一生二，二生三，三生万物”时，也和汉代盛行的宇宙生成论者一样，力求探寻一个究竟，显然是不可能的，所以才有“虚之虚者”一番没有讲清楚、也讲不清楚的议论：

> 虚之虚者，生虚虚者；无之无者，生无无者。无者生有形者，故诸有形之徒皆属于物类……夫天之生人也，形因于气，气因于和，和因于神明，神明因于道德，道德因于自然，万物以存。

前一段似乎是想追寻虚、无以前生虚无的东西，但严遵自己也说那是不可

① 严遵：《老子指归》卷十。
② 严遵：《老子指归》卷十一。
③ 严遵：《老子指归》卷十一。
④ 严遵：《老子指归》卷十二。
⑤ 严遵：《老子指归》卷十二。
⑥ 严遵：《老子指归》卷十二。
⑦ 严遵：《老子指归》卷十二。
⑧ 严遵：《老子指归》卷十二。

能的，所以“庄子曰”——严（庄）遵曰：

> 是故无无无始不可存在，无形无声不可听视，禀无授有不可言道，无无无之无始。未始之始，万物所由，性命所以，无有所名者谓之道。

物的本原，还是只有回到道这个东西上来，“有生于无，实生于虚”，“道虚之虚故能生一”，“一以虚故能生二”，“二以无之无故能生三”，这个生成变化，是因为“有虚者陶冶变化”。虽然其讲不清楚，但还是勉强作了一些解释，过分强调了虚无的特性及其作用，“万物之生也，皆元于虚，始于无”等等，绝对虚无，就走向唯心主义了。

上引文的后一段，似乎描述了一个先后相继的生成系列：道德──→神明──→和──→气──→形。形当然是指“天人”、“万物”，可以看到，道仍是万物的本原，但这中间加入的神明、和、气等等，又是什么意思？请看看有关的几段论述：在上引“神明为宗，太和为祖”之下，接着又说：

> 神有清浊，和有高下，清者为天，浊者为地。

在上引“一者道之子，神明之母，太和之宗”之最后又说：

> 天地生于太和，太和生于虚冥。

再就是谷神子解释上引“神明宾”、“太和臣”说：

> 神明是道德之外用，故称宾。
> 太和是神明用之将成，故称臣。

看来，谷神子的解释是对的，意思是说，“神明”和“太和”均为“道德”之“用”。谷神子在解释“天地生于太和，太和生于虚冥”时又说：

> 虚冥至无也，太和始之而生。太和有之萌也，天地资之而始，所谓“天地万物生于有，有生于无”。

这样看来，“神明”和“太和”是“道生一，一生二，二生三，三生万物”过程中的一种“外用”，一种变化，或者说对变化过程的形容，现象上有清浊、高下、深微、厚薄等，它们是“无不生无而生有”的中间状态，如《老子指归》卷八所说：

道德无为而天地成，天地不言而四时行，凡此二者，神明之符，自然之验也。

神明又和自然一样，是一种状态的描写，特性的表述（“自然”详下）。《老子指归》卷八还写道：

我性之所禀而为我者，道德也；其所假而生者，神明也；其所因而成者，太和也；其所托而形者，天地也。凡此数者然我，而我不能然也。……道德神明常生不死，清浊太和变化无穷。

“神明”、“太和”是生成之“所假”、“所因”，它们是属于中间状态的。不过，无生有的中间状态中还有一个气，这是值得注意的。严遵是吸收和运用了气的理论，这气则有唯物主义的因素了。《老子指归》卷八说：

天地人物皆同元始，共一宗祖，六合之内，宇宙之表，连属一体，气化分离，纵横上下，剖而为二，判而为五。

二、五、万物都是“气化分离”出来的，气是物质性的东西了，只有如此它才会有清浊、厚薄之类表现，所以《老子指归》卷八又写道：

清浊以分，高卑以陈，阴阳始别，和气流行，三光运，群类生，有形脔可因循者，有声色可见闻者，谓之万物。

综上所述，严遵对于《老子》道是宇宙万物本原的思想，有继承也有发展。其在此基础上展开的种种论述，也是既有继承又有发展的。

下面再谈严遵关于道的属性的论述。

首先是无的属性。上已指出，这虚无说得越多，越绝对化，唯心的东西也就越显著。他的“至无”又称“虚冥”，或者“太虚”、“玄冥”，如《老子指归》卷八所说：

> 道德变化，陶冶元首，禀授性命乎太虚之域。玄冥之中而万物混沌始焉，神明交，清浊分，太和行乎荡荡之野，纤妙之中，而万物生焉。

《老子指归》中还有“玄远”、“玄域”、“玄默”、“玄妙”、“玄圣”、“玄玄”、“玄同”等名词，都是与道有关的，甚至“玄妙不足以为名”，这个道就更加神秘莫测了。本来《老子》说“玄之又玄，众妙之门”的“玄”，被他左一运用，右一发挥，说得更玄了。这“玄之又玄”的思想，无疑对魏晋以后的玄学者有所启发。

其次，道的另一个根本属性就是自然。自然和虚无一样，也是严遵《老子指归》多方面论述的一个方面。所谓“道非虚无自然，严（君）平不演”①，谷神子在《老子指归》卷九“圣人无常心”注中说：

> 夫《指归》所以屡归指于自然者，明至道之体，湛然独立，自古固存，其能然于众物而众物不能然之，故谓之自然。

的确是很多次从不同方面“归指于自然”，例如，《老子指归》卷九认为，自然是道的根本属性：

> 道高德大，深不可言。物不能富，爵不能尊，无为为物，无以物为，非有所迫，而性常自然。

因此“事物自然”②，“万事自然”③，“善恶信否，皆归自然”④，“督以自

---

① 陈寿：《三国志》卷三十八，《蜀书·秦宓传》，中华书局1959年版，第973页。
② 严遵：《老子指归》卷十一。
③ 严遵：《老子指归》卷九。
④ 严遵：《老子指归》卷九。

然，无所不通”[①]，“反复相因，自然是守”[②]，“战战栗栗，恐失自然”[③]。因为其强调自然，也有些极端，所以有些论述，看起来有点自相矛盾，“道德因于自然，万物以存”，这倒没有什么不好说明，但是再进一步说：

> 神明之数，自然之道，无不生无，有不生有，不无不有，乃生无有。[④]

这就说得有点玄了，不过也看得出来，这是他在阐明自然与无为之间的关系时的一种不够确切的表述。他强调：

> 道德不生万物，而万物自生焉。[⑤]

> 天地之道，生杀之理，无去无就，无夺无与，无为为之，自然而已。[⑥]

其强调的是自然性，并非说道不生万物。实际上是“道无不有，有无不为”[⑦] 的。

有人认为严遵的《老子指归》是“道家思想的唯心主义发挥”[⑧]，这也是有道理的。严遵把虚无、自然推向极端，越讲越玄，确实是把《老子》的模糊概念用唯心主义讲清楚了。《老子指归》的思想与两个多世纪后的魏晋玄学本体论思想颇为相似。魏晋玄学所强调的，也是虚无和自然这两方面的属性。例如，王弼在注《周易》“复卦”之“彖传”中的“天地之心”时说：

---

① 严遵：《老子指归》卷九。
② 严遵：《老子指归》卷九。
③ 严遵：《老子指归》卷十一。
④ 严遵：《老子指归》卷十一。
⑤ 严遵：《老子指归》卷十一。
⑥ 严遵：《老子指归》卷十二。
⑦ 严遵：《老子指归》卷十二。
⑧ 任继愈主编：《中国哲学发展史（秦汉）》，人民出版社 1985 年版，第 643 页。

天地以本为心者也。……天地虽大，富有万物，雷动风行，运化万变，寂然至无，是其本矣。……若其以有为心，则异类未获具存矣。

这是说“天地以无为本”，而且是“至无”。又例如王弼在注《老子》第二十五章“道法自然”时说：

道不违自然，乃得其性，法自然者，在方而法方，在圆而法圆，于自然无所违也。自然者，无称之言，穷极之辞也。

对于自然似乎是无法表述其玄妙的，这又和《老子指归》的思想非常接近。玄学思想无疑是直接来源于《老子》《庄子》《周易》的，但思想的链条又不可能是断断续续的，那么，《老子指归》当是其中的一个环节，这应该是《老子指归》思想在哲学史上的地位，也是其在老学思想史上的地位。

三、“无为”、“守分”的社会政治思想

前已指出，严遵的思想是矛盾的，一方面他希望“默然托荫”，另一方面他没有能够完全“归隐”，尤其是没有脱离也不可能脱离社会现实的影响，而对于强大的儒家思想也是摆脱不了的。因此他的政治社会思想主要还是入世的。不过他仍然企图以道家的思想来入世，努力宣扬自然无为，因而有些主张和思想就与汉初的黄老思想基本相同。

首先，他向往自然纯朴的“至德”之世，并且进行过一些具体的描写。例如他在《老子指归》卷七中写道：

天下童蒙，四海为一，荡荡玄默，与民俯仰，与物相望。……其务损而不益，其事修而不作，所为者寡，所守者约，民敦厚而忠信，世和慎而寂泊。水草为蓄积，裘褐为盛服，巨木为廓庙，岩穴为室宅，主如天地，民如草木，被道合德，恬淡无欲……无有制令，宇内宾伏。……四海之内，亲为兄弟，亲而不和，敬而不恭，天地人物，混沌玄通。

主要是对自然纯朴的追求，而不是《老子》“小国寡民”思想的简单重复。所以他在《老子指归》卷十三解释“小国寡民”那一段时，着重讲“小国者危亡之枢，而安宁之机也”。“大胜小”、“强胜弱”乃“物之理也”，所以“小国者危亡之枢”，但“存之在道”，“圣人之治小国也，转祸为福”，用现在的话说，利用和发扬那种纯朴自然的优势，则“安宁之机也”。严遵在理想与现实之间是动了脑筋的。

他对理想的追求，同时也是对现实的抗议，他对社会现实是有揭露和批判的。例如，《老子指归》卷七在描述“至德”之世的同时，就对当时盛行的繁文缛节进行了毫不含糊的揭露：

> 夫礼之为事也，中外相违，华盛而实毁，末降而本衰。礼薄于忠，权轻于威，信不及义，德不逮仁，为治之末，为乱之元，诈伪所起，忿争所因。

他认为“制礼作乐，改正易服”等等，“是故祸乱之所由生，愚惑之所由作也”。《老子指归》的论述中，有不少地方是涉及了现实的，例如卷九就借题发挥，说：

> 使日下之民皆执《礼》《易》，通《诗》《书》，明律比，知诏令，家一吏，里一令，乡一仓，亭一库，明察折中，强武求盗。天下重足而立，侧目而视，父子不相隐，兄弟不相容。此事之极，无益于治。

此外，如在该书卷十二中公开揭露“郊祀天地名山大水，封于太山，禅于梁父”、“断狱数万，黥人满道”等等，都明显地针砭现实。

表面上看，他也说过“神汉龙兴”这样的歌颂之辞，一方面，生活在汉朝不得不如此说，另一方面，实际并非歌颂。《老子指归》卷八曰：

> 是以强秦大楚，专制而灭，神汉龙兴，和顺而昌。故强者离道，梁者去神，生主以退，安得长存！

主要是敲警钟，而不是歌颂。

其次，怎么办？面对社会政治的现实该怎么办？他的主张仍然是无为而治，只有无为才能无不为，提倡“无为之为”。《老子指归》全书论述无为者甚多，它是由“自然而然”的思想产生出来的，所以卷八说：

> 道德无为而神明然矣，神明无为而太和自起，无为而万物自理。

卷九比较集中地论述了无为思想，并且具体讲了治身、治家、治国、治天下之无为，同时相对应地列举了什么是有为。治身之无为与养生有关，治天下讲“冠无有，被无形”，比较空泛，且引其治家、治国之说来看看：

> 春生夏长，秋收冬藏。奉主之法，顺天之命。内慈父母，外绝名利。不思不虑，不与不求。独往独来，体和袭顺。辞让于人，不与时争。此治家之无为也。
>
> 尊天敬地，不敢忘先。修身正法，去己任人。审实定名，顺物和神。参伍左右，前后相连。随时循理，曲因其当。万物并作，归之自然。此治国之无为也。

这里许多提法，如“修身正法”、“审实定名”、“参伍左右”、“随时循理”等等，都是在汉初其他黄老著作中早已提出过（例如在《淮南子》中）并有较详细论述的，所以，从大的方面看，在政治理论和主张上，严遵没有多少新的东西。当然具体论述并非简单抄袭，也是用他自己的思想说出来的。

同样，无为的政治理论，主要也是以君主为对象的，是就如何治国而言的，《老子指归》卷八说：

> 无为者，有为之君而成功之主也，政教之元而变化之母也。

君主该如何无为而治，上面“治国之无为”已经提出了一些原则，至于论述，那就多了，完全新的见解和说法似乎没有，这里就不详说它了。

无为而治，是在肯定统治秩序的前提下讲的，治的是人民。所以，在《老子指归》的社会政治思想中，“守分”的思想极为突出，这在卷十三中有集中明确的论述，他说：

道德之生人也有分，天地之足人也有分，王侯之守国也有分，臣下之奉职也有分，万物之守身也有分……动静失和，失道之分；耕织不时，失天之分；去彼任己，失君之分；创作知伪，失臣之分；衣食不适，失民之分。

一切都是“分”定了的，只有各守本分，“守分如常”，才符合“道德之所以分人”的本意，才不会乱套，否则“性不可然”，“家不可安”，“国不可存”，“命不可全”，“身不可生”。君、臣、民各有各的职分，人民如何“守分”呢？应该是：

小心敦朴，节俭强力，顺天之时，尽地之力，适形而衣，和腹而食，日出而作，日入而止，不薄所处，不厌所食，万民之所以守其身也。[①]

无为主张也要求人民无为，人民原始自然的浑沌状态就是无为，书中很多处描述了这种状态。这实际上是主张愚民政策，在《老子指归》卷十一论述“古之为道者，非以明民”时讲得最明白：

是以昔之帝王经道德，纪神明，总清浊，领太和者，非以生知起事，开世导俗，务以明民也，将以涂民耳目，塞民之心，使民不得知，归之自然也。

宇内童蒙，无知无欲，无事无功，心如木土，志如死灰，不睹同异，不见吉凶，故民易治而世可平也。

据上所述，不难看出，严遵的社会政治思想归根结底还是为维护统治秩序服务的，也是为统治者出谋划策的。这是时代的局限。

不过，他的思想也有一些可以供借鉴或警世的，例如《老子》第五十章云：

① 严遵：《老子指归》卷十三。

> 出生入死，生之徒十有三；死之徒十有三；民之生生而动之死地亦十有三。

这后一句采用的严注本，但各本文字略有不同，谷神子句本亦不同，作“而民生，动之死地十有三”，新出土的帛书作“而民生生，动之死地之十有三”，等等。如何解释“十有三”，《韩非子·解老》说：

> 人之身三百六十节，四肢九窍，其大具也。四肢与九窍十有三者，十有三者之动静尽属于生焉。

《老子河上公章句》采用此解，又略有申述：

> 言生死之类各有十三，谓九窍四关也。其生也，目不妄视，耳不妄听，鼻不妄香，口不妄言味，手不妄持，足不妄行，精神不妄施。其死也，及是也。

严遵的《老子注》有进一步的发挥，在《老子指归》中有更详细的论述，其文曰：

> 是故虚、无、清、静、微、寡、柔、弱、卑、损、时、和、啬，凡此十三，生之徒。实、有、浊、扰、显、众、刚（《老子注》作“坚”）、强、高、满、过、泰、费，此十三者死之徒也。夫何故哉？圣人之道，动有所因，静有所应，四支九窍，凡此十三，死生之外具也，虚实之事，刚柔之变，死生之内数也。故以十三言诸。①

这前前后后还有不少具体的解说，严遵对于《老子》道德的指归，对于“出生入死”的理解，尤其是两组十三字的概括，并紧扣着无为思想所作的论述，不能不令人赞赏，不能不承认其对老学研究的新贡献。后来，王

---

① 严遵：《老子指归》卷九。

弼作注说“十有三犹言十分有三分”，这是另一种解释，就不详谈了。我们认为，严遵的解释和发挥更有意义，也比较符合《老子》清静无为的思想。

第四节 《老子河上公章句》

世传有《老子河上公章句》（以下简称《河上注》），《隋书·经籍志》开始有明确记载，被称为《老子》的三大古本之一，其经文与许多文本多有不同之处，但与长沙马王堆出土的帛书本相同，其版本价值值得进一步肯定。但此书究系何时作品？评论较多。认定它在老学发展史上的地位和价值，确是一个必须弄清楚的问题。

一、《河上注》的时代问题

《隋书·经籍志》列多种《老子道德经》二卷，在首列的一种之下注云：

> 周柱下史李耳撰，汉文帝时，河上公注。梁有战国时河上丈人注《老子经》二卷，汉长陵三老毋丘望之注《老子》二卷，汉隐士严遵注《老子》二卷，虞翻注《老子》二卷，亡。

看文意是梁曾有过几种注本而均已亡佚。《老子》有多种注本是完全可能的，是否有名相近的“河上公”和“河上丈人”两种注本？是否真有其人所作？这些就是问题了。因此，唐宋以来，就引出了许多讨论。书的流传是客观存在的，说是伪书也主要是讲作者和成书时代问题。

作者是伪托的，这一点似乎问题不大，有人对此做过比较细致的考证，其结论说：

> 战国末年，当有“河上丈人”，但并未为《老子》注。汉文帝时，实无河上公其人，更无所谓《老子章句》，今所传《老子河上公章句》，盖后人所依托耳。
>
> “公”与“丈人”二辞，其义无别。假托之人，盖偶题为河上公

耳。……盖彼无名氏之长者，以其居河之滨，谓之河上丈人可，谓之河上公，孰曰不可？若仿《汉志》“郑长者”之例，即号曰河上长者，似亦未尝不可也。①

其实这问题并不复杂，葛玄在作序时已经说明：

河上公者，莫知其姓名也。②

虽然引了一段河上公授文帝《老子》的传说，但最后又交代说：

太上道君遣神人特下教之使去耳，恐文帝心未纯信，故示神变以悟帝意，欲成其道真，时人因号曰河上公焉。③

说这是宗教也好，说这是交代事情的原委也好，总之河上公实无其人。

但《河上注》是确实有的，毋庸置疑。问题是其为何时之书？大的分歧是两个大的时间，一个是魏晋以后，一个是汉代。主张魏晋以后的，可以谷方的《河上公〈老子章句〉考证——兼论其与〈抱朴子〉的关系》为代表④，他从思想体系上比较分析，发现《河上注》与《抱朴子》属于同一思想体系，认定《河上注》是葛洪派道教徒撰写的一部著作，他从不同方面提出了一些理由，并进行了具体论述。但金春峰接着就发表了《也谈〈老子河上公章句〉之时代及其与〈抱朴子〉之关系》⑤，列举大量材料证明：“《河上注》思想与《抱朴子》思想迥异”，“《河上注》多用古义、汉义（汉代之思想、观念、用语）、实义注老”并“使用汉代之专有名词”，

① 王明：《〈老子河上公章句〉考》，《道家和道教思想研究》，中国社会科学出版社1984年版，第302～303页。

② 葛玄：《老子道德经序诀》，熊铁基、陈红星主编：《老子集成》第一卷，宗教文化出版社2011年版，第195页。

③ 葛玄：《老子道德经序诀》，熊铁基、陈红星主编：《老子集成》第一卷，宗教文化出版社2011年版，第195页。

④ 中国哲学编辑部：《中国哲学》第七辑，生活·读书·新知三联书店1982年版，第41～57页。

⑤ 中国社会科学院历史研究所《中国哲学》编辑部：《中国哲学》第九辑，生活·读书·新知三联书店1983年版，第137～168页。

同时又“反映汉代黄老思想之特征”，等等。真正是“考证精详，理据充足”。其说《河上注》成书于魏晋之后的确理由不充足。

但是，成书于汉代，是西汉还是东汉？这又有不同看法。多数学者认为是在东汉，金春峰《汉代思想史》中专有一节谈《河上注》出于西汉，认为“当是《指归》以前的作品”。在这一节中他归纳了三点进行商榷，即“①《汉志》未著论；②体裁论（章句）；③思想演变论”。他的驳论是有道理的，不能说以上三方面西汉时没有。但进一步的论证，毕竟不如驳“魏晋说”有力。我们反过来说一句，西汉可能有的，东汉更有可能，除非是西汉有的东西，东汉消失了，并且要充分说明其消失的理由。在讨论中值得注意的一点是，金著所指出的：“思想的规律是前人模糊不清的思想，在后起的作品中，往往得到较清楚的界说。”这确实可当作一条“规律”。但是否有一些在《老子指归》中作了明确陈述的思想，在《河上注》中尚多模糊不清呢？这就要具体比较了。金著举例说：

> 如道与一的关系，《河上注》既说：“一，无为，道之子也”；“子，一也”。又说：“道唯恍惚，其中有一。”《指归》则明确而清楚地指出“道生一，一者道之子”。

看不出二者有什么不同，道中有一，与一者道之子，似乎还是一致的。问题不在这里，任继愈主编《中国哲学发展史（秦汉）》的一段论述，可从侧面启发我们思考这个问题。他说：

> 它（《河上注》）的缺点是对“道”与“一”的关系说得含混不清，既说“一者道始所生”（十章注），又说“道唯恍惚，其中有一”（二十一章注），不如《淮南子》的“道始于一”的说法明白确定。

当然不能说《河上注》早于《淮南子》，但从“道始于一”的这个说法来看，“道始所生”和“其中有一”比“道之子”也许更接近一些。思想演变的比较是重要的，也是必要的，下面在具体论述《河上注》的思想时，还可作些比较说明。

关于作者和成书的时间问题，还有一点人们很少考虑，这里也提出来说一说：是什么人？为什么要假托一个“河上公”或“河上丈人”？一种就是成书于魏晋以后的主张者，认为该书“后世道士者流”之伪托，葛玄就有这种倾向，说“河上公”是“神人”之号。但是《河上注》毕竟不是道教经典，思想内容相去还甚远，虽有养生乃至精神上的“神域”，但绝无成仙的思想，其主旨在“言理国”，这一点唐人杜光庭已经指出：

> （《老子》）诠注疏解，六十余家，言理国则严氏（按：严遵有《老子指归》和《老子注》）、河公（按：当即指《老子河上公章句》），扬镳自得。①

它是具有明显的黄老思想特点的。那么，具有黄老思想的人注《老子》，何以隐姓埋名而伪托河上公呢？如前所述，西汉初年学老子者甚多，传老子者不少，但后来的“独尊儒术”及其发展，使那些学老子、传老子的人逐渐“失业”，加上老庄思想本来又有“出世”的因素，因而趋于归隐，严遵之事即为一例。他之所以有些事迹被记载下来，多半是扬雄对他推崇的结果，否则，《老子指归》为谁所作，后人怕也费考证了。因此《河上注》本为一隐者所作是完全可能的。其何以又要名为《老子河上公章句》呢？其实，章句是一种注经体裁之名，其他还有诸如训说、训诂、注、说等等。从某种意义上说，为《老子》作注，是在儒家为六艺作训说、注解之风影响下形成的，所谓《老子徐氏经说》以及刘向《说老子》等都是为《老子》作注，《河上注》不过是被保留下来的一种罢了。另外皇甫谧《高士传》还说成帝时安丘望之著《老子章句》，《经典释文》著录又有《毋丘望之章句》等等。至于假托“河上公”或者“河上丈人”，多少还有一些历史依据，有点权威性，那就是曾有《史记·乐毅列传》赞曰：

> 乐臣公学黄帝、老子，其本师号曰河上丈人，不知其所出。河上丈人教安期生，安期生教毛翕公，毛翕公教乐瑕公，乐瑕公教乐臣公，乐臣公教盖公。盖公教于齐高密、胶西，为曹相国师。

① 杜光庭：《道德真经广圣义》卷一，《叙经大意解疏序引》。

假托河上丈人，原本无神化的意义，与葛玄之解“河上公”用意不同。

以上关于伪托河上公为《河上注》作者的分析，虽与成书时间没有直接关系，但对于思考这个问题多少也有些帮助，或者说与归之汉人有关系，与魏晋以后的道士没有多大关系。

那么，究竟是西汉还是东汉呢？我们在参考各种见解之后，也只能得出一个大概的认识：早不一定会早过严遵，这是从某些思想明确不明确看的（下详），但大体与严遵同时也有可能；晚不至于晚到东汉末，不会与道教的形成直接接轨，这也主要是从思想性质来看的，时间大约是西汉后期或者东汉前期。

二、用气化学说充实道的概念

《河上注》和许多老子研究者一样，承认宇宙万物的根源是道，“万物皆恃道而生”①，并且同样也认为，道的特点是无形、浑沌的，“道无形浑沌，而生万物”②。有所发展的是，他认为无形混沌之道，实际是一种原始状态的气，称元气。

前面论述严遵的思想时已经指出，在无生有的过程中，已经提到了“形因于气”，但没有更多的具体说明，而且又有“气因于和，和因于神明，神明因于道德，道德因于自然”等等，解释清楚颇不容易。而《河上注》关于气的论述就明确得多了，如解释《老子》第一章“无名天地之始，有名万物之母”时说：

> 无名者谓道，道无形，故不可名也。始者，道之本也。吐气布化，出于虚无，为天地本始者也。
>
> 有名谓天地。天地有形位、〔有〕阴阳、有柔刚，是其有名也。万物母者，天地含气生万物，长大成熟，如母之养子。

在注第十章之“抱一”时说：

---

① 河上公：《道德真经注》卷二，《任成第三十四》。

② 河上公：《道德真经注》卷二，《象元第二十五》。

一者，道德所生，太和之精气也。

第二十一章注说：

道唯恍惚，其中有一，经营生化，因气立质。

道唯窈冥，其中有精实，神明相薄，阴阳交会之。

（其精甚真，）言道精气神妙甚真，非有饰也。

言道禀万物始生，从道受气。

今万物皆得道精气而生，动作起居，非道不然。

第二十五章注说：

道育养万物精气，如第母之养子。

在严遵讲“形因于气”的第四十二章，《河上注》说：

阴阳生和、清（原文为“气”字，当误）、浊三气，分为天、地、人也。

万物之中皆有元气，得以和柔，若胸中有藏，骨中有髓，草木中有空虚，和气潜通，故得长生也。

征用以上注文的原文和全文，是便于我们和读者共同来分析并得出结论。

关于气的思想和学说，是中国古代思想中一个重要内容，可以作专门的系统的论述，日本小野泽精一等人编著的《气的思想》一书[①]，就反映了其研究的意义。气确实是一个关系到自然观和人的观念的重要概念，它在中国历史上源远流长。在学术思想的流派分化之后，各家各派，主要是儒道两派，关于气都有所论述，并且在不同时期有不同的论述。道家的两派，老庄和黄老，都有比较系统的气论，而且可大致分为两个部分，即关于宇宙生成论的气论和养生论的气论。气在万物生成中的地位，《庄子·

① 小野泽精一、福永光司、山井涌编，李庆译：《气的思想》，上海人民出版社 1990 年版。

至乐》有一段明确的说法：

> 察其始而本无生，非徒无生也而本无形，非徒无形也而本无气。杂乎芒芴之间，变而有气，气变而有形，形变而有生。

似乎气之前还有本始的无（也就是道）。《庄子》中还有一些关于气或“一气”的论述，以气的离散集合说明万物生灭变化的原理，但始终看不出气的本始性。黄老新道家的宇宙生成论讲气也是如此，如《淮南子·天文训》说：

> 道始于虚廓，虚廓生宇宙，宇宙生气。气有涯垠，清阳者薄靡而为天，重浊者凝滞而为地。

“宇宙生气”好像还倒回去了，其实也并非如此，《淮南子》关于气的论述颇多，有人统计它使用“气”字达二百零四次①。《淮南子·原道训》对于气有一个定义说：

> 夫形者，生之舍也；气者，生之充也；神者，生之制也。

正确的考证认为：

> 充本作元。……元者，本也。言气为生之本也。②

此虽仅就生命而言，但也涉及原本意义。

对比以上简述的情况看，《河上注》在宇宙生成论方面的气论是相当充分的。它在解释《老子》的道时，处处不离气：“道无形”，它“吐气布化，出于虚无，为天地本始”。“出于虚无”一句比较含糊费解。“吐气布化”而生天地万物。这气是道本身所有的？还是道所生出来的？“道禀与，

---

① 参阅《气的思想》引平冈祯吉《淮南子中出现的气之研究》。

② 参阅《淮南鸿烈集解》引王念孙说。

万物始生，从道受气”，“今万物皆得道精气而生”，天地万物是直接“从道受气”，道中间就有气，这个气就是精气。所以说，在道与气的关系上，《河上注》是有所发展的。可以认为；《河上注》是说，无形混沌的道是一种原始状态的气，名之曰精气，或者叫作元气，例如《老子》第二章“生而不有”注云：

> 元气生万物而不有。

至于第六章注中的“通天地之元气”和第四十二章注的“万物中皆有元气”，或可以说是从道中禀受来的元气，本来就有各种各样的气，所谓“阴阳生和、清、浊三气”等等，不过是讲气的种种变化。

这样看来，《河上注》的气化学说相当有意义，它比较完整地以气化学说充实道的概念，讲得比其他道家作品更明确，比严遵的气明确得多，继承了《老子》《淮南子》的唯物主义观，并有所前进。《河上注》的地位也主要由此而确定。

三、“致太平”的社会政治思想

《河上注》的作者和其他黄老学者一样，是关注社会政治问题的。它有一个特殊的表现是，一开始解释《老子》第一章时说：

> “道可道”，谓经术政教之道也。
>
> “非常道”，非自然长生之道也。常道当以无为、养神、无事、安民、含光、藏晖、灭迹、匿端，不可称道。

这几乎与所有的解释都不相同，一般均指道之玄妙而言，无论是《韩非子·解老》还是《淮南子·道应训》说明这几句话时都是如此。严遵《老子注》的解释是“道德彰非自然”，其《老子指归》云：

> 可道之道，道德彰而非自然也。今之行者，昼不操烛，为日明者。日明者，不道之道常也。操烛者，可道之道彰也。夫著于竹帛，镂于金石，可传于人者，可道之道也。若乃可传而不可授，可得而不可见，自

本自根，未有天地，自古以固存，神鬼神帝，生天生地者，常道之道也。五千文之蕴，发挥自此数言，实谓玄之又玄，神之又神也。①

解释很不相同。《河上注》可说是从一开始就把《老子》的思想切入社会政治。

那么，《河上注》究竟有哪些具体的社会政治思想呢？上面已涉及，指无为、养神、无事、安民等等“常道”。它是坚持了《老子》的基本立场的，和儒家讲仁义道德不一样。它同意《老子》“大道废有仁义”的看法：

大道之时，家有孝子，户有忠信，仁义不见也。大道废不用，恶逆生，乃有仁义可传道。

但是它又与《老子》的绝学去智、灭礼义不完全相同，并不采取完全否定的态度，甚至在注“绝学”时说：“绝学不真，不合道文。”对于“经术政教”或“政教礼乐”还是肯定的，如注第四十八章“为学日益”时说：

学谓政教礼乐之学也。日益者情欲文饰日以益多。

政教、礼乐、经术是要的，只是要去掉情欲文饰之浮华。他非常注重“经教”，在注第四十二章“强梁者不得其死”时说：

强梁，谓不信玄妙，背叛道德，不从经教，尚势任力也。不得其死者，为天所绝，兵刃所伐，王法所杀，不得以寿命死也。

这方面可以说它是维护统治者利益的。他是主张贵贱之分的，“贵贱各得其所”②，“王者至尊”③。对于如何“治理人民”④，不能说是愚民政策，其

---

① 此文及注文皆见严灵峰辑本。
② 河上公：《道德真经注》卷二，《巧用第二十七》。
③ 河上公：《道德真经注》卷二，《重德第二十六》。
④ 河上公：《道德真经注》卷三，《守道第五十九》。

基本主张是：

> 以道教化，而民不从，反为奇巧，乃应王法执而杀之，谁敢有犯者！老子伤时王不先道德化人，而先以刑罚者也。①

说是“老子伤时王”，实际也是作注者“伤时王”，因而特别强调“以道教化”，亦即上述之“经教”或“政教”。这方面的具体论述还很多，例如注第六十五章“非以明民，将以愚之”时说：

> 不以道教民明智巧诈也。
> 将以道德教民，使质朴不诈伪。

总之，用各种方法——包括以身作则、“我无为”、“我好静”、“我无事”、“我无欲”等等，使民“忠正”、“质朴”②。这样就可达到治国的目的，以“致太平”。

《河上注》中“致太平”的思想是值得注意的，它向往“致太平”，所以在注第三十五章“往而不害安太平”时说：

> 万物归往而不伤害，则国家安宁而致太平矣。

第四十一章注中也有“治国以太平”的话，并且在第五十五章注中又描述了其所理想的“太平之世”：

> 故太平之世，人无贵贱，（皆有）仁心，有刺之物，还反其本；有毒之虫，不伤于人。

“无贵贱”与上述“贵贱各得其所”是矛盾的，是理想与现实的矛盾。可贵的是“太平”思想的提出。《庄子·天下》有云：

---

① 河上公：《道德真经注》卷四，《制惑第七十四》。
② 河上公：《道德真经注》卷三，《淳风第五十七》。

知谋不用，必归其天，此之谓太平，治之至也。

有人认为此非《庄子》原文，不论是否《庄子》原文，这个词已出现了，不过并未具体说明。《河上注》在此作了一些具体阐述，这是引人注目的。它所提的一些“致太平”的办法，既有治民的一些权术，也有对统治者的某些要求。这些与西汉开始出现的“太平”思想是一致的。这思想的进一步发展，就有所谓齐人甘忠可诈造的《包元太平经》，以至后来的《太平清领书》《太平经》等等，思想上是有不少类似之处的。这当是《河上注》在社会政治思想上的特殊之处。

四、《河上注》的养生论

道家是主张养生的，老庄派、黄老派都是如此，黄老派的《吕氏春秋》《淮南子》都有不少这方面的论述。《河上注》的特点是把养生提到了相当突出的地位，所谓“圣人治国与治身同也”①。此类相提并论之处甚多，如其注第十章“爱民治国”时说：

治身者爱气则身全，治国者爱民则国安。

爱民治国与治身本来毫无关系②，而且这里所言治身还主要是就养生而言的，不是以身作则的意思，下一句“能无知”的注也说：

治身者呼吸精气，无令耳闻。治国者布施惠德，无令下知也。

所以本章开头“载营魄”的注说：

人载魂魄之上得以生，当爱养之。喜怒亡魂，卒惊伤魄。魂在肝，魄在肺，美酒甘肴腐人脾肺。故魂静志道不乱，魄安得寿延年也。

① 河上公：《道德真经注》卷一，《养身第二》。
② 第六十章注、六十四章注言治身治国亦如此。

的确可说是有意敷陈养生之说。

《河上注》中关于养生的论述不少，有人曾归纳成呼吸行气、爱精气、养神、除情欲等几个方面加以论述①。其养生说与医学结合，把养形与养生结合起来，所谓“捐情去欲，五内清静”②，“爱气养神，益寿延年”③等等。这是和道家传统的养生论一致的，是坚持了唯物主义方向的。不同的是，它也受了神仙思想的影响，还认为养生可以达到长生不死，在注第六章“谷神不死”时说：

> 谷，养也，人能养神则不死也。神谓五藏之神也：肝藏魂，肺藏魄，心藏神，脾藏意，肾藏精与志。五藏尽伤，则五神去矣。

这样解释也是很少有的。严遵注就不是如此，他注解“谷神不死”说：

> 太和妙气，妙物若神，空虚为家，寂泊为常，出入无穷，往来无间，动无不遂，静无不成，化化而不化，生生而不生也。

历代绝大多数注解，均释“谷”为空虚、玄妙。《河上注》把“谷神不死”说成是“养神不死”，是其养生论的进一步发挥。它很多论述是借题发挥，甚至连“借题”都没有，如注第五十九章“有国之母可以长久”时说：

> 国身同也。母，道也。人能保身中之道，使精气不劳，五神不苦，则可以长久。

长久、不死等等，就走向唯心论了。

《河上注》的养生论是有特点的，具体论述也很多，就不一一列举了。因此，说养生论是《河上注》的主要思想是有道理的。

---

① 王明：《〈老子河上公章句〉考》，《道家和道教思想研究》，中国社会科学出版社 1984 年版，第 307～313 页。

② 河上公：《道德真经注》卷一，《归根第十六》。

③ 河上公：《道德真经注》卷三，《修观第五十四》。

结 束 语

本书内容从先秦到清末，对两千多年的老学发展，作了一番概略的论述。不难看出，老学是在老子思想基础上形成的一种思想体系，内容非常丰富，包括哲学、政治、自然、社会等方面的见解。但是在一本书中，不可能将这些内容全部阐述，只能选择若干代表性的人和书，描述出老学发展的基本概况。

对于老学史的研究，还可以从更广阔的方面展开。例如分专题对老子思想进行阐释，如政治的、哲学的、伦理的等方面的专题；分宗派研究老学史，如道家、儒家、佛家对老子思想的不同解释，以及老子思想与三教思想的汇通，与三教人士的关系，在道家文化中的地位等；也可以断代进行研究，侧重阐明老子思想与不同时代的社会、老子理想与社会现实的关系等等；还可以断代与专题结合研究，如唐、宋、明、清四皇帝的《老子》注就是一个题目；此外，《老子》书的文献学的研究，也是不可忽视的课题，如《老子》的版本、校勘、训诂、考证等研究。总之，深入、全面地进行老学研究，是大有可为的。从这个角度看，也可确定本书的位置，它只是一本拓荒性的简史，不是包罗万象的全史。

本书截止于清末的魏源，亦即 19 世纪中叶，而现在 20 世纪也将结束。这一百年来老学发展情况又如何呢？这是一个很有意义的课题，应该形成另一部专著，其最终的完成，尚有待今后的努力。为使读者对这一时期的老学状况有个基本了解，我们采用附录的形式，列出有关的书目，以供大家参考。

20 世纪，世界及中国的社会都发生了急剧变化。历来社会政治的变化都将影响学术思想的发展，有时是极大的促进，甚至质的飞跃，有时则出现暂时的消沉。过去的老学发展是这样，20 世纪也不会例外。从后面所列书目可以看出，二三十年代出版的有关著作较多（当与辛亥革命结束封建制度有关），三四十年代就大为减少（当与抗日战争有关）。中国大陆在 50

年代后期，就更为稀少，六七十年代仅有一两本正式出版物。台湾地区则从 50 年代后期开始有较大的发展，70 年代出书一二十种。其中严灵峰先生对《老子》的研究特别值得一提，他不仅出版了多种研究著作，而且编辑出版了《老子集成》初编及续编，由于资料的相对集中，对开展老学研究有重要意义。

20 世纪对于《老子》的研究，从中国——包括港澳台地区的情况看，主要仍然是沿着传统的两个方面进行着：一方面是考据性的，包括版本、文字、校勘等；一方面则属于义理上的发挥。不过，由于时代的不同，无论考据或义理，都有了新的面貌。考据中已经运用某些近代科学的方法，义理上更是出现不少新的解释。这是在古代老学研究基础上的进一步发展，二者之间已有质的区别，加之后者的内容更为丰富多彩，故本书没有涉及，留待以后进行专门的研究。

二十世纪中国老学（节选）

前　言

一

我们写《中国老学史》时的一个指导思想是老学的发展与社会历史的发展有密切的关系。这不是我们的创见，但为我们所强调和重视，并且我们作了尝试性的努力。撰写《二十世纪中国老学》，这一点显得更为重要。我们在撰写过程中是尽力而为的。

20世纪已经结束，回过头去看这一个世纪的历史发展，许多问题会认识得更清楚些，因为本世纪的人们经历了各种各样的实践，又反复作过多方面的反思，并且这些事件和反思我们都比较熟悉。

从思想文化发展的角度看20世纪的中国，有十分鲜明而突出的特点：一方面中国有着悠久的文化传统；另一方面受西方文化的猛烈冲击，如何面对和学习西方文化的问题，可以说是20世纪中国思想文化领域的一个主要问题，或者说中心问题。这里我们想说明大家都会认同的几点：

第一，19世纪末西方文化大规模地影响中国。当然，中西文化的接触、交流开始得很早，明清时期有较大的发展，但19世纪后半期（1840年鸦片战争以后）更为突出，东西方思想文化的大交流，也主要发生在这一时期。当时，先进的中国人为了救国、强国、振兴中华而向西方寻找真理，从而学习和吸收西方思想文化。他们从学习西方的器物、技术（所谓“师夷之长技”），到学习西方的制度，学习西方的思想文化，如1861年冯桂芬写的《校邠庐抗议》中所说：“法苟善，虽蛮貊吾师之。”19世纪后半期兴起了一股资产阶级改良主义思潮，并且开展了资产阶级改良主义运动。当时的中国人，或开办新式学堂、创办报刊宣传介绍西方文化，或出国考察、留学（地点包括西洋欧美和东洋日本），从实践上了解和学习西方文化。例如，1896年康有为编成《日本书目志》15卷，著录日本所出西学书7700余种，同年梁启超编著《西学书目表》著录西学书和介绍西方文化的书640余种，并附《读西学书法》。由此可见，至19世纪末，中国思想文化领域中，西学已大大盛行。这是20世纪中国思想文化发展的历史前提。

第二，一般说西方思想文化，或以“欧风美雨”形容，即指西方资产阶级的文化。实际上中国接受的西方思想文化还应该包括马克思主义思想和理论。对于中国来说，马克思主义也是外来的、西方的。虽说是“十月革命一声炮响，给我们送来了马克思列宁主义”①，但这是就大规模的影响而言。实际上在19世纪末，中国人民就接触了马克思的著作。例如，1896年孙中山去英国，在伦敦大英博物馆读书时就曾阅读过《共产党宣言》和《资本论》，并且要中国留学生研究这些著作，从中吸取营养。更突出的是，1899年第2、3、4号的《万国公报》上连载的《大同学》译文（李提摩太、蔡尔康译注），向中国人介绍了马克思及其《资本论》。此后，20世纪初，这种介绍越来越多，包括“马克思主义在中国的拓荒者”朱执信以及梁启超、刘师培等人和他们办的刊物都积极介绍。当然这是指一般的介绍，作为西方思想文化一种的介绍。中国人信仰马克思主义，学习和运用马克思主义，自然是十月革命、五四运动以后的事。1921年中国共产党成立，以马克思主义作为指导自己思想的理论基础，以后就是大半个世纪的实践。从20世纪中期开始，马克思主义对我国思想文化的影响是很大的。

第三，中西学的关系在20世纪始终是思想文化领域中的一个重大问题。中西学之争，整个世纪都存在。从世纪之初到五四运动，中西文化的比较研究，新学与旧学、中学与西学的争论形成了高潮，在当时的确是振聋发聩。此后的文化论战，虽然是在政治、军事大动荡的年代，但仍断断续续地进行着，始终没有离开东西方文化问题，现代新儒学先驱梁漱溟的代表作就名为《东西文化及其哲学》。50年代以后，一方面海外及港台地区的学者继续深入比较研究中西文化各自的长短，发展现代新儒学的思想；另一方面大陆地区则大力学习和研究马克思主义，而实际上马克思主义也存在着与中国实际相结合的问题。直至80年代以后，大陆地区新的文化热兴起，传统文化与现代文化的关系成为热点，人们具体反思文化的近

① 毛泽东：《毛泽东选集》第4卷，人民出版社1991年版，第1471页。

代转型、五四精神等问题，重新省视过往的中西学之争，有的重新解释和评价“中体西用”，有的人甚至提出“西体中用”论（如李泽厚）。由此可见，整个20世纪都存在着一个中西文化关系问题。当然由冲突到融合是逐步发展的，新的冲突不断发生，但绝没有简单地重复，人们的认识越来越深刻、全面，东西互补最后走向互相融合，也许是一个必然的发展趋势。

第四，文化的发展与国家命运、社会政治的发展紧密相连。如上所说，19世纪后半期，中国人纷纷主动学习西方文化，是为了救国、强国。而整个20世纪文化思想的发展，文化的研究、论战，无不与社会政治发展息息相关。不过，今天冷静地回顾与思考，这种关系不应该简单化。有些文化争论有特殊的政治背景和原因，有走极端的时候，例如三四十年代的文化论战中有明显的政治主张不同的影响，又例如“文革”时期文化虚无主义、排外主义的恶性发展，等等，都是走极端的事例。但有些争论，如早期的中西学之争，虽然表现得十分激烈，却不过是文化观和方法论等的分歧，除走极端者之外，也许目的是一致的。因此某一时期代表某种文化思潮的人物，他们自己的思想感情也不断地发生变化，会呈现出种种矛盾的状况。无论是早一些的梁启超、王国维，还是晚些时候的胡适、冯友兰等等，我们都可以从他们身上看到矛盾，看到他们思想、观点的发展变化。同样他们思想的变化也是与时代变化有关的。

二

从上述时代、文化发展的大势来看20世纪中国老学的发展，我们可以把它总结得更好，反过来也能进一步证明老学发展与社会历史发展的密切关系。

老学既是《老子》之学，也是研究《老子》之学，人们为什么研究《老子》以及如何研究《老子》，如何理解《老子》以及从《老子》中发现了些什么，是我们编写老学史要回答的问题。研究《老子》的目的以及对《老子》思想的发挥，不同时代不同人各不相同，但不外乎两大方面：或者借题发挥自己的社会政治见解和主张，或者重在寻求精神慰藉，解决个人的心性修养，所谓“托于《老子》而自见”，并且无不留下时代的烙印和个人的特点。这方面在20世纪老学中，有时表现得更明确、更自觉。20

世纪初，严复评点《老子》，目的是主张像西方一样实行民主政治，因而处处指示《老子》学说与西方哲人思想之“相通”、“相符”。该世纪几次《老子》大讨论（包括年代问题的讨论），都与如何对待传统文化有关，包括传统文化的源头、内容、主旨等等，而对待传统文化问题，实际上又关系治国指导思想问题。人们从《老子》书中不是寻找治国用兵的思想理论，就是从中领悟心性修养的长生久视之道。时下有两本书，一本叫作《只有〈道德经〉能够救中国》（陈霖生著，香港聚贤馆文化有限公司制作），副标题是《二千五百年前老子留给我们的治国锦囊》；另一本叫作《一部〈老子〉慰天下》（王竹成释义，河南人民出版社出版），认为“老子的哲理确实能使人在人事烦扰中，得到某种精神上的超脱和净化，某种程度上有告慰之作用”。这两本书的书名鲜明地表明了人们学习和研究《老子》的目的。《老子》书中丰富而深刻的思想内容，确实能够给人启发、借鉴、参考：一些科学家读《老子》，可以从中获得“新意”；后现代主义者的思想与《老子》有“相通”、“相符”之处；连美国总统的国情咨文也会引用《老子》的“治大国若烹小鲜”。也许这个时代还非常需要《老子》，老学必然还会有更大的发展。据不完全的统计，20 世纪的老学著作达三百四五十部（不包括海外的，台湾所出也收集不全），其中 50 年代以前百余部，80 年代以后近两百部。论文 2000 多篇，80 年代以后占五分之三。这种数字情况也反映时代、政治等多方面的因素。

另一值得指出的是如何研究《老子》。20 世纪老学发展的崭新面貌，在很大程度上得力于新的思想方法，诸如形式逻辑、实验论理学、辩证法、数学逻辑等的纷纷传入，人们不仅介绍、讨论，而且吸收、运用，既用于对中国思想方法论的比较、研究，也具体运用到研究中国的学术思想，对《老子》的研究就是如此。

如果说严复在评点《老子》时仅仅作了与西方思想简单比较的话，那么不久就有了用西方哲学的概念、方法来研究《老子》的著作，例如胡适、冯友兰等人的中国哲学史著作对《老子》的研究。略早于胡适的谢无量的《中国哲学史》，在“老子”一节中，分别列出老子的宇宙论、修养论、实践道德论、人生观、政治论、战争论等问题，完全采用新名词。胡适、冯友兰等人虽未运用新的名词分列，但用西方哲学的方法分析“老子哲学的根本观念”、政治和人生哲学等等。正是新的思想方法的运用，《老子》研究才突破了解经、注经的传统方法，才有“新解”、“研究”之类的老学著作出现，大量使用归纳、演绎，乃至逻辑、辩证等方法。有些著作运用西方哲学的理论方法，甚至直接借助西方的话语系统，如上述谢、胡诸人之作；有的则只是以西学为参证来认识和解释《老子》，如金岳霖之《论道》，认为“道是哲学中最上的概念和最高境界”，形成中西融会的综合体。又如新儒家熊十力对老子的认识，既从传统哲学中吸取智慧源泉，也观照了西方哲学思想。有些著作，即便用传统的书名，如支伟成的《标点老子道德经》、许啸天的《老子》等等，也用的是西方哲学理论、方法，按西方哲学之门类，述老子之哲学。

在二三十年代的老子年代讨论中，甚至出现了专门的方法论的讨论，例如胡适的《评论近人考据老子年代的方法》，冯友兰对胡文的答辩，以及叶青的《从方法上评老子考》等等，明确用逻辑、辩证等方法具体讨论老子年代问题。

20 世纪初期的事实证明，西方思想方法对老学的影响巨大，从而根本上改变了老学的面貌。

50 年代以后，唯物辩证法的大学习，在运用中走过弯路，在《老子》思想是唯物的还是唯心的讨论中，有些论述变得很不辩证。但能够给后来的反思提供很好的借鉴，现在人们在方法上更科学更全面。

三

20 世纪的老学更新了，而且越来越新了。前半个世纪已成过去，许多问题大体上可以“盖棺定论”。后半个世纪离现在很近，许多问题还在继续和发展，作判定为时尚早。时代的新情况、新需求，定会产生新的变化。例如，从方法论方面看，唯物辩证法（应该包含前此西方的许多基本方法），经过 50 年代以来广泛地学习和运用，正反两方面反复地实践，在学术思想文化的研究中，必定会发挥更大的作用，对《老子》如何研究自然不会例外。又例如《老子》新资料的出土，如 1972 年长沙马王堆出土的帛书《老子》，1993 年荆门郭店出土的竹简《老子》等等，已经引起了广泛的重视，必将进一步改变老学的面貌。新的变化在该世纪最后 30 年中已见端倪，本书给予了较重的篇幅，称之为“多元解读”。

但这里有两个问题，我们要提出来说一说。

一个是资料问题。有关研究《老子》和阐发《老子》思想的专著和论文甚多，我们手边的资料极为有限，为此，我们一方面组织人力收集，编制著作、目录索引，另一方面广泛发函学界朋友征询意见并索要资料。这后一方面得到不少先生的支持，特别是牟钟鉴、张智彦、魏启鹏、尹振寰、孙以楷、黄友敬、黄钊等诸位先生，不仅提供他们自己的论文和专著，而且帮忙提供其他专著和论文索引，有的是多次来信，福建黄友敬先生更是抱病为我们收集、提供老学专著目录。这些都对我们有很大的帮助，也给我们很大的鼓励，在此深表感谢。尽管如此，我们收集的资料还不能说是全的，但愿没有重大的遗漏就好。台港地区的资料，我们所知相当有限，只有等待机会再作补充了。

另一个问题是，资料不少，我们写史，当然应该仔细研读，但这方面也不一定是做得很理想的。有一些客观原因，但主要是限于水平，在众多的资料面前，如何驾驭，如何条理，并非易事。我曾经抛砖引玉，发表过一篇《20世纪中国老学述要》，并且与几位编写人反复讨论过，也在台湾清华大学以此题目讲演，与台湾学者讨论，受到不少启发。边写、边讨论、边修改，成了现在这个样子。对时贤著作的介绍是否合适，这恐怕是最大的问题了。虽然我们没有成见，力求全面、客观地介绍。但是否全面，是否客观、准确？也许是会有问题的，我们将虚心地接受批评和帮助。

在编写之前，我作了《20世纪中国老学概论》（后正式发表时改为《20世纪中国老学述要》）的报告，供大家讨论，为本书定了基调。几位执笔人分头撰写，集中精力，十分认真，写出来的结果，毫不夸张地说是青出于蓝而胜于蓝。写第二章的仍为原《中国老学史》合作者刘韶军教授，他去日本研究日本老学一年回来，赶上了正在进行的这一任务。第三、四章由刘筱红教授撰写，她研究过这一段时期的学术思想，写过《胡适评传》等著作和论文。第五、六、七、八章由吴琦教授撰写，除台港的资料不全之外，大陆的有关资料比较集中，他进行了仔细的研究。80年代以后的第九、十、十一、十二章由刘固盛博士撰写，他几年来的学习和研究都与老学史有关，参加过中国道教协会和社科院道家与道教研究中心组织的《中华道藏》（《老子》部分）标点，参加过多次道家、道教学术研讨会，撰写过多篇老学史的论文，在撰写本书过程中参阅了大量的资料，时时与我讨论，有关问题都征求过我的意见，如有不恰之处，主要责任在我。其他各章也是我审阅过或修改过的，直接动笔虽不多，错误和缺点全应责我，但我不应掠他人之美。资料的收集和目录索引的编写，有华中师大图书馆课题组的刘艳娥、李腊梅同志，最后由华中师大历史文化学院徐艳芳同志和刘艳娥同志共同定稿。还有一些研究生也帮助各编写者查找过资料。

我在《中国老学史》的结束语中提出了编写本书的任务，当时说“今后努力”，一晃就是五年，今天才有了一个交代。该结束语还提了其他一些有关老学史的研究任务，我们仍想继续进行，而且想加快速度。《二十世纪中国老学》的“中国”，实有两重含意：其一，老学是中国的；其二，我们仅仅记述了中国人的研究，外国人的研究还未包括在内，例如日本的研究情况就是很突出的，好在刘韶军同志已经开始了这项工作。这里顺便向学界同仁报告我们提出的其他任务，例如断代的研究，刘固盛同志已完成了《宋元老学研究》的博士学位论文，隋唐、明清的研究也都已经开始进行。我们希望得到广泛的关心、支持和帮助，并与更多的同志共同努力。

第一章　20世纪中国老学述要

整个20世纪的老学与前此一千多年相比，呈现出一个崭新的面貌，有着完全不同的特点。按照我们不同时期有不同老子的说法，20世纪一百年，也可以划分为若干阶段，并且也是各有特点的几个阶段。我们仍将按照发展史的思路来记述20世纪的中国老学。

第一节　20世纪初展现的新面貌

在中国，20世纪的老学和其他学术文化一样，要从19世纪后半期谈起。因为这一时期，除了传统文化的继续传承和发展之外，有一个西学东渐的影响。中西文化交流自古以来就存在，明清以后加大加快了，19世纪后半期开始进入一个新的时期，外来的更多，主动外出也不再是个别偶然的现象。在魏源时，主要在"师夷之长技"，自然科学、技术还有宗教文化之类的西学来得多一些，19世纪后半期，中国人已开始对西方的制度感兴趣了，再下一步就是思想、学术文化。这一发展事实，梁启超曾在《五十年中国进化概论》中总结说：

> 中国人渐渐知道自己的不足，第一期先从器物上感觉不足，第二期是从制度上感觉不足，第三期是从文化根本上感觉不足。

不论这个论述是否准确全面，但大体上反映了中国人接受西方文化，或者向西方学习的一个发展概况。感到自己不足怎么办？第一期可以"师夷之长技"为代表。第二期向西方制度学习，有洪仁玕的《资政新篇》和冯桂芬的《校邠庐抗议》可作代表。第三期，文化上的问题复杂得多，中国传统文化源远流长，精华和糟粕并存，在西方文化的影响和冲击下，产生出种种不同的主张和对策。如何对待西方思想学术文化？这和前两期的器物、制度不同，不能简单拿来、照搬或者模仿，而有一个“如何对待，如何消化吸收”的问题。当时的有志之士、爱国启蒙思想家想过许多办法，也提出一些不同的主张：或主张全盘西化，或提倡国故；或尊孔卫道，或要打倒孔家店；或者疑古，或者信古、复古。为了国家富强，人们曾作各种探讨：康有为想通过维新变法，使中国由弱变强，在中国传统文化内部找理论根据，因而遍注儒家经典（如《论语注》《孟子微》《礼运注》《中庸注》），著《新学伪经考》《孔子改制考》等等，努力改造儒学；把《易》和《春秋》的中国古代变易思想与近代进化论相附会等等，可谓在西方文化冲击影响下，研究传统经学，为振兴中国服务的一个突出代表。也有的人从中国传统学术文化的其他方面找理论根据，如史学（梁启超可作代表）、子学等方面。在研究子学方面，特别是研究道家诸子方面，启蒙思想家严复可作代表，他著有《老子道德经评点》和《庄子评点》。其《老子道德经评点》可说是 20 世纪新老学最初的典型代表之作，在此略加说明。

严复 1854 年出生（清咸丰三年），1921 年（民国十年）去世，恰恰是 19 世纪中到 20 世纪初。他是这一阶段接受和学习西方文化的一个非常典型的代表，作为中国近代的启蒙思想家，对西方社会的了解，西学造诣之深，是大大超过其同辈的。1905 年（光绪三十一年），严复的《老子道德经评点》出版，当然是严复继续探求救国思想的一部作品，但也可以算作新世纪新老学开始的标志，其书刊布之时，近代著名史学家夏曾佑作了一个很有意思的叙，他在历数老子曾“为名法家之初祖”、“黄帝之大宗”、“道教之教宗”、“（魏晋）名士之职志”之后写道：

> 自是以来，托于老子而自见者殆千百家，而大旨不越是四者。异哉！举理而不托物者，其说之纷呶若是之甚也。若欲从而定是非，非大愚其孰为之！老子既著书之二千四百余年，吾友严几道读之，以为其说独与达尔文、孟德斯鸠、斯宾塞相通。尝为熊季廉说之，季廉以为是。曾佑闻之，亦以为是也。

这里我们且不说夏曾佑所“是”为何？也不具体研讨严复的老学思想。但只说显而易见的中西比较，翻开其评点之书可见，如《老子》第一章的最后一条眉批说：

……其所称众妙之门，即西人所谓 Summum Genus。《周易》“道通为一”、“太极”、“无极”诸语盖与此同。

还有一条旁注说：

西国哲学所从事者不出此十二字。

第三章眉批说：

试读布鲁达奇《英雄传》中《来刻谷士》一首，考其所以治斯巴达者，则知其作用与老子同符。此不佞所以云黄老为民主治道也。

第四章眉批：

……众甫者，一切父也，西哲谓之第一因。

第五章开头眉批：

此四语括尽达尔文新理。至哉！王辅嗣。

第十六章一条眉批还说：

夫耶苏教可谓知常者矣，以其言爱仇如己。

仅引这几条即可见严复之西学根底深厚，连西方古代史和宗教都用上了。当然这里还要指出，他评《老子》时，还融会了儒学、汉宋诸儒之学，乃至佛学，如第二十五章眉批说：

《老》谓之道，《周易》谓之太极，佛谓之自在，西哲谓之第一因。佛又谓之不二法门，万化所由起讫，而学问之归墟也。

儒道融会，佛老相通，这是古已有之的，与西方哲学、宗教思想作比较则是前所未有的。

如果暂时抛开严复的具体的老学思想不论（他把老子思想与西方民主政治相比附），其书的时代特点、代表意义是什么呢？那就是把《老子》的思想和西方近代的文化思想相比较，对《老子》思想进行近代西方的诠释，是开风气之先的。虽然其书的影响不如他的翻译作品（如《天演论》之类）大，但可以表明，总的趋势是，如何用西方学术的观点方法来研究中国传统学术、文化。这成为人们继续探求的方向。上述康有为、梁启超以及其他许多人都是如此。

当然，传统的解老方法，即义理和考据的两种方法，或者二者结合的方法仍然是继续存在的，而且在数量上还多一些。19 世纪末 20 世纪初，由于时局动荡较大，比某些历史时期，老学著作相对少一点，但注解、札记、枝语、发隐之类的著作都有一些，清末许多大学者如俞樾、孙诒让等人都评议过《老子》，除了文字的考异之外，也有发挥《老子》旨意的，不过大多是传统的观点和方法，这里可举一部分量较重的《道德经讲义》为例。该书为黄裳（字元吉）所作，成书于 1884 年（光绪十年），原名《道德经注释》，1920 年（民国九年）重印时改名《道德经讲义》。有人作序说：该书是“以四子书注释五千言，张皇幽渺，参互异同”，“若欲并孔李之教而一之”。实际上黄裳不仅如此，而是贯通儒、释、道三教为一的精神，其原书自序开头就说：

三教之道，圣道而已，儒曰至诚，释曰真空，道曰金丹，要皆太虚一气贯乎天地人物之中者也。

其“讲道”目的是传统的：

故日夜讲论《道德》一经，以为修身立德之证。……有与太上微意偶合处，不无小补于世。

据江起鲲《重印道德经讲义序》说：

> 原本刊于四川自流井……盖当时先生在乐育堂，聚群弟子讲道其中，每讲必引《道德经》为证，是编即其所讲时笔述之书，名曰注释，毋宁名曰讲义之为得也。

看来，黄裳著作在当时的实际影响不会太大太广，但作为某一时期整个社会思潮影响下的学术作品来看，是有代表性的，可以代表清末民初传统老学义理派的一般发展趋向，宣扬《老子》的“太上修身治世之道”，“养心养气”的修养，以达到“正人心”、“端风俗”的目的。此种传统老学的方法，虽与严复的不同，但也有时代的烙印。

第二节 二三十年代的大事与成就

20世纪初展现的老学新面貌，发展到二三十年代形成了新局面，有了新成就，这就是用西方近代分科的方法研究《老子》。人们不再仅仅注释、评议《老子》，也不仅像严复那样，只指出《老子》哪些思想与西方思想相同、相通，而是用西方哲学、伦理学、政治学等学科和方法来研究《老子》。这种转变，1930年冯友兰在《中国哲学史》一书中有很好的说明，该书有一章绪论，开章明义就说：

> 哲学本一西洋名词。今欲讲中国哲学史，其主要工作之一，即就中国历史上各种学问中，将其可以西洋所谓哲学名之者，选出而叙述之。

在绪论中他说明了西洋哲学名词之意义、哲学方法以及哲学与哲学家、历史与哲学史的关系等等，并且对“哲学与中国之义理之学”以及“中国哲学”的有关问题提出了看法。然后按时代顺序讲述子学、经学、玄学、佛学、道学，孔子、墨子、老子、庄子等的哲学思想。

但是冯友兰这样的《中国哲学史》并非当时最早的著作。开山之作的代表，人们推胡适的《中国哲学史大纲》。这部书比冯书早，1918年就出版了，而且两个月之内就再版一次，可见其影响较大。虽然是一部不全的《中国哲学史大纲》，但其形式和体例是有首创意义的。这里我们可以引用当时蔡元培为该书所写的序来作证明，他说：

> 我们今日要编写中国古代哲学史，有两层难处。第一是材料问题……第二是形式问题……我们要编成系统，古人的著作没有可依傍的，不能不依傍西洋人的哲学史。所以非研究过哲学史的人，不能构成适当的形式。
>
> 现在治过“汉学”的人虽还不少，但总是没有治过西洋哲学史的。留学西洋的学生，治哲学的，本没有几人。这几人中，能兼治“汉学”的更少了。适之先生生于世传“汉学”的绩溪胡氏……虽自幼进新式学校，还能自学“汉学”，至今不辍；又在美国留学的时候兼治文学、哲学，于西洋哲学史是狠有心得的。所以编中国古代哲学史的难处，一到先生手里，就比较的容易多了。

这比较客观的叙述，并无溢美之词，只是说胡适在短短一年中编出该书，“可算是心灵手敏了”。其关于该书的具体评价，这里就不再征引了。

虽然胡适的《中国哲学史大纲》只有一个“卷上·古代哲学”，只写了春秋战国，以后也没有如蔡元培所希望的那样“由上古而中古，而近世，编成一部完全的《中国哲学史大纲》”，但其发凡起例之功彰明较著。其书也有导言，和上述冯友兰哲学史的绪论不同的是，没有明确说借鉴西方哲学，但实际上是借用西方哲学的观点和方法，融会贯通之后，写出了自己的关于哲学的定义、关于哲学史的分类和目的，以及中国哲学史的分期、史料等，其中对史料之审定、整理论述尤详。导言最后说：

> 这是我理想中的《中国哲学史》，我自己深知道当此初次尝试的时代，我这部书定有许多未能做到这个目的和未能谨守这些方法之处。所以我特地把这些哲学史的方法详细写出。一来呢，我希望国中学者用这些方法来评判我的书；二来呢，我更希望将来的学者用这些方法来做一部更完备、更精确的《中国哲学史》。

我们说他吸收融合西方哲学方法绝非臆测，他在导言的最后列了参考书举要：

> 论哲学史，看 *Windelband's A History of Philosophy*（页八至十八）。
>
> 论哲学史料，参看同书（页十五至十七注语）。
>
> 论史料审定及整理之法，看 *C. V. Langlois and Seignobos's Introduction to the Study Of History*。
>
> 论校勘学，看王念孙《读淮南子杂志叙》（《读书杂志》九之二十二）及俞樾《古书疑义举例》。论西洋校勘学，看 *Encyclopaedia Britannica* 中论 *Textual Criticism* 一篇。
>
> 论训古学，看王引之《经义述闻》卷三十一及三十二。

我们这里只想证明其融会中西开创中国哲学史体例之功。其他，以及全面评述胡适的学术思想及其影响等等，非本书之任务。

话要回到我们的老学问题上来，胡适《中国哲学史大纲》中，第一篇“导言”，第二篇“中国哲学发生的时代”，第三篇“老子”，第四篇“孔子”，以下也主要是按诸子依次排列，但内容主要是叙诸子的哲学——西方意义的哲学。例如老子一篇即是如此，总共列了八个题目：一、老子略传；二、老子考；三、革命家之老子；四、老子论天道；五、论无；六、名与无名；七、无为；八、人生哲学。前三部分，从老子其人其书讲起。再从时代讲到政治思想，在写完第三个题目之后，胡适写道：

> 我述老子的哲学，先说他的政治学说，我的意思要人知道哲学思想不是悬空发生的。

然后具体讲哲学’从“老子哲学的根本观念是他的天道观念”讲起，进一步通过“无”、“名”等说明老子哲学的特色。这种研究《老子》的方法，是完全不同于传统方法的。此种新的方法，是否胡适首创，还有待进一步商讨，因为在他的前后还有其他的哲学史和思想史，谢无量的《中国哲学史》出版（1916 年）似略早于胡著。谢著亦将中国哲学史分上古、中古、近世三大段，断代也相同，谢无量在绪论中写道：

> 今世学术之大别，曰哲学，曰科学。哲学之名，旧籍所无，盖西土之成名，东邦之译语，而近日承学之士所沿用者也。

“东邦之译语”向我们透露的消息是，在西学东渐的过程中，还有一个日本（东邦）的中介影响，清末民初有很多人是从日本那里学习西方文化的。当时的日本已有不少研究中国学术思想（包括研究老子）的著作。中国有些学者是通过日本来接收西方影响的，与严复直接从英国、胡适直接到美国的学习途径不同，相互之间的影响肯定是存在的。胡适就参考过谢著，他在“老子论天道”一节中解释“自然只是自己如此”时，加了一条夹注：“谢著《中国哲学史》云：‘自然者，究极之谓也’不成话。”总之，“承学之士”沿用西方近代的学术观点和方法，已形成一种风气、潮流，因此谁为首功，哪本著作是开山之作，只是相对而言的。在20世纪初，那“初次尝试的时代”，不止一人“尝试”，看来胡适的“尝试”，特点最为明显（其长篇导言可以反映），而且影响最大，人们推为“第一”，似亦不为过。

同样，稍后一些冯友兰的《中国哲学史》，也是在学术界影响很大的，但也不是唯一的，其前其后还有其他哲学史，例如钟泰的《中国哲学史》初版在1929年，比冯著早一两年。不过钟著虽以哲学史为名，也分上古、中古、近古（宋、明）和近世，但他公开表明：

> 中西学术，各有统系。强为比附，转失本真。此书命名释义，一用旧文。近人影响牵扯之谈，多为葛藤，不敢妄和。

用“哲学史”之名，多少也受点新的影响，但“命名释义”基本沿用旧文（传统的观点和方法）。因此冯友兰是沿着胡适等的路线发展的，而且是部中国古代哲学的全史，在胡著之后，影响之大是最为突出的。

冯著与胡著的体例、思路大致是相同的，当然具体内容各有特色，这里且不详论，只谈有关老学的一个问题。冯友兰与胡适的老子先于孔子的排法不同，把“老子及道家中之老学”放在孔子、墨子、孟子以及战国时之“百家之学”的后面。这涉及二三十年代一件大事，那就是当时关于老子其人其书的讨论。旧史记载，一般肯定老子在孔子之前，清乾隆时崔述(《考信录》)、汪中(《老子考异》)曾提出疑问，认为老子是战国时人，但影响不是太大。胡适的《中国哲学史大纲》据《史记》及清人的一些考证，肯定老子在孔子之前，大二十来岁，有孔子见老子之事。梁启超在评胡著时写了《论〈老子〉书作于战国之末》，引起一场大讨论，当时许多报刊(《晨报》《商报》《文学周刊》《哲学评论》《燕京学报》等等)发表了考证老子年代的文章，1933 年罗根泽编《古史辨》第四册，所录有胡适、梁启超、张煦、张寿林、唐兰、高亨、黄方刚、钱穆、素痴、冯友兰、张季同、罗根泽、顾颉刚等人大小 17 篇文章。以后讨论继续发展，1937 年罗根泽又编《古史辨》第六册，他在序言中说：“关于考据老子年代的文章，止第四册及此册所收，就有三十五六万言。”他在阐述自己观点、收集自己文章与收集和他观点相同文章的同时，也收集了观点相反的文章。第六册中有原第四册作者胡适、冯友兰、高亨、钱穆、唐兰等人的新作，又增加了叶青、谭介甫、马叙伦、张福庆、熊伟、郭沫若等人的考证和研究论文。罗根泽在其长篇自序中还记述了历代以来关于老子年代问题的不同看法和讨论。两册《古史辨》基本上可以反映当时讨论的情况。这是学术界，尤其是老学研究中的一件大事。此事与当时疑古之风有关系，《古史辨》即为疑古的一个代表，疑古思潮又与当时整个思想文化的发展有关，非本文所讨论之范围。

老子年代的争论，并不影响老学研究的发展，用西方新学科及其方法分析研究《老子》，除了上述哲学史之外，当时还有伦理学史、政治思想史、教育思想史等等，均有对于《老子》的述评。且举蔡元培的《中国伦理学史》为例，该书作于 1910 年(庚戌)，绪论中的“我国之伦理学史”说：

> 我国既未有纯粹之伦理学，因而无纯粹之伦理学史。各史所载之儒林传……皆哲学史而非伦理学史也。日本木村鹰太郎氏，述东洋伦理学史……始以西洋学术史之规则，整理吾国伦理学说，创通大义，甚裨学子，而其间颇有依据伪书之失，其批评亦间失之武断……鄙人于东西伦理学，所涉均浅，而勉承兹乏，则以木村、久保二氏之作为本……

看来，蔡元培是从日本学者那里转借来“西洋学术之规则”的，不过蔡元培本人却在欧洲各国学习过西方文化，大约他认为日本学者的翻译运用有可取之处。蔡著就有第一期第七章专述老子，列“小传”、“学说之渊源”、“学说之趋向”、“道”、“德”、“道德论之缺点”、“因果之倒置”、“齐善恶”、“无为之政治”、“法术之起源”、“结论”等11目，言简意赅，对老子思想有他自己的看法。其他政治思想史、教育思想史等莫不如此，都有对老子思想的述评。此类著作在二三十年代出得很多，这里不一一详述了。

本时期老学研究的另一类著作，当然仍为传统考据释义方法的发展，出了不少大家的传世之作，在俞樾、陶鸿庆、黄裳、易顺鼎、杨文会等人之后，罗振玉的《老子考异》、马叙伦的《老子核诂》、奚侗的《老子集解》、陈柱的《老子集训》、丁福保的《老子道德经笺注》、王重民的《老子考》、高亨的《老子正诂》、杨树达的《老子古义》及《附汉代老学者考》、蒋锡昌的《老子校诂》、于省吾的《老子新证》等等，涉及版本、校勘、训诂、音韵各个方面。这些新时代的新作品，在传统老学基础上是有进一步发展的。

二三十年代是20世纪老学研究的一个大发展时期，成就大，成果多，多种形式的研究出现。除上述之外，还有以学案、研究为名的专书，例如《老子学案》就有1928年郎擎霄的和1934年刘其宣的两种。1928年初版的王力《老子研究》分“总论”、“道始”、“道理”、“道动”、“道用”、“道效”、“结论”七章。1934年初版（写于1927年）的钱基博《老子道德经解题及读法》分“老子”、“老子道德经”、“道德经之本子”、“道德经之读法”四部分，其读法又分“通其指意”、“审其篇章”、“旁籀诸子”、“会核众注”四种。从这些目次可见其为另一种形式和方法的老学研究。

二三十年代的研究影响到40年代，部分的甚至影响更后一些时期以至于今，这里暂不详论了。

第三节　50年代时局变化下的老学

本节主要讲中华人民共和国成立，台湾、香港与大陆的暂时隔离之后，三地老学研究的发展呈现出不同的局面。

大陆地区，文化、思想、学术，以马克思主义为指导思想，40岁以上的人文社会科学学者，“改造思想”，学习和运用马克思主义，青年学者接受的全部是马克思主义，整个学术研究，虽说也提倡过“百家争鸣”，但实际上是“姓资”“姓无”两家。这里且抛开极左的一些事不论，单说以马克思主义为指导思想的研究，主要是《老子》研究的一些情况。

以马克思主义思想为指导的学术研究，在中国也不是20世纪50年代凭空产生的，是20世纪初就已经开始的。至少从1917年以后就从当时苏联那里传来了可说是另一种西方的学说。从20年代起，这种学说也就参与了中国政治、学术的讨论，而在学术研究中发生越来越大的影响，30年代以后，更有大量的马克思主义的中国学术著作出版，如郭沫若先有《中国古代社会研究》，后有《青铜时代》《十批判书》等出版。另一些人如吕振羽、侯外庐等更有专门的思想史著作问世，吕振羽的《中国政治思想史》是1937年出版的，其中老子有专章，并且划分了他的阶级性，论述了“老聃的辩证观的唯心主义认识论”等等。侯外庐更于1934年出版过《中国古代社会与老子》。还有杜国庠、赵纪彬等人，他们都有中国古代思想史的著作，并且后来和侯外庐一起编著了一部有很大影响的《中国思想通史》，该书论老子颇有特色。

大陆地区50年代的学术研究就是在这样的基础上发展起来的。开始，人们一方面参加社会政治性的运动，另一方面努力学习马克思主义。有些学术研究，包括老子研究，自然是花的时间要少一些，但在学习马克思主义的基础上，不久也恢复了一些学术研究，包括对老子的研究，是另一种新的研究。

大约从50年代中开始，展开了老子思想唯心唯物的讨论，例如1954年七、八月《光明日报》发表任继愈的《老子哲学》（上、下），1955年3月9日，《光明日报》发表介人的《〈老子〉思想的唯物论本质》，同年《哲学研究》发表杨超的《老子哲学的唯物主义本质》和胡瑞昌、胡瑞祥的《老子的哲学是唯心论》等等。以后各地报刊相继展开讨论，或继续论其唯物主义思想，如张岱年在《学习》上发表《〈老子〉中的唯心主义思想》（1956年第11期），或继续分析其唯心论本质，如车载在《学术月刊》上发表《论老子书的道与物》（1957年第7期）等等。发展到1959年，这种讨论形成一个高潮，在纪念“五四”40周年而举行的中国哲学史讨论会上，对老子哲学问题展开了讨论，争论焦点集中在两个问题上：一个是老问题，《老子》书是什么时代的产品，它与老子这个人有什么关系？另一个问题就是，老子哲学基本上是唯心主义的，还是唯物主义的？这后一个问题，各地报刊连续发表了许多争论文章，一直延续到60年代初。这也是老学研究中的一件大事。

1959年底，大陆中华书局出版了一本《老子哲学讨论集》，可以作为当时讨论老子哲学的一个代表，大体能反映当时讨论的主要观点以及讨论的有关情况，论文集分唯物、唯心主张两组编辑，前一组收集了任继愈、冯友兰、汤一介、詹剑峰、胡曲园的九篇文章，后一组收集了关锋、林聿时、车载、杨荣国、周建人的七篇文章。从人员年龄看，可作为老、中、青的代表，冯先生时已过耳顺之年，是老的代表，詹先生（1902年生）、胡先生（1905年生）等也年近花甲了，任先生（1916年生）当时刚过不惑之年，可作为中年代表，关先生（1919年生）的年龄也差不多，汤先生（1927年生）当时刚过而立之年，当然算青年代表。这老、中、青三代人，可以说都是在学习马克思主义之后，重新对老子的哲学思想进行探讨。当然各人学习的程度、理解等是不一样的，任继愈先生当时的文章曾说："冯先生的结论虽与我相同，但采用的方法我不完全同意。"① 这是否与马列主义的观点、方法有关？我们不敢妄言，任先生健在，还可以去请教。这里只想说一下当时学习和运用马列主义的问题。冯先生看来也是接受马列主义之后讨论老子哲学问题的。我们注意到，他虽然没有像任先生那样明确征引马恩列的原文，但在《先秦道家哲学主要名词通释》一文最后引用了苏联柯普宁《论辩证法、逻辑与认识论的统一》中两大段话。这使我联想起，我们50年代初学习马列主义，除了阅读马恩列斯原文之外，苏联的许多理论、哲学、历史著作也是学习的范本，人们写文章时引苏联专家的观点、结论，几乎也和引马列主义原文一样。这是当时客观存在的事实，我们暂且不加分析。

用马列主义观点方法研究老子应该说也是一种探索，如何总结这一探索，也是20世纪老学研究的一个课题，这对于老学的发展是有意义的，在当时的意义还不只于老学，这一点也值得指出，关锋、林聿时在长篇论文

① 任继愈：《论老子哲学的唯物主义本质——兼答关锋、林聿时同志》，《哲学研究》1959年第7期，第23页。

《论老子哲学体系的唯心主义本质》的最后说：

> 另外，我们认为，讨论老子哲学，固然直接目的在于解剖这个体系……但是，似乎还应该有另外两个目的：（一）通过讨论老子，在哲学史方法论上有所收获，使我们能够进一步用马克思主义哲学武器去解剖历史上的哲学体系；（二）从解剖老子哲学体系中探讨理论思维的经验教训，例如他的辩证法是怎样把对立的统一弄成绝对的，其结果又如何。

这基本符合实际，也无可厚非，以后的发展变化，那是另一码事。

50年代大陆出版的几本研究老子的书，与上述讨论是有关系的，如苏联杨兴顺的《中国古代哲学家老子及其哲学》、车载的《论老子》。校诂方面，重版了高亨、马叙伦的著作，朱谦之的《老子校释》和任继愈的《老子今释》也是这时出版的。

50年代开始，台湾地区（香港大体相同）的老学研究与大陆有所不同，从出版的著作和发表的论文看，除了短暂的沉寂之外（当与时局变动有关），较快地就恢复了二三十年代以来的那种学术研究，而且再没有什么间隔，研究的著作相对多一些，不太受“指导思想”的影响。台湾老子研究的发展，是否可以认为是二三十年代研究的继续？而其变化是哪些？这是我们研究的又一个重要题目。但发生在六七十年代的老学研究大事是一定要提的：如台湾严灵峰先生之编印《无求备斋老子集成》（1956年版）和续编（1970年版），以及严先生关于老学的研究，如出版《老子达解》等著作和论文。又如香港饶宗颐先生出版《老子想尔注校笺》《索统写本道德经残卷考证》等，都当重点记述。

第四节　20世纪最后二三十年的新事、大事

主要是八九十年代，有些问题牵涉到70年代甚至60年代。许多新事、大事实际是今人今事。一方面非大书特书不可，这一时期随着传统文化热、道家文化热出现了老子研究热，学术活动多，参加的人多，研究成果多；另一方面毋庸讳言，这个难度特大。当今研究老子的学者，除少数几

位世纪初的老人之外，大多是 30 年代以后出生的一批学者，已六七十岁了，担负着承前启后的任务，功底较深，起着中坚作用，而中青年学者成长特快是一个显著的现象。人们有了许多可观的成果，但又还在继续进行着研究，其发展变化还难以预料。

该从何谈起？这颇费思索。不妨从一些现象和活动并结合某些代表性研究成果来述其要。

随着大陆的改革开放，海峡两岸虽未“三通”，但学术研究的交流日益发展，时至今日基本没有大的阻隔了。这一时期的老学研究，大陆、香港、台湾三地趋向一体化，交流乃至合作都越来越多。这是与五六十年代显然不同的，是一个极为重要的背景。在这种背景下，首先值得一提的是台湾学者陈鼓应先生的老子研究及其关于老学研究的学术活动。

陈鼓应先生 1970 年在台湾出版《老子今注今译》，曾发行过十余版。1973 年以后开始修订，又吸收长沙马王堆汉墓出土的帛书《老子》，增订重排，1984 年由中华书局出版，书名《老子注译及评介》，多次印刷，流传甚广，影响很大。而他参加和组织的一些学术活动与老学研究的发展关系颇大。1984 年陈先生来到阔别了 35 年的大陆，他看到“全国各地学术文化讲座与研讨会如雨后春笋，气氛之活跃，为三十多年来所未有”（与刘笑敢谈话），积极参与了许多活动。他一方面著书立说，如和张松如等先生合著《老庄论集》（1987 年版），出版《老庄新论》（1991 年版），倡导“道家在中国哲学史上的主干地位”等等。另一方面除参加有关学术讨论会之外，在许多地方均可见其身影。他 1985 或 1986 年来武汉，我们第一次见面就有此印象：他在四处奔走联络！1990 年 8 月他再次来到武汉，到了武汉大学会见肖萐父先生等，也再次来到敝校，亲临寒舍。使我惊喜、叹佩的是，他从四川下来背来了他的老子、庄子译注及尼采哲学、耶稣新画像等著作赠赐予我，明确要求我参加道家文化研究。老实说，“士为知己者死”，我从那时起下决心，今后主要集中精力搞道家文化研究。我这具体例子，或许可证明陈鼓应先生在道家文化研究中的号召和组织作用。海内外的道家文化研究者，他广为联络。以后的事是有目共睹的，他主编《道家文化研究》已出版近 20 辑，成立国际道联，1996 年（北京）、1999 年（广州）两次在大陆举行大型的道家和道教文化国际学术讨论会。前此还有 1993 年在成都举行的三地学者参加的一次大型讨论会，在这些会议上人们称陈鼓应先生是会议的灵魂。所有这些，虽不限于老子研究，但大大推动着老子的研究，《道家文化研究》上几乎没有哪一期没有老子或老学的文章。

其次，应该强调指出，80 年代以后老学的发展，是在回顾与总结以往老子和老学研究的基础上开展起来的。回顾过往的经历，查阅旧时的报刊，可以发现一些明显的标志。

1980 年第 5 期《哲学研究》上发表张智彦《关于〈老子〉问题的讨论》一文，张先生谦虚，作为“资料”发表，实际上是进行回顾与总结，写到 70 年代，目的是“进一步的加强和深入”“老子的研究”。这反映和代表着当时人们掀起“老子热”的一种状况，张智彦先生也正是这样开始她的老子研究的，直到 1994 年写成 1996 年出版《老子与中国文化》专著，而且翻开书映入人们眼中的即为“对老子其人其书研究的反思”，从反思开始研究。这是一部从文化学角度研究老子的书，有其特点和贡献。这里暂不详说，应该专门论述。

人们的反思，我们还可以举另一个重要例子，那就是曾亲自参加过 50 年代老子唯物、唯心讨论的任继愈先生，他是当时的主将之一，70 年代末开始又在反思方面作出了表率：1979 年在《哲学研究》（第 9 期）上发表《学习中国哲学史三十年》；1980 年在《中国哲学史研究》（第 3 期）上发表《克服两个缺点》，谈哲学研究的方法问题；在 1981 年第 1 期的《中国哲学史研究》中，任先生具体谈老子研究的方法问题，对老子哲学是唯心或唯物的讨论重新认识，坦承自己既曾主张唯物，又曾主张唯心，走过一些弯路，最后写道：

> 成功的经验固然是知识的财富；亲自走过的弯路，只要认真总结，往往可以更有利于指导人们迅猛前进。

任先生此时已经 65 岁，此后我们经常看到他参加各种有关老子和道家的学术讨论会，与大家一起继续深入讨论老子。在 1998 年出版的《道家文化研究》（第 14 辑）上，我们又可看到任先生的文章《中国哲学史的里程碑》，论老子的“无”，任先生的老子研究进入了更新的境界。

可以说，大多数认真的老子研究，都是在回顾、总结、反思的基础上展开的，翻开各种专著，都可以看到这一点。另外从80年代中期开始，湖南、陕西、北京、河南、安徽等地，多次举行过不同规模的老子学术研讨会。在一些会上，许多老年学者如朱伯崑、钟肇鹏等先生还一再呼吁：深入老子研究，还应该同时展开老学发展的研究。我们正是在这样的情况下，编写了一部简略的《中国老学史》，部分地、暂时地满足了学界的需要。这也是有待深入发展的事，这部《二十世纪中国老学》也是如此。

20世纪的老学，气象更新，林林总总，完全应该用多元化来概括形容。老学研究的领域不断扩展，涉及众多的学科，除了20世纪以来传统的哲学、政治、教育、伦理等方面的研究之外，原来不很突出的文学、美学、史学、宗教的研究也加强了；一些比较新的领域也发展起来，如文化学、管理学，乃至医学、环保、建筑学等等，各方面都有突出的代表，有一定的代表性成果。

哲学方面的研究仍占主要地位。关于道的性质、辩证法、认识论、思维方式、逻辑等等，哲学界的老、中、青学者都有新的论著发表，如张岱年、任继愈、胡曲园、冯契、张松如、庞朴、汤一介、牟钟鉴、蒙培元、周立昇、尹振环、刘笑敢、白奚、王博等许多学者，都有数量不等的论文。哲学方面的论文数量也是老子研究文章中最多的。

道教研究的学者也是老、中、青都有，如王明、李养正、卿希泰、胡孚琛、王卡、李刚、卢国龙等，还有许多学者。他们研究老子与老学，侧重道教与老子的视角，有其独特之处。还有道教界的学者也有自己的研究成果，中国道教协会副会长任法融道长著《道德经释义》，更是以道教自己的观点和方法阐释《道德经》，认为道有十大特征。这是比较突出的事例。

探讨老子政治思想的著作仍有不少，而且仍然有一些不同的理解，例如胡曲园、黄钊、尹振环、姜广辉等先生的论文就各不相同。贺荣一的《老子之朴治主义》一书，是新的比较完整的阐述老子政治学说的著作。

从史学、文学、美学角度研究的论文不少，专著也有。一些美学著作，如叶朗、敏泽等先生的美学史，都有老子美学的专章专节，蒋孔阳、李泽厚先生对老子美学的内涵及特点都有自己的观点。不仅史学工作者，哲学界的学者也有从史的角度来研究老子的，这方面杨向奎、金德建、胡曲园、孙以楷、罗尚贤等先生都有有关论述，青年学者王博的《老子思维的史官特色》是颇有研究特色的。

比较学、文化学方面的研究是比较新颖的，这方面还有相当分量的著作值得注意，例如张智彦的《老子与中国文化》、萧兵和叶舒宪合著的《老子的文化解读》都各有特色，前者有更多的理性思考。此外还有一些有关的论文。

台港学者南怀瑾、杜保瑞等先生对老子的新认识，以及大陆学者的新解释，都有不少新意，比如南怀瑾的《老子他说》、徐梵澄的《老子臆解》、卢育三的《老子释义》、张松如的《老子说解》、罗尚贤的《老子通解》，以及关锋（署名古棣）的《老子通》新作等等，是综合性的研究，也是义理研究的新发展。

新时期新气象中还有一个不可忽视的现象，就是从气功养生学方面对老子的研究，在理论和实践上都有很大的发展，培真的《道德经探玄》就是着重从养生的角度，对《老子》进行系统而通俗的破译，既阐述了修道养生的系统方法，又触及了宇宙及生命的本质内涵，可算是一本有独立见解的老学著作。福建的黄友敬花多年时间，写出 30 多万字的《老子传真》对《道德经》进行校注、今译、解说，可算新气象中的一种代表。

这一时期最大的新事，当是对长沙马王堆出土帛书《老子》的研究和荆门郭店竹简《老子》的出土和研究。新的资料一经出土、公布，立即引起学术界的关注。帛书《老子》方面有许抗生的《帛书老子注译与研究》、高明的《帛书老子校注》、尹振环的《帛书老子释析》等著作以及一些研究论文，对《老子》文本及其思想的研究有重要意义。而竹简《老子》出土，学术界作出更迅速、更大的反映，资料发表的一年以内，就有郭店《老子》国际研讨会召开，并且在一些有关会议上展开讨论，许多刊物发表初读、初谈文章，并有专著出版。文物出版社 1998 年 5 月出版《郭店楚墓竹简》，同年 9 月台湾就出版了丁原植的《郭店竹简老子释析与研究》（387 页），大陆方面也有崔仁义的《荆门郭店楚简〈老子〉研究》（科学出版社）出版。紧接着刘信芳的《荆门竹简〈老子〉解诂》（1999 年 1 月）也出版了。据了解还有一些未刊稿即将推出。新资料的整理和研究，进一步吸取了更多考古学、文献学、语言文字学等各界学者参加，此事反映之速度和规模是空前的，并且方兴未艾。人们纷纷议论，要改写中国哲学史。对比 20 世纪初新资料发现的研究，真是不可同日而语。

研究领域的拓宽表现在多方面：与气功流行有关，人们探索老子与医学的关系；为了研究传统文化与现实的关系，有的从管理、谋略等方面研究老子与现代领导艺术、老子与商战以及老子的谋略思想等等；有的从心理学、处世哲学等方面进行研究；不仅有一般的自然科学的研究，而且具体到建筑、环保等方面。在1998年广州罗浮山的一次国际道家文化讨论会上，德国瓦格纳（Rudolph G. Wagner）教授在闭幕式上说，大量使用一次性餐具是不符合道家（老子）思想的。这反映出一些研究老子的学者处处事事都联系到老子的思想，现实感很强，不是闭门造车的。

第五节　后论

以上分几个阶段对20世纪老学的发展作了一个大概的描述，为了眉目清楚，省掉了许多相关的分析和评论，只好在文章的最后作点必要的论述和说明。

第一，时代和老学。

老学的发展，与时代的发展关系十分密切，前面各部分虽都涉及了，但明确的论述不够。例如我们指出启蒙思想家严复为寻求救国之道，直接从《老子》中找西方概念中的民主政治，这可说是传统义理之学的新发展。启蒙救国是当时的大课题、根本课题，凡是真正的知识分子，无不关注时局并谋求对策，其学术研究脱离不了大前提。但表现形式是多种多样的，以研究老学为例，除了严复的评点《老子》之外，另一值得一提的是刘师培，他比严复小30岁，也许因为年轻，很快就接受了当时的资产阶级民主革命思想，并投身革命。他的《老子》研究就很有特色：一方面他几乎完全用传统的方法撰《老子斠补》（还校订《庄子》《墨子》《管子》等子书），作《老子韵表》；另一方面他据卢梭《民约论》撰写《中国民约精义》（1904年版），和严复一样，反对《老子》有愚民倾向的观点，将《老子》思想与《民约论》的思想比照，认为：

> 《老子》谓“天下多忌讳，则民弥贫”，以为专制君主之戒。然则世之以愚民罪老子者，何足以知《老子》之学哉？

刘师培的《老子》研究，由于学问功底深厚，才思过人，成果卓尔不凡。但他决不为研究而研究，时代对他的影响十分明显。

这里我们应该指出，时代的影响或者烙印，主要有政治的和学术的两方面，对于学者来说，接受时代的影响，有的是主动、自觉的，有的是被动受潮流的影响。各个时期都有一些实例，上述50年代的情况最为明显。

还有，时代和学术也是相互影响的，有的很直接，作用、影响大，有的一时显现不出来，在以后的历史阶段才能见到。

时代与老学是一个有意义而且十分有趣的课题。除了以上所述和文中所涉及的一些内容之外，这里还可举例谈谈。例如80年代前后开始兴起了文化热，文化热如何兴起，其中《老子》的研究又如何成为热点之一，就很值得研究。大环境这里不说，我们如果也从一个个人、一件件事具体考察起，是很耐人寻味的。例如著名诗人、学者张松如（公木）先生，1981年出版《老子校读》，1987年修订成《老子说解》出版。这是影响很大的一部老学著作，张先生在该书自序和后记中的说明，既有时代背景也有某些特殊条件和个人因缘。张先生说"校读《老子》，对我来说，实在是事出偶然"，绝非虚言。他在"对于不说假话便不能交卷的批儒评法诸课题又十分腻烦"，"似乎有点消磨时光的意味"中，没有"目的"，没有"计划"，"翻阅""当作一种稀罕"的帛书《老子》，然后把精力倾注到校读《老子》上，潜心研读两三年，最后写成《老子校读》。

我还想说另一位先生的事例，那就是贵州省委党校的尹振环先生，这位也已年过花甲的先生开始研究《老子》时还是中年。其开始恐怕也有点"偶然"，"'文革'前偶然读过一本《老子》，但随之也就忘记了"。"'文革'中，'《老子》是一部兵书'的'最高指示'传语"，以及"崇法批儒"等等，使他"想读《老子》"。他1976年买到《马王堆汉墓帛书老子》开始细读、研究，1979年试作《老子原书当为百章》，广为征求意见，曾得到任继愈、张松如、胡曲园、高亨等先生的鼓励。以后在胡家聪、张家骏等先生的指导和支持下，他又参加过一些包括研讨《老子》的学术讨论会，先后发表研究帛书《老子》的论文六七十篇，而且经过18年的钻研，六易其稿，写成《帛书老子释析》（1995年排版，1998年印刷）。与此同时他还有《老子术》等著作即将出版。且不说其研究成果多有见地，从其研究经历看，他应该算是当今时代老学研究队伍中的一员了，甚至应该说是一员干将。

好了，例子无法一一列举。总而言之，20 世纪之末，形成了一支老、中、青结合的相当大而且相对稳定的老学研究队伍，这真是史无前例的，老学研究已进入一个崭新的历史阶段。

第二，主流与支流。

老学研究和其他学术研究一样，每一个时期有每一个时期的主流。20 世纪初，接受西方学术思想开展《老子》研究，从发展方向看是主流，虽然开始在数量上不及传统的研究多，但是后来越来越多，传统的研究也随着时间的向前逐渐有所改变。三四十年代用马列主义观点和方法的研究不能说是主流，但 50 年代在大陆成了主流。其时非主流的研究极少，除了重印过几本校诂书外，新出的除任继愈的《老子今译》（1956 年版）因为通俗，方便初学，有一定影响之外，其他如朱谦之的《老子校释》（1958 年版）在当时影响是不大的。但是非主流的东西往往因为其学术价值，会在以后的历史时期中发挥作用，现在中华书局的《诸子集成新编》收录朱谦之《老子校释》就是一个很好的例子。相反，曾经是主流的某些东西会被历史淘汰。这些情况也是复杂多样的：严复的《老子道德经评点》和刘师培的《老子斠补》《老子韵表》在学术研究上的参考价值就不同；胡适、冯友兰的著作和谢无量、钟泰等人的著作相比，无论在当时或在历史上的影响都要大些；50 年代大陆大讨论的东西，有些肯定会被淘汰，也有的会有一定参考、借鉴价值。

第三，继承和发展。

《老子》研究中的继承性是永恒的，即便是新注、新译、新论也免不了要参考、借鉴原有的校注和解释。而发展的过程，往往反反复复，后面校正前面的，过若干年后又会认为前面的仍然正确，唐宋以来的注家是如此，近年帛书、竹简的出土，人们又重新讨论许多是非。义理上的发展更不消说，你有你的“本义”，我有我的“求真”，原儒原道各不相同，因而老学著作甚多，能保留、有影响的还是有数的。有些成果，一时未能公布、流传，过若干年后才得刊出，这也有不同情况：有的价值颇高，对后人还有参考价值；有的或只能反映某一时期发展的一种状况，与其他当时已流行的成果相同而无多少新意，自然被历史淘汰。

第四，《老子》和其他。

老学是客观存在的，专门研究《老子》，或因为某种需要而研究《老子》，研究的成果就形成老学。从 20 世纪的情况看，单一专门研究《老子》的人可说没有（古代也不多），但也不排斥有的学者某一段时间集中研究过《老子》，朱谦之作《老子校释》、关锋（古棣）写《老子通》或可作为这方面的例子。研究《老子》的人多半同时研究诸子，甚至也有研究经学的人同时研究《老子》的。尤其应该说的是，着重研究《老子》的学者，往往同时也研究《庄子》，他们的成果更值得注意，如本章已指出的，从严复、刘师培开始都是如此，后来明确老庄合起来研究的著作也很多。我们既要把他们的《老子》研究单独提出来，同时也要注意他们的比较研究。这也是我们编写老学史时应该注意的。

最后一点说明是，我们知道，20 世纪海外的老学研究是很发达的，世界各国《老子》的译本数以百计，严灵峰《老子集成续编》所收日本著作及目录即有 260 多种，英文著作 30 多种，韩国、越南著作数种，有关研究论文当然更多，在这方面我们暂时是孤陋寡闻的。我们有一个想法是，设法另作一专门研究，评述海外老学，包括研究老学的中外交流和相互影响。

中国庄学史（节选）

第一章　庄子其人其书及其思想

作为庄学史，本章非写不可，但又很难写得令人满意。众所周知，道家思想和学说在传统文化中有着极其重要的地位，而庄学和老学一样是道家学术的基本内容之一，两千多年庄学的发展，形成了内容丰富的庄学史。而庄子其人其书及其思想，是庄学史的源头和起点，所以非写不可。而无论是人、书或是思想都极为复杂，想要理出一个简明的头绪来颇不容易。

第一节　庄子生平简述

关于这位伟大的思想家生平事迹的原始记载不多，而疑点不少。自古以来有不少考辨，近现代以来尤多，崔大华《庄学研究——中国哲学一个观念渊源的历史考察》[①]（以下简称《庄学研究》）中的庄周考论最为详尽，本节在其基础上再作一个简述。

一、庄子的生活时代

庄子的生卒年，近代以来学者多有考证，20世纪60年代任继愈先生在《庄子探源——从唯物主义的庄周到唯心主义的"后期庄学"》[②] 一文中曾归纳为五种说法：①公元前369—前286年（马叙伦）；②公元前355—前275年（吕振羽）；③公元前328—前286年（范文澜）；④公元前365—前290年（杨荣国）；⑤公元前375—前295年（闻一多）。实际当然不止这些，突出的如梁启超《先秦学术年表》判定在公元前375—前300年；

---

① 崔大华：《庄学研究——中国哲学一个观念渊源的历史考察》，人民出版社1992年版，第1～42页。

② 任继愈：《庄子探源——从唯物主义的庄周到唯心主义的"后期庄学"》，《哲学研究》1961年第3期，第56～69页。

钱穆的《先秦诸子系年通表》判定为公元前365—前290年。20世纪90年代崔大华先生又作了进一步的考论，具体分析了几种说法的不同证据，认为“以《庄子》为线索所作的判定，更为充实可信”。同时他还说：“但这也只是确定一个大体年代范围，更具体的庄子的生卒年月则是无法考定的了。这也许使我们感到遗憾，但毕竟更科学……”① 这个说法应该是正确的。

因此，庄子主要的生活年代为战国中期，即公元前3世纪。

春秋战国时期是我国历史上最明显的一个社会转型时期，史学界曾有奴隶制向封建制转变，封建领主制向封建地主制转变，早期奴隶制向发达奴隶制转变等说法，都因为其转型的诸特征十分明显。到了战国中期，这种转型可说是接近完成。这一时期，一方面是兼并战争继续进行，另一方面是经济、政治的发展和转变日益成熟。

长期的战乱，使人民渴望停止战争，统一实际已成为人民的共同愿望，这在一些思想家的言论中有所反映，例如公元前314年齐人伐燕，“五旬而举之”，孟子曾经说：

> ……以万乘之国伐万乘之国，箪食壶浆以迎王师，岂有他哉？避水火也。如水益深，如火益热，亦运而已矣。
>
> ……今燕虐其民，王往而征之，民以为将拯己于水火之中也，箪食壶浆以迎王师。②

谁如果能拯救人民于水火之中，人民就欢迎谁，表明人民之希望是尽快结束战乱。

至于经济的发展，在以农业为主的经济方面，一般是很难看到显著变化的，但从与农业有密切关系的水利事业来看，战国中后期还是有比较突出的成绩的，例如鸿沟的开凿，都江堰、郑国渠的修建等，后二者都在秦国。而政治转变的日益成熟，在战国中期表现得更明显的是秦国。例如公元前384年“初行为市”，公元前375年“为户籍相伍”，公元前356年用

① 崔大华：《庄学研究——中国哲学一个观念渊源的历史考察》，人民出版社1992年版，第6页。

② 《孟子·梁惠王》，诸子集成本，中华书局1954年版。

卫鞅为左庶长，下变法令，公元前 350 年“开阡陌封疆”，公元前 349 年“初为县，有秩史”，公元前 348 年“初为赋”，公元前 336 年“初行钱”……后来荀卿入秦言其所见曰：

> ……入境，观其风俗，其百姓朴，其声乐不流污，其服不挑，甚畏有司而顺，古之民也。及都邑官府，其百吏肃然，莫不恭俭敦敬，忠信而不楛，古之吏也。入其国，观其士大夫，出于其门，入于公门，出于公门，归于其家，无有私事也。不比周，不朋党，倜然莫不明通而公也，古之士大夫也。观其朝廷，其间听决百事不留，恬然如无治者，古之朝也。故四世有胜，非幸也，数也。是所见也。故曰：佚而治，约而详，不烦而功，治之至也。秦类之矣。①

这里我们看到了秦统一的主观条件，同时也可以看到，秦国适应社会转型成功地实行了社会、政治的体制改革。

面对当时的社会现实，士人，即知识分子有各种不同的认识和行动。当时知识分子的行动，大体上可以分为两大类：一类是四处活动，希望得到统治者的任用，并且帮助统治者出谋划策。有的为国君所用，有的投靠权贵，朝秦暮楚者大有人在，情况多样复杂。另一类就是洁身自好，“终身不仕”。这也有不同的具体情况，庄子是一位突出的代表，他不应楚王之聘，而“欲为孤犊”②，“宁其生而曳尾于途中”③，以求逍遥自在，无拘无束。但是，庄子绝非一般士人，他非常关注“人间世”，也对“应帝王”有自己的看法，他在逍遥中对天地、人生、自由等进行了深刻的思考，既主张至乐，也注意养生，畅达生命以养神为主，自我修养以德充为验证。“逍遥”、“齐物”是其主要理论贡献，影响后世大而且深。庄子思想是时代的产物。

二、姓名和身世

《史记》记人物分本纪、世家、列传，列传七十，分量很大，不完全

---

① 《荀子·强国篇》，诸子集成本，中华书局 1954 年版。

② 《庄子·列御寇》。

③ 《庄子·秋水》。

是按时间顺序排列的，第三篇就是《老子韩非列传》，为老子、庄子等人的传，可见司马迁对老子、庄子等人的重视程度。他为庄子写的传是：

庄子者，蒙人也，名周。周尝为蒙漆园吏，与梁惠王、齐宣王同时。其学无所不窥，然其要本归于老子之言。故其著书十余万言，大抵率寓言也。作《渔父》《盗跖》《胠箧》，以诋訿孔子之徒，以明老子之术。《畏累虚》《亢桑子》之属，皆空语无事实。然善属书离辞，指事类情，用剽剥儒墨，虽当世宿学不能自解免也。其言洸洋自恣以适己，故自王公大人不能器之。

楚威王闻庄周贤，使使厚币迎之，许以为相。庄周笑谓楚使者曰："千金，重利；卿相，尊位也。子独不见郊祭之牺牛乎？养食之数岁，衣以文绣，以入太庙。当是之时，虽欲为孤豚，岂可得乎？子亟去，无污我。我宁游戏污渎之中自快，无为有国者所羁，终身不仕，以快吾志焉。"

这个传记实在太简略了，仅仅告诉我们一个名字和籍贯，生平事迹只有著书和不仕两条。除开"蒙人"之外，其他在《庄子》中可以得到明确的证实，应该说是可靠的。庄子名周，这在《庄子》中有明确的记载，例如：

庄周游乎雕陵之樊……①

庄周家贫，故往贷粟于监河侯。②

……古之道术有在于是者，庄周闻其风而悦之。③

唐陆德明说："太史公云：字子休。"④ 不知有无根据。

① 《庄子·三木》。
② 《庄子·外物》。
③ 《庄子·天下》。
④ 陆德明：《经典释文·庄子序录》，上海古籍出版社 1985 年版，第 65 页。

其次，庄子是蒙人，并且在蒙这个地方做过漆园吏。这不会有问题，但蒙为何地是有争论的问题。下面我们再说。

再次，主要事迹是“著书十余万言”。

最后，“终身不仕，以快吾志”。说他看破红尘，远离仕途，是通过楚威王“使使厚币迎之”的事例来记述的。此事在《庄子·列御寇》中有大体相同的记载，而《秋水》篇所记庄子之言又有不同，不举“牺牛”而言“神龟”。司马迁是综合《庄子》的内容而述呢，还是别有所据，不得而知，但我们不可以轻易否定。司马迁是一个严肃的学者，虽有文学家的才能，绝不会不审查“寓言”，因为他知道《庄子》“大抵率寓言也”。而且庄子“终身不仕”也是事实，其所言与他的基本思想一致。对楚王是否会派人去找他，也不必怀疑。

除开《史记》之外，那就是《庄子》中关于其生平事迹的记述，这方面内容崔大华的《庄学研究》也有很好的综述，用“清贫”、“清高”、“交友”、“诲徒”四个子目进行了较深刻的论述。这里就不一一重复了，我们只想说一点，庄子的不仕与一般所谓出世思想是不同的，他与政治上的人物是有交往的。对此，《庄子》中就有不少记载。如他与惠施交往较多，惠施相梁时“庄子往见之”，与“为宋王使秦”的曹商也有接触，还有“商大宰荡问仁于庄子”，等等。因此，《列御寇》中所说的“楚王使大夫二人往先焉”，以及《史记》中的“楚威王闻庄周贤，使使厚币迎之”，不是不可能的，说明他没有脱离政治。另外，他著书“指事类情，用剽剥儒墨”，以及他收门徒教授弟子，也不是出世的行为。这些对于分析庄子的思想，不能不成为我们考虑的一个方面，这关系到对庄子社会政治思想的准确评价。

笔者曾以出世和入世来比较先秦老庄道家和秦汉新道家[①]，看来有欠精审。老子和庄子特别是庄子有一定的消极因素，或者说至少有一定的被人理解或利用的消极因素，消极、避世者喜欢阅读、研讨老庄之书。但如果十分肯定地说老庄是出世的，就有欠妥当了。这里，看看南朝的一个说法是有意思的，刘宋司徒袁粲反驳顾欢的议论说：

---

① 拙作《秦汉新道家略论稿》虽只是作为问题提出，但也是人云亦云缺乏精审的。

> 孔老治世为本，释氏出世为宗。①

出世思想主要是佛教带来的思想，或是后世庄学中吸取佛教思想，在这方面表现得较为突出？这是值得进一步研究的问题。

三、故里及其与楚的关系

司马迁写《老子韩非列传》，对老子、申子、韩非都有国籍的记载，唯独庄子只说是“蒙人”，不知属何国，这就引起了后人的各种说法。汉人刘向（《别录》）、班固（《汉书·艺文志》）都认为庄子是“宋人”或“宋之蒙人”。因为先秦齐、鲁也有蒙，六朝又有“庄周者，齐人也”② 的说法。唐人陆德明有庄子是“梁国蒙县人”③ 的说法，《隋书·经籍志》也同。到了宋代，较多的学者持庄周楚人之说，首先是乐史的《太平寰宇记》说：

> 六国时，楚有蒙县，俗为小蒙城，即庄周之故里也。

这样，“庄子自是楚人”④ 的说法就越来越多了。

古代先后以“蒙”为地名的地方不少，关键是庄子的“蒙”在何处。主要的有两说，一说在今河南商丘附近或者具体到“河南民权县城东 30 公里清莲村”⑤。唐宋地理书，如《元和郡县图志》《太平寰宇记》的记载都说是在今商丘附近（具体地点有所不同）。另一说即今安徽蒙城。但今安徽的蒙城是唐代定名的，《新唐书·地理志》亳州下属蒙城，“上本山桑，天宝元年更名”。苏轼的《庄子祠堂记》写道：

> 庄子，蒙人也，尝为蒙漆园吏。没千余岁而蒙未有祀之者，县令秘书丞王兢始作祠堂，求文以为记。⑥

---

① 萧子显：《南齐书》卷五十四，《顾欢传》，中华书局 1972 年版，第 933 页。

② 释智匠：《古今乐录》。

③ 陆德明：《经典释文·庄子序录》，上海古籍出版社 1985 年版，第 65 页。

④ 黎靖德编：《朱子语类》卷一百二十五，中华书局 1986 年版，第 2989 页。

⑤ 彭卿云主编：《中国历代名人胜迹大辞典》，上海辞书出版社、香港三联书店 1995 年版。

⑥ 苏轼：《苏东坡集》卷三十二，《庄子祠堂记》。

王安石也写有《蒙城清燕堂》[1] 一诗，表明宋代学人认同了唐天宝元年（742 年）之改县名。

《旧唐书·玄宗本纪》记载：

> （九月）丙寅，改天下县名不稳及重名一百一十处。

这是一个重大举动，对于“不稳及重名”必有一定的考证。加上庄子故里蒙城非同一般，因为就在这一年二月，对庄子实行加封，此事《旧唐书·玄宗本纪》有记载，《唐会要》卷五十《杂记》的记载更详一些：

> 天宝元年二月二十二日敕文：“追赠庄子南华真人，所著书为《南华真经》。文子、列子、庚桑子宜令中书门下更讨论奏闻。”至其年三月十九日，宰臣李林甫等奏曰：“庄子既号南华真人，文子请号通元真人，列子号冲虚真人，庚桑子号洞灵真人。其庄子、文子、列子、庚桑子并望随号称。”从之。

首先是追赠庄子，之后才考虑文子等的尊号。其对庄子的重视程度仅次于老子。此后改蒙城之名，如果庄子故里在宋城（商丘），那是会有不小异议的。这问题深究下去，定可有更充分的论证。

当然也还有疑问之处，李吉甫的《元和郡县图志》晚于天宝年间，他记庄周故里“小蒙故城”于宋城县下该如何解释？这里我想引今人贺次君点校《元和郡县图志》时的一段说明：

> 李吉甫裒集汉、魏、六朝各家地记，又采《水经注》及《括地志》，以叙述山川城邑，很多是正确的，但不免因循旧说，失于考核之处，如以大荔戎城在同州冯翊，古扈国在华州鄠县，以泾州灵台为《诗经》密国地，说黄帝陵在宁州真宁等。[2]

---

① 王安石：《蒙城清燕堂》，《临川先生文集》卷二十五。

② 贺次君：《前言》，李吉甫：《元和郡县图志》，中华书局 1983 年版，第 3 页。

“小蒙故城”可能是“因循旧说”，也可能是“失于考核”，点校中提出的问题是很有意义的，对于庄子故里蒙城校勘未及，这是我们不应苛求的。

还有宋人罗泌《路史》的记载是值得一提的。在其《国名记》卷丁《商氏后》中记有：

> 《纪年》：盘庚自奄迁于北冢，曰殷墟。北冢，蒙字尔，即景亳。汤都，今亳之蒙城，汉之山桑，天宝二改，县北八十有南北二蒙城。或云河北，非也。

他根据的是《竹书纪年》的记载，但有所考证，对不同的说法有所判定，他所考证的是“今亳之蒙城，汉之山桑”。这当与天宝元年（742年，罗泌误为二年）改名的考证一样，还有别的什么根据①。

据上所述，庄子故里在今安徽蒙城似乎应更确切一些。当然还可进一步论证。

关于宋人、楚人问题，我们认为问题不大，汉代人之称宋人，是用的“古地”，无论今之河南商丘，或今之安徽蒙城，都是古宋国之地。《史记·货殖列传》说：

> 夫自鸿沟以东，芒、砀以北，属巨野，此梁、宋也。陶、睢阳亦一都会也。

这个大范围是古梁、宋之地，汉初有诸侯国梁国，故又有“梁国蒙县人”②。具体有关系的是宋州和亳州这两个紧紧相连的州郡。宋州、亳州所属县常有变动，如今蒙城就曾属沛郡（汉）、汝南郡（后汉）、谯郡（魏）、涡州（北魏）、西徐州（梁）、谯州（北魏）、谯州（唐初）、亳州（唐贞观），名亦数改有山桑、涡阳、淝水、蒙城等③。宋城也是如此：

---

① 李灿《庄周故里考证》、常征《从庄子隐钓濮水看庄周故里》等论文（载安徽蒙城《庄子学刊·特辑·漆园古今》1996年）对此有详细的论述，值得参考。

② 《隋书·经籍志》《经典释文·庄子序录》。

③ 李吉甫：《元和郡县图志》卷七，《河南道三》，中华书局1983年版，第180～187页。

> 宋城县，汉睢阳县，属宋国，后属梁国。后魏属梁郡。隋开皇三年罢梁郡，以县属亳州。十六年，于此置宋州，睢阳属焉。十八年改为宋城。①

宋城本身都曾“以县属亳州”。宋城既是宋州首县，州城所在地，也曾为春秋宋国之都城，又有睢阳之称。故唐初道士成玄英在《庄子序》中说：

> （庄子）其人姓庄，名周，字子休②，生宋国睢阳蒙县，师长桑公子，受号南华仙人。

“宋国睢阳蒙县”，这个层次表述比较清楚，当然，蒙县是否曾属睢阳，有待进一步考察。汉人的“宋之蒙人”和“楚蒙县”的提法一样，主要指原来的宋国，这是说得通的。

至于说楚人，我们认为有两点是主要的。

其一，有人认为，庄子出生地蒙，应是《国语·楚语》中“宋有萧、蒙”之蒙。而萧、蒙是长期为楚国所控制的，甚至可以说“至战国时仍为楚邑”③。这里我们可以借用主张庄子当为宋人的推论：“宋亡后，魏、楚与齐争宋地，或蒙入于楚，楚置为蒙县，汉则属梁国欤？庄子之卒，盖在宋之将亡，则当为宋人也。”④ 只要不太拘泥，与庄周楚人说并不矛盾。从萧、蒙这个地区而言，或者可说是算为西楚的范围。退一步说，河南商丘都可以说是楚的范围，安徽蒙城人之称为楚蒙人，那就更无可疑了。

其二，《庄子》内容与楚地、楚人、楚文化有密切关系。这方面似乎没有异议，论述也颇多，可以归纳介绍以下内容：

第一，《庄子·秋水》有“庄子钓于濮水”的事实记载。春秋战国时代虽有两条濮水，一在北，由古济水和黄河的分流在今河南长垣县汇合而成，流至滑县又分为二，分别流经今山东东明县南、北而人古瓠子河与古巨野泽。南濮水则为淮河支流，流经今安徽蒙城境内，庄子垂钓于此，古

① 李吉甫：《元和郡县图志》卷七，《河南道三》，中华书局 1983 年版，第 180 页。
② “字子休”，陆德明《经典释文·庄子序录》亦同，并说是“太史公云”，不知何据。
③ 杨伯峻：《春秋左传注·宣公十二年》，中华书局 1981 年版，第 717 页。
④ 马叙伦：《庄子义证》附录一，《庄子宋人考》，商务印书馆 1930 年版，第 9 页。

今学者似无异辞。

第二，《庄子》记楚人、楚事甚多，这方面也多有论述。且征引两段综述来说明：

> 据学者统计，《庄子》书中记述列国的人与事有120多件，但记述楚国的人与事就有近50件，占其总数的百分之四十以上，反映出庄周对楚国历史文化的高度熟悉。楚国历史上的许多著名人物，如孙叔敖、叶公子高、司马子期、老莱子、接舆等等，都出现在《庄子》书中。①

> 《庄子》所记楚事49则，都是用以阐发道家学说的，区别只是或直接、或间接而已，直接的有36则……与老聃即老子有关的19则，与老莱子有关的1则，与庄周本人有关的4则，三者合计确实为道家的有3人共24则，占三分之二……楚地是道家的温床，《庄子》记楚事特多，正好表明庄周所继承和发展的是老子的道统。②

持宋人说的先生也指出，《庄子》中关于宋国的记述不少，有二十来处，就因为庄子生长在宋国的环境中，对宋国最为熟悉③。但与上列各数据相比，那就相差不少了。再说，后称为楚蒙之地，原本是宋地，庄子对该地情况之熟悉也是当然之事。

第三，据记载，庄子友人中交往最多、最重要的是惠施。惠施是宋人而且曾为梁（当在今河南开封）相，两人如何交往，特别是在何地交往，是不太好回答的问题。有的学者主张，直接交往最多的是在楚地，因为惠施与楚国的关系也较多，他曾经被逐往楚国，也曾出使过楚国，《战国策·楚策》有两条记载：

---

① 蔡靖泉：《楚人庄周说》，中国蒙城庄子学会编：《国际庄子学术研讨会论文集（二）》，安徽文艺出版社2000年版，第57页。

② 张正明：《庄周的乡贯和道统》，中国蒙城庄子学会编：《国际庄子学术研讨会论文集（二）》，安徽文艺出版社2000年版，第13～14页。

③ 崔大华：《庄学研究——中国哲学一个观念渊源的历史考察》，人民出版社1992年版，第6页。

张仪逐惠施于魏，惠子之楚，楚王受之。冯郝谓楚王曰：逐惠子者，张仪也，而王亲与约，是欺仪也。……宋王之贤惠子也，天下莫不闻也。……王不如举惠子而纳之于宋。……楚王……乃奉惠子而纳之宋。

五国伐秦，魏欲和，使惠施之楚。

时间、地点都不详，但惠施是在楚国居住过的，在楚国与庄子会见也是可能的，《庄子》记二人的事迹不少，有明确地点的只有两处，都在《秋水》篇。一是“惠子相梁，庄子往见之”，这地点当在今河南开封；二是“庄子与惠子游于濠梁之上”，成玄英疏云：

濠是水名，在淮南钟离郡。今见有庄子之墓，亦有庄惠遨游之所。石绝水为梁。亦言是濠水之桥梁，庄惠清谈在其上也。

钟离又称濠州，《元和郡县图志》濠州（钟离）管有钟离县，县境内有：

西濠水，出县西南莫邪山，北入淮。东濠水，出县南濠塘山，东北入淮。……庄周台，在县西南七里，濠水经其前，庄子与惠子观鱼之所，又曰观鱼台。

此钟离在今安徽凤阳境内，蒙城东南。还有记载说：

惠子从车百乘，以过孟渚，庄子见之，弃其余鱼。①

孟渚在今河南商丘东北，可见庄子活动范围是比较广的，但这并不奇怪，春秋战国时期士人四处走动是很常见的事。而惠子游楚地之多也是很显然的。“两人的直接交往，恐怕更多的还是在楚地”这个说法是不错的，如果是广义的楚地那就更不消说了。

---

① 《淮南子·齐俗训》，诸子集成本，中华书局1954年版。

第四，从思想和文辞的特色看，《庄子》是属于楚文化系统的。我们这个幅员辽阔的文明古国，因地理环境的不同，很早以来就形成了一些各具特色的地域文化。这在《淮南子》《史记·货殖列传》《汉书·地理志》等书籍中都有反映。这方面的现象广泛存在，人们的认识也日益提高，总结出了一些规律性的认识。例如成书于隋代的《颜氏家训》中就有这样一段论述：

> 南方水土和柔，其音清举而切诣，失在浮浅，其辞多鄙俗。北方山川深厚，其音沉浊而鈋钝，得其质直，其辞多古语。然冠冕君子，南方为优；闾里小人，北方为愈。易服而与之谈，南方士庶，数言可辩；隔垣而听其语，北方朝野，终日难分。而南染吴越，北杂夷虏，皆有深弊，不可具论。①

这虽然是仅就“音辞”（方言）而言的，但方言不仅是文化的内容之一，也与整个文化的发展有密切联系。所以以上所言南北的不同，正反映我国南北文化的差异。张正明先生的《楚文化史》有如下一些很好的表述：

> 楚文化因楚国和楚人而得名，是周代的一种区域文化。它同东邻的吴越文化和西邻的巴蜀文化一起，曾是盛开在长江流域的三朵古区域文化之花。
>
> …………
>
> 从楚文化形成之时起，华夏文化就分成了北南两支：北支为中原文化，雄浑如触砥柱而下的黄河；南支即楚文化，清奇如穿三峡而出的长江。这南北两支华夏文化是上古中国灿烂文化的表率，而与时代大致相当的古希腊和古罗马文化遥相辉映。②

汉唐以来，对南北文化的差异多有论述，而以楚文化为代表的南方文化，在文学领域的研究，既从楚辞开始，也以之为重点，并且往往与《庄

① 颜之推：《颜氏家训·音辞》，诸子集成本，中华书局1954年版。
② 张正明：《楚文化史·导言》，上海人民出版社1987年版，第1页。

子》相结合，例如明末清初的钱澄之就有《庄屈合诂》这样的著作，《四库全书总目提要》说：

盖澄之丁明末造，发愤著书，以《离骚》寓其幽忧，而以《庄子》寓其解脱。不欲明言，托于翼经焉耳。

清人对南北文化、学术不同的研究更加明确深入。例如清末民初的刘师培，既有《楚辞考异》这样的楚辞学术著作，又作《南北学派不同论》这样明确的论文，他写道：

东周以降，学术日昌，然南北学者，立术各殊。以江河为界划而学术所被，复以山国泽国为区分。

…………

楚国之壤，北有江汉，南有潇湘，地为泽国。故老子之学起于其间。从其说者，大抵遗弃尘世，渺视宇宙，以自然为主，以谦逊为宗。如接舆、沮、溺之避世，许行之并耕，宋玉、屈平之厌世，溯其起源，悉为老聃之支派。此南方之学所由发源于泽国之地也。[①]

他从学派、诸子学、文学多方面论述南北之不同。另一国学大师王国维，在对屈原的研究中，也讲到了南北文学艺术之不同，他在《屈子文学之精神》[②] 一文中有如下一段为人们所称引的论述：

南人想象力之伟大丰富，胜于北人远甚。彼等巧于比类，而善于滑稽。故言大则有若北溟之鱼，语小则有若蜗角之国。语久则大椿冥灵，语短则蟪蛄朝菌。至于襄城之野，七圣皆迷。汾水之阳，四子独往。此种想象，决不能于北方文学中发见之。故庄、列书中之某部分，即散谓之散文诗，无不可也。

---

① 刘师培：《南北学派不同论》，《刘申叔先生遗书》第十五册，宁武南氏 1936 年校印本。

② 王国维：《屈子文学之精神》，《海宁王静安先生遗书》第十五册，商务印书馆 1940 年版。

论屈原、楚辞的丰富想象力，举的都是《庄子》中的例子，可以说明《庄子》与楚辞是同属于南方楚文化系统的。

关于《庄子》中的楚语、楚声，记述的楚地、楚人、楚物，学术界多有考述，比较专门，这里就不再一一征引了，以免简单的重复。

第二节 《庄子》其书

历史上之所以有庄学，首先是因为有《庄子》这么一本书，这本书长期在历史上产生影响，各个历史时期的人们读它、解它，探求其义理，乃至借题发挥。因此，这本书原来究竟是怎样的，是一个不可不了解的问题。但从庄学发展史来看，历经一千多年而流传至今的《庄子》，虽有版本、校勘等诸多问题，然而基本框架以及基本思想是没有太大变化的。所以我们在此也可不必过多过细讨论它。我们注意的是庄学发展，而不是看重《庄子》本身。下面仅就两个方面加以综述。

一、从古本到今本

对于《庄子》最早且较为全面介绍的应该是司马迁的《史记》。如前所述，《史记》的《庄子列传》不长，其关于拒楚王之聘的言论是《庄子》中有的，而关于《庄子》的叙述则不知根据什么，或者是司马迁就其所见之《庄子》所作的记述，或者还别有所据，但绝不会是虚构的。这样，《史记》所记就是最早的《庄子》了，且再征引其有关《庄子》之记载如下：

> 其学无所不窥，然其要本归于老子之言。故其著书十余万言，大抵率寓言也。(《索隐》：大抵犹言大略也。其书十余万言，率皆立主客，使之相对语……故《别录》云“作人姓名，使相与语，是寄辞于其人，故《庄子》有《寓言篇》”。）作《渔父》《盗跖》《胠箧》，以诋訿孔子之徒，以明老子之术。《畏累虚》《亢桑子》之属，皆空语无事实。(《索隐》按：《庄子》“畏累虚”，篇名也，即老聃弟子畏累……亢桑子，王劭本作“庚桑”。司马彪云“庚桑，楚人姓名也”。《正义》：《庄子》云：“庚桑楚者，老子弟子，北居畏累之山。”……此篇

寄庚桑楚以明至人之德……）然善属书离辞，指事类情，用剽剥儒墨，虽当世宿学不能自解免也。其言洸洋自恣以适己，故自王公大人不能器之。①

从以上记述我们可以看到：

首先，司马迁之前，已有一部十余万言的《庄子》流传。后来流传至今的《庄子》不到七万字，宋代陈景元《南华真经章句音义》称，《庄子》三十三篇，六万五千九百二十三字。这个数字和现在能见到的《庄子》大体上差不多，不会超过七万字。

其次，司马迁见到的《庄子》已有篇名。他提到的篇名有《渔父》《盗跖》《胠箧》《畏累虚》《亢桑子》等，《胠箧》在后来的外篇之中，其他的在后来的杂篇之中。《亢桑子》又作《庚桑》，即后来的《庚桑楚》。“畏累虚”，《史记索隐》说是篇名，《史记正义》似乎认为只有《庚桑楚》一篇，“畏累虚”只是指其所居畏累之山，颇难断定孰是孰非。

再次，司马迁阐述了《庄子》的主要思想，或者说他所理解的《庄子》的主要思想：“其要本归于老子之言”，“以明老子之术”，也就是发挥《老子》的思想。列传后的“太史公曰”说得更具体一些：

庄子散道德、放论，要亦归之自然。②

对《老子》的道德论大加发挥，主要遵守着天道自然的中心思想。这个理解看来是抓住了《庄子》思想的核心和要害的。

另一方面，司马迁指出，《庄子》的有些篇章是“以诋訿孔子之徒，以明老子之术”，总的也是“剽剥儒墨”，应该说这也是符合《庄子》实际的。

最后，司马迁也指出了《庄子》文学方面的特点：“大抵率寓言也”、“善属书离辞，指事类情”、“其言洸洋自恣”，这些高度的概括，反映了《庄子》的文学风格、文章体制、写作技巧等诸多方面的特点。正是这些

① 司马迁：《史记》卷六十三，《老子韩非列传》，中华书局 1982 年版，第 2143～2144 页。
② 司马迁：《史记》卷六十三，《老子韩非列传》，中华书局 1982 年版，第 2156 页。

方面的特点，使得《庄子》对后世文学有很大的影响。这些我们将在后面的一些章节中具体论述。

另外，从《史记索隐》看，刘向《别录》中应有《庄子书录》，而且刘向又明确提到《庄子》有《寓言》篇。

总之，汉代流行有一个古本《庄子》，有十余万言，而且是分了篇的，那么古本《庄子》有多少篇呢?《汉书·艺文志》的记载是：

《庄子》五十二篇（名周，宋人。存）

东汉高诱注《吕氏春秋》时说：

庄子名周，宋之蒙人也，轻天下，细万物，其术尚虚无，著书五十二篇，名之曰《庄子》。①

可以肯定，汉代曾有一个五十二篇本流传，并且这五十二篇还有司马彪、孟氏等人作过注，唐人陆德明在《经典释文·序录》中说：

《汉书·艺文志》,《庄子》五十二篇，即司马彪、孟氏所注是也。

五十二篇中除了以上提到的、今存的之外，也还有一些篇被后来作注者整篇删掉或者合并了的。这一点我们从郭象整理《庄子》时的情况可以得到一些信息。日本京都高山寺所藏古钞卷子本《庄子·天下》最后有一段文字，被认为是后记②，其中写道：

……《阏亦（弈）》《意循（修）》之首，《尾（危）言》《游易（凫）》《子胥》之篇，凡诸巧杂，若此之类，十分有三。或牵之令近，

① 《吕氏春秋·必己》。又高诱注《淮南子·修务训》时说："庄周，宋蒙县人，作书二十二篇，为道家之言。"有的学者以为是另一种版本的《庄子》，有的以为有人窜改，有的以为"二"或为"五"字之缺坏。缺坏之说可能性大。

② 参见王叔岷《郭象庄子注校记》卷五《古钞卷子本》后记。另冯友兰先生认为是不同于《庄子序》的《庄子注序》，见冯友兰：《中国哲学史新编》中卷，人民出版社 1998 年版，第 567～572 页。

或迂之令诞，或似《山海经》，或似（占）梦书，或出《淮南》，或辨形名，而参之高韵，龙蛇并御……故皆略而不存。

这话的可靠性，可以从《经典释文·序录》中得到证实：

庄生……依老氏之旨，著书十余万言。以逍遥、自然、无为、齐物而已。大抵皆寓言，归之于理，不可案文责也。然庄生宏才命世，辞趣华深，正言若反，故莫能畅其弘。致后人增足，渐失其真，故郭子玄云：一曲之才妄窜奇说。若《阏弈》《意修》之首，《危言》《游凫》《子胥》之篇，凡诸巧杂，十分有三……言多诡诞，或似《山海经》，或类占梦书，故注者以意去取。

两者有相同之处：第一，在五十二篇中原有《阏弈》《意修》《危言》《游凫》《子胥》等篇，在后来郭象注本中没有了。第二，一方面《庄子》本身有一些“凡诸巧杂”的内容，另一方面又有“后人增足”、“妄窜奇说”、“以意去取”因而“渐失其真”。后者陆德明说得很明确，郭象也有这个意思：“牵之”、“迂之”即与“增”、“窜”之意同，并且还有“或出《淮南》”之说，是窜入了《淮南子》之说，或者是淮南宾客们有所“增足”，两种可能都是存在的，因为汉代曾有淮南王《庄子略要》和淮南子《庄子后解》二书。

另外，古本中还有今本中没有的篇名，例如《惠施》篇。《北齐书·王弼传》记载：

注《庄子·惠施》篇、《易》上下系，名《新注义苑》，并行于世。

内容虽无从查考，但《庄子》中有《惠施》篇是完全可能的。近代以来学者考证，《天下》篇中一些文字可能就是《惠施》篇的。又如《南史·何子朗传》记载：

子朗……尝为《败冢赋》，拟庄周马棰，其文甚工。

清人孙志祖的《庄子佚文》即据此认为《马棰》是《庄子》的佚篇之一①。学界虽有不同看法，但略可备一说。

总之，今本或者说郭象本之前，有一个五十二篇本的古本《庄子》是可以肯定的，这个本子曾流传到魏晋南北朝时期。

二、内、外、杂篇之分及真伪问题

《庄子》之成书年代及分篇等问题，历来讨论很多。20 世纪 80 年代初张恒寿先生出版了他多年研究的成果《庄子新探》，作了一次总结性的探讨，并提出了自己的一些看法。后来又有不少学者就有关问题发表不同意见，如刘笑敢先生在《庄子哲学及其演变》中所作的文献疏证，崔大华先生《庄学研究》中的《〈庄子〉考论》，都比较集中地讨论了这类问题。这方面，张恒寿先生的总结比较详细，占其全书的四分之三，颇有代表性。且先引述其部分论述如下：

> 《庄子》书自宋苏轼以《让王》四篇为伪书后，元、明、清各代的学者如黄震、吴澄、罗勉道、焦竑、王夫之、姚鼐……都对其中某些篇章，提出怀疑，直到近年，外、杂多伪之说，似已成为一般的通论了。
>
> 但所谓真伪的意义，还有些模糊。如果一定要说出于庄周本人手笔，才叫做真，则不但《让王》四篇是伪作，连整个《庄子》全书，也不容易下一个确切的论断。清代学者如章学诚、孙星衍等早已说过："凡称子书，多非自著"……近年以来，学者多能用历史眼光，评论古籍，多半认为《庄子》书不是一人一时之作……三十年代，如日人武内义雄和罗根泽氏的论著……都认为《庄子》书包含由战国到秦汉时期各派道家学说……但两氏的著作，都以研究外篇、杂篇为限，对于内篇则相信传统旧说，认为是《庄子》真品，不加论列，一直到最近，相信内篇为庄子所作的倾向，还相当普遍。②

---

① 孙志祖：《读书脞录续编》卷三。

② 张恒寿：《庄子新探》，湖北人民出版社 1983 年版，第 19～20 页。

张先生认为内篇也有掺杂章节，甚至“《人间世》的主要章节非庄子作品”，而外、杂篇有很多是“庄子派较早的作品”。刘笑敢的著作进一步论证了这一问题，认为“外杂篇中疑问较大的诸篇文章都可能是先秦之作”①。崔大华先生也肯定《庄子》是先秦庄子学派著述汇集：

> 总之，通过对《庄子》内篇与外、杂篇概念、词语的联系和变化的考察，可以看出，它们间源与流、先与后的关系还是比较清晰的、确切的，《庄子》一书就是庄子及其后学的著作汇集。②

据上所述，可以这样归结：内、外、杂篇的基本思想是一致的，都是先秦《庄子》的内容，不过，《庄子》一书并非完全出于庄子本人，而是包括其后学或者说庄子派的学说，并且其中还夹杂一些后来窜入的内容。

那么，后来传世的三十三篇本是如何定型的？内、外、杂篇之分又是怎么一回事呢？

近代以来对这两个问题也进行过一些探讨，在“内、外之分起于郭象”③ 和起于刘向④的基础上，张恒寿先生又提出“淮南王刘安是整理编纂《庄子》书的开始者”⑤ 的说法。时间最近的研究，是崔大华的《庄学研究》，他认为：

> 《庄子》的篇目划分经历两个阶段：先有将全书作内、外篇的划分，这是汉代刘向所为；然后有由外篇中分出杂篇的划分，这是在魏晋时期由司马彪开始、郭象完成的。⑥

---

① 刘笑敢：《庄子哲学及其演变》，中国社会科学出版社 1988 年版，第 52 页。

② 崔大华：《庄学研究——中国哲学一个观念渊源的历史考察》，人民出版社 1992 年版，第 96～97 页。

③ 傅斯年：《谁是〈齐物论〉之作者》，《历史语言研究所集刊》1936 年第 4 期。

④ 唐兰：《老聃的姓名和时代考》，罗根泽编：《古史辨》第 4 册，上海古籍出版社 1982 年版，第 342 页。

⑤ 张恒寿：《庄子新探》，湖北人民出版社 1983 年版，第 22 页。

⑥ 崔大华：《庄学研究——中国哲学一个观念渊源的历史考察》，人民出版社 1992 年版，第 60 页。

此说崔先生作了一些具体论证。

刘向分篇之说是比较有根据的，因为刘向、刘歆父子有整理图书的历史，《汉书·艺文志》写道：

汉兴，改秦之败，大收篇籍，广开献书之路。迄孝武世，书缺简脱……于是建藏书之策，置写书之官，下及诸子传说，皆充秘府。至成帝时，以书颇散亡，使谒者陈农求遗书于天下。诏光禄大夫刘向校经传诸子诗赋……每一书已，向辄条其篇目，撮其指意，录而奏之。会向卒，哀帝复使向子侍中奉车都尉歆卒父业。歆于是总群书而奏其《七略》，故有《辑略》，有《六艺略》，有《诸子略》，有《诗赋略》，有《兵书略》，有《术数略》，有《方技略》。今删其要，以备篇籍。

这是一个完整的十分肯定的记载，刘向每整理一书，就“条其篇目，撮其指意，录而奏之”。应该说刘向整理的书都是有书录的，道家类今传世的书录有列于《老》《庄》之前的《管子书录》和列于《老》《庄》之后的《列子书录》，当时不会没有《老》《庄》的书录。并且他在校书时，还常将相通之书加以对比，例如《孙卿书录》中说：

鄙儒小拘，如庄周等，又滑稽乱俗。

《列子书录》中说：

且多寓言，与庄周相类。

《关尹子书录》（或疑为后世伪作）中说：

辞与《老》《庄》《列》异，其归同。

可见刘向对《庄子》的内容和指意十分熟悉。

“条其篇目”包括一些什么内容？我们且看看几篇现存书录所记情况。

《管子书录》云：

所校雠中《管子》书三百八十九篇，大中大夫卜圭书二十七篇，臣富参书四十一篇，射声校尉立书十一篇，太史书九十六篇。凡中外书五百六十四篇，以校除复重四百八十四篇，定著八十六篇。

又《晏子叙录》云：

所校中书《晏子》十一篇，臣向谨与长社尉臣参校雠，太史书五篇，臣向书一篇，参书十三篇。凡中外书三十篇，为八百三十八章，除复重二十二篇六百三十八章，定著八篇二百一十五章。外书无有三十六章，中书无有七十一章，中外皆有以相定。

《孙卿书录》云：

所校雠中《孙卿》书凡三百二十二篇，以相校，除复重二百九十篇，定著三十二篇。

《列子书录》云：

所校中书《列子》五篇，臣向谨与长社尉臣参校雠，太常书三篇，太史书四篇，臣向书六篇，臣参书二篇。内外书凡二十篇，以校除复重十二篇，定著八篇。中书多，外书少，章乱布在诸篇中。（按：《列子书录》第一句为“右新书定著八章”）

其他书录大体如此，从中我们可以看出：第一，秘府所藏之书——中书，有的很多，但有不少重复的，如《管子》《孙卿》都是三四百篇，大多是重复的，这是多次搜求的结果。有的又很少，如《列子》中书还不如刘向私藏多。第二，几乎所有的书都是分篇流传的，未见什么完本、足本，这与当时书写条件有关，也当与各人爱好有关，如同后来作单篇注一样。第三，刘向、刘歆等人进行整理，是多人合作，集体活动，刘向、刘歆大约总其事，这从书录中所言“谨与××校雠”[①] 可见。

① 《文选·魏都赋》注引《风俗通义》云：“刘向《别录》：校雠，一人读书，校其上下，得谬误为校。一人持本，一人读书，若怨家相对为雠。”

当时刘向主持的是经传、诸子、诗赋，另外则有“步兵校尉任宏校兵书，太史令尹咸校数术，侍医李柱国校方技”①。这显然是按专长校书，或认为这也是襄助刘向，顾实《汉志讲疏》云：

> 三人，盖皆襄向校书，专门分任，然与校可考者，尚有杜参、班游，则又必不止此数人。

又杨树达《汉书管窥》写道：

> 《刘歆传》云：丞相史尹咸以能治《左氏》与歆共校经传，则咸不仅校数术也。

也可能所有的书录都是刘向写的，但校雠以及编次肯定是共商的结果。他们的校书工作，恐怕首先是从大量重复的篇章中选出一个定本，而且很可能如其《说苑叙录》所说，做过“以类相从，一一条别篇目”的工作，然后才去校章句、文字的。“以类相从”这一点在《晏子叙录》中最为明显，虽然是“定著八篇二百一十五章”，但在“撮其指意”之后他又写道：

> 其书六篇，皆忠谏其君，文章可观，义理可法，皆合六经之义。又有复重，文辞颇异，不敢遗失，复列以为一篇。又有颇不合经术，似非晏子言，疑后世辩士所为者，故亦不敢失，复以为一篇。凡八篇，其六篇可常置旁御观，谨第录。

这个分类或以为即内、外之分，近人陈国庆作《汉书艺文志注释汇编》时说：

> 其篇次为内篇谏上下各二十五章。内篇问上下各三十章。内篇杂上下各三十章。外篇重而异者第七、九、二十七章，外篇不合经术者

① 班固：《汉书》卷三十，《艺文志》，中华书局1962年版，第1701页。

第八篇，凡十八章。凡内外八篇总二百十五章。

虽非刘向原来的情况，大意是不与刘向相悖的。当时因为篇数不多，也许没有内外之分，但对篇章多的书籍，是有内外之分的，最明显的就是《淮南子》，《汉书·艺文志》诸子杂家类有：

《淮南内》二十一篇（王安。存）
《淮南外》三十三篇（亡。师古曰：内篇论道，外篇杂说）

另外，从《汉书·艺文志》中可以看到，医经之中，有《黄帝内经》《外经》，《扁鹊内经》《外经》，《白氏内经》《外经》，还有《旁篇》。又从汉人赵岐的《孟子题辞》看，《孟子》也有内、外之分，他写道：

又有外书四篇，《性善辩》《文说》《孝经》《为政》。其文不能弘深，不与内篇相似，似非孟子本真，后世依放而托之者也。

《史记·孟子荀卿列传》说“作《孟子》七篇”，而《汉书·艺文志》著录为“《孟子》十一篇”，应劭《风俗通义·穷通》也是说：“退与万章之徒序《诗》《书》、仲尼之意，作书中、外十一篇。”《孟子》之内七篇和外四篇，也许就是刘向“以类相从”的结果。

总之，从以上情况看，刘向选定《庄子》为五十二篇，并有内、外之分，可能性是很大的。至于杂篇的划分，也许刘向“以类相从”时已有此意，也许是司马彪、郭象等人的划分，郭象删掉原五十二篇的十分之三，重新编次可能性是极大的。这里不再多说了。

总之，隋唐以后长期流传、我们今天能看到的《庄子》，基本上是郭象所编的本子，隋唐及其以后的庄学史，主要是以这个本子为基础而展开的。这样看待《庄子》其书也就够了。

第三节 《庄子》的主要思想

《庄子》的思想如何认识？《庄子》有哪些主要思想？对于此类问题，

自古以来，见仁见智，解释太多了。在古代，学者主要通过注释阐述，发微、指归之类的著作虽有不少，但多未保留下来，无法知其详。近代以来，采用西洋分学科的方法梳理《庄子》思想的也有很多，主要的专著、论文以及思想通史、哲学通史等，至少也数以百计。无论是宏观的或是微观的理解和发挥都非常之多，有的实际上已远离《庄子》。不过，从庄学的角度看，倒也不失为庄学史的内容，它们毕竟是借《庄子》而发挥的，是对《庄子》的一种理解。在此种情况下，如何介绍《庄子》思想为好呢？我们用一个“复古”的方法来介绍其思想，因两千年的庄学史，主要内容是古人对《庄子》的理解和看法，它也是近人理解和阐释的基础。怎样认识《庄子》的思想，唐人陆德明的一段阐述是值得注意的，可以作为古代解《庄子》的代表，他在《庄子音义》的序录中说：

> （庄生）依老氏之旨，著书十余万言，以逍遥、自然、无为、齐物而已。

我们认为这几条，无论是古代学者或是近代学者都已把它们当作《庄子》的主要思想，只不过阐释不同罢了。

如果从这几方面来分别介绍，首先可看到的一点是，《庄子》内七篇比较明确而集中地反映了以上几方面，而且它们似乎是一个较完整的统一的整体。这里，我们不排斥外、杂各篇中分别有以上几方面的思想。内七篇是谁编成的，这里就不再讨论了。我们先论述一下内七篇的统一性，再分别从几个方面做进一步说明。

一、《庄子》内篇的统一性

老子、庄子为早期道家两大代表，二人思想不完全相同。老子思想的主旨是阐述圣人与侯王实行自然无为之治。庄子的思想，据《庄子》内篇而言，虽然最终也落脚到对社会人世的关心与责任上，但更强调人的精神自由，即对主体的人来说，更为注重内在精神的超越性。因此，注意区别二者的思想差异，对于理解道家思想从早期到后世的演变，实有重要意义。

今天所见《庄子》分内、外、杂三篇，非庄子本人著作原貌，已成定论。然三篇何者为庄子原著，何者非庄子原著，素有争论，莫衷一是。人们仔细对照内、外、杂篇，发现外、杂诸篇思想多有与内篇不相一致甚至相互矛盾之处，可知外、杂篇与内篇非一人所作。而通读内篇各篇，则可看出其中存在着前后呼应的思想线索，体现了一个基本统一的思想体系，而且可以反映《庄子》的主要思想。

严复曾说《庄子》内篇思想前后连贯一致，阐述一个主题①，这种看法古人也已言及，如明代释性通在其《南华发覆》中就有类似的说法②。把内篇七篇的思想看作一个整体，确实是有其根据的，这里试对此作一分析。

总体来看，内篇第一篇《逍遥游》，主旨是要让人摆脱一般常识的束缚，不局限于常识性的大小久暂等，懂得事物的大小久暂都是相对的，由此使得思想具有超越性，达到精神自由的境界。第二篇《齐物论》，是说万物在本质上是齐一的、无差别的，不可拘泥于任何一方。对于所谓“物”，人们最容易看到的是其间的千差万别，此即此，彼即彼，彼此既不相同，则价值的认定也就不同，这是最为一般的逻辑，并被当作不可怀疑的真理。庄子则从更大更广更久的角度看问题，于是万物及其差别就可一齐消失，齐物论思想即由此而形成。这两篇都要求思想的超越性，此其同。二者之异在于，《逍遥游》是要超越事物小大的局限，《齐物论》是要超越事物差别的局限。两者最终的目的一致，使人的精神达到绝对自由，不受具体事物及一般常识的束缚。此二篇奠定了庄子思想的基点：达到精神的绝对自由，改换关于世界万物的原有认识，形成全新的思维模式。

第三篇《养生主》说明人生态度为“保身”、“全生”、“养生”、“尽年”，其方法是“依乎天理”，“因其固然”，达到“安时而处顺，哀乐不能入”的程度。天理即自然之理，人生活于自然之中，对于天理，首先要认识它，然后要依从、顺从它。正因为要依乎天理，所以要安时处顺，以使哀乐不能入，最终仍是要保持心境的安宁与自由。

第四篇《人间世》，阐述对待社会的态度。前三篇说明认识客观世界的思维方式及其对应态度，强调追求精神自由、万物平齐与遵从天理，然

---

① 王栻主编：《严复集》第四册，中华书局1986年版，第1104页。

② 释性通：《南华发覆》卷一，《无求备斋庄子集成续编》第五册，（台湾）艺文印书馆1974年版。

而人终归是社会的人，所以《人间世》篇讲不能脱离现实人世，讲如何处于人间。其方案是心斋，通过心斋而坐驰，从而达到“万物之化”的境界，这是用来处世的最佳心态。

第五篇《德充符》，阐明个人的德应达到完美境界。心斋坐驰，侧重于心灵修炼，德充则要使德达到完美境界。符，本指符信，引申而有验证、论证之意。德充符即道德完美之论。通过心斋而至德充，德充之后又要“德不形”，德与形完全脱离，才能达到精神的绝对自由。德若依赖形，即非绝对自由。人间世，是不得已而处之世，即“一宅而寓于不得已”，因此不得不“乘物以游心，托不得已以养中”，尚有不自由的意味，到德充符，不再是迫不得已，而是德摆脱形的束缚，达到精神的绝对自由，亦即《逍遥游》篇所说的无待。

就个人而言，德充已达最高境界，但庄子思想到此并未停止，故以第六篇《大宗师》与第七篇《应帝王》说明精神绝对自由且道德完美的人，对于人群社会还要承担责任。这个责任，在条件不具备之时，要成为世人道德上的最高宗师，这是《大宗师》之义；在条件具备时，则要出而为王，按照自己的理想来治理天下。至此，逍遥及德充之人才算尽到了全部责任，此即《应帝王》之义。

由此可见，庄子的思想不是单为个人，而是要为社会，为人间世的。这种思想与后世道家注重的修身养性和养生长生颇不相同。早期道家无论是老子还是庄子，其思想中都含有强烈的宗教救世精神。这与基督的救世方式不同，即不是以神而是以宗师的方式救世、醒世。应帝王，是要借用政治的力量，来引导人间世，使之向上提升。

总之内篇七篇前后连贯，思路一致，阐述了一种完整的以人为本、以社会为归宿的思想。其首先确立精神的绝对自由（《逍遥游》），去除关于事物差别的偏见（《齐物论》），然后提出依乎天理安时处顺的人生态度，作为生存于人间世的基本准则（《养生主》）。然而其人生又不是纯粹个人的，所以又要不弃离人间世，并在其中活动（《人间世》）。在人间世的活动，从心斋的修炼，到集道坐驰的境界，尚未至于精神完美的层次，所以继之而论品德完美问题（《德充符》）。在此之后，则要为世人做出示范，成为世人的大宗师，引导世人的努力方向（《大宗师》）。仅靠大宗师的精神力量还不够，最终要凭借帝王的政治权威，使整个社会达到自为自化的层次（《应帝王》）。

以上的思想，基础是《逍遥游》《齐物论》和《养生主》所说的精神自由、万物齐平、顺乎自然，这是庄子思想的三个支点，掌握了这三点，就可进而讨论人间世、德充符、大宗师和应帝王的问题。而这四者又可以说是庄子思想的目的：处世的修养，人性的德充，社会的宗师，帝王的责任。

二、逍遥论

逍遥论就是自由论，而且主要是人的精神自由，这是庄子思想的主要特点之一。古今学者对此有一致的看法，只是表述有所不同罢了，例如郭象解题说：

> 夫小大虽殊，而放于自得之场，则物任其性，事称其能，各当其分，逍遥一也，岂容胜负于其间哉！

陆德明《庄子音义》也说：

> 逍遥游者——义取闲放不拘，怡适自得。

今之学者论述很多，基本意思也是相同的，陈鼓应的《庄子今注今译》解题说：

> 《逍遥游》篇，主旨是说一个人当透破功、名、利、禄、权、势、尊、位的束缚，而使精神活动臻于优游自在，无挂无碍的境地。

《庄子》虽然是借大鹏小鸠之类的寓言以及借一些人物对话而说的，其讲人的精神却十分明显。因此“逍遥”一词虽非《庄子》所创，在《诗经》① 《楚辞》② 等古籍中都有，但《庄子》的逍遥则不局限于形体安闲，

① 《诗经·郑风·清人》：“二矛重乔，河上乎逍遥。”
② 《离骚》有：“折若木以拂日兮，聊逍遥以相羊。”

而主要是精神方面的逍遥，例如《逍遥游》中所说：

> 今子有大树，患其无用，何不树之于无何有之乡、广莫之野，彷徨乎无为其侧，逍遥乎寝卧其下。

“无何有之乡”这是想象中的逍遥了，是精神方面的逍遥。《大宗师》中也有这种超脱尘世的逍遥：

> 芒然彷徨乎尘垢之外，逍遥乎无为之业。

“游”本与“逍遥”之义相当，“逍遥游”更是加重表述。《庄子》中用“游”字更多。《逍遥游》中说：

> 乘天地之正，而御六气之辩，以游无穷者，彼且恶乎待哉！

> 乘云气，御飞龙，而游乎四海之外。

“游无穷”、“游乎四海之外”，与上述“无何有之乡”等，显然是追求现实以外的自由。这种思想，在其他一些篇章中也反复表述，例如《齐物论》中有：

> 乘云气，骑日月，而游乎四海之外。

> 无谓有谓，有谓无谓，而游乎尘垢之外。

《应帝王》中有：

> 予方将与造物者为人，厌则又乘夫莽眇之鸟，以出六极之外，而游无何有之乡，以处圹埌之野。

> 立乎不测，而游于无有者也。

诸如此类。

庄子自由想象，有远离现实或者出世的倾向。但真正出世是不可能的，庄子也并非真正寄身于世外，他注意人间世，也考虑应帝王，所以他的逍遥游主要是心之游。这在好几篇中有明确的表述，例如《人间世》云：

> 且夫乘物游心，托不得已以养中，至矣。

《德充符》云：

> 不知耳目之所宜，而游心乎德之和。

《应帝王》云：

> 游心于淡，合气于漠，顺物自然而无容私焉……

由此可见，游心是心灵的自由活动，顺任事物的自然而悠游自适，明显是精神自由之义。

对于精神自由的追求，及一系列的相关问题，例如什么样的人能做到精神自由，怎样做到精神自由等许多问题，庄子都提出了自己的看法。什么人能做到精神自由？庄子认为是圣人、真人，或是他所说的大宗师。这在《大宗师》中说得很清楚：

> 圣人将游于物之所不得遁而皆存。

即圣人要游于不得亡失的境地而和大道共存[①]。又如：

> 彼云且与造物者为人，而游乎天地之一气。

① 陈鼓应：《庄子今注今译》，中华书局 1983 年版，第 180 页。

彼，是指“游于方外”之人。

怎样做到精神自由？《庄子》又有对后世颇有影响的坐忘、心斋等说法。《大宗师》借颜回之口说道：

> 堕肢体，黜聪明，离形去知，同于大通，此谓坐忘。

“堕肢体”、“离形”，意即离弃有形之身体，“黜聪明”、“去知”，意即抛开自己的聪明，也就是忘神，忘形忘身，与大道融通为一，这就是坐忘。

《人间世》借仲尼之口说：

> 若一志，无听之以耳而听之以心，无听之以心而听之以气！听止于耳，心止于符。气也者，虚而待物者也。唯道集虚。虚者，心斋也。

其主要意思是说：心志专一，不要用耳去听，不要用心去体会，要用气去感应，气、虚即超然于物外，无思无虑，保持空明的心境，这就是心斋。

心斋、坐忘是一种精神境界，也是精神修养的方法，故又被称为坐驰，即成玄英所说的“形坐而心驰”。

总之，逍遥之游主要是游心，游心就是讲一个精神虚静。这一点《应帝王》的最后一段讲得最为清楚：

> 无为名尸，无为谋府；无为事任，无为知主。体尽无穷，而游无朕，尽其所受乎天，而无见得，亦虚而已。至人之用心若镜，不将不迎，应而不藏，故能胜物而不伤。

绝弃求名、策谋、专断、智巧，体会着无穷的大道，游心于寂静的境域，承受着自然的本性，而不自我矜夸，也就是达到空明的心境。圣人就是这样的，所以“能胜物而不伤”。

三、自然论

自然即非人为之意，自然而然。《老子》第二十五章中所说：

人法地，地法天，天法道，道法自然。

就是从人事（社会）讲到自然。自然既包括天地、四时等自然现象，也是一种规律、法则。庄子和老子一样，不满社会现实，因而也特别关注伟大而完满的自然，他追求精神自由，也是与自然密切联系的，主张顺其自然，人和物都不应违抗自然，如《大宗师》所说：

物不胜天久矣。

死生，命也；其有旦夜之常，天也。

《人间世》云：

天下有大戒二，其一命也，其一义也。

《天运》也说：

性不可易，命不可变，时不可止，道不可壅。

因此，《庄子》对违自然的人事、社会极力抨击，如《马蹄》篇说：

纯朴不残，孰为牺樽？白玉不毁，孰为珪璋？道德不废，安取仁义？性情不离，安用礼乐？五色不乱，孰为文采？五声不乱，孰应六律？夫残朴以为器，工匠之罪也；毁道德以为仁义，圣人之过也。

这种批判在《庄子》中可见多处，又如《胠箧》篇说：

绝圣弃知，大盗乃止；擿玉毁珠，小盗不起；焚符破玺，而民朴鄙；掊斗折衡，而民不争；殚残天下之圣法，而民始可与论议。擢乱六律，铄绝竽瑟，塞瞽旷之耳，而天下始人含其聪矣；灭文章，散五采，胶离朱之目，而天下始人含其明矣；毁绝钩绳而弃规矩，攦工倕之指，而天下始人有其巧矣。……削曾、史之行，钳杨、墨之口，攘弃仁义，而天下之德始玄同矣。彼人含其明，则天下不铄矣；人含其聪，则天下不累矣；人含其知，则天下不惑矣；人含其德，则天下不僻矣。彼曾、史、杨、墨、师旷、工倕、离朱，皆外立其德而以爚乱天下者也，法之所无用也。

这显然是发挥《老子》一个方面的思想，被认为有“复古之情”，也很不现实。然而其主旨是批判人为，崇尚自然。

在庄子心目中，宇宙万事万物都是自然的。例如其对宇宙天地的描述：

有实而无乎处者，宇也；有长而无本剽者，宙也。有乎生，有乎死，有乎出，有乎入，入出而无见其形，是谓天门。天门者，无有也，万物出乎无有。有不能以有为有，必出乎无有，而无有一无有。①

宇宙不可名状，但它是自然的总门（天门）。物名有性，一切出于自然，《庄子》进行了多方面的观察：

民湿寝则腰疾偏死，鳅然乎哉？木处则惴慄恂惧，猨猴然乎哉？三者孰知正处？民食刍豢，麋鹿食荐，蝍蛆甘带，鸱鸦耆鼠，四者孰知正味？猨猵狙以为雌，麋与鹿交，鳅与鱼游。毛嫱丽姬，人之所美也；鱼见之深入，鸟见之高飞，麋鹿见之决骤。四者孰知天下之正色哉？②

人和动物生态万殊，各有所适，不是任何人力所能为的。此类事例甚多，不必一一列举。

总之，庄子的自然观是十分明显的，所以他反复讲的是：“安时而处顺”（《大宗师》）、“顺物而自然”（《应帝王》）等。

① 《庄子·庚桑楚》。
② 《庄子·齐物论》。

这里还应该说明，庄子的自然论很多时候是用“天”或者“天理”来表述的。例如《养生主》中之“遁天倍情”，即逃避自然之意。《刻意》中之“循天之理”，即遵循自然之理。《秋水》篇的解释更为具体：

北海若曰：牛马四足，是谓天；落马首，穿牛鼻，是谓人。故曰：无以人灭天，无以故灭命，无以得殉名，谨守而勿失，是谓反其真。

天即天然、自然，不要人为去毁灭自然。此篇讲“本乎天”的道理不少。他有时候直接说成“天理”，例如《养生主》讲庖丁解牛时说：

依乎天理，批大郤，导大窾，因其固然。

是以牛身的自然结构而言“天理”乃自然的纹理，也是自然客观的。《天道》中也有“顺之以天理”的话，宋人和今人的考证认为，此乃郭象之注文。

表面上看，天几乎成了《庄子》的一个最高概念，《庄子》全书，“天”字出现不下四百余处，还有“天下”、“天地”、“天道”、“天德”、“天机”……但是学术界一致认为，道是《庄子》哲学中代表宇宙本体的最高观念。二者关系如何，实际上在《庄子》中不是很明确，所以有的学者认为：

在《庄子》书中，这个代表本体的“道”字，不是一开始就采用，而很可能是在各派互相影响之下，从其他各派学说中引进来的。①

不过，从自然观上似乎可以把二者联系起来，天是自然的，天理、天然即自然，道也是自然的。《大宗师》讲天人合一的自然，其中关于道的论述是：

---

① 张恒寿：《庄子新探》，湖北人民出版社 1983 年版，第 326 页。

> 夫道有情有信，无为无形，可传而不可受，可得而不可见。自本自根，未有天地，自古以固存。神鬼神帝，生天生地。在太极之先而不为高，在六极之下而不为深，先天地生而不为久，长于上古而不为老。

这里，“自本自根”、“自古以固存”当即自然的存在，而且“生天生地”，则道高于天。宇宙万物最根本的东西是道，有时候《庄子》并未指明，但后人都能理解，例如《知北游》篇，全篇主旨论道，道无所不在的说法就是在这一篇中。其关于宇宙万物根本的论述是：

> 物已死生方圆，莫知其根也，扁然而万物，自古以固存。六合为巨，未离其内；秋毫为小，待之成体。天下莫不沉浮，终身不故；阴阳四时运行，各得其序。惛然若亡而存，油然不形而神，万物畜而不知。此之谓本根，可以观于天矣。

这里把宇宙万物之本体称为本根，成玄英注疏此句说：

> 此之真力是至道一根本也。

又注“可以观于天矣”说：

> 可谓观自然之至道也。

在注“六合为巨……待之成体”时还说：

> 六合虽大，犹居至道之中。

《庄子》没有明白说出的道，人们也理解出来了。《庄子》思想中的最高范畴是道，这是可以确定的。自然一天一道是一体的。

四、无为论

陆德明把无为当作《庄子》主旨之一是不错的，《庄子》直接讲无为之言论虽不多，但观念意识是非常明确的。今人研究《庄子》思想，没有把这个问题当作重点，谈无为问题大多直引《庄子》，或者注意黄老之无为而治。也有学者，因为内篇讲无为不多，认为《庄子》只是讲“逍遥无为”、“安命无为”，只是一种个人生活原则。其实不然，《庄子》的无为思想很明确，也很全面，不仅是讲个人，也讲社会政治，乃至于整个宇宙万物。

首先，我们可以看到，天地万物都是无为的，《至乐》篇讲得最明确：

> 天无为以之清，地无为以之宁，故两无为相合，万物皆化（生）。芒乎芴乎，而无从出乎！芴乎芒乎，而无有象乎！万物职职，皆从无为殖。故曰天地无为也而无不为也。人也孰能得无为哉！

另一篇比较全面论述无为的就是《天道》篇，其开篇就说：

> 天道运而无所积，故万物成；帝道运而无所积，故天下归；圣道运而无所积，故海内服；明于天，通于圣，六通四辟于帝王之德者，其自为也，昧然无不静者矣。

天即自然，天道即自然之道；自为，不是人为，也就是无为。其在对“静”字作了一番解说之后又说：

> 夫虚静恬淡寂漠无为者，天地之平，而道德之至也，故帝王圣人休焉。休则虚，虚则实，实则伦矣。虚则静，静则动，动则得矣。静则无为，无为也则任事者责矣。无为则俞俞，俞俞者忧患不能处，年寿长矣。夫虚静恬淡寂漠无为者，万物之本也。明此以南乡，尧之为君也；明此以北面，舜之为臣也。以此处上，帝王天子之德也；以此处下，玄圣素王之道也。以此退居而间游，则江海山林之士服；以此进为而抚世，则功大名显而天下一也。静而圣，动而王，无为也而尊，朴素而天下莫能与之争美。

可以说这是一个相当全面的无为论，无为乃天地之本、万物万事之本，可以“处上”也可以“处下”，可以“抚世”也可以“退居”。

由这一段全面的论述可见，“退居间游”主要讲个人的“安命无为”或者“逍遥无为”。《天运》篇说：

> 古之至人，假道于仁，托宿于义，以游逍遥之墟；食于苟简之田，立于不贷之圃。逍遥，无为也；苟简，易养也；不贷，无出也。古者谓是采真之游。

但这只是其无为论之一方面，其“进而抚世”之无为是更重要的一方面，而且论述较多，更为明确，例如《在宥》篇说：

> 故君子不得已而临莅天下，莫若无为。无为也而后安其性命之情。故贵以身于为天下，则可以托天下；爱以身于为天下，则可以寄天下。……从容无为而万物炊累焉。

虽然是讲“安其性命之情”，虽然是“不得已”，但终归是为了天下。接着《天地》篇进一步说：

> 天地虽大，其化均也；万物虽多，其治一也；人卒虽众，其主君也。君原于德而成于天，故曰玄古之君天下，无为也，天德而已矣。

远古君主之治理天下，出于无为，顺任自然就是了。他又说：

> 古之畜天下者，无欲而天下足，无为而万物化，渊静而百姓定。

无为是“畜”天下之法。

自然、无为紧密相连，就因为无为是因自然而产生的，这一点《知北游》中说得比较明白：

> 天地有大美而不言，四时有明法而不议，万物有成理而不说。圣人者，原天地之美而达万物之理。是故至人无为，大圣不作，观于天

地之谓也。

至人或者圣人之无为是“原天地之美”，是“观于天地”，也就是顺其自然。

顺自然就是无为，就是不待人为，亦非我为。《庄子》中此类论述甚多，或正面的叙述主张，或反面言其弊害而加以批判。例如《应帝王》中之论治天下：

> 天根游于殷阳，至蓼水之上，适遭无名人而问焉，曰：“请问为天下。”无名人曰：“去！汝鄙人也，何问之不豫也！予方将与造物者为人，厌则又乘夫莽眇之鸟，以出六极之外，而游无何有之乡，以处圹埌之野。汝又何帛以治天下感予之心为？”又复问。无名人曰：“汝游心于淡，合气于漠，顺物自然而无容私焉，而天下治矣！”

顺应自然，则为非我为，无为之意存焉。另一段讲“明王之治”也是如此：

> 阳子居蹴然曰：“敢问明王之治？”老聃曰：“明王之治，功盖天下而似不自己，化贷万物而民弗恃。有莫举名，使物自喜，立乎不测，而游于无有者也。”

为而不张扬，为而民不知其为，亦当有无为之意。《在宥》开篇一段话，反对他治，实即主张无为而治：

> 闻在宥天下，不闻治天下也。在之也者，恐天下淫其性也；宥之也者，恐天下之迁其德也。天下不淫其性，不迁其德，有治天下者哉！昔尧之治天下也，使天下欣欣焉人乐其性，是不恬也；桀之治天下也，使天下瘁瘁焉人苦其性，是不愉也。夫不恬不愉，非德也。非德也而可长久者，天下无之。

连“尧之治天下”也不可取，有些极端了，其极端之言还有许多，这里就不一一引述了。

总之，无为而治的思想在《庄子》中是相当突出的，本之《老子》而更加详细。

最后还要指出，无为论讲的是道的一种根本属性。这方面有好几处辞异而意同的叙述，如《天道》篇说：

> 夫虚静恬淡寂漠无为者，万钧之本也。

《刻意》篇说：

> 故曰夫恬淡寂漠虚无无为，此天地之本而道德之质也。

都说到了无为的本原和极致（质）。《则阳》篇借大公调之口，由“丘里之言”讲到浑同之道，一番即小悟大的道理，再次强调“无为而无不为”：

> ……四时殊气，天不赐（私?），故岁成；五官殊职，君不私，故国治；文武殊能，大人不赐，故德备；万物殊理，道不私，故无名。无名故无为，无为而无不为。时有终始，世有变化……

天地、自然、万事、万物、道、无名、无为，所有这些，在这里似乎成为一个系统了。无为论之重要亦由此可见。

五、齐物论

自郭象以来，《庄子》的头两篇就是《逍遥游》和《齐物论》，由此可见这两篇在《庄子》中无疑是主要内容，是重点所在。但是陆德明论《庄子》要旨时有另一种排列，如上所述是逍遥、自然、无为、齐物。这恐怕不是随意的安排，应该是反映他对《庄子》思想重点的看法。今天的看法也恰恰是如此，当然其标准是不可能相同的。在今天看来，逍遥，讲精神自由，这当然是最重要的；而自然、无为也确实是《庄子》的主要思想内容；至于齐物，今天一般都是从认识论来研究它的。《齐物论》的主要思想，有的说是《庄子》的发展观和矛盾观。

《齐物论》是《庄子》中篇幅最大的一篇，它是《逍遥游》的保证，也是其进一步的发展。《逍遥游》是要人从小与大、久与暂的区别中跳出来，站到最高的层次上看问题，让人不要与自然之物对立，让人无待、无己、无功、无名、无用。从根本上看，这都是要人摆脱固有的思维模式，拓宽自己的视野，在精神上达到逍遥自由的境界，从而为接受更大更广的思想打下基础。《齐物论》进一步论述，将一切事物看作齐平无差别，进而不再为事物的彼此差别而苦恼。

《齐物论》一开头，就描写人在齐物时的样子，那就是："形固可使如槁木，而心固可使如死灰"，乃至要"吾丧我"。这样，形与心、吾与我都丧失了本来的意义，不再存在原有差别，完全混而为一，这就是对物的齐平一视的典型例子。如何达到这种心境呢？庄子用地籁、人籁、天籁的寓言予以说明。地籁、人籁是土地和人发出的种种声音，千差万别，这是事物的不齐和不一，它们是自然形成的，非某一最高主宰决定的。万物的这种自然而然的壮观，就可称为天籁。夫天籁者，"吹万不同，而使其自已也。咸其自取，怒者其谁邪"，意思是说，万物及其差别都是自然的结果。具体地看，有种种不同，总起来看，无非都是物，都是自然的物。从这一最大的共同点看，它们都是一样的，是没有差别的，这样，它们是齐平的、同一的，这就是"齐物"。

《庄子》通过一些很具体的寓言，从各个方面，包括各种事物以及学派、人物之争论等，反复证明齐一的思想，并且归结为"道通为一"。

> 道行之而成，物谓之而然。恶乎然？然于然。恶乎不然？不然于不然。物固有所然，物固有所可。无物不然，无物不可。故为是举莛与楹，厉与西施，恢恑憰怪，道通为一。其分也，成也；其成也，毁也。凡物无成与毁，复通为一。唯达者知通为一，为是不用而寓诸庸……因是已。已而不知其然，谓之道。

总之，主观应尊重自然，不应有偏见。其并且提出"两行"、"以明"的认识方法。

齐物思想，不仅用来看待事物，而且用以处理人生的各种问题。具备齐物思想，庄子称为大知，反之就是小知：

> 大知闲闲，小知间间；大言炎炎，小言詹詹。其寐也魂交，其觉也形开，与接为构，日以心斗……日夜相代乎前，而莫知其所萌。已乎，已乎！旦暮得此，其所由以生乎！

大知，心胸宽广而精神闲暇。小知，心胸狭隘，计较事物琐细差别，使人处于紧张状态，日夜不宁，整天勾心斗角，沉重的精神负担使人生毫无愉快可言。所以庄子劝告人们：停下来吧，停下来吧！白天黑夜都如此操心，这是维持你生命的好方法吗？总之，如果处于小知的精神境界，人们因事物的各种区别而有种种烦恼，人生就变得痛苦不堪。所以应该按照齐物的思想，把万事万物视为一无区别，完全齐平同一，不必区分彼此及其优劣、利害，不必区分其间的是非，不要为此争论，说些无谓的废话。消除一切烦恼，使人生从痛苦中彻底解脱，这就是齐物思想的人生意义。

齐同万物是《庄子》的中心思想之一，所以不仅在《齐物论》中有“天地一指，万物一马也”、“道通为一”、“万物与我为一”的论述，在《逍遥游》中也有“磅礴万物以为一”的说法，《德充符》有“万物皆一”、“物视其所一”，《大宗师》中有“入于寥天一”等。可以这样认为，《齐物论》是为《逍遥游》的精神自由提供理论根据和思想方法。

另外，《庄子》在《齐物论》中关于矛盾、发展的许多具体论述，既有辩证法思想，也有诡辩论。有的学者在这方面有较集中的论述，如刘笑敢《庄子哲学及其演变》中论《齐物论》的一节就是如此。他首先肯定庄子哲学中包含了较多的辩证观念：

> 庄子对自然界、社会生活和人类认识中的矛盾有深刻细致的观察，他看到了矛盾的普遍存在，他重视对立概念间的相互关系，他反复论及了许多对立面，如彼是［此］、是非、死生、有无、虚实、大小、成毁、然与不然、可与不可等等，庄子不仅看到了对立的普遍性，而且看到了对立的同一性。就现实世界来说，庄子是一个辩证论者，他不仅承认世界中充满了矛盾，而且承认矛盾的转化和对立面的统一，因而可以说庄子思想中的辩证观念是相当丰富的。[①]

---

① 刘笑敢：《庄子哲学及其演变》，中国社会科学出版社 1988 年版，第 188 页。

问题是，庄子往往利用矛盾的同一性抹杀矛盾，其论述常常表现为前半截是辩证的，后半截就属于诡辩了，例如《齐物论》中说的：

> 是亦彼也，彼亦是也。彼亦一是非，此亦一是非，果且有彼是乎哉？果且无彼是乎哉？彼是莫得其偶，谓之道枢。枢始得其环中，以应无穷。

前面的论述没有什么不可，但“彼是莫得其偶”，把消除彼此是非对立当作认识的最高原则，幻想摆脱一切彼此之分和矛盾对立，这就是抹杀矛盾。又如前面引的：

> 其分也，成也；其成也，毁也。凡物无成与毁，复通为一。

分与成、成与毁是对立的统一，这是符合辩证法的。“无成与毁，复通为一”就取消了矛盾与对立。其他如“方生方死”、“方可方不可”以及大小、寿夭等的论述都是如此，所以有的学者认为，《庄子》思想终归是诡辩论。

《庄子》的思想内容是丰富的，历来论述也很多，我们以上几个方面的论述，只是想换一种方式进行介绍，主观设想是力求就《庄子》而言《庄子》思想，尽量少加上现代的观点，也有求本义之意，并且不排斥学者的分析和认识，因为关于《庄子》思想的认识，也是本书的研究内容之一。

第四节　关于庄子的历史地位

庄子的历史地位已有不少的论述，我们还不可能提出完全新的见解，之所以再写一番，是因为近代以前，这些论述虽或多或少地涉及庄子渊源和宗派等问题，有的也非常精辟，但多半语焉不详。近几十年明确论述这一问题者，又由于历史的原因，往往侧重于其阶级利益、阶级意识之类的分析。这里我们想从学术文化发展的角度，对庄子的历史地位重述一番。

一、在道家形成中的地位

道家是古代的一个学术流派，这里我们想首先谈一谈学术流派的问题。国外有的学者曾提出诸子百家有没有必要分家分派的问题。我们认为，这不是有无必要的问题，而是一个客观存在。《汉书・艺文志》根据《七略》分诸子为九流十家（更早的是司马谈的《论六家要旨》)，虽然其概括各家的特点以及具体的归类不无可商榷之处，但阴阳、儒、墨、名、法、道几个大的学术流派的存在是客观事实。

其次，各学术流派的形成和发展是颇有不同的，儒、墨两家很早就形成了派别，有祖师、有宗旨，甚至有组织等等，而其他的派别则有所不同，没有明确的祖师、宗旨和组织；其主旨的形成有很明显的发展过程，有的甚至始终只有大体相同的思想。名家、阴阳家莫不如此，法家也是这样。虽然无论是从势力还是从影响看，法家都是不可低估的，但李悝、商鞅、韩非之间，似乎找不出什么渊源关系，只不过他们都是主张“明罚饬法”罢了。其中有些人是典型的法家，如商鞅、韩非，有些人的著作和思想则可分记别处，如法家中有《李子》三十二篇，儒家中也有《李克》七篇。而且《申子》《慎子》的作者都可说是黄老学派形成过程中的人物。总之，各家的形成和发展是有很大不同的。

但是发展到后来，或者说发展到汉代，“相灭亦相生”的诸子百家，有的销声匿迹了，如墨家；有的逐渐转为暗流（如阴阳、名、法各家），为儒或道所吸收利用。在以后的历史中，儒、道之分野似乎是始终存在的，尽管有儒道互补、儒道合流之类。

儒家的道统比较清晰，道家的发展曲曲折折，从它形成开始，就不太好厘清。关于道家的形成，我们想作如下概述。

老子作为道家开山祖的地位，是后世确认的，他并不是像孔子、墨子那样当时即被认为是先师。但是，不论人们如何讨论老子其人其书，历史上确有一个有学问的有道的老子是可以肯定的，“仲尼学乎老聃”之类的记载不好轻易否认，至于《老子》书，马王堆帛书证明汉代已有了大体相当于今本的《老子》，郭店竹简出土证明《老子》书早已流传。司马迁的一些概述①是

① 参见司马迁《史记・老子韩非列传》《史记・孟子荀卿列传》。

可靠的，如“言道德之意”而且“深远”的《老子》书，以及很多人的思想学问本于老子或者黄老，很多人学习老子或者黄老并发明其旨意等等。

司马迁断言，庄子“其学无所不窥，然其要本归于老子之言”，“庄子散道德放论，要亦归之自然”[①]。这是些根本性的结论，是对庄子学说的渊源及主旨所作的结论，今天来审视它，应该说仍为不易之论。尽管从唐宋以来，就不断有人对庄子学说的渊源提出各种疑问，但似乎都难以改变老庄相连的基本事实。这些就不详论了。

和孔子死后儒分为八、墨子死后墨离为三的情况不同，道家在其发展的过程中就形成黄老和老庄两派。我们的初步看法是，庄子出现就是老庄学派的开始。这就涉及了庄子的历史地位问题。

大家比较熟悉郭沫若在《十批判书》中的一些论述，诸如庄子“并没有存心以‘道家’自命，他只是想折中各派的学说而成一家之言”，“事实上成为了道家的马鸣、龙树”，“庄子这一派或许可以称为纯粹的道家吧”等。有些学者认为马鸣、龙树的比喻不确，而赞同“纯粹道家”的提法[②]。我们也同意这些说法，并且认为庄子想建立的这个新宗派就是道家的老庄派。但是要论证这一点，至少要探讨两个问题，即老庄的渊源关系及老庄一派的大致发展。

关于老庄渊源，唐宋以来韩愈、苏轼等人发其端，把庄子往儒术方面靠，清人章太炎、廖平也有所论述，近代学者钟泰的《庄子发微》可谓集其大成，他据“内圣外王”之学的发展，断言《庄子》属于儒家。只是该书出得较晚，20 世纪 60 年代曾以石印本问世，1988 年才由上海古籍出版社出版发行，影响不是很大。虽然《庄子》一书和黄老学派的著作一样，兼采了儒家乃至其他各家的学说（当然又有一个庄子本人或其后学所作的问题），应该说司马迁也已经看到了这一点，才说“其学无所不窥”，但他还是指出：“然其要本归于老子。”其与老子的连接点是什么呢？“归之自然。”这自然的精神、特点、理论，也正是与儒家学说不同的根本的分水岭。老子的“人法地，地法天，天法道，道法自然”[③] 在《庄子》中得到了充分阐发。如果论述庄子的学术思想不讲其自然特性，那就不是庄

① 司马迁：《史记》卷六十三，《老子韩非列传》，中华书局 1982 年版，第 2143、2156 页。

② 张恒寿：《庄子新探》，湖北人民出版社 1983 年版，第 400 页。

③ 《老子》第二十五章。

子了。

关于老庄一派的发展，我们和其他一些学者一样，认为清人关于汉代言黄老，魏晋才言老庄的说法是不确切的，至少汉初已有老庄相连的出现，《淮南子》中有最明显的例子。但是汉初因为黄老学派当道，不太重视庄子，那也是事实。不过至少从东汉开始，已经是老庄并行了，绝不要等到魏晋玄风大畅之时。从学术发展史上看，确有一个庄子开始的老庄道家学派，它和黄老道家学派也有所不同，黄老学派是很多人假借黄帝之名，共同陆续创造出来的，老庄学派则是庄子用自己的思想所开创的，庄子的历史地位由此也可见其重要了。没有庄子，道家很难成为始终与儒家抗衡的独立学派。

二、在传统文化发展中的地位

历史上儒、道两家始终并存，而道家两派——黄老和老庄也始终在历史上独立发挥着自己的作用。黄老派主要在政治上起作用，不仅在汉初，在整个两汉时期它都有所表现（拙作《秦汉新道家》作了较系统的论述）。而且除了汉代，历朝都不时会有人运用它。老庄派的影响和作用主要在学术和思想文化方面。

《庄子》比《老子》的文字多十几倍，许多地方发挥《老子》的旨意，思想更为丰富，对人的启发影响更大，这方面内容极为丰富。其“洸洋自恣”的语言风格，颇为后代文人所喜爱、模仿，在文学发展史上也有着极重要的地位。

蔡尚思先生写《庄子思想简评》时说：“在道家思想史上，庄子地位的重要实高于老子。儒家或可以只述孔子而不必述孟荀二子，道家就不可以只述老子而不述庄子了。”① 他并且说庄子“集道家思想之大成”。从在传统文化发展中的影响看，庄子的重要性确实很大。这一点也有不少学者进行过探讨，如崔大华先生在其《庄学研究》下编《庄子思想与中国历代思潮》中进行了较系统的论述，还有其他一些学者关于庄子的论著，也涉及这方面的问题。本书主要论述各个历史时期庄学的发展，从中凸现《庄

---

① 蔡尚思：《庄子思想简评》，陈鼓应主编：《道家文化研究》第二辑，上海古籍出版社 1992 年版，第 106 页。

子》的影响和作用。

本书只记述到清代，对于近现代的庄学，这里想初步提一点看法。读《庄子》、注释研究《庄子》，既有各个人的具体情况，更有时代条件、背景的因素。如果说明清开始已经是在以儒学为主体的情况下平视诸子了，到了近现代，那更是孔、孟、老、庄平等看待，并且随着时间推移日益“平等”，乃至于会产生中国传统哲学的道家主干说。当然这是整整一个世纪的发展过程，其中特别是早期还会有个别的儒学“卫道者”，但那不是发展的主流。至于《庄子》义理发挥的近代特色也是很明显的，严复既读《老子》，也读《庄子》，从《庄子》中找到西方的自由主义。在近现代学术史上，庄子是受到了应有的重视的。用近代学术方法研究《庄子》，是所有的思想史、哲学史著作中都表现出来的。《庄子》至今有不可忽视的学术地位。

具体内容，本书后面诸章有较详的述说。从长时段的历史看，我们没有注重其人、其书等问题的区分，因为至少从魏晋以后在历史中流传并发生影响的，是一个大体一致的《庄子》，当然文字的错、漏、衍、变是不少的，或为传抄之误，或为妄加臆改，但这并未从根本上改变《庄子》，只有人们注释理解的不同。后者正是庄学在不同时期人们不同思想的反映，从而为传统文化的发展提供原料，然后加工成新的思想内容。

三、略说当代价值

当前要弘扬传统文化，如何弘扬？当然首先要弄清楚什么是传统文化，并且对它进行一番清理，有些内容要重新认识、重新发掘。例如伦理道德在历史上曾经为封建统治者所利用，以至于近代非反对不可。但对于今天某些道德沦丧的现象来说，它未尝不是一副济世良药。

传统文化中儒和道是两大支柱，道家的理论基础是老庄奠定的，《庄子》的理论深度、广度及其繁复性都大大超过《老子》，这是学界共识。

历代文人从文字、文学的角度都特别欣赏《庄子》，然而《庄子》是古文，文字虽然不是很难，但今天青年人读起来也不是很容易，哲理很深且曲折复杂，不太好理解。

那么今天还值不值得、应不应该读《庄子》？这是一个可以讨论的问题。如果不对传统文化采取虚无主义的态度，是值得读的；如果还想从中吸取一些对今天有用的东西，是应该读的。西方曾有不少学者读过《庄子》，并从中得到启发，有人介绍过此类情况。现代西方人也有对《庄子》感兴趣的，为什么？德国费南山的《现代西方人为什么对庄子感兴趣》说："我们很欣赏《庄子》的富有比喻，富有神话传说的文体。这种写法在西方文学中很难找到，它的启发作用给我们留下很深刻的印象。"除了好奇、新鲜之外，有"启发作用"，在思想影响上是主要的，我们在美国就看到《道（TAO）如是说》的小册子，就是翻译一些《庄子》的话。

要说《庄子》的当代价值，那就应该首先看它的主要思想内容，对其内容"吸取其精华，剔去其糟粕"，遁世的消极思想是不合适的，放达无羁也不可取，然而其自然主义的精神和理论，也许为当代社会的进一步发展所需要，或者对个人精神状况的调整有所裨益。还有，其所谓与后现代理论的关系，也是值得探讨的。

第二章　秦汉时期的庄学

第一节　社会政治与思想学术

一、社会政治的主要特点

秦汉四百年是中国历史上的一个重要时期，这一时期中国的社会政治发生了重大的转变，也奠定了以后近两千年中国社会政治发展的基础。我们可以用国家的大一统、政策的大统一、思想的大融合几个主要方面概括当时的时代特点。当然有时候也需要作些具体的分析，国家的大一统包括中心地带和周边的统一。秦汉大一统与殷商和西周的诸侯分封相比，与春秋战国的分裂割据相比，是一个重大的乃至根本性的变化。虽然并不等于说中国的整个疆域在当时就已经大一统了，但是当时的中央政府与周边地区的联系比过去有所加强是可以肯定的。政策的大统一也是如此。

国家的统一，带来社会相对安定，比起割据形势下连年此起彼伏的战争来说，那是安定的。社会安定，加上相对好的政策，譬如汉初的休养生息政策，会带来社会经济的恢复和发展，使人民群众能够相对地安居乐业。当时的情况，人们常引《汉书·食货志》中一段话来概述，其文曰：

> ……然娄（师古曰：古“屡”字）敕有司以农为务，民遂乐业。至武帝之初七十年间，国家亡事，非遇水旱，则民人给家足，都鄙廪庾尽满，而府库余财。京师之钱累百巨万，贯杇而不可校。太仓之粟陈陈相因，充溢露积于外，腐败不可食。众庶街巷有马，仟佰之间成群，乘牸牝者摈而不得会聚。守闾阎者食粱肉，为吏者长子孙，居官者以为姓号。人人自爱而重犯法，先行谊而黜愧辱焉。

这段话实际是照抄《史记·平准书》的，其中虽有溢美之词，但绝非向壁虚构。司马迁作为当时人，作为一个严肃的史学家，在其他地方也有类似的记述。例如其《史记·律书》中记载有文帝时君臣的一些对话：

高祖时，天下新定，人民小安，未可复兴兵。

百姓无内外之徭，得息肩于田亩。天下殷富，粟至十余钱。鸣鸡吠狗，烟火万里，可谓和乐者乎？

然后他自己写道：

太史公曰：文帝时，会天下新去汤火，人民乐业，因其欲然，能不扰乱，故百姓遂安，自年六七十翁亦未尝至市井，游敖嬉戏如小儿状。孔子所谓有德君子者邪！

“天下晏然”是汉初七十余年的主要特点之一，人民安居乐业，对社会经济的恢复和发展是有很大作用的。

当时政治上的主要特点，就是中央集权制的形成。尽管商、周时期也可说是统一的王朝，但无论是它们统一的范围，还是政治统治的力度，或者政策，都是不能与秦汉的中央集权相比的。例如政策方面，分封制虽是统一王朝搞的分封，但它实际上却造成了分裂割据。秦汉的中央集权制就从制度本身上解决了割据的非法问题，减少了分裂的可能性。汉代也有类似分封的王国、侯国，但中央政权对它们加强了限制，汉武帝更采取措施进一步削弱诸侯王国的权力。

秦汉时期的中央集权制，从制度、组织、政策、法令等各方面，有一套完整的基本相适应的体系。而且地方的郡县制，可说是中央集权的另一重要部分，中央集权的许多根本方面是通过郡县制实现的，例如军队的组成，赋税的征收，以及全国性的政令的实行等等。总而言之，中央集权制对于巩固国家的统一，保证统一国家社会、政治、生活的正常运行起了重大作用。

另一个问题是专制主义。秦始皇自以为功高五帝，德侔三皇，创立了中国历史上的皇帝制度，同时还创立了一些相关的名物制度，以表示皇帝至高无上的独尊地位："命为'制'，令为'诏'，天子自称曰'朕'"①，以及只有皇帝的印才能称玺等等，把一些普通人都能用的名词变成皇帝专用。秦始皇大权独揽，如当时侯生、卢生相与谋曰：

> 始皇为人，天性刚戾自用，起诸侯，并天下，意得欲从，以为自古莫及己。专任狱吏，狱吏得亲幸。博士虽七十人，特备员弗用。丞相诸大臣皆受成事，倚辨于上。上乐以刑杀为威，天下畏罪持禄，莫敢尽忠。上不闻过而日骄，下慑伏谩欺以取容。秦法，不得兼方不验，辄死。……天下之事无小大皆决于上，上至以衡石量书，日夜有呈，不中呈不得休息。贪于权势至如此。②

在这里除了他能够亲政这一点可取之外，专制主义及其所有的弊病都反映出来了。所以说秦始皇建立的是专制主义中央集权。

但是我们要指出，汉代皇帝和秦始皇相比，和后来特别是明清以后的皇帝相比，似乎还不那么专制，这有许多记载可以证明。例如位高权重的三公、丞相，在汉代受到皇帝的各种礼遇，《后汉书·陈忠传》有云：

> 三公称曰冢宰，王者待以殊敬。在舆为下，御坐为起。入则参对而议政事，出则监察而董是非。汉典旧事，丞相所请，靡有不听。

陈忠说汉典旧事是有根据的，且举《汉旧仪》两条为证：

> 皇帝在道，丞相迎谒，谒者赞曰："皇帝为丞相下舆。"立乃升车。皇帝见丞相起，谒者赞称曰："皇帝为丞相起。"立乃坐。

> 丞相有病，皇帝法驾亲至问病，从西门入。即薨，移居第中，车驾往吊，赐棺、敛具、赠钱、葬地。葬日，公卿以下会送。③

---

① 司马迁：《史记》卷六，《秦始皇本纪》，中华书局 1982 年版，第 236 页。
② 司马迁：《史记》卷六，《秦始皇本纪》，中华书局 1982 年版，第 258 页。
③ 孙星衍等辑：《汉官六种》，中华书局 1990 年版，第 66、71 页。

又例如臣下犯颜直谏，面折廷争，汉代皇帝往往能接受，很少有人受到重罚，典型事例颇多，亦如东汉陈忠所言：

> 高祖舍周昌桀纣之譬，孝文嘉爰盎人豕之讥，武帝纳东方朔宣室之正，元帝容薛广德自刎之切。①

而汲黯“数犯主之颜色”，甚至批评武帝“内多欲外施仁义”，气得武帝“变色而罢朝”，“公卿皆为黯惧。上退，谓左右曰：‘甚矣！汲黯之戆也！’”② 他不过发发牢骚而已。我们知道此时非汉初高祖之时了，皇权已大大加强，武帝能够如此表现，这与他本人的修养、气度有关，也与当时专制主义尚未恶性发展有关。

再例如，汉代还有经常的比较完善的集议制度，如《后汉书·百官志》所说：

> 凡国有大造大疑，（太尉）则与司徒、司空通而论之。

当时集议之事甚多，如立君、储嗣、宗庙、郊祀、典礼之类，也包括关系国计民生的民政、法制、边事、食货等。参与集议的人员，除了三公之外，还有许多大臣和有关主管，有时还有博士，有些“大议”、“大政”，朝廷还派人去“家居”大臣之家“问之”。不难看出，集议制度一方面可以反映当时皇帝的专制尚未恶性发展，另一方面它起着集思广益的作用。

总之，中央集权制度，有利于国家统一的巩固，有利于社会的相对安定，从而也有利于经济和文化的发展。

二、民心向背问题

对于这个看似抽象，实际作用和影响很大的问题，《吕氏春秋》有难能可贵的认识，有两处议论我们想在这里引用，其《功名》篇中明确地说：

---

① 范晔：《后汉书》卷四十六，《郭陈列传》，中华书局 1965 年版，第 1556 页。
② 司马迁：《史记》卷一百二十，《汲郑列传》，中华书局 1982 年版，第 3106 页。

欲为天子，民之所走，不可不察。

其《顺民》篇更有较详细的论述：

先王先顺民心，故功名成。夫以德得民心以立大功名者，上世多有之矣。失民心而立功名者，未之曾有也。得民（心）必有道，万乘之国，百户之邑，民无有不说。

在列举商汤、周文王等的一些事例论证之后，其最后还作了一个结论：

故凡举事，必先审民心然后可举。

吕不韦及其智囊团有如此明确的认识，当然是得之于对历史的总结。实际上当时的现实也是很清楚的，民心向背决定成败，秦统一之所以能成功，就在一定程度上取决于民心所向。

首先，人民渴望统一。这方面当时的许多思想家，如孟子、荀子、韩非子以及《吕氏春秋》的作者们都从实际出发有所论述。所谓“争地以战，杀人盈野，争城以战，杀人盈城”①。往往一场大战之后，“民之所费也，十年之田而不偿也”②。人民的灾难生活可说是“如水亦深，如火亦热”，人民之渴望统一，如孟子所说：“若大旱之望云霓也。”只要“民以为将拯己于水火之中也”，就会“箪食壶浆以迎王师”③。

其次，各诸侯国中，秦国具备了统一的多方面条件，其中重要的一条也是民心安定。《荀子·强国篇》记有荀子在秦国实地考察后的观感：

……入境，观其风俗，其百姓朴，其声乐不流污，其服不挑，甚畏有司而顺，古之民也。及都邑官府，其百吏肃然，莫不恭俭敦敬，忠信而不楛，古之吏也。入其国，观其士大夫，出入其门，入于公门，出于公门，归于其家，无有私事也。不比周，不朋党，倜然莫不

① 《孟子·离娄上》，诸子集成本，中华书局 1954 年版。
② 《战国策·齐策五》。
③ 《孟子·梁惠王下》，诸子集成本，中华书局 1954 年版。

> 明通而公也，古之士大夫也。观其朝廷，其间听决百事不留，恬然如无治者，古之朝也。故四世有胜，非幸也，数也。是所见也。故曰：佚而治，约而详，不烦而功，治之至也。秦类之矣。

这段话虽也有点美化，但面对“四世有胜”的现实，荀子分析认为“非幸也，数也”。除开秦的地理条件、法制传统等之外，就“在乎壹民”，“士民不亲附，则汤武不能以必胜也”①。这是“秦四有胜，兵强海内，威行诸侯”的根本条件，他在《议兵篇》最后总结说：

> 兼并易能也，唯坚凝之难焉。……天下为一，诸侯为臣，无它故焉，能凝之也。故凝士以礼，凝民以政。礼修而士服，政平而民安，士服民安，夫是之为大凝。以守则固，以征则强，令行禁止，王者之事毕矣。

借助各诸侯国民心思安，借助秦国内部的士民亲附，秦终于完成了统一大业。

秦统一后没能满足人民安居乐业的要求，所以二世而亡，这一点当时的政治家从不同的角度，反反复复作过许多论述。汉武帝时严安的说法比较典型：

> （秦统一之后）元元黎民得免于战国，逢明天子，人人自以为更生，乡使秦缓刑罚，薄赋敛，省徭役，贵仁义，贱权利，上笃厚，下佞巧，变风易俗，化于海内，则世世必安矣。②

汉朝初年的巩固、发展乃至繁荣，得力于休养生息政策，这是众所周知的。这里要指出的是，休养生息的核心是“安民”而“不扰民”，以秦亡为戒，主张和实行“与民休息”，是当时朝野上下、有识之士的共识。《汉书·循吏传》有一段很好的概述：

---

① 《荀子·议兵篇》，诸子集成本，中华书局1954年版。

② 班固：《汉书》卷六十四下，《严朱吾丘主父徐严终王贾传下》，中华书局1962年版，第2811页。

汉兴之初，反秦之敝，与民休息，凡事简易，禁罔疏阔，而相国萧、曹以宽厚清静为天下帅，民作“画一”之歌。孝惠垂拱，高后女主，不出房闼，而天下晏然，民务稼穑，衣食滋殖。至于文、景，遂移风易俗。

民心之向背问题实际上是一个根本性的政治问题，对于政权来说是存亡的关键，任何一个当权者都十分注意这个问题。再以东汉的政治为例，《后汉书·循吏列传》开头写道：

初，光武长于民间，颇达情伪，见稼穑艰难，百姓病害，至天下已定，务用安静，解王莽之繁密，还汉世之轻法……故能内外匪懈，百姓宽息……

这是客观的描述。光武帝刘秀深知人之情伪，从而指导他自己的行为，可说是自觉的、明确的。《后汉书·光武帝纪》又写道：

初，帝在兵间久，厌武事，且知天下疲耗，思乐息肩。自陇、蜀平后，非儆急，未尝复言军旅。

所以他曾在其母面前脱口而出：“吾理天下，亦欲以柔道行之。”直至临死之前，其遗诏曰：

朕无益百姓，皆如孝文皇帝制度，务从约省，刺史、二千石长吏皆无离城郭，无遣吏及因邮奏。

如此以百姓为念，力求不扰民，是深知牧民之本，务在安之！

三、士人的社会角色

至少从秦汉开始，士人主要指知识分子。以上说民心所向，也应包括士人之心。士人之向背是更为重要的一个内容。东汉王充在《论衡·效力篇》中对知识分子的作用曾有一个很形象的概括：

> 六国之时，贤才之臣，入楚楚重，出齐齐轻，为赵赵完，畔魏魏伤。①

现在我们想着重说明如下几点：

首先，士人是平民的一部分。《说文解字》说“士，事也”，即做事的人。士人入仕、做官也是事，和农夫种田一样，这一点孟子有一个明确的说法：

> 士之仕也，犹农夫之耕也。②

并且引公明仪曰：“古之人三月无君，则吊。”其又说：“士之失位也，犹诸侯之失国家也。”士人没有被君主任用，就是没有事做！这样看来，士人与官吏有很密切的联系。所以把士人看作官与民之间的一个社会阶层也是可以的。因而既有“士大夫”这样的名称，也往往“士”、“庶”相连，例如在《管子》书中就很明确，其《大匡》篇云：

> 君有过，大夫不谏；士庶人有善，而大夫不进，可罚也。士庶人闻之吏贤孝悌，可赏也。

而《穀梁传》就直接说是士民：

> 古者有四民，有士民，有商民，有农民，有工民。

很明显，士——知识分子更贴近于民。

战国时期出现了“布衣”一词来指称士庶之人。《战国策·赵策二》记苏秦说赵王曰：

> 天下之卿相人臣，乃至布衣之士，莫不高贤大王之行义。

① 王充推崇的“贤才之臣”，是指那些“怀先王之道，含百家之言”，博通古今，下策万言的文儒。

② 《孟子·滕文公下》，诸子集成本，中华书局 1954 年版。

这里一方面说明“布衣”为平民的代称，另一方面说明它又与士紧密相连。关于“布衣”为平民之代称，《盐铁论·散不足》有一个解释：

古者，庶人耋老而后衣丝，其余则麻枲而已，故命曰布衣。

《史记·李斯列传》记载李斯自己曾说：

夫斯乃上蔡布衣，闾巷之黔首……

总之，一般士人应该属于平民中的一个社会群体。

至于士大夫，当然是指居官有职位之人，不过非高官的称呼，所谓：“坐而论道谓之王公，作而行之谓之士大夫。”① 相对而言，秦汉以前士庶、士民的连称用得较多，士大夫用得较少。有学者指出，士大夫模式的形成，所谓士人—官僚—地主三位一体成为普遍现象，是在汉代②。这一点似可确定。

其次，简要谈谈士人社会角色及其思想的变化。

知识分子凭着自己的知识做事，最好、最理想的就是“仕”，找一个任用自己的主人。如上引孟子讲这个问题时，还引用了“传曰”：

孔子三月无君，则皇皇如也，出疆必载质。③

三个月没有被任用就惶惶不安，而且急急忙忙带着礼物去找另一个国君。孟子也是“后车数十乘，从者数百人，以传食于诸侯”④。我们看到春秋战国时期，许多布衣之士驰骛、游说于诸侯之间，为各诸侯国国君出谋献策，甚至他们的计谋是可以随时改变的，你需要什么他们就给你什么，一旦被采纳，他们就可以得到高官厚禄。这方面事例颇多，不胜列举。

知识分子与当权者是一种买卖关系，所谓“待价而沽”。《论语·子

① 《周礼·冬官·考工记》，十三经注疏本，中华书局 1980 年版。
② 刘泽华主编：《士人与社会》（秦汉魏晋南北朝卷），天津人民出版社 1992 年版，第 220 页。
③ 《孟子·滕文公下》，诸子集成本，中华书局 1954 年版。
④ 《孟子·滕文公下》，诸子集成本，中华书局 1954 年版。

罕》记载：

> 子贡曰："有美玉于斯，韫椟而藏诸？求善贾而沽诸？"子曰："沽之哉！沽之哉！我待贾者也。"

说得不好听，孔子是等待一个好价钱卖掉自己，说得好听一点，他是等待识货的人。当然，知识分子"卖"自己，也有一个"志于道"的问题。孟子"后车数十乘，从者数百人，以传食于诸侯"，彭更问他，你这不太过分了吗？孟子曰：

> 非其道，则一箪食不可受于人；如其道，则舜受尧之天下，不以为泰。①

不过，实际并非都是如此，所以孟子又说：

> 仕非为贫也，而有时乎为贫……为贫者，辞尊居卑，辞富而居贫……②

为生活万不得已要去"仕"，那就不要接受高官厚禄。知识分子如何入仕，是一个比较复杂的问题，这里不作评述。我们从另一个角度看到的是士的流动性，这里不是讲那种贵族下降为士或平民上升为士的流动性，而是讲士在诸侯之间流动，所谓朝秦暮楚。更重要的是，我们可以看到一种双向选择，合则留，不合则去。

战国时期的养士之风很盛，如秦代吕不韦招养大量宾客，就是很明显的例子：

> 当是时，魏有信陵君，楚有春申君，赵有平原君，齐有孟尝君，皆下士喜宾客以相倾。吕不韦以秦之强，羞不如，亦招致士，厚遇

① 《孟子·滕文公下》，诸子集成本，中华书局1954年版。
② 《孟子·万章下》，诸子集成本，中华书局1954年版。

之，至食客三千人。是时诸侯多辩士，如荀卿之徒，著书布天下。吕不韦乃使其客人人著所闻，集论……号曰《吕氏春秋》。①

吕不韦被免相之后，仍然是“诸侯宾客相望于道请文信侯”。

到了秦汉时期，这种风气依然存在。汉代的突出例子就是淮南王刘安，“招致宾客方术之士数千人”②，作了著名的《淮南子》。实际上其他诸侯王和大臣也养士，例如田蚡、窦婴都养有大量“游士宾客”。

当然，王公大臣之养士弄得不好就会威胁中央王朝，汉武帝是非常反对的，班固在写《汉书·卫青传》之后，赞曰：

苏建尝说：“大将军至尊重，而天下之贤士大夫无称焉，愿将军观古名将所招选者，勉之哉！”青谢曰：“自魏其、武安之厚宾客，天子常切齿。彼亲待士大夫，招贤黜不肖者，人主之柄也。人臣奉法遵职而已，何与招士！”③

这里透露出一个极为重要的信息，汉武帝是反对王公大臣养士的，“切齿”痛恨，因诸侯之反叛明显有士人相助。卫青看到了这一点，所以不愿“招士”，并且认为此乃“人主之柄也”。而汉武帝充分利用了自己的权柄，有广招人才之誉。例如班固在《汉书·公孙弘卜式兒宽传》后就大吹一番：

是时，汉兴六十余载，海内艾安，府库充实，而四夷未宾，制度多阙。上方欲用文武，求之如弗及……群士慕向，异人并出。……汉之得人，于兹为盛……不可胜纪。是以兴造功业，制度遗文，后世莫及。④

从汉武帝以后，知识分子的角色和地位有很大的变化，那种相对自由的双向选择，已不复存在了，一般王公大臣的养士之风好像突然停止了，现在我们能看到的例子，大多是汉武帝及其以前时期的。虽然后来有东汉

① 司马迁：《史记》卷八十五，《吕不韦列传》，中华书局1982年版，第2510页。
② 班固：《汉书》卷四十四，《淮南王安传》，中华书局1962年版，第2145页。
③ 班固：《汉书》卷五十五，《卫青传》，中华书局1962年版，第2493页。
④ 班固：《汉书》卷五十八，《公孙弘卜式兒宽传》，中华书局1962年版，第2633～2634页。

盛行的门生故吏，但与此前的养士之风是不同的，这里就不详细讨论了。

似乎可以这样认为，汉武帝注意人才搜罗，设立学校，设立五经博士及博士弟子员，实行察举、辟除、任子、试博士弟子等仕进制度，给知识分子尽量提供一些出路。但是他加强了导向，那就是所谓“独尊儒术”，其察举的科目，孝廉、茂才、方正、贤良文学、明经、有道、至孝、敦厚……都是以儒家思想为核心的。这样就引导大量的知识分子去学习儒家经典，如班固为《汉书·儒林传》所写之赞云：

> 自武帝立五经博士，开弟子员，设科射策，劝以官禄，讫于元始，百有余年，传业者浸盛，支叶蕃滋，一经说至百余万言，大师众至千余人，盖禄利之路然也。

士人为了求得一官半职，不得不去苦读经书，以至于汉代经学特别发达，这是一个副产品，却在学术史上成为一件有深远意义的大事。至于其他诸子之学，即使没有明确具体的罢黜百家措施，也自然会处于一种沉寂的状况，成为冷门。

四、思想学术的特点

以上讨论知识分子的问题，已涉及当时的思想和学术，这里再就其主要特点作一简略的概述。

过去有的学者曾用“学术思想的混合与儒家的独尊”[①] 来概括这一时期的学术思想。我们也曾使用“思想的大融合”、“综合性的学术”[②] 等词来形容秦汉思想、学术的特点。关于“融合”，我们也曾考虑是否使用“整合”更为合适，因为它既不是简单的混合，也没有完全融为一体，而是在由分到合的过程中，形成了各具特色的新的思想和学术。如果沿用儒家、道家、法家等说法的话，秦汉时期是新儒家、新道家、新法家[③]，各家都既坚持自己的主要思想，又广泛地有选择地吸取其他派别的思想，形

---

① 杨东莼：《中国学术史讲话》，东方出版社 1996 年版，第 92 页。

② 熊铁基：《秦汉文化志》，上海人民出版社 1998 年版，第 156 页。

③ 萧萐父：《秦汉之际学术思想简论（代序）》，熊铁基：《秦汉新道家略论稿》，上海人民出版社 1984 年版，第 1～16 页。

成自己的新思想、新学说。

究其原因，实有内、外两个方面。首先是内因，诸子百家虽然“各引一端，崇其所善，以此驰说，取合诸侯”，但是：

其言虽殊，譬犹水火，相灭亦相生也。仁之与义，敬之与和，相反而皆相成也。《易》曰：“天下同归而殊途，一致而百虑。”[①]

因此，由分到合，已是战国末期的发展趋势。庄子、荀子、韩非子都颇有这样的倾向。

其次，那就是政治上大一统的形成和发展，这些外部条件对学术的影响是很明显的。班固在《汉书·艺文志》诸子略的最后写道：

使其人（按：诸子）遭明王圣主，得其所折中，皆股肱之材已。仲尼有言：“礼失而求诸野。”方今去圣久远，道术缺废，无所更索，彼九家者，不犹愈于野乎？若能修六艺之术，而观此九家之言，舍短取长，则可以通万方之略矣。

这可以说是对现实的总结。大一统的政治和大一统局面的巩固，需要士人出谋献策，需要思想理论，《吕氏春秋》是吕不韦等人为统一天下设计的政治蓝图，《淮南子》实际也是一部政论书，董仲舒向汉武帝献策，作《春秋繁露》，乃至以《春秋》决狱等等，都是在政治上大一统的情况下应运而生的。

我们读董仲舒的对策特别有意义，董仲舒实际上是在汉武帝一再“垂问”，一再启发下阐述出思想理论的，汉武帝从问“大道之要，至论之极”开始，“求天命与情性”，问“垂拱无为”之道，“垂问乎天人之应”等，一再要求他“悉之究之，孰之复之”。董仲舒小心翼翼，一边揣摩，一边回答。一方面阐述了“天者群物之祖也”、“天人相与之极甚可畏也”等理论问题，另一方面紧密地联系政治问题，例如说：

① 班固：《汉书》卷三十，《艺文志》，中华书局1962年版，第1746页。

道者，所由适于治之路也，仁义礼乐皆其具也。①

故治乱废兴在于己，非天降命不可得反。②

王者承天意以从事，故任德教而不任刑。③

甚至于明确地说：

故汉得天下以来，常欲善治，而至今不可善治者，失之于当更化而不更化也。④

其最后的回答是：

春秋大一统者，天地之常经，古今之通谊也。今师异道，人异论，百家殊方，指意不同。是以上亡以持一统，法制数变，下不知所守。臣愚以为，诸不在六艺之科、孔子之术者，皆绝其道，勿使并进。邪辟之说灭息，然后统纪可一而法度可明，民知所从矣。⑤

应该说其对于如何巩固大一统是说得相当全面的，在思想文化领域，就是人们所常说的“推明孔氏”或者独尊儒术。他的思想和主张，后来在汉代实际上是在一定程度上实施了的。

思想理论的指导，深入发展影响到学术，那就是汉代以经学为代表的学术系统的形成，我们把它称为“综合性的学术”。这种与政治紧密相关的学术，其综合性表现就是它可以说包罗万象，经学几乎包含了当时的所有学问，不仅有人文社会科学的各种学问，自然科学的一些内容也在其中。而从五经博士的设立，到郡县学校和乡里庠序的教育，再到私人讲学

---

① 班固：《汉书》卷五十六，《董仲舒传》，中华书局1962年版，第2499页。
② 班固：《汉书》卷五十六，《董仲舒传》，中华书局1962年版，第2500页。
③ 班固：《汉书》卷五十六，《董仲舒传》，中华书局1962年版，第2502页。
④ 班固：《汉书》卷五十六，《董仲舒传》，中华书局1962年版，第2505页。
⑤ 班固：《汉书》卷五十六，《董仲舒传》，中华书局1962年版，第2523页。

传授，又进一步促进了经学与大一统政治相互作用的一致发展。

秦代“以法为教”是主要的，汉初一度曾以黄老新道家为主，西汉中期以后儒家思想逐渐占支配地位。但是，一方面，任何时候，用王充的话说“诸子文篇俱在”；另一方面有些时候（不仅汉初黄老），诸子思想还会发生较大的影响。当然，秦汉时期特别是经学形成以后，诸子主要指道家诸子，特别是老子和庄子。

在以下各节中，我们将看到庄学在秦汉时期的发展情况。

第二节　潜行的《庄子》

有的学者说“西汉是庄子影响的潜行期”①，我们认为这个说法很恰当。因为一方面从现象上看，“庄学在汉代……沉寂了三百多年”，“庄学的发展中断了三百余年”②；另一方面又有学者在写《汉代的〈庄子〉研究与〈庄子〉影响》时指出：“汉代《庄子》研究、《庄子》影响，是两千年《庄子》学演变史中的重要环节，值得继续深入探讨。”③ 影响肯定有，但又不是彰明昭著的，所以我们采用“潜行的《庄子》”以概说汉代庄学。

一、秦汉初期潜行之大概

新道家的代表作《吕氏春秋》，虽然以黄老思想为主，但其特点是兼采各家的，道家一派的《庄子》自然会被采用。《吕氏春秋》袭用《庄子》之文颇多，有的学者如王叔岷先生做过长期研究，得出的结论说有五十余条④。其引用的内容，我们下面将专节论述。但这里要指出，《吕氏春秋》虽引《庄子》文数十条，但似乎只在《去尤》《必己》两篇中明确出现“庄子曰”，其他袭用之文皆未出现庄子之名。这也正好是潜行之例。

袭用《庄子》的人，当然是读过《庄子》的，甚或是庄子后学的再传

① 阮忠：《庄子创作论》，中国地质大学出版社 1993 年版，第 26 页。

② 余敦康：《从〈庄子〉到郭象〈庄子注〉》，陈明主编：《原道》第三辑，中国广播电视出版社 1996 年版，第 28～29 页。

③ 葛亮：《汉代的〈庄子〉研究与〈庄子〉影响》，中国蒙城庄子学会编：《国际庄子学术研讨会论文集（二）》，安徽文艺出版社 2000 年版，第 39 页。

④ 王叔岷：《吕氏春秋引用庄子举正》，陈鼓应主编：《道家文化研究》第十辑，上海古籍出版社 1996 年版，第 250 页。

弟子。从时间上看，后一种可能性是存在的。《吕氏春秋》开始编写于“维秦八年”，我们据考证[①]认为是嬴政即位第六年，即公元前 241 年，吕不韦招士当更早一些。如果采用庄子卒年为公元前 286 年的说法，则吕不韦招士时间不过在庄子死后的三四十年，完全可能有庄子之后学，最多也是再传之人，他们学习和研究庄子，在编《吕氏春秋》时自然采用庄子的观点和事例。

《淮南子》中采用《庄子》的内容也较多，其情形大体与《吕氏春秋》相同，不一样的是其明确说出了“考验乎老庄之术”。关于《淮南子》中《庄子》的影响，下面也将专门论述。

除了以上所说之外，汉初贾谊的例子也比较典型，贾谊被有的学者称为汉代的新法家[②]，也有人认为他甚至是反对黄老无为的[③]，但表达他谪居长沙“自伤悼”心情的《鹏鸟赋》，不仅“万物变化”、“天地为炉”、“阴阳为炭”等宇宙观和老庄是一致的，有的句子更是直接引用，如“祸兮福所倚，福兮祸所伏”就是《老子》原文。其受《庄子》影响更大，例如其中的“大人”、“至人”、“真人”、“德人”等都来自《庄子》，而且都是用的原意，如：

> 大人不曲兮，意变齐同。

其意思是道德修养高的人，不为物欲所屈，把各种变化的事物都等量齐观，一视同仁。《庄子》的《在宥》《秋水》《徐无鬼》等篇都有“大人”。《在宥》篇说：

> 大人之教，若形之于影，声之于响。有问而应之，尽其所怀，为天下配。处乎无响，行乎无方。挈汝适复之，挠挠以游无端，出入无旁，与日无始。颂论形躯，合乎大同。大同而无己。无己，恶乎得有有！睹有者，昔之君子；睹无者，天地之友。

---

① 陈奇猷：《吕氏春秋校释》卷十二，《序意》，学林出版社 1984 年版，第 650 页。

② 萧萐父先生为《秦汉新道家略论稿》所写的序中即持此说。

③ 金春峰：《汉代思想史》，中国社会科学出版社 1987 年版，第 95 页。

贾谊概括为“意变齐同”。又：

至人遗物兮，独与道俱。①

《庄子》的《天道》《田子方》《应帝王》《天下》等篇都有“至人”，《天道》篇说：

天下奋柄而不与之偕，审乎无假而不与利迁，极物之真，能守其本。故外天地，遗万物，而神未尝有所困也。通乎道，合乎德，退仁义，宾礼乐，至人之心有所定矣。

贾谊言简意赅！又：

真人淡漠兮，独与道息。②

《庄子》的《大宗师》《徐无鬼》篇都有“真人”，《大宗师》其中一段说：

古之真人，不逆寡，不雄成，不谟士（按：考证认为即不谋事③）。若然者，过而弗悔，当而不自得也；若然者，登高不栗，入水不濡，入火不热。是知之能登假于道者也若此。

贾谊以“淡漠”二字概括，高明而且确切。又：

德人无累兮，知命不忧。④

《庄子·天地》云：

① 司马迁：《史记》卷八十四，《屈原贾生列传》，中华书局 1982 年版，第 2500 页。
② 司马迁：《史记》卷八十四，《屈原贾生列传》，中华书局 1982 年版，第 2500 页。
③ 陈鼓应：《庄子今注今译》，中华书局 1983 年版，第 171 页。
④ 司马迁：《史记》卷八十四，《屈原贾生列传》，中华书局 1982 年版，第 2500 页。

> 德人者，居无思，行无虑，不藏是非美恶。四海之内共利之之为悦，共给之之为安。怊乎若婴儿之失其母也，傥乎若行而失其道也。财用有余而不知其所自来，饮食取足而不知其所从，此谓德人之容。

完全是一副“无累”、“不忧”的样子。

该赋还有与“至人”等相对的“愚士系俗”、“众人惑惑”等等，以及“释智”、“寥廓”等状态的描写，也都是《庄子》中有的。李善《文选注》有十五处引《庄子》解此赋之文，例如解“万物变化兮，固无休息”，引“《庄子》曰：已化而生，又化而死”①。解“天地为炉兮，造化为工”，引“《庄子》子黎曰：今一以天地为大炉，以造化为大冶，恶乎往而不可哉”②。解“千变万化兮，未始有极”，既引《列子》，又引“《庄子》曰：若人之形者，万化而未始有极”③。解“化为异物兮，又何足患”，引“《庄子》曰：假于异物，托于同体”④。解“达人大观兮，物无不可”，既引《鹖冠子》，又引“《庄子》曰：物故有所然，物故有所可，无物不然，无物不可”⑤。解“愚士系俗兮，窘若囚拘”，引“《庄子》曰：不肖系俗，窘，囚拘之貌”⑥。解“释智遗形兮，超然自丧”，引“《庄子》云：仲尼问于颜回曰：何谓坐忘。回曰：堕支体，黜聪明，离形去智，同于大道，此谓坐忘”⑦。所有这些，并非作注者牵强附会，而确实是贾谊所依据的思想资料⑧。

《鹏鸟赋》并不太长（不过四百来字），引用《庄子》之文却如此之多，并且进行了消化、改造，用自己的体系和语言表达思想感情，则不仅是读了《庄子》，而且钻研、体会得相当深刻⑨。

---

① 萧统编，李善注：《文选》卷十三，《鹏鸟赋》，中华书局 1977 年版，第 198 页。

② 萧统编，李善注：《文选》卷十三，《鹏鸟赋》，中华书局 1977 年版，第 199 页。

③ 萧统编，李善注：《文选》卷十三，《鹏鸟赋》，中华书局 1977 年版，第 199 页。

④ 萧统编，李善注：《文选》卷十三，《鹏鸟赋》，中华书局 1977 年版，第 199 页。

⑤ 萧统编，李善注：《文选》卷十三，《鹏鸟赋》，中华书局 1977 年版，第 199 页。

⑥ 萧统编，李善注：《文选》卷十三，《鹏鸟赋》，中华书局 1977 年版，第 199 页。

⑦ 萧统编，李善注：《文选》卷十三，《鹏鸟赋》，中华书局 1977 年版，第 199 页。

⑧ 柳宗元因此赋与《鹖冠子》文辞相同，说《鹖冠子》抄贾谊，笔者曾辩说为贾谊抄《鹖冠子》（见《论〈鹖冠子〉的“道法”思想——兼论道法、黄老及其他》，《华中师范大学学报（人文社会科学版）》2001 年第 1 期），看来贾赋与《鹖冠子》确有关系，此处不能详论。

⑨ 董治安先生曾撰《汉赋中所见〈老〉〈庄〉史料述略》（载《道家文化研究》第四辑），除此赋之外，还论述了《吊屈原赋》，皆论之颇精。笔者写作时因该书被借去，另起炉灶写了上述文字，其实事倍功半。回头再看董先生文章，觉得似可以互为补充。特此说明。

除贾谊之外，我们还可举出一个被称为“游说之士”[①] 的严忌，他著有“《庄夫子赋》（按：庄者严也。夫子，忌之号）二十四篇”[②] 从今存之《哀时命》看，其基调是返真求静，如“孰魁摧之可久兮，愿退身而穷处”，“宁幽隐以远祸兮，孰侵辱之可为”，“概尘垢之狂攘兮，除秽累而反真形。体白而质素兮，中皎洁而淑清”等等[③]，虽没有直接的文字征引，但思想影响是明显的。其自称庄夫子不知是否有意与庄子类比。

汉初是庄子影响的潜行期，并不等于没有《庄子》的专门研究，有两个基本事实是众所周知的。

首先就是有淮南子《庄子后解》和淮南王《庄子略要》两书。主要根据是唐人李善注《文选》时曾引用此二书。《庄子后解》，见注张景阳《七命》中“盖理有毁之而争宝之讼解”一句云：

> 《庄子》曰：“庚市子肩之毁玉也。”淮南子《庄子后解》曰：“庚市子，圣人无欲者也。有人争财相斗者，庚市子毁玉于其间，而斗者止也。”[④]

至于《庄子略要》更是几处征引，例如江文通杂体诗之《许徵君》中有一句“遣此弱丧情，资神任独往”，注云：

> 淮南王《庄子略要》曰：“江海之士，山谷之人，轻天下细万物而独往者也。”司马彪曰：“独往，任自然，不复顾世。”[⑤]

又如，谢灵运诗中“且申独往意，乘月弄潺湲”下注云：

> 淮南王《庄子略要》曰：“江海之士，山谷之人，轻天下细万物而独往者也。”司马彪曰……[⑥]

---

① 班固：《汉书》卷五十七上，《司马相如传上》，中华书局 1962 年版，第 2529 页。

② 班固：《汉书》卷三十，《艺文志》，中华书局 1962 年版，第 1747 页。

③ 朱熹：《楚辞集注》，上海古籍出版社 1979 年版，第 165～166 页。

④ 萧统编，李善注：《文选》卷三十五，《七命》，中华书局 1977 年版，第 498 页。

⑤ 萧统编，李善注：《文选》卷三十一，《许徵君》，中华书局 1977 年版，第 450 页。

⑥ 萧统编，李善注：《文选》卷二十六，《入华子岗里麻源第三谷》，中华书局 1977 年版，第 381 页。

任彦升《齐竟陵文宣王行状》“山宇初构，超然独往”[1] 之下注文亦完全相同。但在陶渊明《归去来兮辞》的注中作：

> 《淮南子要略》曰：“山谷之人，轻天下细万物而独往者也。”司马彪曰……[2]

不同的是作“淮南子要略”，又无“江海之士”一句，看样子都是文字之脱误。

据上所述，可以说淮南王（当然应该是淮南王之宾客）是作有《庄子后解》和《庄子略要》二书的。但有的学者根据清人俞正燮和日人武内义雄的考证，认为这二者是《汉书·艺文志》中《庄子》五十二篇的“解说”三篇中的两篇[3]。说淮南王（或者其宾客）整理过《庄子》是可以肯定的，但说这两篇是《庄子》之文就不一定恰当，因为以上引文表明，《庄子后解》明明是解释《庄子》之文，而非《庄子》原文。至于《庄子略要》之文，是解释《庄子》“独往”一词的，至于几处后面都有“司马彪曰”之文，或者是从司马彪的《庄子》注中转引而来的。司马彪注《庄子》当另行考证。

其次，当然是司马迁为庄子写评传。《史记》的《老子韩非列传》，是一个重要的类传。类传是以类相从，指明了老子、庄子、申不害、韩非之间的类从关系。但实际上各人的传是独立的，庄子也是一个自成体系的单传，用现在的话说，可说是一篇《庄子评传》。文字虽然不多，意义却十分重大，主要的有以下几点：第一，指明了庄子思想主要来源于老子，是老子思想的发展，即“其学无所不窥，然其要本归于老子之言”。他的著作是“明老子之术”。这种学术渊源关系，客观上表明了老庄学派的存在，也证明《淮南子·要略》中所说“考验乎老庄之术”是可信的。第二，司马迁在最后的评论中说：“庄子散道德放论，要亦归之自然。”《史记会注考证》引“方苞曰：散，推衍也。推衍老子所论道德之意而放言也”。则

① 萧统编，李善注：《文选》卷六十，《齐竟陵文宣王行状》，中华书局 1977 年版，第 831 页。

② 萧统编，李善注：《文选》卷四十五，《归去来》，中华书局 1977 年版，第 637 页。

③ 张恒寿：《庄子新探》，湖北人民出版社 1983 年版，第 22～24 页。

前一句仍然讲渊源和发展，而第二句更为重要，它概括了《庄子》的中心思想是“归之自然”。第三，《庄子》思想的重要特点是“诋訿孔子之徒”、“剽剥儒墨”。第四，《庄子》文学上的特点是以“寓言”、“空语”① 为主，“然善属书离辞，指事类情”，并且“其言洸洋自恣以适己”。第五，用相当大的篇幅（五分之二强），以庄子拒绝为楚相的事实和言论，形象地说明了庄子的出世思想：“我宁游戏污渎之中自快，无为有国者所羁，终身不仕，以快吾志。”两百余字的评传，表达了如此丰富的内容，真可说是大手笔。我们由此可以看出，司马迁不仅读过《庄子》，而且颇有研究。其所举出的一些篇名，是他心目中的典型篇章。而最后那一大段记拒绝为楚相的字句，是根据《庄子》的《秋水》《列御寇》等篇综合而成的②。

明确提到《庄子》的，还有枚乘的《七发》，他以“要言妙道”谏楚太子的骄奢淫逸，大量引经据典，其中不少出自《庄子》，并且最后说道：

> 将为太子奏方术之士，有资略者，若庄周、魏牟、杨朱、墨翟、便蜎、詹何之伦，使之论天下之精微，理万物之是非，孔老览观，孟子持筹而算之，万不失一，此亦天下要言妙道也。③

和贾谊暗引《庄子》不同，这里给庄周以显而易见的地位了。

二、西汉中期以后潜行的发展

发展的脉络是由潜而渐显，影响愈益增大，研究也开始加深。

如果说西汉初年盛行黄老之学时庄子不会受到公开排斥的话，在统治者转为独尊儒术之后，道家和庄子就或多或少会处于“异端”的地位。其表现之一，就是隐士和“异端”学者对《庄子》研读较多，吸取其思想也较多。

此时期隐士之传习庄学，第一个要讲的就是成都人严遵（字君平）。他的事迹，《汉书·王贡两龚鲍传》有简略记载，《华阳国志》的记载稍多

---

① 《史记正义》：“空设言语，无有实事也。”

② 《史记正义》以为司马迁的记载与《庄子》不同，《史记会注考证》认为是“合二事为一”。

③ 萧统编，李善注：《文选》卷三十四，《七发》，中华书局 1977 年版，第 484 页。

一点，与他研习《庄子》有关的文字，在该书《蜀郡士女》中有如下几句：

> 雅性淡泊，学业加妙，专精大《易》，耽于《老》《庄》。常卜筮于市……日阅数人，得百钱，则闭肆下帘，授《老》《庄》。著《指归》，为道书之宗。①

文中《老》《庄》相连十分明确，而《汉书》的文字有些不同：

> ……则闭肆下帘而授《老子》。博览亡不通，依老子、严周（师古曰：严周即庄周）之指著书十余万言。②

我们曾从黄老思想的角度讨论过《老子指归》的思想③，至于《老子指归》中采用了哪些庄子发挥老子的内容，乃至采用了哪些《庄子》的文字，这里暂不深论。从严遵的行为看，他是受了庄子影响的，这里主要是指他的不仕。晋代皇甫谧《高士传》记载严遵情况，着重写的是他拒绝益州牧李强的约见与富人罗冲的赠予：

> 蜀有富人罗冲者问君平曰："君何以不仕？"君平曰："无以自发。"冲为君平具车马衣粮。君平曰："吾病耳，非不足也。我有余而子不足。奈何以不足奉有余？"冲曰："吾有万金，子无儋石，乃云有余，不亦谬乎？"君平曰："不然。吾前宿子家，人定而役未息，昼夜汲汲，未尝有足。今我以卜为业，不下床而钱自至，犹余数百，尘埃厚寸，不知所用。此非我有余而子不足邪？"冲大惭。君平叹曰："益我货者损我神，生我名者杀我身，故不仕也。"时人服之。④

《高士传》的写法，几乎与《史记·庄子列传》一模一样，严遵的行为似

① 常璩：《华阳国志》卷十上，《蜀郡士女》，巴蜀书社1984年版，第761～762页。
② 班固：《汉书》卷七十二，《王贡两龚鲍传》，中华书局1962年版，第3056～3057页。
③ 熊铁基：《秦汉新道家》，上海人民出版社2001年版，第390～408页。
④ 皇甫谧：《高士传》卷中，《严遵》，中华书局1989年版，第16页。

乎也是刻意模仿庄子，而其言论则有自己的特点，如关于有余与不足的解释、关于不仕的原因。庄子以“牺牛”为例看待卿相之位，严遵概括为名利“杀我身”、“损我神”。《高士传》的最后评价是“真人淡泊，直哉匪虚”，《华阳国志》的标题是“严平恬泊，皓然沉冥”，都主要反映了庄子思想的影响。

其次我们要简单提一下扬雄，他师从严遵多年，自然是既学《老子》也读《庄子》的。扬雄是博通古今的学者，各家各派的书都读，这在其著作《法言》中可以明显看出。《法言》中有对诸子的评论，在《五百》中他批评“庄、杨荡而不法”，在《问道》中又写道：“或曰：‘庄周有取乎？’曰：‘少欲。’”“少欲”二字言简意赅，而且看来是影响了他的人生观和世界观，我们曾指出他虽然终老于朝廷，但属于“朝隐”之列，虽在朝任职而淡泊恬退与隐居无异①。有批评也有吸取，这不是非深研庄子所能做到的。至于其著作中所受《庄子》的影响，也是值得具体深入探究的问题。宋人朱熹对扬雄的评价有几个说法，一是说“其学似出于老子”，二是“扬雄则全是黄老”，三又说：

> 扬子说到深处，止是走入老庄窠窟里去，如清静寂寞之说皆是也。又如玄中所说云云，亦只是老庄意思，止是说那养生底工夫尔。②

这几个说法并无根本矛盾，从整体上说扬雄的思想属于黄老，但庄子对他的影响不小。

西汉末显名当世的班嗣，也算在野人士，对庄子是有研究的，《汉书·叙传》记其言行说：

> 嗣虽修儒学，然贵老严之术。桓生欲借其书，嗣报曰：“若夫严子者，绝圣弃智，修生保真，清虚淡泊，归之自然，独师友造化，而不为世俗所役者也。渔钓于一壑，则万物不奸其志；栖迟于一丘，则天下不易其乐。不絓圣人之罔，不嗅骄君之饵，荡然肆志，谈者不得

① 熊铁基：《秦汉新道家》，上海人民出版社2001年版，第411页。

② 黎靖德编：《朱子语类》卷一百三十七，中华书局1985年版，第3253页。

而名焉，故可贵也。今吾子已贯仁谊之羁绊，系名声之缰锁，伏周孔之轨躅，驰颜闵之极挚，既系挛于世教矣，何用大道为自眩曜？昔有学步于邯郸者，曾未得其仿佛，又复失其故步，遂匍匐而归耳！恐似此类，故不进。”嗣之行已持论如此。

由此可见，班嗣虽“贵老严之术”，但特别器重的是庄子。他对庄子思想有自己的概括，除“归之自然”，还有一句“师友造化”，这是源于《庄子·天下》的文字：“彼其充实不可以已，上与造物者游，而下与外死生无终始者为友。”当然他更注重庄子之“不为世俗所役”。他很强调“归之自然”的“大道”与周孔“世教”之区别，颇有庄子“剽剥儒墨”之意。

附带可说一点，桓谭是官宦子弟，“父成帝时为太乐令，谭以父任为郎”。桓谭向班嗣借《庄子》，虽受了他一番奚落，但他“遍习五经，皆诂训大义，不为章句”，是一个博学多通之人。他还与刘歆、扬雄等人“辨析疑异”，又“好音律”[①]。他借《庄子》，也是想读《庄子》，而且很难说班嗣没有借给他，他就不想法去找了。有学者研究，据《意林》卷三引桓谭《新论》“庄周病剧，弟子对泣之”是庄子佚文[②]。

桓谭借《庄子》一事，或可说明该书流传不广，但大的学者是都能读到的。例如《盐铁论》之《复古》篇记大夫之言“坎井之蛙，不知江海之大”，《毁学》篇记文学之言“南方有鸟名鹓鶵，非竹实不食”等，皆见于《庄子·秋水》，可见大夫、文学之士都熟悉《庄子》。又例如刘向，据研究，其《新序·节士》、《说苑》之《杂言》《善说》均引《庄子》之文[③]。刘向整理图书，当然有《庄子》，并且有材料证明他曾写过整理后的文字。《史记索隐》在“大抵率寓言也”下注曰：

故《别录》云：作人姓名，使相与语，是寄辞于其人，故《庄子》有《寓言》篇。

---

① 范晔：《后汉书》卷二十八上，《桓谭冯衍列传上》，中华书局1965年版，第955页。

② 马叙伦：《庄子义证》附录二，《庄子佚文》，商务印书馆1930年版，第12页。

③ 江世荣：《有关〈庄子〉的一些历史资料》，新建设编辑部编：《文史》第一辑，中华书局1962年版。

此当指刘向《别录》，唐代还流传着。

西汉武帝“独尊儒术”之后，《庄子》更难找到，但不等于没有，也未见明令禁止其流传，只是读的人不多罢了。到了东汉，这种状况就逐渐改变了，我们可以看到，《庄子》的影响日益加大，学习和运用《庄子》思想的人越来越多，如有的学者所说的那样，从引用《庄子》的情况，不难看出《后汉书》中的材料大大超过《汉书》①。就此我们想进一步作些说明。

首先要说的是史学家班固对庄子的态度及所受的影响。从其所著《汉书》看，班固的思想是以儒家为主的，对庄子有自己的看法，他的《汉书·古今人表》把历代人物分为九等，把庄周列为“中下”，第六等（惠子“上下”，第三等；墨翟“中上”，第四等），看来评价不高，而且他作有《难庄论》。但班固的思想特别是其早期的思想，看来是受了《庄子》影响的。他出身于书香门第，有家学渊源，父祖都是读书人。其堂伯班嗣已于上述，其父的情况是：

> 仕不为禄，所如不合；学不为人，博而不俗；言不为华，述而不作。②

班固父辈对其影响可见一斑，但是他“弱冠而孤，作《幽通之赋》，以致命遂志”。注引刘德曰：“致，极也。陈吉凶性命，遂明己之意。”这篇赋用很大篇幅抒写对社会险恶的畏惧，对现实黑暗的忧愤和不平之感，很有庄子愤世嫉俗的味道，据研究，行文中有四处是属于受《庄子》影响的③。他的《难庄论》已经亡佚，我们无法得知其详，但从其他书所引的两条内容看，反而倒像是赞同《庄子》的言论：

> 太古之世，不车不舟，陆走以游，不栋不宇，巢穴而处。④

---

① 葛亮：《汉代的〈庄子〉研究与〈庄子〉影响》，中国蒙城庄子学会编：《国际庄子学术研讨会论文集（二）》，安徽文艺出版社 2000 年版，第 39 页。

② 班固：《汉书》卷一百上，《叙传上》，中华书局 1962 年版，第 4213 页。

③ 董治安：《汉赋中所见〈老〉〈庄〉史料述略》，陈鼓应主编：《道家文化研究》第四辑，上海古籍出版社 1994 年版，第 97～98 页。

④ 虞世南：《北堂书钞》卷一百五十八。

众人之逐世利，如青蝇之赴肉汁也，青蝇嗜肉汁而忘溺死，众人贪世利而陷罪祸。[①]

由以上所述可见，班固对《庄子》是很熟悉的。

从西汉末开始，许多学者除了遍习五经之外，往往博通全书，其中《老子》《庄子》尤受重视，特别是一些人在写诗赋明志，或者抒发心情时，多半能看到这种影响。例如有先生指出，东汉初年文才出众的冯衍，因为不得志退而所作《显志赋》中，有关于庄子之史料，即“夫庄周之钓鱼兮，辞卿相之显位”[②]。实际上应进一步看到他所受老庄思想的影响，我们且看看该赋的最后几句：

诵古今以散思兮，览圣贤以自镇；嘉孔丘之知命兮，大老聃之贵玄；德与道其孰宝兮？名与身其孰亲？陂山谷而闲处兮，守寂寞而存神。夫庄周之钓鱼兮，辞卿相之显位；于陵子之灌园兮，似至人之仿佛。盖隐约而得道兮，羌穷悟而入术；离尘垢之窈冥兮，配乔、松之妙节。惟吾志之所庶兮，固与俗其不同；既俶傥而高引兮，愿观其从容。[③]

我们不难看到其中几乎全是道家老庄派的思想，儒家的孔子，他称为孔丘（正统派儒家绝不会直呼其名），对孔丘所肯定的只是其知命，知命也就是把人生看透了，与“大老聃之贵玄”是相应的。

又例如“与班固、傅毅同时齐名”[④] 的崔骃，“年十三能通《诗》《易》《春秋》，博学有伟才，尽通古今训诂百家之言”，“常以典籍为业，未遑仕进之事。时人或讥其太玄静”，曾“拟扬雄《解嘲》，作《达旨》以答焉”。其《达旨》一文，有三处内容李贤注指出“见《庄子》”，如“士或掩目而渊潜”，即《庄子》中之“无泽乃自投清泠之渊”，“盥耳而山栖”和“重聘而不来”也见《庄子》。其实应该还有其他受《庄子》影响的内容，如

① 欧阳询：《艺文类聚》卷九十七，《蝇》，上海古籍出版社 1965 年版，第 1682 页。

② 江世荣：《有关〈庄子〉的一些历史资料》，新建设编辑部编：《文史》第一辑，中华书局 1962 年版。

③ 范晔：《后汉书》卷二十八下，《冯衍传下》，中华书局 1965 年版，第 1001 页。

④ 范晔：《后汉书》卷五十二，《崔骃列传》，中华书局 1965 年版，第 1708 页。

“昔大庭尚矣，赫胥罔识”，“大庭”、“赫胥”见《庄子·胠箧》。又如“独师友道德，合符曩真”，也应该是《庄子》的内容。

东汉末年的大思想家仲长统，有许多重要的政论文章，如“著论名曰《昌言》，凡三十四篇，十余万言”[①]，颇有益时政。然其述志之诗及其所反映的世界观，基本上属于道家老庄思想，如：

> ……安神闺房，思老氏之玄虚；呼吸精和，求至人之仿佛……消摇一世之上，睥睨天地之间。不受当时之责，永保性命之期。如是则可以陵霄汉，出宇宙之外矣。岂羡夫入帝王之门哉！

不仅明志、抒情用《庄子》，崔骃的孙子崔寔所作《政论》中也用了《庄子》的内容：

> 夫熊经鸟伸，虽延历之术，非伤寒之理；呼吸吐纳，虽度纪之道，非续骨之膏。

注引《庄子》曰：

> 吹呴呼吸，吐故纳新，熊经鸟伸，此导引之士，养形之人也。

汉代辞赋之中能见到《庄子》的史料较多，前面提到董治安先生所作《汉赋中所见〈老〉〈庄〉史料述略》，着重分析了西汉贾谊和扬雄之赋，东汉则有班固的《幽通赋》，张衡的《思玄赋》《归田赋》与《髑髅赋》（其实其明志之《应闲》也引《庄子》之文），以及赵壹的《刺世疾邪赋》，并且董先生还有很好的几点认识，譬如说受老庄影响的赋，“是一些着意于自我表现更多带有个人特征和个体倾向的抒情赋或述理赋”，不同于“帝王提倡”的大赋。“儒显而道隐”，赋家“显达则奉乎儒，隐则退转趋于道”，反映了封建社会文化和士人的一些特征[②]。

---

① 范晔：《后汉书》卷四十九，《王充王符仲长统列传》，中华书局1965年版，第1646页。

② 董治安：《汉赋中所见〈老〉〈庄〉史料述略》，陈鼓应主编：《道家文化研究》第四辑，上海古籍出版社1994年版，第91～100页。

庄子思想在东汉士人中影响日益加大，除了上述明志、抒情辞赋中有所表现之外，另一方面我们还可看到，东汉士大夫在书文、对话（包括皇帝诏书和君臣对话）中也常常引用老庄，如苏竟与刘龚书中有“屠羊救楚，非要爵禄”[①] 句，注引《庄子》曰：

> 楚昭王失国，屠羊说走而从于王。昭王反国，将赏从亡者，及屠羊说。屠羊说曰：“……臣之爵禄已复矣，又何赏之有？”遂不受也。

光武帝慰劳郭伋时说话中曾用《庄子》的“河润九里”[②]。

冯绲上疏时曾说：“苟曰无猜，盗跖可信。”[③] 盗跖事本出《庄子》，故注大段引《庄子》曰：

> 孔子与柳下季为友，弟名曰盗跖，从卒九千人，横行，侵暴诸侯，驱人马牛，取人妇女，贪得无亲，万人苦之。（按：《盗跖》篇文字小异。）

周磐语友人曰：“昔方回、支父啬神养和，不以荣利滑其生术。”[④] 注引《列仙传》《高士传》证明其事来源，并指出“《庄子》作支伯”，实际上《庄子·让王》就有怀道者支父、友伯（考证认为是一人）之名。

翟酺上疏安帝有“愿为孤豚，岂可得哉！”[⑤] 注引《庄子》曰：

> 或聘庄子，庄子谓其使曰：“子见夫牺牛乎？衣以文绣，食以刍菽。及其牵而入于太庙，欲为孤犊，其可得乎？”

南阳“功曹张敞奏记”之文中，有“明府上智之才，日月之曜”[⑥]，注

---

① 范晔：《后汉书》卷三十上，《苏竟杨厚列传上》，中华书局 1965 年版，第 1046 页。

② 范晔：《后汉书》卷三十一，《郭杜孔张廉王苏羊贾陆列传》，中华书局 1965 年版，第 1092 页。

③ 范晔：《后汉书》卷三十八，《张法滕冯度杨列传》，中华书局 1965 年版，第 1283 页。

④ 范晔：《后汉书》卷三十九，《刘赵淳于江刘周赵列传》，中华书局 1965 年版，第 1311 页。

⑤ 范晔：《后汉书》卷四十八，《杨李翟应霍爰徐列传》，中华书局 1965 年版，第 1603 页。

⑥ 范晔：《后汉书》卷五十六，《张王种陈列传》，中华书局 1965 年版，第 1823 页。

引《庄子》曰：

饰智以惊愚，修身以明污，昭昭乎若揭日月而行也。

李固对梁商的奏记中有“明公踵伯成之高，全不朽之誉”[1]，注引《庄子》关于“伯成子高”的事，且云“亦见《吕氏春秋》”。引文与今本《庄子·天地》有异。

《后汉书·党锢列传》记载延笃给刘祐的书信中，有“微妙玄通，冲而不盈，蔑三光之明，未暇以天下为事，何其劭与！”注先引《老子》解释上句，接着引《庄子》曰：

舜让天下于子州支伯，子州支伯曰：“予适有幽忧之病，方且理之，未暇理天下也。”（按：《让王》篇“理”作“治”。）

刘梁为北新城长，在告县人之言中说：“庚桑琐隶，风移碨壘。”[2] 注引《庄子》曰：

老聃之役有庚桑楚者，偏得老聃之道，以北居碨壘之山，居三年，碨壘大穰。碨壘之人相与言曰：“庚桑子之始来，吾洒然异之；今吾日计之不足，岁计之有余，庶几其圣人乎！”（按：此节引《庚桑楚》篇，且有异字。）

蔡邕向何进推荐边让时引：“传曰：函牛之鼎以亨鸡，多汁则淡而不可食，少汁则熬而不可熟。”[3] 注引《庄子》曰：

函牛之鼎沸，蚁不得措一足焉。

又引《吕氏春秋》曰：

① 范晔：《后汉书》卷六十三，《李杜列传》，中华书局1965年版，第2079页。
② 范晔：《后汉书》卷八十下，《文苑列传下》，中华书局1965年版，第2639页。
③ 范晔：《后汉书》卷八十下，《文苑列传下》，中华书局1965年版，第2646页。

> 白圭对魏王曰："市丘之鼎以烹鸡，多洎之则淡不可食，少洎之则焦而不可熟"也。

意思是说《吕氏春秋》所说亦源于《庄子》。

医学家华佗和吴普谈健身问题时曾说："是以古之仙者为导引之事，熊经鸱顾……"① 注引《庄子》曰：

> 吐故纳新，熊经鸟申，此导引之士，养形之人也。

以上列举内容说明东汉很多士人都是读过《庄子》的。其实人们谈《庄子》，受《庄子》思想的影响，除以上几个方面之外，还有其他表现，例如尹敏的情况，虽然他学和用的都是儒家经典，但《后汉书·儒林列传》记载说他"与班彪亲善……自以为钟子期伯牙、庄周惠施之相得也"。自比他与班彪的关系是"庄周惠施之相得"，说明他对庄子是了解的，甚至是仰慕的。又例如有些人的所作所为，放荡不羁，状似狂生，恐怕也多少受了庄子言行的一些影响。

总之，本节虽以"潜行的《庄子》"为题，实际上两汉时期特别是东汉时期，《庄子》的影响是越来越大，已经比较广泛地渗入社会生活的诸多方面，乃至于影响《后汉书》的作者。我们看到该书的许多"传论"都用到《庄子》的思想和文字，如《王充王符仲长统列传》之"论曰"至少三处使用《庄子》，《李陈庞陈桥列传》之"论曰"第二句就以《庄子》和《周礼》之文成句，《郭符许列传》之"论曰"开头就是"庄周有言"，《方术列传》之"论曰"也采用《庄子》，《遗民列传》的序文中就有两处采用《庄子》之文等等，余不烦举。

三、《庄子》潜行的原因

本节开头曾提到余敦康先生的"沉寂"说，他对原因的分析是很有启发的，他写道：

① 范晔：《后汉书》卷八十二，《方术列传下》，中华书局1965年版，第2739页。

> 庄学在汉代之所以沉寂了三百多年，分析起来，原因当然是多方面的，但是，如果我们不纠缠于历史的细节，着眼于中国文化的整体，一个最简单也最可能成立的解释大概是，汉代的知识分子普遍地缺乏接受庄学的那种独特的心态，或者说……不适合他们的精神需要。知识分子的心态是时代的感受，不同的时代有不同的感受，因而汉代经师的心态不同于先秦诸子，也不同于魏晋名士。庄学在历史长河中的升降浮沉，也许能在知识分子心态的变化中找到一个合理的解释。①

知识分子读不读《庄子》，确实是与心态、时代有关。这里我们从时代的不同作些说明。

知识分子读书研究、著书立说，固然是个人的精神需要，但不仅仅是个人的需要。从大的方面看，其需要是与时代的需要一致的，先秦诸子有各种各样的学说，如《庄子·天下》所说：

> 天下之治方术者多矣，皆以其有为不可加矣……

> 天下之人各为其所欲焉以自为方。

看起来“似相水火”。但我们还是相信司马谈所说的那句话：

> 夫阴阳、儒、墨、名、法、道德，此务为治者也，直所从言之异路，有省不省耳。②

“务为治”是一致的，是时代的需要，也是决定知识分子精神需要的主要方面。春秋战国时期百家争鸣，知识分子驰说诸侯，任何一种学说都有可能争取到当权者的信用。惠施之任魏相就是很好的例子。这种情况，实际上延续到秦代，秦朝虽“以法为教”，但秦朝也没有完全排斥各家各派的学者，既有道家的，也有儒家的，李斯、叔孙通等人，开始也很难确定说

---

① 余敦康：《从〈庄子〉到郭象〈庄子注〉》，陈明主编：《原道》第三辑，中国广播电视出版社1996年版，第41页。

② 司马迁：《史记》卷一百三十，《太史公自序》，中华书局1982年版，第3288～3289页。

是哪一家。在一定意义上说，精神需要是从属于生活和政治需要的。

从汉代的情况看，汉初当权者崇尚黄老学说，《老子》等著作成为“家人之言”，成为普遍被人学习的内容，淮南王刘安因而也能集合大批学者编成集黄老之学大成的著作《淮南子》，形成“世之学《老子》者则绌儒学，儒学亦黜《老子》”[①] 的局面，而且似乎是学《老子》者主动出击。汉武帝以后统治思想发生变化，大力提倡儒学，设立五经博士等，儒学成为利禄之途，自然是学儒者越来越多，这个原因古人也看得很清楚，班固在《汉书·儒林传》后赞曰：

> 自武帝立五经博士，开弟子员，设科射策，劝以官禄，讫于元始，百有余年，传业者浸盛，支叶蕃滋，一经说至百余万言，大师众至千余人，盖禄利之路然也。

师古注曰：

> 言为经学者则受爵禄而获其利，所以盖劝。

其中当然也有精神需要，只是这精神需要与爵禄相连了，为爵禄所左右了。

整个两汉时期，儒学、经学是主流、热门，官办各类学校生员数万人，地方更为普遍，“盖布之于邦域矣”。还有不少经师自己“开门授徒”，“动有千百”，乃至“编牒不下万人”[②]。在这种形势下，老庄都只能是潜行的，乍一看还似乎沉寂。但从前面的记述看，庄学并未中断，两汉时期《庄子》有人学、有人研究、有人运用。关于研究，古代主要是注解，如上面提到的《庄子后解》《庄子略要》；关于运用，从前面列举的事实看，多半是人们在抒怀、明志之时引用《庄子》，这里也能反映知识分子的精神需求和心态。人们的精神需求绝不是单一的，特别是当时所说的那些通人，其精神需求更大更高一些，这在东汉知识分子中越

---

① 司马迁：《史记》卷六十三，《老子韩非列传》，中华书局 1982 年版，第 2143 页。

② 范晔：《后汉书》卷七十九下，《儒林列传下》，中华书局 1965 年版，第 2588 页。

来越多，很多大学者，既精于经学，又博通诸子。当然，这方面仍离不开时代有关条件的发展和变化，如“君道秕僻，朝纲日陵”，经学之“迂滞”、僵化等，“通人鄙其固焉”[①]。这又是庄学虽“寂”、“潜”但又“行”的原因。

第三节 《吕氏春秋》《淮南子》与《庄子》

黄老与老庄虽有不同，但彼此之间有密切的关系，除了共同的都以《老子》为宗之外，《庄子》也同样为两派的重要思想来源。在《吕氏春秋》和《淮南子》这两部黄老新道家的代表作中，庄学的影响是很大的，庄学研究专家王叔岷先生曾说：

> 诸子中存《庄子》之旧观最多者，莫如《吕氏春秋》《淮南子》《列子》三书，余每于其与今本出入处，尝有一字千金之叹。[②]

《吕氏春秋》《淮南子》与《庄子》的关系是一个值得研究的课题，为庄学的重要内容之一。

一、《吕氏春秋》与《庄子》

这一问题，王叔岷先生进行过长期深入的研究，1947 年，他曾在《大公报》的《文史周刊》（第 21 期）上发表《吕氏春秋与庄子》一文，1996 年又发表《吕氏春秋引用庄子举正》，更详细地列举和说明了这个问题。他写道：

> （《吕氏春秋》）篇中引用《庄子》之文特多……详检全书，得四十余条；他书所引《庄子》佚文，见于此书者七条，见于高注中者一

① 范晔：《后汉书》卷七十九下，《儒林列传下》，中华书局 1965 年版，第 2589 页。

② 王叔岷：《读庄论丛》，陈鼓应主编：《道家文化研究》第十辑，上海古籍出版社 1996 年版，第 230 页。

条，共五十余条。[①]

我们将在王先生详精检核的基础上，作如下一些论述：

首先，《吕氏春秋》引文与今本《庄子》不同者，一则可以略观先秦《庄子》面目，二则可以发现今本之某些“臆说缪解”。这方面，王先生举出了一些例子，颇有说服力，例如《庄子·达生》中有：

东野稷以御见庄公，进退中绳，左右旋中规。庄公以为文弗过也……

“文弗过”很难解释，前人曲为解释，或曰“谓过织组之文也”（司马彪），或曰“所画规矩之文”（罗勉道《南华真经循本》），今人译为“庄公以为画图也不过如此”[②]。而《吕氏春秋·适威》之文句为：

东野稷以御见庄公，进退中绳，左右旋中规。庄公曰：“善！”以为造父不过也。

王先生考证说：

《御览》七四六引“［文］弗过也”作“造父弗过也”，今本“文”字盖“父”之形误，传写者于“文”上又夺“造”字，义遂难通矣。《吕氏·适威篇》……是存《庄子》之旧也。[③]

又例如《庄子·让王》记颜阖事也有一重要字，王先生考证说：

“鲁君闻颜阖得道之人也”节“故若颜阖者，真恶富贵也”二语，

---

① 王叔岷：《吕氏春秋引用庄子举正》，陈鼓应主编：《道家文化研究》第十辑，上海古籍出版社1996年版，第250页。

② 陈鼓应：《庄子今注今译》，中华书局1983年版，第492页。

③ 王叔岷：《吕氏春秋引用庄子举正》，陈鼓应主编：《道家文化研究》第十辑，上海古籍出版社1996年版，第250页。

此篇之意重在完身养生，非恶富贵，此独云“真恶富贵也”，当有讹夺。《吕氏·贵生篇》用此文，作“故若颜阖者，非恶富贵也，由重生恶之也。世之人主，多以富贵骄得道之人，其不相知，岂不悲哉”，今本《庄子》“非恶富贵也”作“真恶富贵也”，无“由重生恶之也”至“岂不悲哉”二十七字，当是传写者误敚，后人因见“非恶富贵也”一语不可通，乃改“非”为“真”耳。①

这种分析是很令人信服的，且与《吕氏春秋》一般改写文字（详下）不同。王先生列举数例之后写道：

凡此诸端，厥例尚夥，反复挦扯，列而正之，庶使治《庄子》者，得略窥其先秦面目，不致沿今本而臆说缪解也与！②

其次，《吕氏春秋》虽引《庄子》之文甚多，但没有明言“庄子曰”或引自《庄子》的说明。这或者与该书的体例有关。《吕氏春秋》之编著，《史记·吕不韦列传》说道：

吕不韦乃使其客人人著所闻，集论以为《八览》《六论》《十二纪》，二十余万言……号曰《吕氏春秋》。

各家各派的人各自著其所闻，然后“集论”，这样不可能也不必要把各派的祖师爷标明出来，而且当时不再是各家各派“譬犹水火”的时期，而是一个“相灭亦相生”、互相吸取的时期。但各人的师承渊源又是客观存在的，在吕不韦的宾客士人之中，必有不少庄子后学，他们引用《庄子》是非常自然而且熟练的。例如《吕氏春秋·贵生》，篇名即为主题，全篇七个自然段，除第一段概述主题思想之外，接着五个自然段，全都引自（节引或全引）《庄子·让王》，其最后一段引子华子、全生之言并加以发挥，

① 王叔岷：《吕氏春秋引用庄子举正》，陈鼓应主编：《道家文化研究》第十辑，上海古籍出版社1996年版，第251页。

② 王叔岷：《吕氏春秋引用庄子举正》，陈鼓应主编：《道家文化研究》第十辑，上海古籍出版社1996年版，第251页。

显然也是受《让王》篇引子华子的影响。此外，《让王》的内容，也为《吕氏春秋》的《离俗》《审为》《慎人》《观世》《诚廉》等篇所征引。《六论》中的《审为》与《贵生》旨趣相同，讲重生轻物，“审所以为而轻重得失”，所以再次引《庄子·让王》中子华子“知轻重”之言，并且把《贵生》中未引的瞻子重生之言也引在一起，以加强论述。吕氏宾客中的庄学后人，对《庄子》理解之准确，运用之熟练，由此可见一斑。

另外，吕氏宾客中的庄子后学，对《庄子》思想是有所继承的。其征引庄子，不仅仅在于事例的引用，更重要的应该是思想的继承，以上举例中已可说明，如《贵生》篇对重生思想的继承。《贵公》篇也是如此，虽有不少关于“公”的精彩论述①，主要征引的事例是《庄子·徐无鬼》中管仲病荐隰朋的记述，因为“桓公行公去私恶，用管子而为伍伯长”，在管仲病危时仍能征求其继任人的意见。这里我们也顺便指出，《吕氏春秋》的记述似亦可纠正《庄子》之文。《庄子·徐无鬼》：

> 对曰：“勿已，则隰朋可。其为人也，上忘而下不畔，愧不若黄帝而哀不己若者。以德分人谓之圣，以财分人谓之贤。以贤临人，未有得人者也；以贤下人，未有不得人者也。其于国有不闻也，其于家有不见也。勿已，则隰朋可。”

《吕氏春秋·贵公》：

> “勿已，则隰朋其可乎？”“隰朋之为人也，上志而下求，丑不若黄帝，而哀不己若者。其于国也，有不闻也；其于物也，有不知也；其于人也，有不见也。勿已乎，则隰朋可也。”

除了前一个“勿已……”明显是齐桓公之语外，《庄子》中“以德分人谓之圣……”几句，很可能是注文之混入。

《吕氏春秋》引用《庄子》，无论事例或词句，好多都是取其义而加以强化。如《精通》篇之引用“庖丁解牛”，与“养由基射先”、“伯乐学相马”

① 如“公则天下平矣”、“天下非一人之天下，天下之天下也”、“老聃则至公矣”等。

等事一起，强化“神出于忠，而应乎心，两精相得”的“精通”思想。又如《有度》篇讲贤主“有度”、“执一”，不为私则一是皆循诸法度，“不能执一者，物惑之也”，不为私则必节己之欲，固特详引《庄子·庚桑楚》的二十四种扰乱人心的因素，以为“有度”之结论，以加强其说服力：

> 故曰：通意之悖（按：《庄子》作“彻志之勃”），解心之缪，去德之累，通道之塞（按：《庄子》“通”作“达”）。贵富显严名利六者，悖意者也（按：《庄子》作“勃志”）。容动色理气意六者，缪心者也。恶欲喜怒哀乐六者，累德者也。智能去就取舍六者（按：《庄子》作“去就取与知能”），塞道者也（按：“塞道”《庄子》同）。此四六者不荡乎胸中则正。正则静，静则清明，清明则虚，虚则无为而无不为也。①

以“故曰”二字引《庄子》之文，表示对《庄子》思想的赞同和肯定。再例如《精谕》篇，为了说明“圣人相谕不待言”，引用了《庄子·田子方》中“孔子见温伯雪子，不言而出”，得出结论：“圣人之相知，岂待言哉?”同时在述“白公问孔子”之事后，其引用了《庄子·知北游》之结论性言论：

> 故至言去言，至为无为（按：《庄子》作“去为”）。浅智者之所争则末矣（按：《庄子》作“齐知之所知，则浅矣”）。

引文之前也有一个“故”字。诸如此类，均可说明吕氏宾客中庄子后学对《庄子》思想的继承。

此外，王叔岷先生还提示说，《吕氏春秋》中还有一些虽词语不同，但可以说意承《庄子》的内容，是值得进一步研讨的。例如《论人》篇中的“八观六验”和“六戚四隐”之“论人”方法，是否本于《庄子·列御寇》中“九征”之论，或者受其影响，是一个值得研究而且颇为有趣的问题，即有理论意义，也有现实意义，不妨并引如下以供思考。《庄子》文：

---

① 《吕氏春秋·有度》，诸子集成本，中华书局 1954 年版。

> 孔子曰：凡人心险于山川，难于知天。天犹有春秋冬夏旦暮之期，人者厚貌深情。故有貌愿而益，有长若不肖，有顺懁而达，有坚而缦，有缓而焊。故其就义若渴者，其去义若热。故君子远使之而观其忠，近使之而观其敬，烦使之而观其能，卒然问焉而观其知，急与之期而观其信，委之以财而观其仁，告之以危而观其节，醉之以酒而观其则，杂之以处而观其色。九征至，不肖人得矣。

《吕氏春秋》文：

> 何谓求诸人？人同类而智殊，贤不肖异，皆巧言辩辞以自防御，此不肖主之所以乱也。凡论人，通则观其所礼，贵则观其所进，富则观其所养，听则观其所行，止则观其所好，习则观其所言，穷则观其所不受，贱则观其所不为。喜之以验其守，乐之以验其僻，怒之以验其节，惧之以验其特，哀之以验其人，苦之以验其志。八观六验，此贤主之所以论人也。论人者又必以六戚四隐。何谓六戚？父母兄弟妻子。何谓四隐？交友故旧邑里门郭。内则用六戚四隐，外则用八观六验，人之情伪、贪鄙、关恶无所失矣。譬之若逃雨污，无之而非是。此先圣王之所以知人功也。①

这后者之论人更为精细丰富，显然是有所发展，是否从前者得到启发，还有没有其他论述可作参考，都是值得研讨的问题。

据上所述，《吕氏春秋》在庄学发展史上该有一定地位。

二、《淮南子》与《庄子》

在本章第二节中已经提到淮南王曾有《庄子略要》和《庄子后解》之作，证明淮南学派中是有人对《庄子》进行过深入研究的。其对《庄子》研究的结果，今又可从《淮南子》一书受《庄子》之影响中看到。这方面，我亦应从王叔岷先生的研究谈起，和研究《吕氏春秋与庄子》一样，王先生早年也有《淮南子与庄子》② 之作，《道家文化研究》第十四辑又发

① 《吕氏春秋·论人》，诸子集成本，中华书局 1954 年版。
② 该文收入台湾艺文印书馆 1978 年所出的《庄学管窥》之中。

表其《〈淮南子〉引〈庄〉举隅》。这里我们也以王先生的研究为基础，略作一些说明，即可见《庄子》对《淮南子》的重要影响。

王先生早年所作《淮南子与庄子》中，曾从校勘、训诂、义理、逸文四方面论述《淮南子》“暗用及发明庄子之文则极多”，该文最后写道：

> 校勘、训诂二事，欲睹其详，可检拙著《庄子校释》。义理一事，亦略举大端。如就整篇言之，则《淮南子·齐俗》篇全发挥《庄子·齐物论》篇，《人间》篇全发挥《庄子·人间世》篇。并治二书所当留意者也。

王先生又说：

> 检《淮南》全书，其明引《庄子》之文仅一见，即《道应》篇……四句是也。……其暗用《庄子》者则触篇皆是。今本《庄子》三十三篇，唯《说剑》篇之文，不见于《淮南》。其余三十二篇，则均有称引。

根据王先生列举的材料，我们可作如下几点分析：

首先，《淮南子》所引《庄子》文，有事实、典故、成语和思想观点等，思想观点尤其值得注意。例如王先生说《齐俗训》发挥《齐物论》，这是有一定道理的，因为二者主旨相同，《淮南子·要略》说：

> 齐俗者，所以一群生之短修，同九夷之风气，通古今之论，贯万物之理，财制礼义之宜，擘画人事之终始者也。

许慎注本解题说：

> 齐，一也。四宇之风，世之众理，皆混其俗，令为一道也，故曰齐俗。

我们再看《庄子·齐物论》，虽然是通过事实、故事或者说理分析等几个部分组成的，主旨当是肯定一切人与物的独特意义、内容及其价值①。其阐述了“道通为一”、“天地与我并生，而万物与我为一”等思想。

更重要的是《齐物论》中一些重要哲学阐述，为《淮南子》多篇所征引，例如：

> 有始也者，有未始有始也者……

为《俶真训》所引，文字略异。又如：

> 夫大道不称，大辩不言，大仁不仁，大廉不嗛，大勇不忮……五者圆而几向方矣。

《诠言训》作：

> 大道无形，大仁无亲，大辩无声，大廉不嗛，大勇不矜，五者无弃，而几向方矣。

又《本经训》引“不言之辩，不道之道。若或通焉，谓之天府”等句，《精神训》改“至人神矣……死生无变于己”为“死生无变于己，故曰至神”，还有《俶真训》引关于梦的论述等等。

其次，王先生说，《庄子》仅《说剑》篇“通记一事，《淮南》无所引用”。从王先生举例情况看，《淮南子》也仅《墬形训》一篇未引《庄子》，每篇引《庄子》十条以上者有《原道训》《俶真训》《览冥训》《精神训》《齐俗训》《道应训》《诠言训》等篇，《俶真训》引二十一条，《原道训》《精神训》各引十七条。

另外，也有多篇引同一事例或词句的情况，例如：《德充符》中“故不足以滑和”一句，为《原道训》《俶真训》《精神训》《诠言训》《齐俗训》等五篇所运用；《大宗师》中“其寝不梦，其觉无忧”句，分别为《俶真训》《精神训》《缪称训》等三篇运用；《天地》中“机心存于胸

① 陈鼓应：《庄子今注今译》，中华书局1983年版，第32页。

中……则神生不定”句，分别为《原道训》《泰族训》《本经训》等三篇运用；《刻意》中“感而后应，迫而后动，不得已而后起”句，分别为《原道训》《精神训》《修务训》三篇引用。

还有大段征引并加以发挥的情况，如《知北游》中“泰清问乎无穷”一段两百多字的文字，《淮南子》强化其意，文字几增一倍。又“光曜问乎无有”的长文并为《俶真训》《道应训》两篇征引。这些长文并非故事叙述的征引，而是思想观点的表述。

再次，《淮南子》引《庄子》有不少是在意义上有所改动的，有一些是改得好的，或者更明白，或者强化，乃至有所发展一，此类事例也甚多：

> 且不知耳目之所宜，而游心乎德之和。①

> 不知耳目之宣（宜?），而游于精神之和。②

心、德与精神的替换。

> 无为为之之谓天，无为言之之谓德。③

> 无为为之而合于道，无为言之而通乎德。④

一是以道换天，二是“合于道”、“通乎德”的表述似更明确。

> 精神四达并流，无所不极……⑤

> 若神明四通并流，无所不极……⑥

---

① 《庄子·德充符》。
② 《淮南子·俶真训》，诸子集成本，中华书局 1954 年版。
③ 《庄子·天地》。
④ 《淮南子·原道训》，诸子集成本，中华书局 1954 年版。
⑤ 《庄子·刻意》。
⑥ 《淮南子·道应训》，诸子集成本，中华书局 1954 年版。

以神明换精神。神明在《淮南子》中是一个值得进一步研究的问题。

褚小者不可以怀大，绠短者不可以汲深。①

短绠不可以汲深，器小不可以盛大。②

《淮南子》似更通俗一些。

一龙一蛇，与时俱化。③

一龙一蛇，盈缩卷舒，与时变化。④

皆说明和形容“道德无为”。

圣人之所以駴天下，神人未尝过而问焉，贤人所以駴世，圣人未尝过而问焉。⑤

圣人之所以骇天下者，真人未尝过焉。贤人之所以矫世俗者，圣人未尝观焉。⑥

《淮南子》以《庄子》中的“真人”替换《庄子》上面说的“神人”，是认为《庄子》中的“真人”和“神人”所指为一，这也是值得我们注意的。

总之，《淮南子》引《庄子》之文时，都是有一定意义的，也是有所选择的。《淮南子·要略》在说明《道应训》时，曾用“考验乎老庄之术”一语，实际上，各篇或者说大多数篇章，都是可以用这一句话的。

前面我们提到，王先生已提出《齐物论》与《齐俗训》、《人间世》与

① 《庄子·至乐》。
② 《淮南子·说林训》，诸子集成本，中华书局 1954 年版。
③ 《庄子·山木》。
④ 《淮南子·俶真训》，诸子集成本，中华书局 1954 年版。
⑤ 《庄子·外物》。
⑥ 《淮南子·俶真训》，诸子集成本，中华书局 1954 年版。

《人间训》的关系，如果我们仔细再分析，《俶真训》《道应训》等发挥《庄子》的思想也是比较突出的。如果从发挥《庄子》思想来考察《淮南子》还是大有文章可作的，这里就不再深说了。

据上所述，《淮南子》与《庄子》的关系密切，是一个十分明显的问题，既说明《淮南子》吸收了《庄子》的内容，也说明了《庄子》对《淮南子》的影响非同一般。

第四节 《庄子》思想对儒学的渗透

汉代独尊儒术有一个发展的过程，由于道、法等家思想的客观存在并且有强大的影响，乃至于儒家本身也是兼采各家学说，而不断丰富发展，甚至在某种程度上改变自己的面貌，所以亦有汉代新儒家之说。作为有丰富思想而且有很大影响的《庄子》，不会不对儒学产生影响，今略述如下。

一、儒家学者所受《庄子》思想的影响

汉初孝文帝时博士韩婴是当时一大儒生，是独树一帜的《诗经》专家，“婴推诗人之意而作内外传数万言”[①]。《韩诗内传》在两宋之间早已亡佚，今有《韩诗外传》留存，虽非原书之旧，但主要内容是不会错的，该书引《庄子》之文不少，老庄思想对韩婴有明显的影响。下面在讨论《庄子》与经学的关系时，我们再具体引证。

众所周知，汉代董仲舒在儒学发展史上的地位是十分突出的，在当时为“群儒之首”，被后人誉为“一代儒宗”。然而，这位“醇儒”的思想并不真“醇”，很明显是兼采了各家学说的，不过其兼采的立场、角度、内容等与黄老新道家不同罢了。其采阴阳家之思想理论十分明显，早已为人们所注意。近些年来，人们对其与黄老道家思想的关系，特别是与《淮南子》的关系，也多有论述[②]。这里我们且就其受《庄子》思想的影响来谈谈。

董仲舒的思想和理论，以“天人感应”、“大一统”等最为突出。我们认为，董仲舒关于天的论述，应该说主要是受《庄子》的影响，是从《庄

① 班固：《汉书》卷八十八，《儒林传》，中华书局1962年版，第3613页。
② 如上海古籍出版社出版的《道家文化研究》第二、三、六辑发表了三四篇文章。

子》那里受到启发而建构起来的理论，而不是儒家原有的。《论语·公冶长》记载：

子贡曰：夫子之文章，可得而闻也；夫子之言性与天道，不可得而闻也。

可以说孔子创始的儒家是不太注重讲天的，杨伯峻在《论语译注·试论孔子》中说：

在《论语》中，除复音词如“天下”、“天子”、“天道”（按：仅上举一例）之类外，单言“天”字的，一共十八次。……孔子自己说了十二次半。在这十二次半中，“天”有三个意义：一是自然之“天”，一是主宰或命运之天，一是义理之天。自然之天仅出现三次，而且二句是重复句：“天何言哉！四时行焉，百物生焉，天何言哉！”“巍巍乎唯天为大。”义理之天，仅有一次：“获罪于天，无所祷也。”命运之天或主宰之天就比较多……若从孔子讲“天”的具体语言环境来说，不过三四种。一种是发誓，“天厌之”……一种是孔子处于困境或险境中……只好听天……一种是发怒……“欺天乎”。在不得意而又被学生引起牢骚时，只得说“知我者其天乎”……孔子这样称天，并不一定认为天真是主宰，天真有意志，不过借天以自慰、或发泄感情罢了。至于“获罪于天”的“天”，意思就是行为不合天理。

我们详引这一段分析，可以说明，“推明孔氏”的董仲舒关于天的学说，很难从孔子那里找到渊源关系。

然而，道家学说中关于天的论述是很可以借鉴的，特别是从“蔽于天而不知人”的庄子那里得到启发。当然荀子所说的“庄子蔽于天而不知人”① 当如何理解，这是值得进一步研讨的问题，唐人杨倞注说：

天谓无为自然之道，庄子但推治乱于天而不知在人也。

① 《荀子·解蔽篇》，诸子集成本，中华书局 1954 年版。

这大体是不错的。但《庄子》关于天的论述绝不仅仅讲“无为自然之道”，“天人合一”这个中国哲学史独特的重要命题，可说是《庄子》首次提出的。《庄子·大宗师》第一节就是论述这个问题：

知天之所为，知人之所为者，至矣。

（天和人是合一的）故其好之也一，其弗好之也一。其一也一，其不一也一。其一与天为徒，其不一与人为徒。天与人不相胜也，是之谓真人。

意思不是太好懂，但“天与人不相胜也”，把天与人看作不是相互对立，就表达了人和天的一体感，即天人合一。如有的学者所指出的，天人合一包含“天人相类与天人相通”二义①。《庄子》中也有“相类”、“相召”的观点，如《山木》中就说：

物固相累，二类相召也。

《徐无鬼》中又有：

……以阳召阳，以阴召阴……为之调瑟，废（《释文》：置）一于堂，废一于室，鼓宫宫动，鼓角角动，音律同矣。

《渔父》中更说：

同类相从，同声相应，固天之理也。

庄子提出了天人合一的思想，强调了天的自然性，但“蔽于天而不知人”，这就引发了汉代学者积极地“究天人之际”。司马迁是这样标榜的，董仲舒也是这样做的。董仲舒在武帝时的对策被后人称为“天人三策”，

---

① 张岱年：《中国哲学大纲》，中国社会科学出版社 1982 年版，第 173 页。

不是没有道理的。他在对策中一再说“观天人相与之际”，“天瑞应诚而至”，“宜求其端于天”，“王者承天意以从事”，“善言天者必有征于人”，“圣人法天而立道”，“人之所为……乃与天地流通……此亦言天之一端也”，“道之大原出于天”等等①。天和人是合一的、相应的、相通的。另外，他的代表作《春秋繁露》中谈天之作不少，有《为人者天》《天容》《天辨在人》《天道无二》《人副天数》《循天之道》《天地之行》《如天之为》《天地阴阳》《天道施》等专篇，而其关于阴阳、五行以及其他许多篇章，也无一不谈论天道。毋庸讳言，董仲舒把天当作至上神，主宰一切的人格神，有意志和情感，有喜怒，司赏罚。但应该明确，把天人格化，强调其主宰一切，这是董仲舒论天思想的主要方面，另一方面我们也应看到，董仲舒在论天乃至论天人关系上也有自然性质的一方面，天地四时的自然现象他是不否认的，例如：

天之道，春暖以生，夏暑以养，秋清以杀，冬寒以藏。暖暑清寒，异气而同功，皆天之所以成岁也。②

春生夏长，百物以兴；秋杀冬收，百物以藏。故莫精于气，莫富于地，莫神于天。天地之精所以生物者，莫贵于人。③

天地之气，合而为一，分为阴阳，判为四时，列为五行。④

天、地、阴、阳、木、火、土、金、水，九，与人而十者，天之数毕也。⑤

当然，在这些论自然之天的同时，大多相对应论人。

董仲舒把天人格化，强调天人相应，这既与庄子对立，也对庄子有所

① 班固：《汉书》卷五十六，《董仲舒传》，中华书局1962年版，第2498、2500、2502、2506、2513、2519页。

② 苏舆：《春秋繁露义证·四时之副》，中华书局1992年版，第353页。

③ 苏舆：《春秋繁露义证·人副天数》，中华书局1992年版，第354页。

④ 苏舆：《春秋繁露义证·五行相生》，中华书局1992年版，第362页。

⑤ 苏舆：《春秋繁露义证·天地阴阳》，中华书局1992年版，第465页。

承袭。庄子强调天的自然性，董仲舒纠正其“蔽于天而不知人”，在承认天的自然性的同时，走向另一个极端，把天人格化。庄子有天人合一、相类、相通的思想，董仲舒发展为天人感应学说。这方面受庄子思想影响比较明显。

上述在论天的自然性的同时，讲到天与万物之间有一个“气”字：“……异气而同功，皆天之所以成岁”，“故莫精于气”，“天地之精所以生物者……”似乎天地万物都是由气构成的。其《顺命》篇又说：

> 天者万物之祖，万物非天不生，独阴不生，独阳不生，阴阳与天地参然后生。

和上面的气联系起来，显然与老庄学派的自然哲学观点相同了。《庄子·田子方》说：

> 至阴肃肃，至阳赫赫，肃肃出乎天，赫赫发乎地[①]。两者交通成和而物生焉，或为之纪而莫见其形。

又《庄子·知北游》说：

> 人之生，气之聚也。聚则为生，散则为死。……故万物一也……故曰：通天下一气耳。

此外，《外物》《则阳》等篇也有相应的论述。董仲舒是否受这样的思想影响呢？可能性是存在的。再看其关于“同类相动”的论述：

> 故气同则会，声比则应，其验皦然也。试调琴瑟而错之，鼓其宫则他宫应之，鼓其商而他商应之，五音比而自鸣，非有神，其数然也。美事召美类，恶事召恶类，类之相应而起也，如马鸣则马应之。帝王之将兴也，其美祥亦先见；其将亡也，妖孽亦先见。物故以类相召也。

① 高亨《诸子新笺·庄子》疑作“肃肃出乎地，赫赫发乎天”。

和前面所引《庄子》之《山木》《渔父》《徐无鬼》关于“二类相召”的对比看，言语的表述乃至所举例证，可以说都是相同的。

据上所述，汉代新儒家的代表董仲舒，受《庄子》思想的影响，当毋庸置疑。

再说东汉的大儒马融，《后汉书·马融列传》说他“才高博洽，为世通儒”。但其在人生观上也表现出受老庄思想之影响。他早年贫困，大将军邓骘闻其名召其为舍人，“非其所好，遂不应命”，后来实在没有办法还是去了。《后汉书·马融列传》记了他当时的一番言论：

> 融既饥困，乃悔而叹息，谓其友人曰：“古人有言：‘左手据天下之图，右手刎其喉，愚夫不为。’所以然者，生贵于天下也。今以曲俗咫尺之羞，灭无赀之躯，殆非老庄所谓也。”故往应骘召。

其所引“古人有言”，李贤注：“《庄子》曰，言不以名害其生者。”查今本《庄子·让王》有子华子所引“书之言”与此相类似，但文意颇不同。李贤说“言不以名害其生”这理解是不错的。“曲俗咫尺”亦当受《庄子·天下》“一曲之士”的启发。不过，他虽然打着老庄的招牌，实际上与老庄之贵生思想是不相同的，如有学者所指出的：“他的人生观似乎既非纯儒亦非正道，而属不拘名节的享乐主义者。”① 我们听其言、观其行，确实如此，史书关于他的一些概述可证：

> 善鼓琴，好吹笛，达生任性，不拘儒者之节。居宇器服，多存侈饰。常坐高堂，施绛纱帐，前授生徒，后列女乐，弟子以次相传，鲜有入其室者。……初，融惩于邓氏，不敢复违忤执家，遂为梁冀草奏李固，又作大将军《西第颂》，以此颇为正直所羞……②

这是马融的另一面，很难说是正宗老庄的影响，或与杨朱的影响有关，他带头破坏了名教，弄得时人啼笑皆非，《后汉书》的作者范晔论曰：

① 王卡：《两汉之际的儒家与老庄学》，陈鼓应主编：《道家文化研究》第八辑，上海古籍出版社 1995 年版，第 275 页。

② 范晔：《后汉书》卷六十上，《马融列传》，中华书局 1965 年版，第 1972 页。

马融辞命邓氏，逡巡陇汉之间，将有意于居贞乎？既而羞曲士之节，惜不赀之躯，终以奢乐恣性，党附成讥，固知识能匡欲者鲜矣！夫事苦，则矜全之情薄；生厚，故安存之虑深。登高不惧者，胥靡之人也；坐不垂堂者，千金之子也。原其大略，归于所安而已矣。物我异观，亦更相笑也。

二、《庄子》与汉代经学

1.《韩诗外传》与《庄子》

由于《庄子》对儒家学者颇有影响，自然也会对儒家的经学发生影响。崔大华《庄学研究》有“汉代经学对《庄子》思想资料的援用”① 一目，以《韩诗外传》为典型代表，作了较详尽的论述，概括了《韩诗外传》引用《庄子》的三种基本情况：一是增益《庄子》中故事的情节内容，二是重新组合《庄子》中的故事、意境，三是改变《庄子》中故事的主题思想。事例颇多，不烦列举。但此书是否是阐释经义之书，学界有不同看法。“婴推诗人之意而作内外传数万言”，似应为阐述经义之书，然而从现存书看，每一章的内容，或叙历史事实，或用“传曰”，或直接论说开头，而以“《诗》云”、“《诗》曰”结尾，这与刘向的《新序》《说苑》等体例相似，被认为不属于经学，《四库全书总目》说：

王世贞称《外传》引《诗》以证事，非引事以证《诗》，其说至确。

因此把它附在经部《诗经》类的最后。韩婴是《诗经》专家，《韩诗外传》至少是他的经学思想。

2.《易经》与《庄子》

在儒家经典中，《易经》与《老子》《庄子》的关系越来越为人们重视了。该书分“经”和“传”两个部分，《周易古经》或早于《老子》；《易

① 崔大华：《庄学研究》，人民出版社 1992 年版，第 421～425 页。

传》晚出，一般认为是在《庄子》之后①，虽不能说是秦汉时期的作品，但其在秦汉时期影响很大。当今不少学者论证，从《易经》到《易传》的发展过程中，《老子》《庄子》——特别是《庄子》思想起着重要作用，《易传》关于宇宙生成和演化的论述是借鉴《老子》《庄子》的思想，《易传》中关于阴阳、太极、道器、道德等概念，主要由《老子》《庄子》发展而来。《易传》把太极作为宇宙终极、事物本源，然而"太极"一词是先在《庄子·大宗师》中出现的："在太极之先而不为高"，也有本体性的意思。《庄子·天下》中说"《易》以道阴阳"，《庄子》则大大发展了《易》的阴阳学说，从而为《易传》对阴阳这对重要哲学范畴的展开提供了思想基础。《庄子》对《易传》的渗透，已有不少的研究，例如顾文炳的《易道新论》，主要"从思维科学的角度，审视《周易》与道家以及道教之间的关系"，其中有"庄子与'太极思维'"、"先秦道家思想与《易传》"（先秦道家即老庄）等专章，还有其他章节对《易经》《易传》与《庄子》的关系论之甚详。

此前陈鼓应的《〈易传〉与老庄》② 也专门讨论了这方面的问题，他在论"《彖传》宇宙观与庄子相通处"时，有如下一段文字：

> 首先我们来看《乾卦·彖》辞："大哉乾元！……云行雨施，品物流形。大明终始，六位时成，时乘六龙以御天。乾道变化，各正性命，保合太和，乃利贞。"这里很多词语，我们都可以在《庄子》书中为它找到出处：如"云行雨施"，即见于《庄子·天道》篇："日月照而四时行，若昼夜之有经，云行而雨施矣。""品物流行"，与《天地》篇所谓"留动而生物，物成生理，谓之形"相似，而前者更像是对后者的进一步概括。"大明"一词，见于《庄子·在宥》……而"终始"一词，更是《庄子》常用之语，全书中共十七见，如"反覆终始"（《大宗师》）、"终始无故"、"终则有始"（《秋水》）……"时有终始"、"终则始"、"与物终始"（《则阳》）等。其中"终则有始"……"反覆终始"等，与《彖传》所谓"终则有始，天行也"（《蛊》）、"终则有始也"

① 朱伯崑：《易学哲学史》，北京大学出版社 1988 年版。
② 收入上海古籍出版社 1992 年出版的《老庄新论》之中。

（《恒》），更是文同义同。另外“性命”一词，《论语》《孟子》都不见，而《庄子》中有十二见，如“彼至正者，不失其性命之情”（《骈拇》）、“性命非汝有，是天地之委顺也”（《知北游》），尤其《知北游》篇此句之意，与《乾卦·彖》辞“乾道变化，各正性命”类同。又“太和”一词，亦见于《庄子·天运》“太和万物”……现在通过以上的考察，恐怕我们要说，《乾卦·彖传》的主要概念词句是来自于《庄子》的，而且要通过《庄子》才能理解《彖传》。《乾卦·彖》辞之外，《彖传》中尚有许多概念也与《庄子》相同。①

他还列举了“天行”、“消息盈虚”、“与时消息”、“盈虚”等概念，最后说：

我认为，《彖传》与《庄子》这些概念上的相似，绝非偶然现象。如果不是《彖传》受到了《庄子》的影响，或《庄子》受到《彖传》的影响，那就很可能是两者出于同一作者群。②

他在《〈易传·系辞〉所受庄子思想的影响》一文中，就阴阳说、变化观、“神”之义、言意论等几个方面进行了论述。如关于阴阳说，他指出：

阴阳学说在《系辞》中已发展到了很高的程度，而且构成了它的一个重要理论内容。考其渊源，主要是受到道家尤其是庄子思想的影响。

他还指出，孔孟都不谈阴阳而庄子则极为重视，“内七篇中，‘阴阳’一词出现了四次，《庄子》全书则出现了二十多次”。

将《庄子》与《系辞传》的阴阳说加以比较，我们就会发现，两

① 陈鼓应：《老庄新论》，上海古籍出版社 1992 年版，第 252～253 页。
② 陈鼓应：《老庄新论》，上海古籍出版社 1992 年版，第 254 页。

> 者之间有很多相同之处：第一，两者都认为万物由阴阳二气交感而来。第二，两者都认识到了自然界及人类社会中的阴阳对立现象。第三，两者都认为万物自身就包含着阴和阳两个方面，而且阴阳变化将导致事物本身的改变。……《系辞》的阴阳说受到了《庄子》非常大的影响，但同时又较《庄子》更深入了一步。[1]

这里该补充强调的是，上述《系辞》与《庄子》相同的一些具体内容，都是《易经》中所没有的。陈在结束语中还写道："说《庄子》的哲学精神深刻地影响了《系辞》是毫不夸张的。""就其哲学中最重要的组成部分的天道观及辩证法等方面来看，我们可以称《易传》学派为道家别派。"[2]

以上引述完全可以说明，《庄子》对《易经》的渗透，《易传》与《庄子》有密切关系。汉代儒家学者读《庄子》、研究《庄子》，不能不与《易传》发生联系。这又是一个值得更进一步深入思考研讨的问题，这里就不再说下去了。

3. 引《庄子》注儒经

汉代虽有独尊儒术的现象，儒学的势力很强，但并不排斥诸子学的发展，罢黜百家在某种意义上是一句空话。既然韩婴可以采用《庄子》写《韩诗外传》，既然《易传》深受《庄子》的影响，那么引用《庄子》注解儒家经典情况的出现是很自然的。

具体到将《庄子》用为训诂的根据引证，较为突出的是遍注群经的郑玄，《易》《书》《诗》《礼》《论语》《孝经》他都作过注，他注经能旁征博引，被称为"括囊大典，网罗众家，删裁繁诬，刊改漏失"[3]。他虽然"质于辞训"，"称为纯儒"，但注经时引用了百家之言，包括参考和引用了《庄子》，这是自唐代以来就已为学者所注意到的。人们已经列举出《毛诗》《礼记》《论语》的例子。《诗经·大雅·卷阿》有"凤凰鸣矣，于彼高岗；梧桐生矣，于彼朝阳"句。郑玄笺曰：

> ……凤凰之性，非梧桐不栖，非竹实不食。

---

① 陈鼓应：《老庄新论》，上海古籍出版社 1992 年版，第 275 页。
② 陈鼓应：《老庄新论》，上海古籍出版社 1992 年版，第 285～286 页。
③ 范晔：《后汉书》卷三十五，《张曹郑列传》，中华书局 1965 年版，第 1213 页。

孔颖达《毛诗正义》指出：

> “非梧桐不栖，非竹实不食”，《庄子》文也，然《庄子》所说乃言鹓鸰，鹓鸰亦凤凰之别。

又如《礼记·哀公问》云：

> 君子行此三者（按：敬其妻、敬其子、敬其身三者）则忾乎天下矣。大王之道也如此，则国家顺矣。

郑玄注曰：

> 大王居豳，为狄所伐，乃曰：“土地所以养人也。君子不以其所养害所养。”乃去之岐。

孔颖达《毛诗正义》指出，关于大王亶父这一古史问题，《孟子》《庄子》《吕氏春秋》均有记述，但最后结论说：

> “君子不以其所养害所养”，取《庄子》《吕氏春秋》文也。

《孟子·梁惠王下》之文为“君子不以其所以养人者害人”。而《庄子·让王》之文为：

> 不以所用养害所养。

显然应该是“取《庄子》”文。

再如《论语·微子》记述：

> 楚狂接舆歌而过孔子，曰：“凤兮凤兮，何德之衰……”孔子下，欲与之言。趋而辟之，不得与之言。

对于“孔子下”，包咸注曰“下，下车”，清人刘宝楠《论语正义》引郑玄注曰“下，下堂出门也”，指出郑玄的根据是《庄子》：

郑以《庄子》言“孔子适楚，楚狂接舆游其门”，是夫子在门内，非在车上，故以“下”为“下堂”也。

《庄子·人间世》的记载是：

孔子适楚，楚狂接舆游其门曰：“凤兮凤兮，何如德之衰也……”

四库馆臣们还考证，《论语》高丽本“孔子下”后有“之门”二字，包咸以“下”为“下车”甚误，肯定《庄子》的记载可靠。因而郑玄“下堂”之解，正是表现了他“网罗众家”、“刊改漏失”的独到之处。

4. 今文经学与《庄子》

汉代因为独尊儒术的发展，形成了经学，人们把西汉开始一些学者对于经学的研究称为今文经学，以区分西汉末年才兴起的古文经学，这种分法虽有一些问题，但在汉代大体上有这么两派是毋庸置疑的。今文经学可以说是以董仲舒为代表开始的，董的思想受《庄子》的影响前面已经提到，今文经学派与古文经学派不同的是特别尊奉孔子，以孔子为受命之素王（古文经学派崇奉周公，孔子不过是先师），认为孔子作六经并且托古改制（古文经学派认为六经是古代史料，孔子信而好古，述而不作）。关于孔子为素王，是董仲舒在向汉武帝对策时曾郑重提出的：

孔子作《春秋》，先正王而系万事，见素王之文焉。

师古注云：“见，显示也。”显示出孔子之作为素王的身份。《淮南子·主术训》也有类似的说法：

孔子之通，智过于苌弘，勇服于孟贲……能亦多矣。然而勇力不闻，伎巧不知，专行孝道，以成素王，事亦鲜矣。春秋二百四十二年……采善锄丑，以成王道，论亦博矣。

如东汉王充所说："孔子不王，素王之业在《春秋》。"① 或者是董仲舒归纳当时儒者对孔子的看法，而向汉武帝提出要仿效素王托古改制，后来就逐渐成为今文经学家的普遍主张。一般考证认为，"素王"二字本于《庄子》②。《庄子·天道》云：

> 夫虚静恬淡寂寞无为者，万物之本也。……以此处上，帝王天子之德也；以此处下，玄圣素王之道也。

郭象注云："有其道为天下所归而无其爵者，所谓素，自责也。"以此言孔子，是比较吻合的。而《史记·殷本纪》中所记伊尹从汤"言素王及九主之事"，《史记索隐》按："素王者太素上皇，其道质素，故称素王。"此素王的理解与《庄子》之含意不同。说今文经学家的素王之说本于《庄子》，应该是正确的。

又《庄子·天运》记载：

> 孔子谓老聃曰：丘治《诗》《书》《礼》《乐》《易》《春秋》六经……

《天下》篇云：

> 其在于《诗》《书》《礼》《乐》者，邹鲁之士、搢绅先生多能明之。《诗》以道志，《书》以道事，《礼》以道行，《乐》以道和，《易》以道阴阳，《春秋》以道名分。

今人考证认为，后六句为古注文③。《诗》《书》《礼》《乐》《易》《春秋》的排列与今文经学家的顺序一致，与古文经学家《易》《书》《诗》《礼》《乐》《春秋》的排列不同，由此论者亦以此认为今文经学派受《庄子》的影响。当然，义理的发挥，是否受《庄子》影响，难以断言，但从方法论的角度看，当亦有相通之处，这就不好多论了。

---

① 王充：《论衡·定贤篇》，诸子集成本，中华书局 1954 年版。

② 参阅陈鼓应《庄子今注今译》引胡文英《庄子独见》。

③ 参阅陈鼓应《庄子今注今译》引马叙伦、张恒寿、徐复观等人说。

第三章　魏晋南北朝时期的庄学

第一节　社会·士人·玄学

一、社会动荡与人口流动

和秦汉社会相对的统一和安定相比，从公元3世纪初到公元6世纪末，将近400年的魏晋南北朝时期，是中国社会一个大动荡的历史时期，这一时期有两个特别突出的现象。

首先是政治上的长时间公开分裂。

我们这个文明古国，由于地理范围、经济生活、文化传统、语言习惯、民族关系等多方面的因素，本是一个不可分割的统一整体，秦汉的大统一正是在这样的基础上实现的。然而由于政治制度和经济制度本身的某些缺陷，又很容易导致分裂割据局面的发生。西汉初年曾有过这种现象的产生，由于一个新兴中央集权的强大，制止了分裂割据的发展。但随着政治腐败、社会动荡的发展，强大的庄园经济形成，分裂割据的局面就发生了，从魏、蜀、吴三国鼎立之后，几乎一发不可收拾。

伴随着分裂割据局面的是走马灯式的政权更替。汉统一时，谁想夺权就是篡位，所以王莽篡夺总像是一件不光彩的事，但到东汉后期，情况就发生了很大的变化，汉献帝册诏魏王禅代天下时说：

> ……当斯之时，尺土非复汉有，一夫岂复朕民？①

此时皇帝其实是傀儡，天下实际已分裂了。王夫之在《读通鉴论》中说：

---

① 《三国志·魏书·文帝纪》注引《献帝纪》。

祸始于桓、灵，毒溃于献帝，日甚月滋，求明先汉之末，王莽篡而人心思汉，不可复得矣。

此篡位之风一开，就一发不可收拾，曹魏代汉，司马氏又篡曹魏之权，以后宋、齐、梁、陈继之，谁都可以玩一通“应天受禅”的把戏，其特点只是频繁而迅速。

这里有一点需要指出，大多数政权更替时，新的统治者还是试图有一番作为的，从而既对当时社会的维持和发展起过一定作用，也留下了一定的历史印迹。三国时，魏、蜀、吴各有建树，其中曹操重法治，能用人，为当时北方的统一做出了贡献。诸葛亮治蜀，刑、德并用，孙吴对江南的进一步开发都较为人们所熟知。短暂统一的西晋王朝，虽无多少政绩可称道，但建国之初也并非毫无作为，有史学家概述说：

武帝尝诏郡国守相，三载一巡行属县（泰始四年。）；申诫郡国计吏、守相、令长：务尽地利，禁游食商贩；（泰始五年。）临听讼观录囚徒；（泰始四年、五年。）守令有政绩及清称者，赐之以谷……诏刺史、二千石纠秽浊，举公清；令内外群臣举清能，拔寒素；（大康九年。）又屡诏举人才；可见其非无意于为治。又尝增吏俸，（泰始三年。）班律令；（泰始四年。）平吴后即定户调式；罢军役；去州郡兵；则亦有意于更制垂后。然是时之所急者，非立法，乃行政；非文诰之频繁，乃督责之峻切；而帝于此，实最阙焉。①

我们详引这一段文字，是因它颇有些典型意义，说明任何一个改朝换代者总是想“更制垂后”的。少数民族的政权也是如此，如北魏孝文帝的改制。其所作所为，不仅和其他政权一样，对某一时期、某一地区的社会稳定、经济发展等起一定的良好作用，而且其文化学术政策，对中国传统文化的发展有很特殊的意义，不仅保存和发扬了秦汉以来的许多传统，且注入了不少新的因子，成为隋唐制度、文化等渊源所在。其汉化政策，具有表明中华民族凝聚力的意义。

① 吕思勉：《两晋南北朝史》，上海古籍出版社 1983 年版，第 11 页。

其次，与分裂、战乱、动荡同时的另一突出历史现象，那就是人口的大流动。人口流动，自古就有，但魏晋南北朝时期的流动规模最大，例如有学者概述说：

> 为了逃避战祸，中原的汉人纷纷外迁。由于南方基本保持安定，司马睿又建立了东晋政权，成了“正统”所在，吸引了最大多数的移民。但还有大量移民迁至河西走廊、辽东及朝鲜半岛等局部平静的地区，一些人则就近迁入相对安全的山区和边僻地方。这一时期移民的绝对数量和移民占总人口的比例，在中国历史上都是空前的。①

当然，南迁虽是主流，但北方一旦相对安定，或者南方战乱较多时，也有回迁或者从南方和周边迁入黄河流域的，形成一种反复迁移的现象，这也正是人口大流动的表现之一。可能的是，一般平民百姓迁移之后也许就地定居下去了，而上层人物的来回迁移要多一些。上层人物的流动对文化学术的发展有更大的影响。唐人杜佑曾概述说：

> 永嘉之后，帝室东迁，衣冠避难，多所萃止，艺文儒术，斯之为盛。今虽闾阎贱品，处力役之际，吟咏不辍，盖因颜、谢、徐、庾之风扇焉。②

“闾阎贱品”当指下层一般民众，他们受到的影响不仅是“吟咏不辍”，还应包括风俗、习惯乃至生产技术、经验等。

这一时期，除了南迁之外，也有东移西迁，从平原到山区，从内地到边疆，以及少数民族的内徙和西迁等等，海外移民也开始了。所有移民，除了某些时候以行政或军事手段推行的强制移民之外，大多数是为求生存和发展（求生存是主要的，但二者似不可分割）而流动的。

总之，人口大流动是这一历史时期的一个重要的现象，是一个对社会和文化发展有较大影响的现象。

---

① 葛剑雄、曹树基、吴松弟：《简明中国移民史》，福建人民出版社 1993 年版，第 145 页。
② 杜佑：《通典》卷一百八十二，《州郡十二》，中华书局 1988 年版，第 4850 页。

二、士人与士风

士人，今谓之知识分子。本时期知识分子的情况，首先应说的一点是，自两汉以来，士人数量大增。汉代从武帝开始，设博士官置弟子员，以及令天下郡国皆立学官，有一个可称为“普及教育”的倾向，到西汉末年已经成为一种制度了，例如《汉书·平帝纪》记载：

> （元始三年）立……学官。郡国曰学；县、道、邑、侯国曰校。校、学置经师一人；乡曰庠，聚曰序。序、庠置《孝经》师一人。

当然，事实上不可能真正实行，但这个发展趋向是存在的，有些地方官特别注重，那就会推行得更好一些。蜀郡守文翁一面派人至京师“受业博士”，一面“起学官于成都市中，招下县子弟以为学官弟子”，“繇是大化”①，取得了极为可观的成就，武帝也是受到他的启发而下令郡国皆立学官的。

这种情况到东汉进一步发展，例如太学生，西汉成帝时还是因“孔子布衣养徒三千人”而在太学增弟子员三千人，而到东汉中后期“游学增盛，至三万余生”②。班固在《东都赋》中说：

> 四海之内，学校如林，庠序盈门，献酬交错，俎豆莘莘，下舞上歌，蹈德咏仁。

当然这难免是溢美之词，但学校教育普及与发展是可以肯定的。此外，还有私人教授的发展，许多名儒大师教授弟子数百人乃至千余人不等，魏晋南北朝时期的历史正是在这样的人才（士人）基础上展开的。史学家吕思勉先生对此有一段极好的概述：

> 中国为崇尚文教之国，两汉而降，此风尤甚。晋、南北朝，虽为

① 班固：《汉书》卷八十九，《循吏传》，中华书局 1962 年版，第 3626 页。
② 范晔：《后汉书》卷七十九上，《儒林列传上》，中华书局 1965 年版，第 2547 页。

丧乱之世，然朝廷苟获小安，即思兴学；地方官吏，亦颇能措意于此；私家仍以教授为业；虽偏隅割据之区，戎狄荐居之地，亦莫不然。较之罗马丧乱之后，晦盲否塞之情形，大异其趣矣。此亦中西史事不同之一端欤？①

其次，值得说的一点是本时期士人的士大夫化及其与世族的关系。士大夫和世族都是古已有之的，士大夫指的是居有职位的人，如《周礼·冬官考工记》所说："坐而论道谓之王公，作而行之谓之士大夫。"汉代以来，由于学校教育的发达，受教育的人增多，随着知识分子队伍的扩大，士逐渐成为知识分子的专称，士大夫也主要指知识分子。同时"士大夫"一词又表明知识分子有官职的情况从汉代以后越来越明显。

至于世族，也是由古代世家发展而来的，秦汉以后的大转变，古老的世家所剩无几了。但汉代数百年的延续，又形成新的世家，也就是世族。世家变为世族有一个原因，就是豪强地主与宗族联起来，例如在人口移动中的举族迁徙之类。世族又称为士族，即与士有关了。一方面，豪族垄断经济、政治，也必然垄断文化；另一方面，士人做官之后，也会利用其荫族特权，这样也会加强士族队伍的扩大。有的学者指出：

东汉以来培养滋长的大姓、名士是构成魏晋士族的基础，但决不是所有汉末大姓、名士都能在魏晋时成为士族，也不是出于单家就都像吴质那样，乡里"不与之士名"。②

士族在学术文化史上的地位是不可忽视的。当时有许多家族都是数代文才相继的，例如《南史·王筠传》记载：

（王筠）与诸儿书，论家门集云："史传称安平崔氏及汝南应氏，并累叶有文才，所以范蔚宗云崔氏雕龙，然不过父子两三世耳，非有七叶之中，名德重光，爵位相继，人人有集，如吾门者也。"

---

① 吕思勉：《两晋南北朝史》，上海古籍出版社1983年版，第1335页。

② 唐长孺：《士族的形成和升降》，《魏晋南北朝史论拾遗》，中华书局1983年版，第53页。

王筠非常自豪，“人人有集”，这是他们留下的文化遗产。据《隋书·经籍志》集部统计，琅琊王氏有集者二十人，陈郡谢氏有集者十二人。由此可见，当时许多士族对文化学术的发展是有影响的。

下面再谈士风。

魏晋风度是人们形容本时期时代精神和社会风气的一个形象概括，风度的意义比较宽泛，既包括仪容、气度、风格、气派，也包括风姿、风采，甚至包括风气、风俗等等，所有这一切，知识分子是“先锋”，可以为代表，所以此时期之士风也可以或者就是用魏晋风度来形容的。士风，究竟该讲什么，余英时在《士与中国文化》中说：

> 所谓士风，牵涉到两个不可截然划分的方面：一是知识分子（当时称之为“士”或“士大夫”）的思想，一是他们的行为。就思想言，其特色是易、老、庄的三玄之学代替了汉代的经学；就行为言，其特色则是突破传统礼教的藩篱而形成一种“任诞”的风气。[①]

这个概述大体是正确的，但正如余先生所说，“魏晋士风的发展并不是单从外缘方面所能完全解释得清楚的”。他用了“群体自觉”和“个体自觉”的观念来解释当时士人内心的种种变化，也可备一说。

近代以来，文、史、哲各方面的学者，都关注过魏晋思想和士风的研究[②]。这里我很想举出史学家贺昌群先生所说的例子。他在 1944 年为其《魏晋清谈思想初论》一书所写的序言中说：

> 寇乱以来，转徙西南，或穷山论学，或黉舍讲艺，朋好间讨论之乐，最可感念者马湛翁、熊子真、梅迪生、楼石庵、刘弘度、宗白华、贺自昭、叶圣陶诸先生，于此书之成，前后皆有因缘。汤锡予先生所居殊隔，不谋而意归略同。

此序有很好的史料价值，当时许多著名学者如马一浮、熊十力、宗白华、

① 余英时：《士与中国文化》，上海人民出版社 1987 年版，第 401 页。
② 这里主要指现代意义的研究。

贺麟、叶圣陶等先生都是先后与该书的著作有“因缘”关系，互相切磋讨论过，而汤用彤先生虽不在一起，却“不谋而意归略同”。这说明一时间很多人关心和讨论过魏晋思想问题。

宗白华先生在1941年所写《论〈世说新语〉和晋人的美》一文中开头就说：

> 汉末魏晋六朝是中国政治上最混乱、社会上最痛苦的时代，然而却是精神史上极自由、极解放，最富于智慧、最浓于热情的一个时代。因此也就是最富有艺术精神的一个时代。①

今日人们津津乐道的解放、自由、觉醒、超越等等，文、史、哲的前辈学者都见到了，并多少都有自己的论述。例如刘大杰先生在论魏晋学术思想界的新倾向时就说：

> 魏晋时代，无论在学术的研究上，文艺的创作上，人生的伦理道德上，有一个共同的特征，那便是解放与自由。这种特征，与其说是自然主义，不如说是浪漫主义。自然主义用之于当日的玄学，似乎很适宜，但还没有如浪漫主义那样能包括人类的全部活动全部表现。浪漫主义是以热烈的怀疑与破坏精神，推倒一切前代的因袭制度传统道德和缚住人心的僵化了的经典。用极解放自由的态度，发展自己的研究，寻找自己的归宿，建设新的思想系统。因为这样，经学玄学文艺及宗教都得到自由的发展，比起前代那种死气沉沉的空气来，魏晋是呈现着活泼清新的现象的。②

史学家研究则比较注重其前后的演变，注重其时代以及政治的关系，如贺昌群先生就说：

> 每一时代皆有其时代之特性，当其特性在发展之时，往往与其前

① 该文收入1987年人民出版社出版的宗白华《美学与意境》之中，引文见该书第183页。
② 刘大杰：《魏晋思想论》，中华书局1939年版，第18页。

一代之传统势力，发生参差之反应作用……魏晋清谈之起，在学术上盖上承东汉方术道家与老易思想之一部分，而革弃儒家思想之一部分，其新兴之一部分，则为先秦诸子学之重光，与印度思想之流入。至汉末三国，因政治社会之巨变，遂形成一种韵味悠长之思潮，名曰清淡。至魏正始之际，始树立宗风，六朝称曰玄学，绵亘三百余年之久，其间大同小异，流别纷繁，非好学深思，体察深远，或忘怀得失，想与感应，难以究其极致。①

由以上论述，我们想指出两点：第一，此种可称为“魏晋风度”的思潮，是整个魏晋南北朝时期都存在的，可以代表这个时期的时代特性，当然并不等于没有其他，如儒学、道教、佛教均有其独立发展的内容。第二，对于士风、清谈、玄谈的讨论，亦如贺先生所说，有一个“浅深之别，是非之辨”的问题。浅深较难说，“是非之辨”的存在可以举例明之，20 世纪 70 年代末，李泽厚先生在其风行一时的《美的历程》中说：

本书不同意时下中国哲学史研究中广泛流行的论调，把这种新的世界观人生观以及作为它们理论形态的魏晋玄学，一概说成是腐朽反动的东西。实际上，魏晋恰好是一个哲学重新解放、思想非常活跃、问题提出很多、收获甚为丰硕的时期。②

这就是“是非之辨”。“腐朽”之说何时、如何出来，这里不能深究，对玄学的不同看法，从玄学产生的当时就存在了，这里也不作研讨。

这里再稍微具体谈谈士风的内容，最为明显的首先是清谈。由汉末清议发展而来的清谈，是魏晋风度最明显的表现之一，是当时士人最突出的行为之一，士人日常交往、宾朋聚会，都会清谈一番，这成为一种时尚、风气。他们视之为精神享受，有的人甚至废寝忘食，达到如痴如醉的地步。《世说新语》一书就记载了不少具体事例：

---

① 贺昌群：《魏晋清淡思想初探》，商务印书馆 1947 年版，第 1 页。
② 李泽厚：《美学三书·美的历程》，安徽文艺出版社 1999 年版，第 90 页。

何晏为吏部尚书，有位望，时谈客盈坐。王弼未弱冠，往见之。晏闻弼名，因条向者胜理语弼曰："此理仆以为极，可得复难不?"弼便作难，一坐人便以为屈。于是弼自为客主数番，皆一坐所不及。①

这是宾朋聚会清谈。

裴散骑娶王太尉女，婚后三日，诸婿大会，当时名士，王、裴子弟悉集。郭子玄在坐，挑与裴谈。子玄才甚丰赡，始数交，未快。郭陈张甚盛，裴徐理前语，理致甚微，四坐咨嗟称快。王亦以为奇，谓诸人曰："君辈勿为尔，将受困寡人女婿。"②

这是在婚庆活动中挑起谈辩，足见清谈之风盛行。

卫玠始渡江，见王大将军。因夜坐，大将军命谢幼舆。玠见谢，甚说之，都不复顾王，遂达旦微言，王永夕不得豫。玠体素羸，恒为母所禁。尔夕忽极，于此病笃，遂不起。③

通宵达旦，谈得一病不起！"既共清言，遂达三更"④ 之例是常有之事。

孙安国往殷中军许共论，往反精苦，客主无间。左右进食，冷而复暖者数四。彼我奋掷麈尾，悉脱落满餐饭中，宾主遂至莫忘食。殷乃语孙曰："卿莫作强口马，我当穿卿鼻。"孙曰："卿不见决鼻牛，人当穿卿颊。"⑤

这是废寝忘食之又一例，而且一边谈论，一边挥舞麈尾，这种情况也反映出来了。人们清谈时的投入情形，这些文字记载得极为生动。

① 刘义庆：《世说新语·文学》，诸子集成本，中华书局 1954 年版。
② 刘义庆：《世说新语·文学》，诸子集成本，中华书局 1954 年版。
③ 刘义庆：《世说新语·文学》，诸子集成本，中华书局 1954 年版。
④ 刘义庆：《世说新语·文学》，诸子集成本，中华书局 1954 年版。
⑤ 刘义庆：《世说新语·文学》，诸子集成本，中华书局 1954 年版。

以上随手举出的几个例子，足以说明清谈之风的一般情况，清谈成为士人生活中不可缺少的一个部分。

其次，服药与饮酒。鲁迅之所以写《魏晋风度及文章与药及酒的关系》，就是因为服药与饮酒确实是当时士人生活中的主要内容。

关于服药。

有病吃药是常理常情，无病吃药有特殊的原因，如求长生不老或是为了享乐，求得生理和心理上的乐趣，如：

何平叔云：服五石散①，非唯治病，亦觉神明开朗。②

但是不仅凡药几分毒，五石散毒性还很大，服用不当，受害是常有之事。皇甫谧服此药，身心俱受到损害，据《晋书·皇甫谧传》记载：

服寒食药，违错节度，辛苦荼毒，于今七年。隆冬裸袒食冰，当暑烦闷，加以咳逆，或若温疟，或类伤寒，浮气流肿，四肢酸重……

这是身体所受之摧残。书中又说：

初服寒食散，而性与之忤，每委顿不伦，尝悲恚，叩刃欲自杀，叔母谏之而止。

引起了性情的变化，这是精神上的折磨。

既然如此，为什么服药会成为一时风尚？人们从大背景分析，是因为当时士人深感人生苦短，对死亡的恐惧和对生存的依恋，为了眼前的生活更自在，想强健身体，增加生活的乐趣。当然，这也是有钱人才能做的，所以吃药似乎是一种身份的象征，鲁迅说是“以分阔气”：

后魏孝文帝时，诸王及贵臣多服石药，皆称石发。乃有热者，非

① 五石散即寒食散，其主要配方有紫石英、白石英、赤石脂、钟乳石与石硫黄，故名五石散。
② 刘义庆：《世说新语·言语》，诸子集成本，中华书局 1954 年版。

富贵者，亦云服石发热，时人多嫌其诈作富贵体。有一人于市门前卧，宛转称热，众人竞看，同伴怪之，报曰："我石发。"同伴人曰："君何时服石，今得石发？"曰："我昨在市得米，米中有石，食之乃今发。"众人大笑。自后少有人称患石发者。①

鲁迅在他的演讲中，对吃药问题分析较多，吃药之后因为要"散发"，而穿宽大衣服、不鞋而屐、散发等等，名人的这些表现，不吃药的人也跟着学起来，所以形成一种风气。

关于饮酒。

本来中国人饮酒是有悠久历史的，自夏商时代开始，饮酒之风的记载和出土文物很多。然而魏晋士人之饮酒，又是特别突出的，比吃药之风更为普遍，五石散这样的药是不容易得到的，服后又有痛苦和危险，选择饮酒得到的刺激和痛快更廉价、更方便，所以有人就说：

服食求神仙，多为药所误。不如饮美酒，被服纨与素。②

这也同样是感慨"人生忽如寄，寿无金石固"而解忧作乐，尽情享受生活。正如曹操《短歌行》所说：

对酒当歌，人生几何？譬如朝露，去日苦多！慨当以慷，忧思难忘，何以解忧？唯有杜康！

这些诗句颇能反映当时人的一种心情，也能说明饮酒之所以成风的重要原因，这一点宋人叶梦得说得比较透彻：

晋人多言饮酒有至于沉醉者，此未必意真在于酒。盖时方艰难，人各惧祸，惟托于酒，可以粗远世故。盖自陈平、曹参以来，已用此策……流传至嵇、阮、刘伶之徒，遂全欲用此为保身之计……如是，

---

① 《太平广记》卷二百四十七引侯白《启颜录》。

② 《古诗十九首·驱车上东门》。

饮者未必剧饮，醉者未必真醉也。①

当时名士饮酒之逸事，《世说新语》中记述甚多，略举数条以见一斑：

刘伶病酒，渴甚，从妇求酒。妇捐酒毁器，涕泣谏曰："君饮太过，非摄生之道，必宜断之！"伶曰："甚善。我不能自禁，唯当祝鬼神自誓断之耳。便可具酒肉。"妇曰："敬闻命。"供酒肉于神前，请伶祝誓。伶跪而祝曰："天生刘伶，以酒为名。一饮一斛，五斗解酲。妇人之言，慎不可听！"便饮酒进肉，隗然已醉矣。②

简直令人啼笑皆非。

步兵校尉缺，厨中有贮酒数百斛，阮籍乃求为步兵校尉。③

求官的理由，仅仅是为了喝酒。

诸阮皆能饮酒，仲容至宗人间共集，不复用常杯斟酌，以大瓮盛酒，围坐相向大酌。时有群猪来饮，直接去上，便共饮之。④

不必一一征引，士人中饮酒之风大盛是确定无疑的。

第三，放荡不羁，这是当时士人行为又一突出表现。《世说新语·任诞》就记载了包括饮酒等许多任诞行为，且列举数例：

刘伶恒纵酒放达，或脱衣裸形在屋中，人见讥之，伶曰："我以天地为栋宇，屋室为裈衣，诸君何为入我裈中？"

有人讥周仆射与亲友言戏，秽杂无检节。周曰："吾若万里长江，

① 叶梦得：《石林诗话》卷下。
② 刘义庆：《世说新语·任诞》，诸子集成本，中华书局 1954 年版。
③ 刘义庆：《世说新语·任诞》，诸子集成本，中华书局 1954 年版。
④ 刘义庆：《世说新语·任诞》，诸子集成本，中华书局 1954 年版。

何能不千里一曲?”

刘尹云:“孙承公,狂士。每至一处,赏玩累日,或回至半路而返。”

士人行为放荡不羁,矛头几乎都是指向礼教,如阮籍所说:“礼岂为我辈所设也?”士人之反礼教,是一种表面现象,自有其深刻的社会历史原因。但对表面现象必须有分析,例如鲁迅,根据嵇康行为表现和他作给儿子看的《家诫》判若两人的情况说:“魏晋的破坏礼教者,实在是相信礼教到固执之极的。”他并且进一步对当时风气分析说:

不过何晏王弼阮籍嵇康之流,因为他们的名位大,一般的人们就学起来,而所学的无非是表面,他们实在的内心,却不知道。因为只学他们的皮毛,于是社会上便很多了没意思的空谈和饮酒……①

不过,表面现象也确实能反映群体和个体的自觉,从而影响文章风格和特色,影响思想学术的发展,这一点将在下一个题目中进一步说明。

三、玄学

前面已提到士人的清淡成风,未言其所谈内容,其所谈内容即可谓玄学,这里可以引两段有关记载来说明。一是《晋书·王衍传》所云:

魏正始中,何晏、王弼等祖述《老》《庄》,立论以为:天地万物皆以无为本。无也者,开物成务,无往不存者也。阴阳恃以化生,万物恃以成形,贤者恃以成德,不肖恃以免身。故无之为用,无爵而贵矣。

而南齐王僧虔的《诫子书》讲清谈玄学的内容更丰富些:

---

① 鲁迅:《魏晋风度及文章与药及酒之关系》,《鲁迅全集》第3卷,人民出版社2005年版,第537页。

曼倩有云："谈何容易。"见诸玄，志为之逸，肠为之抽，专一书，转诵数十家注，自少至老，手不释卷，尚未敢轻言。汝开《老子》卷头五尺许，未知辅嗣何所道，平叔何所说，马、郑何所异，《指例》何所明，而便盛于麈尾，自呼谈士，此最险事。设令袁令命汝言《易》，谢中书挑汝言《庄》，张吴兴叩汝言《老》，端可复言未尝看邪？谈故如射，前人得破，后人应解，不解即输赌矣。且论注百氏，荆州《八帙》，又《才性四本》《声无哀乐》，皆言家口实，如客至之有设也。汝皆未经拂耳瞥目。岂有庖厨不修，而欲延大宾者哉？就如张衡思侔造化，郭象言类悬河，不自劳苦，何由至此？汝曾未窥其题目，未辨其指归；六十四卦，未知何名；《庄子》众篇，何者内外；《八帙》所载，凡有几家；《四本》之称，以何为长。而终日欺人，人亦不受汝欺也。①

好家伙，真是"谈何容易"，玄学的内容如此广泛，要求谈者具备既广博而又精深的知识，才能不自欺欺人。实际上清谈中还包括佛经，有时也有高僧参加。

以上所述，明确地说到了《易》《庄》《老》这三部书，这就是北齐颜之推所说的"《庄》《老》《周易》，总谓'三玄'"②。"三玄"的说法在南北朝时期已较为普遍了，如《梁书·儒林传》："太史叔明三玄精解，当世冠绝。"《南史·张讥传》："笃好玄言，立《周易》《老》《庄》而讲授焉。沙门法才，道士姚绥皆传其业。"又《金缓传》："通《周易》《老》《庄》，时人言玄者咸推之。"

由此可见，玄学的主要内容是《庄》《老》《周易》以及对它们的理解和发挥。时人的思想是通过对"三玄"的阐发表现出来的，今人将当时的新思想概括为自由、解放、觉醒、超越等等，认为玄学代表着魏晋时代精神，相对而言，在一定意义上说，未尝不可。

但似不应过高估计，有的学者提出玄学不过是洛阳之学，意即不同意过高估计。这个问题还可以具体分析。

---

① 萧子显：《南齐书》卷三十三，《王僧虔传》，中华书局 1972 年版，第 598～599 页。
② 颜之推：《颜氏家训·勉学篇》，诸子集成本，中华书局 1954 年版。

相对在很大程度上僵化了的儒学而言，玄学是比较解放的，也可以说有一定的超越。《后汉书·儒林列传》写道：

夫书理无二，义归有宗，而硕学之徒，莫之或从，故通人鄙其固焉……自桓灵之间，君道秕僻，朝纲日陵，因隙屡启，自中智以下，靡不审其崩离。

《论衡·问孔篇》云：

世儒学者，好信师而是古，以为贤圣所言，皆无非专精讲习，不知难问。夫贤圣下笔造文，用意详审，尚未可谓尽得实，况仓促吐言，安能皆是，不能皆是，时人不知难，或是而意沉难见，时人不知问。

汉代已有不少通人、通儒对儒学有了新的认识，不受其束缚，甚至试图超越，所以玄学的出现也是势所必然。

应该肯定，清谈玄学的盛行，主要是在上层，甚至应该说是一部分士人中流行。魏晋清谈始于魏正始年间，史又称之为“正始之音”，终东晋南朝而未间断，例如《晋书·儒林传》序云：

摈阙里之典经，习正始之余论，指礼法为流俗，目纵诞以清高。

但是，清谈玄学的内容和形式是在变化的，玄儒的结合日益明显。例如后之谈玄者的行为没有从前那些名士那么放诞，有的玄学家还深通礼制，如庾亮“善谈论，性好庄老，风格峻整，动由礼节”①。对于清谈放达之弊病，从东晋开始就有不少人激烈批评。如陶侃、应詹、卞壶、江惇等。范宁著《王弼何晏论》：

时以虚浮相扇，儒雅日替，宁以为其源始于王弼何晏，二人之

① 房玄龄等：《晋书》卷七十三，《庾亮传》，中华书局1974年版，第1915页。

罪，深于桀纣。[1]

另外，清谈之风虽盛，但儒学的官方正统地位在制度上可以说从未动摇过，西晋、东晋、宋、齐、梁、陈皆有兴立国学、太学，以及尊儒劝学的诏书和措施，北朝诸位统治者也是如此，其力度甚至超过南朝，参阅诸史儒林传即可知一般，如《魏书·儒林传》云：

太祖初定中原，虽日不暇给，始建都邑，便以经术为先。立太学，置五经博士，生员千有余人。

诸如此类记载，不烦一一列举。

第二节　庄学的勃兴

前面已说明，老庄并称始于魏晋说法是不确切的。但魏晋开始，老庄盛行却是很突出的现象，并且整个魏晋南北朝都是如此，因此以“庄学的勃兴”表述这一时期庄学的发展。以下主要分两个方面来论述。

一、读《庄》成风与注《庄》成学

魏晋南北朝时期，知识分子读《老》《庄》的人很多，郎擎霄《庄子学案》[2] 概述说：

当时达官名士，多宗老庄，如魏王弼、何晏、山涛、阮籍、嵇康、向秀、郭象，晋王济、王衍、卢谌、庾敳、庾亮、桓石秀、司马彪、崔撰、李颐，宋戴颙、李叔之，齐祖冲之、徐白珍，梁江紑、伏曼容、贺玚、严植之、刘昭、庾曼倩，陈周弘正、徐陵、全缓、张讥、陆瑜，北魏程骏、邱晏，北齐杜弼其最著者也。

---

① 范宁：《王弼何晏记》，严可均辑：《全上古三代秦汉三国六朝文·全晋文》卷一百二十五，中华书局1958年版，第2179页。

② 天津古籍书店1990年版。

这是一个不小的名单，但并非全部。在当时社会上层人士中，完全可以说是读《庄子》成为风气的，史学家吕思勉曾概括说：

> 帝王、贵戚、大臣、武夫、儒生、文人、艺士、妇女，无不能之。余风又流衍于北。入隋乃息。①

这虽是就整个读《老子》和《庄子》的情况而言的，但《老子》和《庄子》实不可分，不会再有只读《老子》而不读《庄子》了。甚至应该说，这一时期更多的是《庄》和《老》连称，《庄子》在前。如王济“善《易》及《庄》《老》”；山涛“性好《庄》《老》”；阮籍“博览群籍，尤好《庄》《老》”；庾亮“性好《庄》《老》”；庾翼贻殷浩书中有“高谈《庄》《老》”②之言；等等。另一些人如嵇康、向秀的记载中虽《老》在《庄》之前，但向秀注《庄子》，嵇康言行（如作《养生论》之类）更明显受《庄子》影响。一直到南朝都是如此，梁陈之际“家传儒学”的顾越，不仅“遍该经艺”，对“微言玄旨”，也“咸尽其精微”，而且“特善《庄》《老》”③。而且“余风又流衍于北”，连北魏孝文帝都“善读《庄》《老》，尤精释义”④。难怪颜之推的“三玄”顺序是《庄》《老》《周易》。《庄》在《老》前，应该是庄学勃兴的一个明显反映。

读《庄》成风的另一个重要表现，应该说它是当时清谈的重要内容之一，例如《世说新语·文学》记载说：

> 支道林、许掾、谢盛德，共集王家。谢顾谓诸人：“今日可谓彦会。时既不可留，此集固亦难常。当共言咏，以写其怀。”许便问主人：“有《庄子》不？”正得《渔父》一篇，谢看题，便各使四坐通。支道林先通，作七百许语，叙致精丽，才藻奇拔，众咸称善。于是四坐各言怀毕。谢问曰：“卿等尽不？”皆曰：“今日之言，少不自竭。”

---

① 吕思勉：《两晋南北朝史》，上海古籍出版社1983年版，第1384～1385页。

② 房玄龄等：《晋书》卷四十二、卷四十三、卷四十九、卷七十三、卷七十七，中华书局1974年版，第1205、1223、1359、1915、2044页。

③ 李延寿：《南史》卷七十一，《顾越传》，中华书局1975年版，第1753页。

④ 魏收：《魏书》卷七，《高祖孝文帝纪》，中华书局1974年版，第187页。

> 谢后粗难，因自叙其意，作万余语，才峰秀逸，既自难干，加意气拟托，萧然自得，四坐莫不厌心。支谓谢曰："君一往奔诣，故复自佳耳。"
>
> …………
>
> 羊孚弟娶王永言女，及王家见婿，孚送弟俱往。时永言父东阳尚在，殷仲堪是东阳女婿，亦在座。孚雅善理义，乃与仲堪道《齐物》。殷难之，羊云"君四番后，当得见同"。殷笑曰："乃可得尽，何必相同？"乃至四番后一通。殷咨嗟曰："仆便无以相异。"叹为新拔者久之。

这两段记载告诉我们，人们聚在一起清谈，乃至亲戚相聚，都会以《庄子》为题，借题发挥，各抒己见，而且是随便找来一篇清谈。此种专读、专谈乃至专注一篇之例也还有不少，例如北齐杜弼，"耽好玄理，注《庄子·惠施》篇并《易》上下《系》，名曰《新注义苑》，并行于世"①。其次，上述记载中的支道林，又名支遁，是位高僧，既通佛教的《维摩经》，又通《庄子》。这又反映《庄子》与佛教的关系。（详后）

《庄子》内容为人所熟悉的例子不少，《晋书·范宣传》记载这位"三礼"专家的事颇有意思：

> （庚）爰之问宣曰："君博学通综，何以太儒？"宣曰："汉兴，贵经术，至于石渠之论，实以儒为弊。正始以来，世尚老庄。逮晋之初，竞以裸裎为高。仆诚太儒，然'丘不与易'。"宣言谈未尝及《老》《庄》。客有问："'人生与忧俱生'，不知此语何出？"宣云："出《庄子·至乐》篇。"客曰："君言不读《老》《庄》，何由识此？"宣笑曰："小时尝一览。"时人莫之测也。

先是庾爰之对范宣说，你本来"博学通综"，又为什么要"太儒"（过分拘泥于儒家的学说思想）？范宣借此批评正始以来尚《老》《庄》之风，正因

① 李延寿：《北史》卷五十五，《杜弼传》，中华书局1974年版，第1989页。

为如此，所以“丘不与易”①，我才“太儒”！这么一位以振兴儒学为己任的大儒，却又可以随口说出《庄子》中某一篇的某一句话，对《庄子》是熟透了。“小时尝一览”似一句笑话，但当时许多人从小就读《老》《庄》也是事实。如梁朝的刘昭“七岁通《老》《庄》义”②，陈朝的徐陵“八岁能属文，十二通《庄》《老》义”③ 可以旁证以上范宣并非虚言。

儒家学者读《庄子》，坚决反对崇尚《老》《庄》虚玄之风的人也不能不读《庄子》，否则讲不出什么道理。例如王坦之作《废庄论》，不但对《庄子》本身，而且对前人批评庄子的内容都有所研究，不过他注重的是“庄子之利天下也少，害天下也多”，反对“庄生之道”。对老子倒并不怎么反对，而称“昔吾孔老固已言之”④，把老和庄分开了。另一“深抑虚浮”而作《学箴》的李充，也是很理解《老》《庄》思想的，他还作《释庄论》上下二篇⑤。

更有一些人不仅读《庄子》，而且崇拜庄子，学习庄子的行为。敦煌有一位高人宋纤，“注《论语》及为诗颂数万言”，“不应州郡辟命”，曾经叹言：“德非庄生，才非干木，何敢稽停明命！”又有“受生方外，心慕太古。生不喜存，死不悲后”之类的言论。死后“谥曰玄虚先生”⑥。显然，他认为庄生之德最高。值得注意的是，他出生在敦煌，隐居于酒泉，老年时到过姑臧（武威，是当时边远地区），从他受业的弟子三千余人，《庄子》也必为弟子们知道。

《世说新语》有两则记载，也有些像模仿庄子，其《言语》篇：

> 王中郎令伏玄度、习凿齿论青、楚人物，临成以示韩康伯，康伯都无言。王曰：“何故无言？”韩曰：“无可无不可。”

其《文学》篇：

---

① 此语出自《论语·微子》的“天下有道，丘不与易也”。
② 姚思廉：《梁书》卷四十九，《刘昭传》，中华书局 1973 年版，第 692 页。
③ 姚思廉：《陈书》卷二十六，《徐陵传》，中华书局 1972 年版，第 325 页。
④ 房玄龄等：《晋书》卷七十五，《王坦之传》，中华书局 1974 年版，第 1966 页。
⑤ 房玄龄等：《晋书》卷九十二，《李充传》，中华书局 1974 年版，第 2389 页。
⑥ 房玄龄等：《晋书》卷九十四，《宋纤传》，中华书局 1974 年版，第 2453 页。

客问乐令“旨不至”者，乐亦不复剖析文句，直以麈尾柄确几曰：“至不？”客曰：“至。”乐因又举麈尾曰：“若至者，那得去？”于是客乃悟服。乐辞约而旨达，皆此类。

这位乐令即乐广，他在批评“任放为达，或至裸体者”时曾笑曰：“名教内自有乐地，何必乃尔！”① 是位善谈论的通人，其“约言析理”的共谈的方式是和庄子与人对话相像的。

玄虚、庄老之风的影响，也可以从人们取名字中体现出来。如上述“谥曰玄虚先生”的宋纤，而且在宋纤前后，凉州地区也有三四位称“玄×先生”者②。此外，从东汉以来，不少人为自己的子孙取名或取字号为“玄”或“虚”。如“善言名理”而与殷浩齐名的孙盛（也是一位史学家），有子名放：

放字齐庄，幼称令慧。年七八岁，在荆州，与父俱从庾亮猎，亮谓曰：“君亦来邪？”应声答曰：“无小无大，从公于迈。”亮又问：“欲齐何庄邪？”放曰：“欲齐庄周。”亮曰：“不慕仲尼邪？”答曰：“仲尼生而知之，非希企所及。”亮大奇之，曰：“王辅嗣弗过也。”③

小小年纪，对“好庄老”的庾亮作如此的回答，一方面说明其聪慧，另一方面反映其字号与庄周的联系，即便不是其取号本意，但当时已有此联想，是可以肯定的，这显然是受了读《庄》、尚虚玄成风的影响。

下面再从注《庄子》的情况看此时期庄学的勃兴。

首先应该征引的当然是《世说新语·文学》中的一段记述：

初，注《庄子》者数十家，莫能究其旨要。向秀于旧注外为解义，妙析奇致，大畅玄风。唯《秋水》《至乐》二篇未竟而秀卒。秀子幼，义遂零落，然犹有别本。郭象者，为人薄行，有俊才，见秀义不传于世，遂窃以为己注。乃自注《秋水》《至乐》二篇，又易《马

① 房玄龄等：《晋书》卷四十三，《乐广传》，中华书局 1974 年版，第 1245 页。
② 参阅房玄龄等《晋书·隐逸传》。
③ 房玄龄等：《晋书》卷八十二，《孙盛传》，中华书局 1974 年版，第 2149 页。

蹄》一篇，其余众篇或定点文句而已。后秀义别本出，故今有向、郭二《庄》，其义一也。

《晋书·向秀传》的记载也值得参考：

庄周著内外数十篇，历世才士虽有观者，莫适论其旨统也，秀乃为之隐解，发明奇趣，振起玄风，读之者超然心悟，莫不自足一时也。惠帝之世，郭象又述而广之，儒墨之迹见鄙，道家之言遂盛焉。始，秀欲注，嵇康曰："此书讵复须注，正是妨人作乐耳。"及成，示康曰："殊复胜不？"

这记载必有《世说新语》以外的根据，说郭象"述而广之"，比"或定点文句而已"似要好一些。重要的是，两种记载均表明"向、郭二《庄》"的影响是很大的。

这里值得一说的是，向秀之前"注《庄子》者数十家"，虽非一个确数，但绝非毫无根据。向秀是魏晋之际的人，生卒年约为公元227年至277年，他之前有数十家注，必然是从东汉开始就有人作《庄子》注了。但记载很难查考，只有少数学者注意到这个问题，如蒋锡昌先生在其《庄子哲学》中就认为"班固曾注《齐物论》"，这是有一定根据的。唐陆德明《经典释文》中有《庄子音义》部分，所引汉魏六朝人的注文不少，其中引班固注的文字可以看出是专为《庄子》所作的注，如：

大块——众家或作大槐。班固同。
夫道未始——崔云：《齐物》七章，此连上章。而班固说在外篇。
恂——班固作眴也。
天倪——班固曰天研。

班固以上几条，都在《齐物论》一篇之中，所以说班固注过《齐物论》。注单篇的可能性是存在的，如上所述杜弼就只注《庄子·惠施》，还有晋僧支遁似亦只注《庄子·逍遥游》①，《庄子音义》所引支遁注七八条也全

① 释慧皎：《高僧传》卷四，《晋剡沃洲山支遁》，中华书局1992年版，第160页。

部集中在这一篇中。汉人是否还有其他的单篇注，很难说了，只得存疑不论。

魏晋南北朝时期的《庄子》注就多有记载了，首先我们来看看《隋书·经籍志》的记载（小字注以括弧表示）：

《庄子》二十卷（晋散骑常侍向秀注本二十卷，今阙；梁有，《庄子》七卷，东晋议郎崔撰注，亡）

《庄子》十六卷（司马彪注本二十一卷，今阙）

《庄子》三十卷，目一卷（晋太傅主簿郭象注，梁《七录》，三十三卷）

《集注庄子》六卷（梁有《庄子》三十卷，晋丞相参军李颐注，《庄子》十八卷，孟氏注录一卷，亡）

《庄子音》一卷（李轨撰）

《庄子音》三卷（徐邈撰）

《庄子集音》三卷（徐邈撰）

《庄子注音》一卷（司马彪等撰）

《庄子音》三卷（郭象注，梁有向秀《庄子音》一卷）

《庄子外篇杂音》一卷

《庄子内篇音义》一卷

《庄子讲疏》十卷（梁简文帝撰，本二十卷，今阙）

《庄子讲疏》二卷（张讥撰，亡）

《庄子讲疏》八卷

《庄子文句义》二十八卷（本三十卷，今阙；梁有《庄子义疏》十卷；又《庄子义疏》三卷，宋处士李叔之撰，亡）

《庄子内篇讲疏》八卷（周弘正撰）

《庄子义疏》八卷（戴诜撰）

《南华论》二十五卷（梁旷撰，本三十卷）

《南华论音》三卷

以上所列数目不算太多，而且不少注本在记载时都亡阙了，这原因或与一种公认的“权威”著作流行有关。何晏注《老子》，见王弼注而改注为《道德二论》[1]，即可证明。从魏晋南北朝当时的情况看，向秀、郭象之注是比较有影响的，其他注之亡阙或与此有关。

其次，隋志记载中另一突出现象是注音之作颇多，将近占其著录的一半（八种），还不包括其他注本中的注音内容，如崔撰、向秀、司马彪、郭象乃至简文帝等注疏本中的注音为后来陆德明的《庄子音义》所引者甚多。这一现象与我国古代音韵学的发展有密切关系。魏晋以前，音读的注释都是附于文字训诂当中，几乎没有音韵的专书，魏晋以后，注音渐渐离开文字的义训进而为纯粹的注音[2]，专注《庄子》音的著作出现以及注音较多，正是音韵学发展的结果，这是庄学发展的另一种表现。

关于《庄子音义》所收诸《庄子》注，陆德明在序录的记载中列举的诸家，与隋志记载大体相同，但其所引诸家之注中也有未明示的，如上述班固、支遁等可能有单篇注的内容即未明说。魏晋南北朝时期的《庄子》注比见于记载的会更多一些是可以肯定的。

注《庄子》的人的多少，可以反映庄学发展的盛衰。更重要的是注《庄子》所反映的思想学术的发展，即我们所要说的注《庄》成学。因为无论是玄学重要人物的思想和学说，或者是玄学的一些主要论题，都是通过注《庄子》而得到发挥的，例如向秀、郭象的思想就是如此，这里还可以举支遁的具体例子以明一斑：

> 遁尝在白马寺与刘系之等谈《庄子·逍遥篇》，云：“各适性以为逍遥。”遁曰：“不然，夫桀纣以残害为性，若适性为得者，彼亦逍遥矣。”于是退而注《逍遥篇》。群儒旧学，莫不叹服。[3]

支遁把自己的思想通过注表示出来，这思想为“群儒旧学”所“叹服”，他的这个注成为学问之一，后来王羲之还专门考查他这篇注：

> 王谓遁曰：“《逍遥篇》可得闻乎？”遁乃作数千言，标揭新理，

---

① 刘义庆：《世说新语·文学》，诸子集成本，中华书局1954年版。
② 张世禄：《中国音韵学史》，上海书店1984年版。
③ 释慧皎：《高僧传》卷四，《晋剡沃洲山支遁》，中华书局1992年版，第160页。

> 才藻惊绝。王遂披襟解带，流连不能已。①

今存《逍遥游》不过千余字，而且叙故事、寓言不少，支遁做出数千言的注，标揭出令人惊绝的新理，这也是注《庄》成学的一个典型说明。

魏晋南北朝时期的“新理”或者说新学问就是玄学，学术界历来谈得多的是王（弼）、何（晏）、向（秀）、郭（象）等大家，其实思想学术上创新之人真还不少，如前述杜弼合《庄》《易》而成的代表作《新注义苑》，此书的“新理”是什么，今不可得其详，但有关他学问的记载也值得列举：

> 奉使诣阙，魏帝见之九龙殿，曰：“闻卿精学，聊有所问。经中佛性法性，为一为异？”弼曰：“正是一理。”又问曰：“说者妄，皆言法性宽，佛性狭，如何？”弼曰：“在宽成宽，在狭成狭，若论性体，非狭非宽。”诏曰：“既言成宽成狭，何得非狭非宽？”弼曰：“若定是宽，则不能为狭；若定是狭，亦不能为宽。以非宽非狭，所成虽异，能成恒一。”② 上称善，引入经库，赐《地持经》一部，帛百匹。弼性好名理，探味玄宗，在军恒带经行。注老子《道德经》二卷，表上之。③

由此可见，杜弼的学问，不仅是“三玄”的学问（《老》《庄》《易》他都作过注），而且是佛道兼通的。其所作注，绝不是为注而注，实在是通过注而明其新义，亦为注《庄》成学之一例。

还有一些零散的记载，可以表明整个魏晋南北朝治庄学之学者很多，粗略翻阅《南史》有：

梁武帝时“领五经博士”的贺玚，“所著《礼》《易》《老》《庄》讲疏”。

儒玄兼修，“生徒常数十百人”的伏曼容，“为《周易》《毛诗》《丧

---

① 释慧皎：《高僧传》卷四，《晋剡沃洲山支遁》，中华书局1992年版，第160页。

② 《北齐书》记载此处略有不同，“若定”几句属诏问之言且有省略。其下杜弼应答，《北齐书》记载为“对曰‘以非宽狭，故能成宽狭，宽狭所成虽异，能成恒一。’”其似更明白。

③ 李延寿：《北史》卷五十五，《杜弼传》，中华书局1974年版，第1987～1988页。

服》集解，《老》《庄》《论语》义”。

梁陈时期儒玄兼通的张讥，梁时为哀太子“讲《老》《庄》”，陈时又在“温文殿讲《庄》《老》”，并且常在自己的居宅“讲《周易》《老》《庄》而教授焉。吴郡陆元朗、朱孟博、一乘寺沙门法才、法云寺沙门慧拔、至真观道士姚绥，皆传其业”。他著作众多，有“《老子义》十一卷，《庄子内篇义》十二卷、《外篇义》二十卷、《杂篇义》十卷，《玄部通义》十二卷”等等。

著名科学家祖冲之，也曾“著《易老庄义》”。

隐士戴颙，曾经“述庄周大旨，著《逍遥论》”。

另外，《南史》卷七十六庾曼倩著有《老子义疏》，《梁书》卷五十一作《庄老义疏》。所有这些义、疏，应该都是当时庄学之内容，书虽都亡佚了，但那个时代的思潮却是存在的。

下面我们再进一步说明当时庄子思想的一些主要影响。

二、庄子思想的主要影响

如上所述，当时读《庄》成风，有不少知识分子从小就读《庄子》，谈玄析理者读，反对玄理玄风者也读，因而庄子思想的影响是很大的，我们可以从以下几个方面来概述。

首先，人们从世界观到行为诸多方面都受庄子的影响。好庄老的知识分子，以庄子为效法、仰慕的对象，如嵇康说“老子、庄周，吾之师也”①，宋纤以“德非庄生”自律，是说得最明白的。至于未明说的影响，深入人们的思想深处，既可从一些言论中表现出来，也可以从人们行为中表现出来。在行为方面，一是放达，二是清谈，前面已有所述。这两种表现实在应该一分为二来看待。几乎从当时开始就有批评者，或者以何晏、王弼为罪魁祸首，“二人之罪深于桀纣”②；或者批评影响很大的王衍，如羊祜说：“王夷甫方以盛名处大位，然败俗伤化，必此人也。”③ 庾翼讥评他“高谈《庄》《老》，说空终日。虽云谈道，实长华竞”④。这方面还有不

① 嵇康：《与山巨源绝交书》，《嵇中散集》卷二，商务印书馆 1941 年版，第 16 页。

② 范宁：《王弼何晏论》，严可均辑：《全上古三代秦汉三国六朝文·全晋文》卷一百二十五，中华书局 1958 年版，第 2179 页。

③ 房玄龄等：《晋书》卷三十四，《羊祜传》，中华书局 1974 年版，第 1017 页。

④ 《晋书·殷浩传》载庾翼与殷浩书。

少概述，如西晋裴頠《崇有论》、东晋干宝《晋纪·总论》等。干宝说：

风俗淫僻，耻尚失所，学者以庄老为宗，而黜六经；谈者以虚薄为辨，而贱名俭；行身者以放浊为通，而狭信节；进仕者以苟得为贵，而鄙居正；当官者以望空为高，而笑勤恪。

这些批评也并非全无事实，行为放达乃至放荡不羁，清谈到废寝忘食，难免会有点“清谈误国”。王衍将死之时说：“吾曹虽不如古人，向若不祖尚浮虚，勠力以匡天下，犹可不至今日。”① 真是“人之将死，其言也善”。不过，这只是问题的一方面。

另一方面，清谈本为析理，在社会转型时期，人们对一切重新思考，应该是当然之事。而且许多好庄老、善谈论之人，同时也是政治上的重要人物，一般都不会因清谈而误事，典型的事例如《世说新语·政事》有一条记载说：

王、刘与林公共看何骠骑，骠骑看文书，不顾之。王谓何曰：“我今故与林公来相看，望卿摆拨常务，应对玄言。那得方低头看此邪？”何曰：“我不看此，卿等何以得存？”诸人以为佳。

在头脑清醒的政治家那里，清谈是不会误国的，国力之衰弱，当有诸多原因。

对自然、社会、人生的种种思考，谈玄析理之种种结论，也有积极的和消极的两方面，玄学家们的思想中，自然也有不少矛盾之处，甚至表现为言行不一：一方面他们特别喜好庄老，崇尚逍遥、自由；另一方面他们又十分关注社会、政治。其中的矛盾，早在这个历史时期结束之时，隋初的颜之推就已明确指出，《颜氏家训·勉学》说：

夫老庄之书，盖全真养性，不肯以物累己也。故藏名柱史，终蹈流沙；匿迹漆园，卒辞楚相，此任纵之徒耳。何晏、王弼，祖述玄

① 房玄龄等：《晋书》卷四十三，《王衍传》，中华书局 1974 年版，第 1238 页。

> 宗，递相夸尚，景附草靡，皆以农、黄之化，在乎己身，周、孔之业，弃之度外。而平叔以党曹爽见诛，触死权之网也；辅嗣以多笑人被疾，陷好胜之阱也；山巨源以蓄积取讥，背多藏厚亡之文也；夏侯玄以才望被戮，无支离拥肿之鉴也；荀奉倩丧妻，神伤而卒，非鼓缶之情也；王夷甫悼子，悲不自胜，异东门之达也；嵇叔夜排俗取祸，岂和光同尘之流也；郭子玄以倾动权势，宁后身外己之风也；阮嗣宗沉酒荒迷，乖畏途相诫之譬也；谢幼舆脏贿黜削，违弃其余鱼之旨也。彼诸人者，并其领袖，玄宗所归。其余桎梏尘滓之中，颠仆名利之下者，岂可备言乎！

玄学领袖们虽然大力学习和宣扬庄老，其实际行为又是与庄老背道而驰的，言行不一是显然的，是虚伪呢，还是无法摆脱某些束缚，也是一个见仁见智的问题。其实他们对名教问题也是如此，阮籍一方面扬言“礼岂为我辈设”，另一方面又反对儿子阮浑学放达；嵇康一方面自称“以老庄为师”，另一方面在《家诫》中教训儿子要忠义。所以今人也有认为他们骨子里仍然是信儒教的。从理论上看，他们是以庄老思想来补充儒学的缺陷，名教即自然说就是这种思想倾向的体现。正因为如此，也就扩大了庄子思想的影响，引起了庄学的勃兴。

至于颜之推以为不足挂齿的“尘滓”“下者”的放荡行为，如在本章第一节中所举的那个例子，自称服药后要散发，引起人们笑话，是会有不少的，那不应该归结为庄子放达精神影响的。

其次，庄子思想的影响还表现在，时人对《庄子》的运用和发挥要比《老子》多。这应与《庄子》文字多、内容丰富有关系，也与《庄子》主逍遥，适应了当时的时代思潮有关系。汤用彤先生曾说：

> 王何之学为老子之学，老学主抱一；嵇阮讲《庄子》，庄学主逍遥。所谓“逍遥”并非表面上不守礼法，不留心世务，而有玄心者始能任达，得意者乃能忽忘形骸。[1]

---

① 汤用彤：《理学·佛学·玄学》，北京大学出版社1991年版，第334页。

关键是“玄心”、“得意”，人们是从思想、精神来理解、运用和发挥《庄子》的。王弼、何晏贵无，可以说是老子之学，但他们丝毫没有忽视庄子，王弼注《老子》、解《周易》，似未注《庄子》，但他却用《庄子》解《易》，作出新解，如在《周易略例·明象章》中说：

> 夫象者，出意者也；言者，明象者也。尽意莫若象，尽象莫若言。言生于象，故可予言以观象；象生于意，故可寻象以观意。意以象尽，象以言著，故言者所以明象，得象而忘言；象者所以存意，得意而忘象。犹蹄者所以在兔，得兔而忘蹄；筌者所以在鱼，得鱼而忘筌也。然则言者象之蹄也，象者意之筌也。是故，存言者非得象者也，存象者非得意者也。象存于意而存象焉，则所存者非其象；言生于象而存言者，则所存者乃非其言也。然则忘象者乃得意者也，忘言者乃得象者也。

这里显然是援引《庄子·外物》之言：

> 筌者所以在鱼，得鱼而忘筌；蹄者所以在兔，得兔而忘蹄；言者所以在意，得意而忘言。

汤用彤先生指出，王弼虽受当时言意之辨的影响，但运用《庄子》解《易》有重要的贡献：

> 此“得意忘言”便成为魏晋时代之新方法，时人用之解经典，用之证玄理，用之调和孔老，用之为生活准则，故亦用之于文学艺术也。①

再次，就是当时流行的玄学，无论在基本理论方面或思维方法方面，都深受《庄子》的影响，这方面学者们早已注意到，崔大华先生的《庄学研究》中的“庄子与魏晋玄学”一节就集中地论述了这个问题。玄学理论

① 汤用彤：《理学·佛学·玄学》，北京大学出版社 1991 年版，第 320 页。

中的几个主要论题，如有无之争、自然与名教之争以及生与死的问题等，都与《庄子》思想有密切关系。例如关于有无之争，崔著中结论性地写道：

> “无”派关于“无”的“一”、“全”的总体性论证，“有”派“独化”所内涵的“无待”、“相因”的绝对性、总体性思想观念，都是庄子思想在一种新的思潮或理论形态中的再现。①

这话应该是正确的，贵无派的王弼虽未注《庄子》，但对《庄子》是很熟悉的，如上所述他在注《周易》时都引证过《庄子》，在注《老子》时那就更自然了。举例来说，在注《老子》第四十二章“道生一”一段时王弼写道：

> 万物万形，其归一也。何由致一？由于无也。

在第四十七章也重复强调：

> 无在于一，而求之于众也。

注第三十四章“大道泛兮”时用了“无所不至”：

> 道泛滥无所不适，可左右上下周旋而用，则无所不至也。

这些注释语言和思想观念，的确是《庄子》中有的，《齐物论》中明确可以看出“道通为一”，《知北游》中对道的无所不在说得形象深刻，启发了王弼，也为他所运用。

崇有论者的思想，其根本的哲学观念、概念也来自《庄子》。针对“时俗放荡”、“口谈浮虚”、“疾世俗尚虚无之理”②，首先明确提出崇有论

---

① 崔大华：《庄学研究——中国哲学一个观念渊源的历史考察》，人民出版社 1992 年版，第 435 页。

② 《世说新语・文学》刘孝标注引《晋诸公赞》。

的裴頠，基本思想是认为万物“自生”而“体有”。他反驳无为本源说：

> 夫至无者无以能生，故始生者自生也，自生而必体有，则有遗而生亏矣，生以有为已分，则虚无是有之所谓遗者也。①

《庄子·在宥》有明确的“物固自生”的思想：

> 无问其名，无窥其情，物固自生。

《知北游》还有“扁然而万物自古以固存”的表述。裴頠采用了《庄子》是可以肯定的。至于崇有论者的另一代表郭象，其思想主要是在《庄子》注中发挥的，我们下面有专节，这里就不多说了。

又如在自然与名教这个问题上，时人的讨论，也处处受到《庄子》思想的影响，主张“越名教而任自然”② 的嵇康、阮籍受《庄子》思想影响最为明显。嵇康公开说“非汤武而薄周孔”，“老子、庄周，吾之师也”，“读《老》《庄》，重增其放”③。他在《难自然好学论》中论述：

> 六经以抑引为主，人性以从欲为欢。抑引则违其愿，从欲则得自然。然则自然之得，不由抑引之六经；全性之本，不须犯情之礼律。故仁义务于理伪，非养真之要术；廉让生于争夺，非自然之所出也。④

在此真是很容易看到“少变形”的庄子思想。

玄学究竟是什么，应该如何看待，在学术界有不同的看法。但从根本理论上看，有两条是可以肯定的：第一，它的理性思辨提高了儒学的理论思维水平，无论是贵无和崇有之争，还是名教与自然关系的探讨，都有助于儒学的进一步发展。儒家重伦理道德，在汉代曾用阴阳五行学说来论证其根源，走向神学化的道路，缺乏理性的思维。玄学家们把问题提到世界本源的高度

---

① 房玄龄等：《晋书》卷三十五，《裴頠传》，中华书局 1974 年版，第 1046 页。

② 嵇康：《释私论》，《嵇中散集》卷六，商务印书馆 1941 年版，第 45 页。

③ 嵇康：《与山巨源绝交书》，《嵇中散集》卷二，商务印书馆 1941 年版，第 16 页。

④ 嵇康：《难自然好学论》，《嵇中散集》卷七，商务印书馆 1941 年版，第 52 页。

进行论述，把儒家所重之名教纳入本源——自然、无为的范围来讨论，在一定意义上是填补了儒学的理论空白，这对后来宋明理学不能不有较大的影响，成为儒学发展史上的一个重要环节。第二，玄学理论是借题发挥的、有一定独立性的理论，其所借是所谓《庄》《老》《周易》“三玄”，“三玄”之中尤以《庄子》为主，玄学理论与《庄子》相通、相同之处甚多。附带说一句，似乎应该说，玄学就是玄学，不必再冠上“新道家”之名。

第三节 阮籍与庄学发展

曹魏末年，有所谓“竹林七贤”，为时人所瞩目，在玄学发展史上有重要地位。《世说新语·任诞》记载：

> 陈留阮籍、谯国嵇康、河内山涛，三人年皆相比，康年少亚之。预此契者，沛国刘伶、陈留阮咸、河内向秀、琅邪王戎。七人常集于竹林之下，肆意酣畅，故世谓“竹林七贤”。

阮籍为此七贤之首，这里我们主要是想说明他在当时庄学发展史上的地位和作用。

一、阮籍的生平及主要事迹

阮籍是曹魏时期的人，生于公元210年，卒于公元263年。《三国志》记其事迹极为简略，唐人所修《晋书》根据《世说新语》《魏氏春秋》等记载，作了一个较详细的传，可略见其生平事迹。本传开头概说：

> 阮籍字嗣宗，陈留尉氏人也。父瑀，魏丞相掾，知名于世。籍容貌瑰杰，志气宏放，傲然独得，任性不羁，而喜怒不形于色。或闭户视书，累月不出；或登临山水，经日忘归。博览群籍，尤好《庄》《老》。嗜酒能啸，善弹琴。当其得意，忽忘形骸。时人多谓之痴，惟族兄文业每叹服之，以为胜己，由是咸共称异。①

① 房玄龄等：《晋书》卷四十九，《阮籍传》，中华书局1974年版，第1359页。

根据记载我们可以归纳成几点：

第一，不与世事及其对策。记载说：

> 籍本有济世志，属魏晋之际，天下多故，名士少有全者，籍由是不与世事，遂酣饮为常。①

这正是当时知识分子的苦闷，“天下多故”，政治斗争的变化太复杂了，知识分子很难适应，动不动就会遭到杀身之祸，济世之志很难实现，因而权宜之计是不与世争。然而“不与”也很难，阮籍拒绝太尉蒋济的辟召曾引起蒋济大怒，在众乡亲的劝说下“乃就吏”，后来也不得不接受各种封、命，但能推就推，不能推就拖。一个重要的办法就是“酣饮为常”，终日喝得酩酊大醉，例如：

> 文帝初欲为武帝求婚于籍，籍醉六十日，不得言而止。钟会数以时事问之，欲因其可否而致之罪，皆以酣醉获免。②

这真可说是饮酒之妙用。

第二，不拘礼教及其意义。

“竹林七贤”之反礼教束缚是很有名的，阮籍既有言也有行，他公开说：“礼教岂为我辈设也!”行为方面，关于他在母丧之后的诸种表现、与兄嫂以及邻家妇女的关系等，均有记述。现在人们分析，有的认为当时不拘礼教的人物中都是受名教思想影响较深的人，也不无道理。《晋书》一方面记他母丧之后的各种表现，另一方面说他“性至孝”，“毁瘠骨立，殆致灭性”。一方面记他醉卧邻妇之侧，另一方面又说“籍既不自嫌，其夫察之，亦不疑也”。说他是“外坦荡而类淳至”。阮籍并非浪荡之子，而且和嵇康一样，不许自己的儿子再“不饰小节”。那么究竟该如何看其不拘礼教?《世说新语·任诞》所记其母丧之事与《晋书》所记略有不同，可引证以作点分析：

① 房玄龄等：《晋书》卷四十九，《阮籍传》，中华书局 1974 年版，第 1360 页。
② 房玄龄等：《晋书》卷四十九，《阮籍传》，中华书局 1974 年版，第 1360 页。

> 阮籍遭母丧，在晋文王坐，进酒肉。司隶何曾亦在坐，曰："明公方以孝治天下，而阮籍以重丧，显于公坐饮酒食肉，宜流之海外，以正风教。"文王曰："嗣宗毁顿如此，君不能共忧之，何谓？且有疾而饮酒食肉，固丧礼也。"籍饮啖不辍，神色自若。

这可以说直接涉及礼教问题了。实际上这时礼教本身已经垮台了，曹魏篡汉，司马氏又代魏，哪有"忠"字可言，提倡"以孝治天下"不过是自欺欺人而已。晋文王自己不信"礼法之士"那一套迂腐礼教，而保护阮籍，当是因为重才，这又与当时唯才是举的思想是一致的。而且他事实上看到其"毁顿"的种种至孝表现（包括本传中的"吐血数升"之类）。至于"饮酒食肉，固丧礼也"，那是曲为解释。

当然，阮籍的表现无论如何也是对礼教的一种冲击。他为什么要那样做？这与他的基本思想有关，当时也有人看得比较清楚，本传记载裴楷吊其母丧时写道：

> 裴楷往吊之，籍散发箕踞，醉而直视，楷吊喭毕便去。或问楷："凡吊者，主哭，客乃为礼。籍既不哭，君何为哭？"楷曰："阮籍既方外之士，故不崇礼典。我俗中之士，故以轨仪自居。"时人叹为两得。[①]

所谓两得，是指裴楷的言行，既遵守了世俗之礼，又尊重、同情、理解阮籍，阮籍虽表面上"散发箕踞"，但其两眼发直，也可视为极度哀毁的一种表现，如同"举声一号，因又吐血数升"一样。裴楷在此称阮籍为方外之士，看来也很熟悉《庄子》，因为《庄子·大师宗》中记有子桑户等三人不为死生之情所束缚，子桑户死，二友"临尸而歌"，子贡大惑不解而问"礼乎"？"二人相视而笑曰：'是恶知礼意！'"孔子由此而发了一通"游方之外"与"游方之内"的议论说："外内不相及，而丘使女吊之，丘则陋矣。"而裴楷吊毕即走，真是两得。

庄子本人在妻子死后鼓盆而歌，也是如此。应该说阮籍在母丧之后的诸种表现，一方面反映了他性至孝的毁顿，另一方面也是他效法庄子的行

① 房玄龄等：《晋书》卷四十九，《阮籍传》，中华书局1974年版，第1361页。

为，而且更重要的是接受庄子的生死观，反映了阮籍在个体生命体悟上的一种境界。

第三，行为放达及其苦闷。

“竹林七贤”平日表现多半放达，或者说任诞，甚至装疯卖傻，如《世说新语·任诞》记载：

> 刘伶恒纵酒放达，或脱衣裸形在屋中。人见讥之，伶曰：“我以天地为栋宇，屋室为裈衣，诸君何为入我裈中？”

传记中关于阮籍行为放达的记载也不少，为“礼法之士疾之若仇”。但我们想要指出如下两点：

一是行为放达，内心十分明白。他想“不与世事”而不可能，任职时的一些放达言行，表明他内心是明白的。本传记他为步兵校尉之后写道：

> 遗落世事，虽去佐职，恒游府内。朝宴必与焉。会帝让九锡，公卿将劝进，使籍为其辞。籍沈醉忘作，临诣府，使取之，见籍方据案醉眠。使者以告，籍便书案，使写之，无所改窜。辞甚清壮，为时所重。①

才华横溢，舞文弄墨之事，他不在话下，但他只是能拖就拖，拖不掉才加以应付，劝进之辞他是绝不愿意写的，但不写将招致杀身之祸，他心里是十分清楚的。

二是行为放达，反映的是他内心苦闷，也是当时知识分子的苦闷：“天下多故，名士少有全者。”《世说新语·任诞》的一段记载说得好：

> 王孝伯问王大：“阮籍何如司马相如？”王大曰：“阮籍胸中垒块，故须酒浇之。”

阮籍和司马相如一样有才华，但不如司马相如风流潇洒，他心中有“垒

① 房玄龄等：《晋书》卷四十九，《阮籍传》，中华书局 1974 年版，第 1360～1361 页。

块”——极大的苦恼，必须用酒浇之。这一条记述妙极了，说到了要害。由此，我们也很容易想到魏晋士人与汉代知识分子的处境和心态的大不相同。这给我们不小的历史启示。

除借酒解愁之外，阮籍：

> 时率意独驾，不由径路，车迹所穷，辄恸哭而反。①

恸哭，悲哀之极，这不失为一种释放内心矛盾、苦闷的办法。阮籍的另一个办法是绝不轻易评论具体的人和事，嵇康在《与山巨源绝交书》中说：

> 阮嗣宗口不论人过，吾每师之，而未能及。至性过人，与物无伤，惟饮酒过差耳……②

司马昭评论他说：

> 天下至慎者其唯阮嗣宗乎？每与之言，言及玄远，而未尝评论时事，臧否人物。可谓至慎乎！③

第四，尤好《庄》《老》及其贡献。

阮籍出身书香门第，且勤奋学习，“或闭户视书，累月不出”，“博览群籍”。他于今日所谓文、史、哲无所不能，“能属文，初不留思。作《咏怀诗》八十余篇，为世所重”。其史学、史识有一事可见一斑：

> 尝登广武，观楚汉战处，叹曰：“时无英雄，使竖子成名！”登武牢山，望京邑而叹，于是赋《豪杰诗》。

至于哲学方面，他的《乐论》《通易论》《通老论》《达庄论》《大人先生传》等等，是著名的哲学论文，有较高的价值，例如明人张溥说：

① 房玄龄等：《晋书》卷四十九，《阮籍传》，中华书局1974年版，第1361页。
② 嵇康：《与山巨源绝交书》，《嵇中散集》卷二，商务印书馆1941年版，第17页。
③ 《世说新语·德行》注引李康家诫。

嗣宗论乐，史迁不如。《通易》《达庄》则王弼、郭象二注皆其环内也。以此三论，垂诸艺文，六家指要，网罗精阔。[1]

“博览群籍”的阮籍被称为“尤好《庄》《老》”，是很有意思的。这里《庄》在《老》前，和嵇康之“长好《老》《庄》”，乃至说“老子、庄周，吾之师也”[2] 有所不同，这不是一般的顺序不同，而是反映阮籍对《庄子》更加重视，也更有贡献。《三国志》卷二十一记阮籍之事时说：

籍才藻艳逸而倜傥放荡，行己寡欲，以庄周为模则……

上述其言行可证“以庄周为模则”之说不假。阮籍和他的朋友们都是如此，如《晋书》卷四十九之史臣曰：

嵇、阮竹林之贤，刘、毕苦樽之友，驰骋庄门，排登李室。

更重要的是阮籍对《庄子》思想的理解和重视，他作有《达庄论》，还有阐发《庄子》思想的《大人先生传》及其他著作。有的学者甚至认为，庄学的勃兴，主要得力于阮籍，这也不是没有道理的。下面就《达庄论》和《大人先生传》等著作作进一步论述。

二、《达庄论》之意义及其思想

冯友兰《中国哲学史新编》第四册在论嵇康、阮籍等竹林名士时，专立一节讲“‘达’与‘作达’”，认为达是一种玄远的精神境界。《达庄论》之达，即对《庄子》认识之意，当然或者还有发扬光大之意。其中的思想，看来主要是两方面：

首先，借“达庄”而反对儒家、反对世俗。该文从头到尾，似乎都是针对儒家世俗而言的。文章一开头描写歌颂一位逍遥自在的“先生”：

---

① 张溥：《汉魏六朝百三家集题辞注·阮步兵集》，人民文学出版社 1960 年版，第 89 页。
② 房玄龄等：《晋书》卷四十九，《嵇康传》，中华书局 1974 年版，第 1371 页。

先生徘徊翱翔，迎风而游……恍然而止，忽然而休……平昼闲居，隐几而弹琴。①

碰到一些“缙绅好事之徒”相与问难：

有一人，是其中雄桀也，乃怒目击势而大言曰：“吾生乎唐虞之后，长乎文武之裔，游乎成康之隆，盛乎今者之世，诵乎六经之教，习乎吾儒之迹……有日矣，而未闻乎至道之要，有以异之于斯乎！且大人称之，细人承之，愿闻至教，以发其疑。”先生曰：“何哉子之所疑者?”客曰：“天道贵生（《艺文类聚》三十七作‘贵顺’）……圣人终之，以建其名。吉凶有分，是非有经，务利高势，恶死重生，故天下安而大功成也。今庄周乃齐祸福而一死生，以天地为一物，以万类为一指，无乃徼惑以失真，而自以为诚者也。”②

“先生”就此而发议论，一方面借《庄子》之论发挥自己的思想，另一方面回答“缙绅”、“雄桀”之问，指出儒、道两家之不同：

彼六经之言，分处之教也；庄周之云，致意之辞也。③

他认为道家之“一体”比儒家的“分处之教”高明多了，他写道：

至道之极，混一不分，同为一体，乃（得）失无闻。……别言者，怀道之谈也；析辩者，毁德之端也；气分者，一身之疾也；二心者，万物之患也。④

---

① 阮籍：《达庄论》，严可均辑：《全上古三代秦汉三国六朝文·全三国文》卷四十五，中华书局1958年版，第1310页。

② 阮籍：《达庄论》，严可均辑：《全上古三代秦汉三国六朝文·全三国文》卷四十五，中华书局1958年版，第1310页。

③ 阮籍：《达庄论》，严可均辑：《全上古三代秦汉三国六朝文·全三国文》卷四十五，中华书局1958年版，第1311页。

④ 阮籍：《达庄论》，严可均辑：《全上古三代秦汉三国六朝文·全三国文》卷四十五，中华书局1958年版，第1311～1312页。

针对儒家“分处之教”，针对世俗之种种弊端：

> 儒墨之后，坚白并起。吉凶连物，得失在心。结徒聚党，辩说相侵。昔大齐之雄，三晋之士，尝相与瞑目张胆，分别此矣。咸以为百年之生难致，而日月之蹉无常。皆盛仆马，修衣裳，美珠玉，饰帷墙；出媚君上，入欺父兄，矫厉才智，竞逐纵横。家以慧子残，国以才臣亡，故不终其天年，而大自割繋其于世俗也。①

其所言，既是历史，也是现实。针对这些：

> 庄周见其若此，故述道德之妙，叙无为之本，寓言以广之，假物以延之。聊以娱无为之心，而逍遥于一世。②

这既是述庄子之心、意，也是讲他自己的心、意，是他自己“聊以娱无为之心，而逍遥于一世”。

其次，《达庄论》的主要内容，是阐述和发扬《庄子》的《齐物论》思想。上引“缙绅”、“雄桀”所提的问题就是：“庄周乃齐祸福而一死生”，故“先生”之论亦以此为中心：

> 天地生于自然，万物生于天地。自然者无外，故天地名焉；天地者有内，故万物生焉。当其无外，谁谓异乎？当其有内，谁谓殊乎？……是以重阴雷电，非异出也，天地日月，非殊物也。故曰：自其异者视之，则肝胆楚越也；自其同者视之，则万物一体也。人生天地之中，体自然之形。身者，阴阳之精气也；性者，五行之正性也；情者，游魂之变欲也；神者，天地之所以驭者也。以生言之，则物无不寿；推之以死，则物无不夭。自小视之，则万物莫不小；由大观之，则万物莫不大。殇子为寿，彭祖为夭，秋毫为大，泰山为小。故

① 阮籍：《达庄论》，严可均辑：《全上古三代秦汉三国六朝文·全三国文》卷四十五，中华书局1958年版，第1311页。

② 阮籍：《达庄论》，严可均辑：《全上古三代秦汉三国六朝文·全三国文》卷四十五，中华书局1958年版，第1312页。

> 以死生为一贯，是非为一条也。别而言之，则须眉异名，合而说之，则体之一毛也。……凡耳目之名，分之施处。官不易司，举奉其身，非以绝手足裂肢体也。然后世之好异者，不顾其本，各言我而已矣。何待于彼？残生害姓（性），还为仇敌，断割肢体，不以为痛。目视色而不顾耳之所闻，耳所听而不待心之所思，心奔欲而不适性之所安。故疾疹萌则生不尽，祸乱作则万物残矣。夫至人者，恬于生而静于死。生恬则情不惑，死静则神不离，故能与阴阳化而不易，从天地变而不移。生究其寿，死循其宜，心气平治，不消不亏。①

一方面批“好异者”，一方面可说是尽量发挥《庄子》的《齐物论》：“天地万物为一体，死生为一贯，是非为一条。”

但是，比较明显的是文章虽名为“达庄”，实际还有阮籍自己的发明，研究者已注意到这一点，例如冯友兰先生早年的《中国哲学史》在以上引文之后写道：

> 此亦即《庄子》所谓“天地与我并生，而万物与我为一”之意。惟《庄子》立论，多就认识论逻辑方面而言之，此则专就形上学方面言之。以为天地万物，俱为一体……阮籍如此立论，又与庄学不同。②

在1986年出版的《中国哲学史新编》第四册中，冯先生又进一步论述，除了肯定和论证“万物一体是《达庄论》的主题”之外，还增加了新的认识，例如说：

> 阮籍的孔、老异同论暂不必管它。所可注意的是，阮籍不讲“无”，而讲“无外”，讲“天地”，这就根本上同王弼、何晏的贵无论分开了……天地是个总名，包括一切事物，所以它是“无外”。任何事物都不能在它之外，因为它的定义，就是包括一切事物，这不是一个事实问题，而是一个逻辑问题。现在哲学中所说的宇宙，就是这个

① 阮籍：《达庄论》，严可均辑：《全上古三代秦汉三国六朝文·全三国文》卷四十五，中华书局1958年版，第1311页。

② 冯友兰：《中国哲学史》上册，商务印书馆1947年增订第8版，第615～616页。

总名。宇宙的内容就是万物。[1]

整个《达庄论》在思想上是前后一致而且逻辑很严密的，引其前后之文可证：

天地生于自然，万物生于天地。自然者无外，故天地名焉。

自然一体，则万物经其常。

大而临之，则至极无外；小而理之，则物有其制。

至道之极，混一不分，同为一体……

至德之要，无外而已，大均淳固，不贰其纪。[2]

“至道之极”、“至德之要”都在于这个“一体”、“无外”的思想，这是很明确的，至于自然、天地、万物的关系，郭象的表达似乎更明确些：

天地者万物之总名也。天地以万物为体，而万物必以自然为正。[3]

冯友兰先生指出，这就是阮籍论述的真正意思。同时还指出，阮籍的“无外”不及郭象的“无无”认识清楚。

我们认为，冯友兰先生把《达庄论》的主要思想，其对《庄子》的发展，以及《达庄论》之意，基本上都讲清楚了。由此，我们也就看到了《达庄论》在当时庄学发展中的意义，在某种意义上说，庄学因之而确实得到进一步的发扬光大了。

---

① 冯友兰：《中国哲学史新编》第四册，人民出版社1986年版，第106页。

② 阮籍：《达庄论》，严可均辑：《全上古三代秦汉三国六朝文·全三国文》卷四十五，中华书局1958年版，第1311页。

③ 《庄子·逍遥游》“乘天地之正”注。

三、《通易论》《通老论》和《大人先生传》

对于“三玄”，阮籍可说是有全面的研究，他还不是一般的通过作注来阐发自己的思想，而是通过论来直接表明自己的观点，可以说是一种更高的认识境界——虽然不一定认识得清楚，也不是说认识就很正确。他作有《达庄论》，又作有《通易论》和《通老论》，这些篇名也有讲究，对于《庄子》用“达”字，是通达和光大《庄子》，《庄子》在其心目中有着极为重要的作用。同时又和其他玄学家一样，要通《易》、通《老》。其中都表明了自己的观点，表明他对这些书的看法和理解。

例如《通易论》开章明义：

> 《易》者何也？乃昔之玄真，往古之变经也。

这里出现了“玄真”、“变经”等词，“变经”当指其为言变化之经典，《易·系辞下》云：

> 《易》穷则变，变则通，通则久。

至于“玄真”，这似乎是阮籍的创造，应该是指道的真谛，是按照《老子》的思想来理解《易》。《老子》有这样的话：

> 故常无欲以观其妙，常有欲以观其徼。此两者同出而异名，同谓之玄。①

> 古之善为道者，微妙玄通，深不可识。②

> 道之为物……其精甚真，其中有信……③

---

① 《老子》第一章。
② 《老子》第十五章。
③ 《老子》第二十一章。

还有“玄德”的说法：

故道生之，德畜之，长之育之，亭之毒之，养之覆之。生而不有，为而不恃，长而不宰。是谓玄德。[1]

……玄德深矣，远矣，与物反矣，然后乃至大顺。[2]

这都可说是讲道之真谛，《易》也是讲道之真谛，是曰“玄真”。阮籍对此，还有较具体的说明：

上下无常，刚柔相易，不可为典要，惟变所适，故为之《易》。《易》之为书也，本天地，因阴阳，推盛衰，出自幽微，以致明著。

…………

《易》之为书也，覆焘天地之道，囊括万物之情。道至而反，事极而改，反用应时，改用当务。应时故天下仰其泽，当务故万物恃其利，泽施而天下服，此天下之所以顺自然，惠生类也。

我们可以认为，阮籍是按老庄的思想来理解和论述《易》的思想。

从《通易论》的思想看，其一方面强调“顺自然”，自然之“道不可逆，德不可拂也”，“故自然成功济用，已至大通，后成天地之道”；另一方面，具体论述时，多半是讲“大人之德”、“大人之功”，讲名教方面的内容，“立仁义以定性”、“守尊卑之制”、“佐圣扶命，翼教明法”……在这里，名教与自然并不矛盾，甚至阮籍似乎想把它们统一起来。

《通老论》没有保留下来，从残存的几条看，一方面讲道法自然，一方面讲无为之治：

圣人明于天人之理，达于自然之分，通于治化之体，审于大慎之训。故君臣垂拱，完太素之朴；百姓熙怡，保性命之和。

---

① 《老子》第五十一章。
② 《老子》第六十五章。

> 道者，法自然而为化，侯王能守之，万物将自化。《易》谓之太极，《春秋》谓之元，《老子》谓之道。
>
> 三皇依道，五帝伏［仗］德，三王施仁，五霸行义，强国任智，盖优劣之异，薄厚之降也。①

看来，阮籍确实是在作《易》《老》之通论，试图把儒道综合起来。

阮籍还有一篇重要的著作《乐论》，被认为是超过司马迁论乐之作。此篇文章也说明他的调和思想。他论乐的出发点是：

> 夫乐者，天地之体，万物之性也。合其体、得其性则和，离其体、失其性则乖。昔者圣人之作乐也，将以顺天地之性，体万物之生也。②

“顺天地”、“成万物”，还有论中的“五声有自然”、“乐与时化”等等，皆为自然之意。其另一段论述说：

> 刑教一体，礼乐外内也。刑弛则教不独行，礼废则乐无所立。尊卑有分，上下有等，谓之礼。人安其生，情意无哀，谓之乐。……礼逾其制则尊卑乖，乐失其序则亲疏乱。礼定其象，乐平其心。礼治其外，乐化其内。礼乐正而天下平。③

“治其外”的礼是名教，讲尊卑上下。“化其内”的乐是顺天地自然的。如果名教与自然调和一致，那就天下太平。

但是现实的状况糟透了，一方面礼教遭到当权者的严重破坏，另一方面礼教成为束缚人们的精神枷锁。所以阮籍和以他为首的“竹林七贤”就表现出对礼教的强烈反对。其所作《大人先生传》，可说是一篇反礼教的

---

① 阮籍：《通老论》，严可均辑：《全上古三代秦汉三国六朝文·全三国文》卷四十五，中华书局1958年版，第1310页。

② 阮籍：《乐论》，严可均辑：《全上古三代秦汉三国六朝文·全三国文》卷四十六，中华书局1958年版，第1313页。

③ 阮籍：《乐论》，严可均辑：《全上古三代秦汉三国六朝文·全三国文》卷四十六，中华书局1958年版，第1314页。

宣言。

《大人先生传》的写作及其主要思想，《晋书·阮籍传》的最后有一段简明扼要的记述：

> 籍尝于苏门山遇孙登，与商略终古及栖神导气之术，登皆不应，籍因长啸而退。至半岭，闻有声若鸾凤之音，响于岩谷，乃登之啸也。遂归著《大人先生传》，其略曰："世人所谓君子，惟法是修，惟礼是克。手执圭璧，足履绳墨。行欲为目前检，言欲为无穷则。少称乡党，长闻邻国。上欲图三公，下不失九州牧。独不见群虱之处裈中，逃乎深缝，匿乎坏絮，自以为吉宅也。行不敢离缝际，动不敢出裈裆，自以为得绳墨也。然炎丘火流，焦邑灭都，群虱处于裈中而不能出也。君子之处域内，何异夫虱之处裈乎！"此亦籍之胸怀本趣也。

这个论述看来是综合一些材料写成的，这从《三国志》及裴松之注的记载比较可知。《晋书》的《大人先生传》之文是节引，故称"其略曰"，但节引得不错，把阮籍的"胸怀本趣"基本上反映出来了，那就是"攻击'君子之礼法'"。

当然，阮籍在《大人先生传》中也表达了一些其他思想，特别是他认为最高的精神境界：

> 至人无宅，天地为客。至人无主，天地为所。至人无事，天地为故。无是非之别，无善恶之异。故天下被其泽，而万物所以炽也。若夫恶彼而好我，自是而非人，忿激以争求，贵志而贱身。……薄安利以忘生，要求名以丧体。诚与彼其无诡，何枯槁而逌死。子之所好，何足言哉！
>
> …………
>
> 圣人以道德为心，不以富贵为志。以衰为用，不以人物为事。尊显不加重，贫贱不自轻。失不自以为辱，得不自以为荣。……无穷之死，犹一朝之生，身之多少，又何足营？
>
> …………
>
> 时不若岁，岁不若天，天不若道，道不若神。神者，自然之根

> 也。……必超世而绝群，遗俗而独往，登乎太始之前，览乎忽漠之初，虑周流于无外，志浩荡而自舒。……夫世之名利，胡足以累之哉！……直驰骛乎太初之中，而休息乎无为之宫。①

阮籍在《大人先生传》中，除开称“大人先生”、“大人”或者“先生”之外，还反复使用了“至人”的称号，也使用“真人”或“太初真人”的称号，偶尔用“圣人”。这些，应该说同样是指精神境界很高的人，是阮籍理想和学习的榜样。“大人”是《易经》中的辞，其《通易论》中说：“潜龙勿用，言大人之德隐而未彰，潜而未达”，“尊贵大人，受命处中，当阳得之至也”，“先王何也，大人之功也”。“先生”在道教经典中有一番特殊的解释：

> 真人曰：“学士若能弃世累，有远游山水之志，宗极法轮，称先生。”②

《大人先生传》中之先生慨叹：“夫世之名利，胡足以累之哉!”是“能弃世累”的，故称先生。“至人”一眼即可看出，是来自《庄子》的。

更重要的是，《大人先生传》对最高精神境界的描述，是模仿《庄子》的，思想文辞也主要是接受《庄子》的，无论是齐生死（“无穷之死，犹一朝之生”），还是“有逍遥以永年”，都能看到《庄子》的影子，文风也很像《庄子》的“洸洋自恣”，如“陵天地而与浮明遨游，无始终自然之至真也”。这样的描述在文章中很多，兹不烦举。

前引《三国志》所说，阮籍“以庄周为模则”，其言不虚也。他对于推动魏晋以后庄学的发展，功不可没。

第四节　郭象《庄子注》

郭象及其《庄子注》研究者甚多，分歧的看法也不少，我们这里不打

① 阮籍：《大人先生传》，严可均辑：《全上古三代秦汉三国六朝文·全三国文》卷四十六，中华书局1958年版，第1316～1317页。

② 《道典论》卷二引《敷斋威仪经》，《道藏》第24册，第842页。

算作更深辨析，只是从庄学发展的角度，谈几个主要问题。

一、郭象其人

郭象为人如何，关系到对其思想的评论，贬之者说他是门阀士族的代表，其“哲学思想是这一集团腐朽透顶生活的反映”；褒之者说“极富使命感”，关注的是如何为一个“充满矛盾的社会寻找一条解决矛盾的出路”，有理想有创新。这种情况，自然影响对许多具体问题的看法，从而也会影响对《庄子注》的评价。

郭象的生平事迹，史书记载不多，论其为人颇不容易。《晋书》的记载相当简略：

> 郭象字子玄，少有才理，好《老》《庄》，能清言。太尉王衍每云：“听象语，如悬河泻水，注而不竭。”州郡辟召，不就。常闲居，以文论自娱。后辟司徒掾，稍至黄门侍郎。东海王越引为太傅主簿，甚见亲委，遂任职当权，熏灼内外，由是素论去之。永嘉末病卒，著碑论十二篇①。

再有一百余字就是完全抄《世说新语·文学》中关于向、郭注《庄子》的一段，有“象为人行薄”之语。刘孝标为《世说新语》作注，则引《文士传》赞郭象俊才：

> 象字子玄，河南人，少有才理，慕道好学，笃志《老》《庄》，时人咸以为王弼之亚。辟司空掾，太傅主簿。

唐人刘知几以此为正说。另外，《世说新语》本身也有称道郭象的记载，如《赏誉》中记载说：

> 郭子玄有俊才，能言《老》《庄》。庾敳尝称之，每曰：“郭子玄何必减庾子嵩。”

① 房玄龄等：《晋书》卷五十，《郭象传》，中华书局 1974 年版，第 1396～1397 页。

注引《名士传》曰：

> 郭象字子玄，自黄门郎为太傅主簿，任事用势，倾动一府。敳谓象曰："卿自是当世大才，我畴昔之意，都已尽矣。"其伏理推心，皆此类也。

另一条记载：

> 王太尉云："郭子玄语议如悬河泻水，注而不竭。"

注引《名士传》曰：

> 子玄有俊才，能言《庄》《老》。

关于郭象的基本材料主要是以上这些，修《晋书》的史臣们都一一选用上去了，而庾敳之议郭象还写入了紧挨着的《庾敳传》。有的先生据此说庾敳是批评郭象的，说是"讥讽郭象'自是当世大才'，过去将郭象引为同道是看错了人"[①]。恐怕这有背原文之意，《名士传》在引庾敳言之后，明明说的是"其伏理推心，皆此类也"。有的先生认为庾敳是推崇郭象，"是说郭象能遵尽庾敳的畴昔之意，这是极高的赞赏，颇类于苏东坡称赞庄子"[②]。应该说，从较早的记载看，对郭象肯定的比较多。突出的就是他有才，而且是俊才，才而称俊，那是言其有卓越的才智，俊秀出众。事实也是如此，他做学问能把别人未表达出来的意思讲"尽"，出仕能"任事用势，倾动一府"，应该说其工作能力很强。

从有关记载看，他的一生大体上分为两个阶段：第一个阶段是"闲居"，而且曾和其他名士一样，"州郡辟召，不就"，主要是"以文论自娱"。这早期的情况，恐怕难以知其详了。第二阶段是出仕阶段，如何出仕，具体经历如何，也是很难详知的，大体上是曾做过豫州牧长史，这是

① 卢国龙：《郭象评传——理性的蔷薇》，广西教育出版社1996年版，第7页。

② 庄耀郎：《郭象玄学》，（台湾）里仁书局1988年版。其自注引《宋史·苏轼传》："既而读《庄子》，叹曰：吾昔有见，口未能言，今见是书得吾心矣。"

《晋书·庾敳传》中说的，后来又和庾敳一样，成为东海王越府中幕僚，“时越府多异”，他是其中之一。曾被“东海王越引为太傅主簿”。大约最后才辟为司徒掾，稍至黄门侍郎。

由不就州郡辟召到“任职当权”，是他一生中的重大转变。从当时名士，例如“竹林七贤”的情况看，有的人出仕任职了，有的人至死不愿任职（如嵇康）。而出仕者情况也不一样，王戎官做得大，为晋室颇为卖力，而且“性好兴利”，故“获讥于世”①。阮籍、刘伶虽出仕却十分消极。实际上，既然司马氏已当权，不出仕的可能性很小，再说终日放达也不是一回事。知识分子饱学之后，怎么可能不想些问题、不做些事呢？郭象出仕大概也是如此。郭象对仕与不仕的问题是有所思考的，他在注《论语·阳货》中曾经说：

> 圣人无心，仕与不仕随世耳。阳虎劝仕，理无不诺。不能用我，则无自用，此直道而应者也。然免逊之理，亦在其中也。②

这或者可视为郭象出仕之心理因素。

其为官，《晋书》本传的记载就只有几句：

> 东海王越引为太傅主簿，甚见亲委，遂任职当权，熏灼内外，由是素论去之。

这后一句是比较客观的，并未把他的为人说得很坏，而且《晋书》的主要依据是荀晞奉诏讨伐上表中的几句话：

> 东海王越……委任邪佞，宠树奸党，至使前长史潘滔、从事中郎毕邈、主簿郭象等操弄天权，刑赏由己……③

这种评价，完全是因为政治斗争而产生的。作为低于长史、从事中郎

---

① 房玄龄等：《晋书》卷四十三，《王戎传》，中华书局 1974 年版，第 1234 页。
② 此注为皇侃《论语义疏》所引得以保存。
③ 房玄龄等：《晋书》卷六十一，《荀晞传》，中华书局 1974 年版，第 1669 页。

的一个主簿应该专权不到哪里去。其依附东海王越，有的学者甚至认为“大概也是拯救沦亡的危机感使之然”，因为东海王越在当时“几乎是保存西晋社稷的最后一线希望”①。

在郭象生平中，其著作是不可忽视的。著作能反映他的思想，也可看出他对学术文化的贡献，从而确定其人、其书、其思想的历史地位。《晋书》本传除《庄子注》之外，只提到“著碑论十二篇”。有记载表明他还曾作《老子注》，唐宋的一些《老子》注，如《道德真经注疏》《道德真经取善记》等书中引有郭象之注文。同时，他也有关于《论语》的著作，《隋书·经籍志》记其有《论语体略》二卷、《论语隐》一卷。这是符合“三玄”学风的。关于《论语》的著作，梁皇侃的《论语义疏》有所征引，近人马国翰《玉函山房辑佚书》有辑佚文。《隋书·经籍志》又著录《郭象集》二卷，注云：“梁五卷，录一卷。”《唐书》《明史》皆有著录，但后来还是散佚了。有关记载还提到他的《论嵇绍》《致命由己论》等论文，不知是否曾收入《郭象集》中。其《论嵇绍》之文，颇为后人赏识。《太平御览》卷四百四十五引王隐《晋书》曰：

> 河南郭象著文，称嵇绍父死在非罪，曾无耿介，贪位死暗主，义不足多。

公开批评被晋室视为忠义的嵇绍，对于其父嵇康之“死在非罪”（为晋所杀），而“曾无耿介”，并且直称惠帝为暗主，表明他自己并不贪恋晋室之位，由此可见其思想、为人。

当然，郭象有影响而且保留下来的著作，主要是《庄子注》。下面就谈关于这本书的问题。

二、向、郭二《庄》及其他

问题还是从《晋书·郭象传》的另一段记述说起，其文曰：

> 先是注《庄子》者数十家，莫能究其旨统。向秀于旧注外而为解

① 卢国龙：《郭象评传——理性的蔷薇》，广西教育出版社1996年版，第9页。

义，妙演奇致，大畅玄风，惟《秋水》《至乐》二篇未竟而秀卒。秀子幼，其义零落，然颇有别本迁流。象为人行薄，以秀义不传于世，遂窃以为己注，乃自注《秋水》《至乐》二篇，又易《马蹄》一篇，其余众篇或点定文句而已。其后秀义别本出，故今有向、郭二《庄》，其义一也。

这完全是抄《世说新语·文学》的内容，而且好像是补抄上去的，该传前面已有“永嘉末病卒，著碑论十二篇”，显然是结束了。照抄之文有几处文字小异，如“先是”原为“初”，“旨统”原为“旨要”，等等，重要的是“为人薄行”下删去原来的“有俊才”三字，大概史臣认为，这两种评价连在一起，实在不伦不类。

《世说新语》的这一记载，一方面讲向、郭二《庄》之渊源关系，另一方面有点抬向贬郭。这后者颇有可疑之处，因为为了表明郭象没有多大贡献，说他只补了向秀未竟之《秋水》《至乐》二篇，“易《马蹄》一篇”，其余“或定点文句而”。还有“向、郭二《庄》，其义一也”之类不实之词。刘孝标注《世说新语》时所引《（向）秀别传》，记向秀与嵇康、吕安二人交往，先是二人反对向秀注《庄》，“及成，以示二子”，二人“乃惊曰：庄周不死矣！”可以说向秀不是未竟而是完成了的。《晋书·向秀传》未完全采纳《世说新语》之言，关于其注《庄》以及其与郭注之关系，是如下一段记述：

庄周著内、外数十篇，历世才士虽有观者，莫适论其旨统也，秀乃为之隐解，发明奇趣，振起玄风，读之者超然心悟，莫不自足一时也。惠帝之世，郭象又述而广之，儒墨之迹见鄙，道家之言遂盛焉。始，秀欲注，嵇康曰……

看来，写此传时，《世说新语》之文以及注引《秀别传》都注意到了。综合之后别有一番撰述。

《晋书·向秀传》所未采用的刘孝标注引之材料还有如下文字：

《秀别传》曰：……后注《周易》，大义可观，而与汉世诸儒互有

> 彼此，未若隐庄之绝伦也。（按：上引《晋书》本传说："秀乃为之隐解"，此称"隐庄"，是否向秀之书名本不叫《庄子注》?）秀本传（按：不知何种《晋书》之本传）或言：秀游托数贤，萧屑卒岁，都无注述，唯好《庄子》，聊应崔撰所注，以备遗忘云。《竹林七贤论》云，秀为此义，读之者无不超然，若已出尘埃，而窥绝冥始，了视听之表，有神德玄哲，能遗天下，外万物，虽复使动竞之人，顾观所徇，皆怅然自有振拔之情矣。

这些或者可作为《晋书》"振起玄风，读之者超然心悟，莫不自足一时也"的脚注。向秀的"隐解"或者曾风行一时，但终归还是"义遂零落"，也许这正是"郭象又述而广之"，以至取而代之的原因，说明向秀之义有不足之处。这是值得再深入探讨的问题。

因此，"向、郭二《庄》，其义一也"这一句话值得重新予以认识。

宋明学者一般都沿旧说，似乎都认为郭象有剽窃嫌疑①，但自清代开始，对向、郭二《庄》相互对照，就不信剽窃之说了，近人王叔岷先生在《庄学管窥》中作《庄子向郭注异同考》说：

> 今据《庄子释义》《列子注》，及他书所引，详加纂辑，得向有注郭无注者四十八条，向、郭注全异者三十条，向、郭注相近者三十二条，相同者二十八条。②

有的先生还比较二者注的根本思想之不同，向秀"保有本体论的思考模式"，而郭象是"彻头彻尾即在否定造物者'或'生物者'"，从而认为"其义一也""未必尽符义理之实"③。

据上所述，《晋书·向秀传》"郭象又述而广之"等句，倒是相当确切的一句话，"又述"是讲其与向秀"解义"之继承关系，"广之"那就是郭象的"发明"了。关于二《庄》的关系，冯友兰先生早年写《中国哲学史》就认为："《晋书·向秀传》所说，似近于事实也。"到了他的《中国

① 许抗生等：《魏晋玄学史》，陕西师范大学出版社 1989 年版，第 311 页。
② 王叔岷：《庄学管窥》，（台湾）艺文印书馆 1978 年版，第 24 页。
③ 庄耀郎：《郭象玄学》，（台湾）里仁书局 1988 年版，第 11～12 页。

哲学史新编》便有更全面更恰当的表述，这是几十年思考的结晶，我们完全同意，现引其说以明之：

在玄学发展的过程中，《庄子》成为玄学的基本经典。玄学家们都研究《庄子》这部书，发挥了庄子的思想。他们的研究和发挥，必然要互相启发，互相影响，互相促进。后起的作家总是利用前人的成果，把它包括进去，发展起来，成为自己的体系。这是常有的现象，也是必然的规律。向秀的《庄子注》是他以前的《庄子注》的发展（按：上已引其“聊应崔撰所注”），郭象的《庄子注》，又是向秀《庄子注》的发展。他的《庄子注》可能包括向秀的成果比较多，所以当时有“向郭义”之称。这是可以理解的。

若说抄的话，郭象不仅抄向秀，而且抄嵇康，还抄司马彪……

总的看起来，郭象的《庄子注》，有许多部分都是从别家的《庄子注》抄来的。他的《庄子注》用后来的说法，应该称“庄子集注”。

但是，郭象并不是乱抄。他有自己的见解，有他自己的哲学体系。他注《庄子》，并不是为注而注，而是借《庄子》这部书发挥他自己的哲学见解，建立他自己的哲学体系……他的《庄子注》在当时成为玄学发展的顶峰，后来，取代了各家的《庄子注》一直传下来。①

三、郭象《庄子注》的主要内容及其意义

现在我们看到的《庄子》是郭象的删定本，这一点可以肯定。汉代流传的《庄子》，据《史记》说有“十余万言”②，据《汉书·艺文志》是五十二篇。据唐人陆德明《经典释文·序录》记载，魏晋时期曾有孟氏、司马彪注的五十二篇本，崔撰、向秀的二十七篇注本，以及李颐三十篇（一作三十五篇）的集解。在数十家注《庄子》的基础上，郭象作了一次删定。对此，后发现的材料可以更明确地说明，那就是日本高山寺所藏古钞卷子本《庄子》的最后有一段文字，因为其中部分文字可以在《经典释

① 冯友兰：《中国哲学史新编》第四册，人民出版社1986年版，第133～134页。

② 司马迁：《史记》卷六十三，《老子韩非列传》，中华书局1982年版，第2143页。

文·序录》中见到，没有人怀疑其真实性。其文曰：

> 夫学者尚以成性易知为德，不以收（攻）异端为贵也。然庄子闳才命世，诚多英文伟词，正言若反。惟一曲之士不能畅其弘旨，而妄窜奇说，若《阏亦（弈）》《意循（修）》之首，《尾（危）言》《游易（凫）》《子胥》之篇，凡诸巧杂，若此之类，十分有三，或迂之令诞，或似《山海经》，或似（占）梦书，或出《淮南》，或辩形名，而参之高韵，龙蛇并御，且辞气鄙背，竟（意）无深澳（奥），而徒难知以因（困）后蒙，令沉滞失乎流，岂所术（述）庄子之意哉？故皆略而不存。令（今）唯哉（裁）取其长，达致全乎大体者，为三十三篇者（焉）。

郭象删定了他认为是妄窜入《庄子》的奇说、巧杂，所删数量“十分有三”，然后裁定为三十三篇。他的取舍是否合适暂且不谈，这有点像孔子删《诗》《书》一样，使我们今天能看到的《庄子》，基本上就是其所删定的内容。功也在此，过也在此。其功在于因为他的影响，《庄子》和《诗》《书》一样得以流传，否则也可能见不到相对比较完整的内容了。过则是使以后再也无法知道《庄子》的真正面貌——当然是不可能的，因为他删定时已经走样了。至于他是否删掉了一些对后世也还有用的东西，那就不可知了。郭象删定的《庄子》，为唐以后长时间的读本，人们是从这样的《庄子》来解读，来学习、思考、讨论一些问题，再追求《庄子》原样为何，没有多大意义了。不过，如果深入讨论汉人所学、所理解、所运用的《庄子》时，可以考虑郭象删定这个因素。

以上为郭注《庄子》意义之一。

郭象之所以要删定《庄子》，是因为要正确了解《庄子》，求《庄子》之“弘旨”。他在其所作的《庄子序》中，就对他所理解的《庄子》作了纲领性的概括：

> 夫庄子者可谓知本矣，故未始藏其狂言，言虽无会而独应者也。夫应而非会，则虽当无用；言非物事，则虽高不行。与夫寂然不动，不得已而后起者，固有间矣。斯可谓知无心者也。夫心无为，则随感

而应，应随其时，言唯谨尔。故与化为体，流万代而冥物，岂曾设对独遘而游谈乎方外哉！此其所以不经，而为百家之冠也。①

这一段开章明义肯定庄子“可谓知本”，“本”就是“无心”、“无为”。不过，他主要是“设对独遘”，凭空发议论，是“无会而独应”的“狂言”，没有与具体情况、具体问题相配合（“无会”）。庄子虽懂得“无心”、“无为”的道理，但没能把它体现出来。所以他的著作不能成为儒家那样的经典，但可称“百家之冠”。那么庄子的主要思想是什么呢？

然庄生虽未体之，言则至矣。通天地之统，序万物之性，达死生之变，而明内圣外王之道，上知造物无物，下知有物之自造也。其言宏绰，其旨玄妙，至至之道，融微旨雅，泰然遣放，放而不敖。故曰：不知义之所适，猖狂妄行，而蹈其大方。含哺而熙乎淡泊，鼓腹而游乎混芒［茫］。至人［仁］极乎无亲，孝慈终于兼忘，礼乐复乎已能，忠信发乎天光。用其光则其朴自成，是以神器独化于玄冥之境，而源流深长也。②

接着第一段讲下来，“庄生虽未体之”，即上文之“应而非会”以及未能“与化为体”，但是“言则至矣”，其言、其理已达到了很高的境界。那就是“明内圣外王之道”，“神器独化于玄冥之境”。而“造物无物”和“物之自造”，可以说完全是郭象自己从《庄子》中发展出来的思想。至于对仁、义、礼、乐、忠、信的解释，可说是把自然与名教统一起来的解释。这些是郭象所理解的《庄子》玄妙之旨。最后一段：

故其长波之所荡，高风之所扇，畅乎物宜，适乎民愿。弘其鄙，解其悬，洒落之功未加，而矜夸所以散。故观其书，超然自以为已当，经昆仑，涉太虚，而游惚恍之庭矣。虽复贪婪之人，进躁之士，

① 郭象：《庄子序》，严可均辑：《全上古三代秦汉三国六朝文·全晋文》卷七十五，中华书局1958年版，第1894页。

② 郭象：《庄子序》，严可均辑：《全上古三代秦汉三国六朝文·全晋文》卷七十五，中华书局1958年版，第1894页。

> 暂而揽其余芳，味其溢流，仿佛其音影，犹足旷然有忘形自得之怀，况探其远情而玩永年者乎！遂绵邈清遐，去离尘埃而返冥极者也。[①]

承上一段进一步讲庄子思想的影响，内圣外王之道，自然与名教通而为一的游外冥内之理境，“畅乎物宜，适乎民愿”。主要的是说“内圣”，读《庄子》之书，即便是“贪婪之人”、“进躁之士”也可“揽其余芳，味其溢流”，“旷然有忘形自得之怀”，何况是终身探索其奥理妙旨者，当然可以达到“绵邈清遐”，超尘脱俗的“冥极”——玄冥独化的精神境界。

序中所说的就是郭象所理解的庄子精神和思想，实际也是郭象自己追求的理想思想的表达。他的思想与当时玄学讨论的一些主要问题基本上是一致的，主要的有以下一些：

（一）自然与名教的问题

汉末以来的名教危机，引起了知识分子思考和批判，以阮籍、嵇康为代表的一些人，提出“越名教而任自然”[②]，追求一种摆脱世俗名教而与自然为一的精神生活，是“以庄周为师”，“又读《老》《庄》，重增其放”[③]。用有的学者的话说，充分继承和发挥了《庄子》思想的一个方面[④]，但终究不是解决的办法。面对现实，郭象进一步思考，主张名教与自然同，名教即自然，他认为名教与自然可以在圣人身上统一起来，例如他在《逍遥游》注中说：

> 夫圣人，虽在庙堂之上，然其心无异于山林之中，世岂识之哉！徒见其戴黄屋，佩玉玺，便谓足以缨绋其心矣，见其历山川，同民事，便谓足以憔悴其神矣，岂知至至者之不亏哉！

又如在《大宗师》的注中说：

① 郭象：《庄子序》，严可均辑：《全上古三代秦汉三国六朝文·全晋文》卷七十五，中华书局 1958 年版，第 1894 页。

② 嵇康：《释私论》，《嵇中散集》卷六，商务印书馆 1941 年版，第 45 页。

③ 嵇康：《与山巨源绝交书》，《嵇中散集》卷二，商务印书馆 1941 年版，第 16 页。

④ 余敦康：《中国哲学论集》，辽宁大学出版社 1998 年版，第 309～317 页。

圣人常游外以弘内，无心以顺有，故虽终日挥形而神气无变，俯仰万机而淡然自若……

总之，在圣人看来，名教与自然是同一的。当然其自然论、名教论以及圣人论等，都有许多具体内容，这里就不一一详述了。

与以上诸论有关的，郭象还提出了一些其他的重要观点，例如“内”与“外”、“迹”与“所以迹”以及“性分”等等。关于“性分”，《逍遥游》注一开头就说：

小大虽殊……物任其性，苟得其分，逍遥一也。

又《天下》注中说：

去知任性，然后神明洞照，所以为贤圣也。

圣人就是能任性守分的人。又例如《天运》注说：

所以迹者，真性也。夫任物之真性者，其迹则六经也。

这些都是和自然与名教同一论有关的。

（二）有与无和“独化于玄冥”

有无之争是魏晋玄学的另一个主要问题。即所谓贵无和崇有之争。“何晏、王弼等祖述《老》《庄》，立论以为天地万物皆以无为本”[1]。裴頠则作《崇有论》：

夫至无者无以能生，故始生者自生也。自生而必体有，则有遗而生亏矣。[2]

---

① 房玄龄等：《晋书》卷四十三，《王衍传》，中华书局 1974 年版，第 1236 页。
② 房玄龄等：《晋书》卷三十五，《裴頠传》，中华书局 1974 年版，第 1046 页。

郭象和裴頠一样，认为万物不能从无而生，而是自生，他在《齐物论》注中说：

> 无既无矣，则不能生有；有之未生，又不能为生。然则生生者谁哉？块然而自生耳。

但郭象的论述有更深更丰富的内容，《齐物论》“恶识所以然”下有一段很长的注，作了比较详细的论述，其前半节云：

> 世或谓罔两待景，景待形，形待造物者。请问夫造物者，有邪无邪？无也，则胡能造物哉？有也，则不足以物众形。故明众形之自物而后始可与言造物耳。是以步有物之域，虽复罔两，未有不独化于玄冥者也。故造物者无主，而物各自造，物各自造而无所待焉，此天地之正也。

这里否定了造物者，也否定了以无为本的本体论。强调物的自生，这里叫“物各自造”，而且“无所待焉”，也就是无待。“物各自造”也就是独化，“独化于玄冥”。这些都是重要的、有创造性的思想。这些思想，在其他一些地方反复有所论述，例如《知北游》注：

> 非唯无不得化而为有也，有亦不得化而为无矣。是以夫有之为物，虽千变万化，而不得一为无也。不得一为无，故自古无未有之时而常存也。
>
> …………
>
> 谁得先物者乎哉？吾以阴阳为先物，而阴阳者即所谓物耳。谁又先阴阳者乎？吾以自然为先之，而自然即物之自尔耳。吾以至道为先之矣，而至道者乃至无也，既以无矣，又奚为先？然则先物者谁乎哉？而犹有物，无已，明物之自然，非有始然也。

还有“物之与物无际”等句之注都说明“自物”乃至“物自物耳，故冥也”。其他一些篇中也有无不能生有、自生、无待、无始之类的论述，就不一一详列了。关于独化，前引《齐物论》还有一条注说：

若责其所待而寻其所由，则寻责无极，卒至于无待，而独化之理明矣。

又《寓言》里有一条注说：

推而极之，则今之所谓有待者，卒至于无待，而独化之理彰矣。

显然，独化就是无待。“独化”一词，《老》《庄》中未曾使用，虽非郭象的创造①，但郭象已赋予了新的意义，没有万物共同的、最后的本源，只有万物个体的独化。万物个体的独化，与性分有关系，万物个体之间又有“相因”的关系。这些，《庄子注》中也有多方面的反复论述，例如《秋水》篇注云：

天下莫不相与为彼我，而彼我皆欲自为，斯东西之相反也。然彼我相与为唇齿，唇齿者未尝相为，而唇亡则齿寒。则彼之自我，济我之功弘矣，斯相反而不可以相无者也。故因其自为而无其功，则天下之功莫不皆无矣，因其不可相无而有其功，则天下之功莫不皆有矣。

这是说“自为”之彼我有“相与”的关系。又如《大宗师》注云：

卓者，独化之谓也。夫相因之功，莫若独化之至也。故人之所因者，天也；天之所生者，独化也。人皆以天为父，故昼夜之变，寒暑之节，犹不敢恶，随天安之。况乎卓尔独化，至于玄冥之境，又安得而不任之哉？

事物相因之功，由“独化之至”而导出，其原因就是“天”，这里的“天”

---

① 《鹖冠子·天权》中有“独化始终，随能序致”句，“独化”是一个动词。

就是自然，“凡所谓天，皆明不为而自然”①。

郭象论独化，常常与玄冥连在一起，如前面所引“独化于玄冥”或“神器化于玄冥之境”。那么，玄冥又是什么呢？郭象在注《大宗师》之“讴闻之玄冥”时说：

> 玄冥者，所以名无而非无也。

有的学者解释说：

> 这种独化玄冥的境界乃一冲虚无为的心境，从它不是一超越的实体而说它是无，从它有无限妙用，顺任万物，以成就万物的作用说它是“非无”。②

这个理解无疑是正确的，玄冥是种理想的境界。对此，郭象也有许多具体论述，而“冥内游外”之说尤其值得注意。他在注《大宗师》“彼游方之外者也，而丘游方之内者也”时说：

> 夫理有至极，外内相冥，未有极游外之致而不冥于内者也，未有能冥于内而不游于外者。故圣人常游外以冥内，无心以顺有。故虽终日见形而神气无变，俯仰万机而淡然自若。夫见形而不及神者，天下之常累也。是故观其与群物并行，则莫能谓之遗物而离人矣；睹其体化而应务，则莫能谓之坐忘而自得矣。岂直谓圣人不然哉？乃必谓至理之无此。是故庄子将明流统之所宗，以释天下之可悟。若直就称仲尼之如此，或者将据所见以排之，故超圣人之内迹，而寄方外于数子。宜忘其所寄以寻述作之大意，则夫游外冥内之道坦然自明，而庄子之书，故是涉俗盖世之谈矣。

这就讲得很清楚了，《庄子》是“涉俗盖世之谈”，是讲“内圣外王之道”

---

① 《山木》篇“有天亦天也”句下注。

② 庄耀郎：《郭象玄学》，（台湾）里仁书局1988年版，第305页。

的，“冥内游外”也就是讲“内圣外王”。“外王”讲得少，在郭象看来“外王”是“内圣”的延续，主要讲“内圣”，讲“冥内”。冥内问题，实际又是一个自然问题，一切都是从自然出发的，而且一切也归之自然。可以说是从另一种角度回答解决自然与名教的问题，落实帝王之道。《大宗师》注还有这样一段：

夫与内冥者，游于外也。独能游外以冥内，任物之自然，使天性各足而帝王之道成，斯乃畸于人而侔于天也。

（三）生与死的问题——郭象的生死观

前面提到的《庄子序》中还有一个“达生死之变”的问题。郭象认为这是《庄子》的主题之一。这也是玄学中讨论的主题之一。

生与死的问题，实际是人们如何对待生与死，这是一个永恒的问题。“未知生，焉知死”①，“死生有命”②，这是一种态度，而魏晋时期由于战乱，“流尸满河，白骨蔽野”③ 的死亡现象，触目惊心，并且“天下多故，名士少有全者”④，动辄引来杀身之祸，使人们对死亡感到恐惧，对生命的短促感到悲哀和痛苦。如何摆脱这种恐惧，怎样达到身心愉快等，成为人们普遍关心的问题。

理性地对待生死问题，主要是两个方面，一是在生活实践上注重养生，一是在观念认识上“齐生死”。这两方面在《老》《庄》书中都有，特别是在《庄子》中更为具体。如养生方面，精神修养，无思无虑，不以外物累心，形体修炼，“吹呴呼吸，吐故纳新，熊经鸟伸”的“导引”以及“不食五谷，吸风饮露”之类，都是《庄子》中有的。从汉代特别是东汉以来就为人们所重视并不断发展，魏晋时期的代表，就是嵇康的《养生论》。

齐生死，当然也是《庄子》的思想。《庄子》认为生死是自然现象，《大宗师》云：

---

① 《论语·先进》，诸子集成本，中华书局 1954 年版。
② 《论语·颜渊》，诸子集成本，中华书局 1954 年版。
③ 房玄龄等：《晋书》卷二十六，《食货志》，中华书局 1974 年版，第 791 页。
④ 房玄龄等：《晋书》卷四十九，《阮籍传》，中华书局 1974 年版，第 1360 页。

死生，命也。其有夜旦之常，天也。人之有所不得与，皆物之情也。

这里“命”和“天”都是自然。面对自然就不必妄生判断，《齐物论》云：

予恶乎知说生之非惑邪！予恶乎知恶死之非弱丧而不知归者邪！丽之姬……晋国之始得之也，涕泣沾襟，及其至于王所，与王同匡床，食刍豢，而后悔其泣也。予恶乎知夫死者不悔其始之蕲生乎？

说明不必悦生恶死。此类论述颇多，不必详举。

郭象继承了《庄子》齐生死的思想，其所发展的主要是“死生自尔”和“玄同死生”。他从玄冥独化的思想出发，认为死生也是各自成体的，生者独化而生，死者独化而死，非生者之生此死。其《知北游》“不以生生死”注云：

夫死者，独化而死耳，非夫生者生此死也。

“死生有待邪”注又云：

死与生各自成体。

《庚桑楚》篇中反复说到“死生自尔”之意：

欻然自生，非有本。
欻然自死，非有根。
死生出入，皆欻然自尔，无所由，故无所见其形。

死生是不相干的两回事。达死生之理就可以“玄同死生”，他在注《德充符》之“物视其所一而不见其所丧，视丧其足犹遗土也”时说：

体夫极数之妙心，故能无物而不同。无物而不同，则死生变化无往而非我矣。故生为我时，死为我顺；时为我聚，顺为我散。聚散虽异，而我皆我之。则生故我耳，未始有得；死亦我也，未始有丧。夫死生之变，犹以为一，既睹其一，则蜕然无系，玄同彼我，以死生为寤寐，以形骸为逆旅，去生如脱屣，断足如遗土，吾未见足以缨茀其心也。

能视死生为一，就能无系无累，形骸之有无不能缨其心。《大宗师》注中也有这方面的论述：

无所藏而都任之，则与物无不冥，与化无不一。故无外无内，无死无生，体天地而合变化，索所遁而不得矣。此乃常存之大情，非一曲之小意。

显然郭象比庄子要讲得更丰富、更理论化，有所发展。

实际上郭象通过注《庄子》所表达的思想很多，可以说有一个完整的体系，或被称为“郭象玄学的体系”。我们这里不打算再多作论述了，仅举两例以明其体系。冯友兰先生的《中国哲学史新编》除“有”、“无”、“名教”与“自然”之外，尚有“关于‘性’、‘命’的理论”、“关于动、静和生、死的理论”、“关于‘无对’和‘有对’的理论”、“关于‘有言’和‘无言’的理论”、“关于‘无心’、‘无为’、‘无待’的理论”、“关于‘圣人’的理论”等专节。台湾庄耀郎先生的《郭象玄学》列有“逍遥观”、“自然论”、“性分论”、“有无论与无为论”、“圣人论”、“名教观”、“生死观”、“自生论”、“独化论与玄冥论”等九个专章论述郭象的玄学体系。

总而言之，郭象思想是有一个较完整的体系的，说它是玄学体系也好，说它是玄学的最高代表也好，都说明其思想体系的意义和价值。但我们要强调指出的是，郭象的思想是植根于《庄子》思想的，他是通过阐释《庄子》的思想而表达自己的思想。他理解的《庄子》的思想，也就是他自己的思想。正如杜道坚的“汉老子”、“魏晋老子”说法一样，郭象的《庄子注》是魏晋时期庄学的典型代表。

第五节　魏晋般若学与《庄子》

一、汉晋佛教与般若学

佛教传入中国大体在两汉之际，东汉时期上层统治阶级中信佛，主要是两条记载，一条是明帝时楚王英之祠祀浮屠：

> 英少时好游侠，交通宾客，晚节更喜黄老，学为浮屠斋戒祭祀。……诏报曰："楚王诵黄老之微言，尚浮屠之仁祠，洁斋三月，与神为誓，何嫌何疑……其还赎，以助伊蒲塞桑门之盛馔。"①

另一条即桓帝并祭佛、老。《后汉书·桓帝本纪》记了多次祠祀老子的事，而延熹九年（166 年）七月庚午更是"祠黄、老于濯龙宫"，而传论则曰：

> 前史称桓帝好音乐……饰芳林而考濯龙之宫，设华盖以祠浮图、老子……

《后汉书·襄楷列传》记其上疏之言曰：

> 又闻宫中立黄老、浮屠之祠。

这些记载或可表明，在当时人心目中是把黄帝、老子、浮屠（释迦牟尼）都看作神仙，这是早已流行的神仙方术信仰的进一步发展，此时的黄老已不是一般的黄老之学，而是黄老之道或者黄老道教了。

同时，佛教在下层群众中流行，在汉代也有了比较具体的材料，《三国志·吴书·刘繇传》记载：

> 笮融者，丹阳人。初聚众数百，往依徐州牧陶谦。谦使督广陵、

① 范晔：《后汉书》卷四十二，《光武十王列传》，中华书局 1965 年版，第 1427 页。

彭城运漕。遂放纵擅杀，坐断三郡委输以自入。乃大起浮图祠①，以铜为人，黄金涂身，衣以锦采。垂铜盘九重，下为重楼阁道，可容三千余人。悉课读佛经，令界内及旁郡人有好佛者听受道，复其他役以招致之。由此远近前后至者五千余人户。每浴佛，多设酒饭②，布席于路，经数十里。民人来观及就食且万人，费以巨亿计。

笮融事佛在东汉末年。则东汉末佛教的规模和影响已经很大了。其次，从“以铜为人”、“铜盘”、“浴佛”等简略的记载看，佛教的祭祀仪式等也有了较具体丰富的内容。再次，“悉读佛经”，令“好佛者听受道”，这是具体宣传了佛法，必然影响较深。最后，“复其他役以招致之”以及布施饮食，那当然是吸引群众的一种方式，但对佛教的进一步发展是很有影响的。

到了两晋时期佛教发展更快。例如造像建寺，整个两晋南北朝愈演愈烈，北魏杨衒之在《洛阳伽蓝记序》中写道：

至晋永嘉唯有寺四十二所。逮皇魏受图，光宅嵩洛，笃信弥繁，法教愈盛。王侯贵臣，弃象马如脱屣，庶士豪家，舍资财若遗迹。于是昭提栉比，宝塔骈罗，争写天上之姿，竞摸山中之影。金刹与灵台比高，广殿共阿房等壮。岂直木衣绨绣，土被朱紫而已哉！

这个概述并不抽象，我们不仅能从各种文献记载中得到印证，还可以亲眼从现存各古遗迹中看到。值得一说的是，十六国时期北方虽是战乱很多，但佛教事业颇有发展，原因是北方少数民族的统治者多半信佛，例如后赵之石勒、石虎，前燕之慕容皝，后燕之慕容熙，前秦之苻坚，后秦之姚兴等都是很信佛的。

著名僧人佛图澄、释道安、鸠摩罗什等，都得到十六国统治者礼重，影响也很大，例如佛图澄在邺都：

---

① 《后汉书·陶谦列传》作“大起浮屠寺”，《弘明集·正诬论》作“大起佛寺”。

② 《后汉书》作“饮饭”，《正诬论》谓“酒食”，“触犯酒戒”。

> 百姓因澄故多奉佛，皆营造寺庙，相竞出家……①

鸠摩罗什在长安：

> （姚）兴使沙门僧叡、僧肇等八百余人传受其旨，更出经论，凡三百余卷。……尝讲经于草堂寺，兴及朝臣、大德沙门千有余人肃容观听……②

动辄成百上千，这些人再传其旨，那影响自然更为广大。

南方的佛教也十分兴盛，两晋之际北方名僧不少，避难渡江的更多。先是竺法汰受道安之命到东南传教，临别时，竺法汰对道安说：

> “法师仪轨西北，下座弘教东南，江湖道术，此焉相望矣。至于高会净因，当期之岁寒耳。”于是分手，泣涕而别，乃与弟子昙一、昙二等四十余人，沿江东下。③

道安“分张徒众”，这可说是有组织有计划地传教活动了。竺法汰到建康后住瓦官寺，受到上层人物王洽（王导之第三子）、谢安等人钦敬，因而为时人所重。除竺法汰之外，还有帛尸梨蜜多罗、康僧渊、康法畅、竺道潜、支遁、竺法义、于法兰、于法开、于道邃以及慧远等许多高僧，大部分来自北方。东晋时期，南方佛教形成两个中心：一个在建康，觉贤、法显等都以道场寺为据点，译经、传教。另一个中心就是慧远主持的庐山东林寺。慧远曾师从道安，也是道安分派东下的，辗转至庐山，一住就是三十多年：

> 自远卜居庐阜三十余年，影不出山，迹不入俗。每送客游履，常以虎溪为界焉。④

---

① 房玄龄等：《晋书》卷九十五，《佛图澄传》，中华书局 1974 年版，第 2487 页。

② 房玄龄等：《晋书》卷九十五，《鸠摩罗什传》，中华书局 1974 年版，第 2501 页。

③ 释慧皎：《高僧传》卷五，《晋京师瓦官寺竺法汰》，中华书局 1992 年版，第 192 页。

④ 释慧皎：《高僧传》卷六，《晋庐山释慧远》，中华书局 1992 年版，第 221 页。

虽称“迹不入俗”，但与东晋上层社会人士多有联系，对南方佛教的发展有极重要的作用，如《出三藏记·慧远传》所云：

率众行道，昏晓不绝，释迦余化，于斯复兴。既而谨律惠心之士，绝尘清信之宾，并不期而至，望风遥集。

需要指出的是，佛教在中国的传播，是与佛教经典的翻译和介绍同步进行的。汉代译出的经典不多，总共不过 53 部、73 卷，主要在东汉桓灵之间，其中安世高翻译的就有 35 部、41 卷。三国时期只有 40 多部，近 70 卷。到了晋代，情况就大不一样了，有的学者概述说：

从西晋武帝司马炎泰始元年，即公元 265 年，到东晋安帝司马德宗义熙末年，即公元 419 年……先后共有译人近 30 人，总共译经 250 来部，近 1300 卷。①

其中突出的有西晋竺法护译经 155 部、311 卷，东晋时鸠摩罗什译经 35 部、294 卷等。

在翻译的经典中，大乘空宗的《般若经》影响很大，译本很多。最早是汉末支娄迦谶译《般若道行品经》，到了晋代，有竺法护、鸠摩罗什等六七种译本，形成了般若学这样一个中国的佛学派别。该派主张“一切皆空”，强调“任其自然”的处世哲学。其所以流行，也就是因为与当时中国崇尚老庄的玄学一致。这一点在当时高僧的思想上都十分明确，释道安在《戒因缘经鼻奈耶序》中就写道：

经流秦土，有自来矣。随天竺沙门所持来之经，遇而便出。于十二部，《毗曰罗》部最多。以斯邦人庄老教行，与《方等经》兼忘相似，故因风易行也。②

① 郭朋：《汉魏两晋南北朝佛教》，齐鲁书社 1986 年版，第 243 页。以上汉、三国统计数亦参考郭著。

② 释道安：《戒因缘经鼻奈耶序》，严可均辑：《全上古三代秦汉三国六朝文·全晋文》卷一百六十七，中华书局 1958 年版，第 2435 页。

《方等经》还是指《般若经》《华严经》《法华经》《涅槃经》之外的诸大乘经典，更不消说般若学了。两晋时期，《老》《庄》与《般若经》并谈。

佛经本为印度经典，其思想、语言、文字与中国不同，要在中国传播，要使中国人接受，必须找到共同点，这不是件很容易的事。所以一方面早期的译经有许多粗糙之处，另一方面译经中处处想方设法进行比附。在宣讲经义时，这种比附就叫作格义。《高僧传》卷四《晋高邑竺法雅》云：

竺法雅……少善外学，长通佛义。衣冠士子，或附咨禀，时依雅门徒，并世典有功，未善佛理，雅乃与康法朗等，以经中事数，拟配外书，为生解之例，谓之格义。及毗浮、相昙等，亦辩格义，以训门徒。雅风采洒落，善于枢机。外典佛经，递互讲说。与道安、法汰，每披释凑疑，共尽经要。

或谓格义为竺法雅所创，其实不一定，在他前后，译经、讲经多用比附之法，或者他只不过“善于枢机”罢了。

二、名士与名僧

名士当然是指知名之士，《吕氏春秋·尊师》中举子张、段干木等人善学之后说：

由此为天下名士显人，以终其寿，王公大人从而礼之，此得之于学也。

“名士显人”当言其知名度，“王公大人礼之”那是政治上得到重视或者任用。名士到了汉末魏晋之际，则有了特殊意义。首先是东汉末年一批知识分子，或者社会公认，或者互相标榜，形成了所谓“八俊”（“八顾”）、“八达”乃至“八龙”等知名人士，《后汉书·方术列传》论曰：

汉世之所谓名士者，其风流可知矣。

这虽然是就东汉时人物而言的，但作者范晔是南朝人，而名士风流主要是在魏晋形成的。魏晋时期，“建安七子”、“竹林七贤”都是名士，后者尤为著名，如前引《世说新语·任诞》所说的，阮籍、嵇康、山涛等“七人常集于竹林之下，肆意酣畅，故世谓之‘竹林七贤’”，当世即有“七贤”之名，影响很大。

那么，在当时人心目中，如何看待名士呢？看来也有不同看法，《世说新语·任诞》的另一记载说：

王孝伯言：“名士不必须奇才，便使常得无事，痛饮酒，熟读《离骚》，便可称名士。”

这位“自负才地高华”① 的王恭，也许是看不起当时的所谓名士。但是，“无事”、“痛饮酒”倒是道出了当时名士的某些行为特点，不过，较准确的概括，应该是放达，前已论及，不再重复。

魏晋名士行为表现的另一更重要的内容是清谈。对清谈可以多角度看待，其对社会思想文化的影响又是最值得注意之点。我们这里就是从名士与名僧的关系、交流等来论述。

东晋时的孙绰，为“一时名流”，信奉佛教，与名僧竺道潜、支遁等人都有交往。他曾经“制《道贤论》，以天竺七僧方竹林七贤”②。文虽不存，但从《高僧传》等记载中可见其主要内容，他是以竺法护比山涛，竺法乘比王戎，帛远比嵇康，竺道潜比刘伶，支遁比向秀，于法兰比阮籍，于道邃比阮咸。其比较是否恰当，此处不作详论，总的来说是赞扬他们的“风清高远”、“俊迈之气”，视为超群绝俗。孙绰还为许多名僧如康僧会、支孝龙、康法郎、刘元真、于法威、释道安等写赞，《高僧传》中都有记录。孙绰还作有《名德沙门论目》，文已不存，但显然也是论名僧的。

名僧不尽同于高僧，名僧也可说是当时“一时名流”。当时的名僧之所以得“名”，主要是有当权者的礼重、与名士的交往以及名士对僧人的推崇，具体事例甚多：

---

① 房玄龄等：《晋书》卷八十四，《王恭传》，中华书局 1974 年版，第 2183 页。
② 释慧皎：《高僧传》卷一，《晋长安竺昙摩罗刹》，中华书局 1992 年版，第 24 页。

> 竺法深在简文坐，刘尹问："道人何以游朱门？"答曰："君自见其朱门，贫道如游蓬户。"①

与上层交往自可增加其知名度，否则不为人知。另一条更为明显：

> 康僧渊初过江，未有知者，恒周旋市肆，乞索以自营。忽往殷渊源许，值盛有宾客，殷使坐，粗与寒温，遂及义理。语言辞旨，曾无愧色。领略初举，一往参诣。由是知之。②

知名之后，名士又会去拜会，《世说新语·栖逸》又记康僧渊之事曰：

> 康僧渊在豫章，去郭数十里立精舍……乃闲居研讲，希心理味。庾公诸人多往看之，观其运用吐纳，风流转佳……声名乃兴。

名僧、名士交往是各有所求，一般来说名僧找名士可说是为了生存和发展，而名士找名僧多半是精神上的进一步追求，他们好《老》《庄》，又接触到与《老》《庄》颇为相通的佛经，很容易产生学习它的需求，这可举殷浩为例。这位"好《老》《易》"、"尤善玄言"的殷中军，《世说新语·文学》有如下几条记载：

> 殷中军读《小品》，下二百签，皆是精微，世之幽滞。尝欲与支道林辩之，竟不得。今《小品》犹存。

> 殷中军被废东阳，始看佛经。初视《维摩诘》，疑《般若波罗密》太多。后见《小品》，恨此语少。

> 殷中军被废，徙东阳，大读佛经，皆精解，唯至事数处不解。遇见一道人，问所签，便释安。

① 《世说新语·言语》，诸子集成本，中华书局1954年版。
② 《世说新语·文学》，诸子集成本，中华书局1954年版。

这些对说明名士找名僧有典型意义。人们希望对佛教的一切、对佛经的理论有进一步的了解：

佛经以为祛练神明，则圣人可致。简文云："不知便可登峰造极不？然陶练之功尚不可诬。"①

三、佛学、佛僧与《庄子》

佛教为印度所创，印度人的思维方式、语言表达与中国殊不相同，因此，佛教要传入中国，面临着佛经如何翻译、思想如何让中国人理解和接受的问题。在这方面，其很大程度上得力于老庄道家思想。

佛教正式传入中国是在东汉时期，这也正是庄学兴起、黄老变化的时期，所以佛与道就有多方面的契合。许多佛教史的研究都注意到这一问题，汤用彤的《汉魏两晋南北朝佛教史》专辟"佛道"一章论述此问题，他从"精灵起灭"、"省欲去奢"等八个方面进行了论述，最后总结说：

佛教在汉世，本视为道术之一种。其流行之教理行为，与当时中国黄老方技相通。②

汤先生还指出汉代佛教流行还不广，也未受重视，到了魏晋，"佛教则更依附玄理，大为士大夫所激赏。因是学术之大柄，为此外来之教所篡夺"③。佛玄结合，实际上也是佛学与老庄的结合。

佛道、佛玄的关系内容非常丰富，也非常复杂，不是很容易表述清楚的。我们这里主要想说明的是佛经、佛学与《老》《庄》之关系，特别想说明与《庄子》的关系。

安世高是最早翻译佛经者之一，《安般守意经》是他翻译的经典之一，我们可以明显地看到其与《老》《庄》之关系。什么是"安般守意"？经文有详细的界说：

---

① 《世说新语·文学》，诸子集成本，中华书局 1954 年版。
② 汤用彤：《汉魏两晋南北朝佛教史》，中华书局 1983 年版，第 83 页。
③ 汤用彤：《汉魏两晋南北朝佛教史》，中华书局 1983 年版，第 84 页。

……安为定，般为莫使动摇，守意莫乱也。安般守意，名为御意至德无为了。安为有，般为无……有者谓万物，无者谓疑，亦谓空也。安为本因缘，般为无处所。道人知本无所从来，亦知灭无处所，是为守意也。……安为清，般为净，守为无，意为务，是清净无为也。①

有、无、清净、无为之类，人们自然将之与《老子》联系起来。这是译者有意比附呢？还是经意原本如此？或者二者兼而有之？我们还可以看到，其所谓“数息观”，所谓“六事”、“三十七品”之类，更有与《庄子》相通之处。例如经文又说：

安般守意，何等为安？何等为般？安名为入息，般名为出息，念息不离，是名为安般。②

“守意有六事”，“数息有三事，一者为坐行”，在“数息观”中“坐禅数息，即是定意”，“坐禅念息，已止便观”。从般若学的禅法当中，我们可以看到道家气法的影子，看到“吐故纳新”之原理，而《庄子》中的听息、坐忘、心斋、平意等等，则可以与数息观相比附。

早期的译经尚且如此，玄学时期的译经、解经、注经自当更进一步。当然，佛教的空和《老》《庄》的无是不能等同的，因此人们的解释也会随着对佛、道的更深入认识而不断改变，在这一过程中，佛学、道学——包括庄学都会出新意。这里可以分别举两个例子。一个是慧远引《庄子》讲解佛经，《高僧传》卷六《庐山释慧远》记载说：

年二十四便就讲说。尝有客听讲，难实相义，往复移时，弥增疑昧，远乃引《庄子》义为连类，于（是）惑者晓然。是后安公特听慧远不废俗书。

① 《安般守意经》，《大正藏》第15册。

② 《安般守意经》，《大正藏》第15册。

不赞成格义、连类的道安也不得不承认“俗书”《庄子》的好处。另一个就是支遁注《庄子·逍遥游》，《世说新语·文学》记载说：

《庄子·逍遥》篇，旧是难处，诸名贤所可钻味，而不能拔理于郭、向之外。支遁在白马寺中，将冯太常共语，因及《逍遥》。支卓然标新理于二家之表，立异义于众贤之外，皆是诸名贤寻味所不得。后遂用支理。

南朝梁人刘孝标为《世说新语》作注，征引了支氏《逍遥论》，值得一录：

夫逍遥者，明至人之心也。庄生建言大道，而寄指鹏鷃。鹏以营生之路旷，故失适于体外；鷃以在近而笑远，有矜伐于心内。至人乘天正而高兴，游无穷于放浪，物物而不物于物，则遥然不我得；玄感不为，不疾而速，则逍然靡不适。此所以为逍遥也。若夫有欲当其所足，足于所足，快然有似天真，犹饥者一饱，渴者一盈，岂忘蒸尝于糗粮、绝觞爵于醪醴哉！苟非至足，岂所以逍遥乎！

刘孝标说“此向、郭之注所未尽”。是否还可以认为，支遁抓住了“至人之心”、“建言大道”这样的主题，对《庄子》思想体会更深刻，追求的是精神上的悠游自在，无挂无碍。“不我得”就是《庄子》的“圣人无己”，没有偏执的我见，除去自我中心，这与佛教“三科”、“五阴”之破除“我执”，确立“无我”，思想是一致的。支遁的“乘天正”，是《庄子》原文“乘天地之正”的简化，但“天真”一词他有所借用，虽然《庄子·渔父》中有“圣人法天贵真，不拘于俗”的话，但佛经中“天真”二字是直接相连的，《摩诃止观》“法门浩妙，为天真独朗”即指天然的真理。

支遁对《逍遥游》的研究很深，《高僧传》卷四记载说：

遁常在白马寺，与刘乐之等谈《庄子·逍遥》篇，云各适性以为逍遥。遁曰：“不然，夫桀跖以残害为性，若适性为得者，彼亦逍遥矣。”于是退而注《逍遥》篇。群儒旧学莫不叹服。

《世说新语·文学》还记载他有一次与王逸论《庄子·逍遥游》：

支作数千言，才藻新奇，花烂映发。王遂披襟解带，留连不能已。

《庄子·逍遥游》也为其他僧人欣赏，《高僧传》卷四记淮阳支孝龙事云：

或嘲之曰："大晋龙兴，天下为家，沙门何不全发肤，去袈裟，释胡服，被绫罗？"龙曰："抱一以逍遥，唯寂以致诚。剪发毁容，改服变形，彼谓我辱，我弃彼荣。故无心于贵而愈贵，无心于足而愈足矣。"其机辩适时，皆此类也。

这是把老、庄、佛作了统一的理解。

前已指出，僧人要能立足、生存、宣法、传道，必须与中国国情结合，首先又是与中国原有的思想结合，所以许多高僧或者原本，或者后来都曾学习过中国经典。先是儒家经典，后来随着中国学术思想的演变，越来越重视学习《老》《庄》，魏晋以后，特别是属于"义解"类的高僧，那就更多地研读《老》《庄》之类的"俗书"或"外典"了，可说是佛玄双修。例如竺道潜于东晋明帝以后"隐迹剡山"：

追踪问道者，已复结侣山门。潜优游讲席三十余载，或畅方等，或释《老》《庄》。投身北面者，莫不内外兼洽。①

又例如释道安，他虽不大赞成弟子用"俗书"，但与名士多有交往。习凿齿在给谢安信中说他：

其人理怀简衷，多所博涉。内外群书，略皆遍睹。阴阳算数，亦

① 释慧皎：《高僧传》卷四，《晋剡东仰山竺法潜》，中华书局1992年版，第156页。

皆能通。佛经妙义，故所游刃。①

也许正因为他内外群书遍通，所以才能对佛经妙义游刃有余。有一次苻坚欲伐东南，道安谏曰：

陛下应天御世，有八州之富，居中土而制四海，宜栖神无为，与尧舜比隆。②

“尧舜”是儒家的理想，“栖神无为”自然是道家的主张。他这样脱口而出，可算是通晓儒道之学了。

再例如著名的释慧远：

少为诸生，博综六经，尤善《庄》《老》。……虽宿儒英达，莫不服其深致。③

另一名僧僧肇：

京兆人，家贫以佣书为业，遂因缮写，乃历观经史，备尽坟籍，志好玄微，每以《庄》《老》为心要。尝读老子《道德章》，乃叹曰：美则美矣，然栖神冥累之方犹未尽善也。后见旧《维摩经》，欢喜顶受，披寻玩味，乃言始知所归矣。因此出家。④

僧肇是由玄入佛，他的佛学理论堪称精深，而其《庄》《老》之学的功底实有助焉，且征引汤用彤先生一段概述来说明：

肇公之学，融合《般若》《维摩》诸经，《中》《百》诸论，而用中国论学文体扼要写出。……肇能采掇精华，摒弃糟粕，其能力难觅

① 释慧皎：《高僧传》卷五，《晋长安五级寺释道安》，中华书局 1992 年版，第 180 页。
② 释慧皎：《高僧传》卷五，《晋长安五级寺释道安》，中华书局 1992 年版，第 182 页。
③ 释慧皎：《高僧传》卷六，《晋庐山释慧远》，中华书局 1992 年版，第 211 页。
④ 释慧皎：《高僧传》卷六，《晋长安释僧肇》，中华书局 1992 年版，第 249 页。

> 匹敌。而于印度学说之华化，此类作品均有绝大建树。盖用纯粹中国文体，则命意遣词，自然多袭取《老》《庄》玄学之书。因此《肇论》仍属玄学之系统。概括言之，《肇论》重要论理，如齐是非、一动静，多由读《庄子》而有所了悟。惟僧肇特点在能取庄生之说，独有会心，而纯粹运用之于本体论。其对于流行之玄谈认识极精，对于体用之问题领会尤切，而以优美有力文笔直达其意，成为中国哲理上有数之文字。肇公而后，义学南渡。①

实际上运用《庄子》来阐述佛学、阐述般若学者大有人在，特别是一些玄学化的名僧，如支遁在《大小品对比要抄序》中，写他对《般若经》的理解，有如下一些文字：

> 夫《般若波罗蜜》者，众妙之渊府，群智之玄宗，神王之所由，如来之照功。
>
> 其为经也，至无空豁，廓然无物者也。无物于物，故能齐于物；无智于智，故能运于智。是故夷三（解）脱于重玄，齐万物于空同，明诸佛之始，尽群灵之本无，登十住之妙阶，趣无生之径路。何者？赖其至无，故能为用。②

虽然是讲佛经，其思想、语言确实都属于《老》《庄》玄学，尤其是“空豁”、“至无”、“齐物”、“本无”等等，主要来自《庄子》，“重玄”一词，也特别引人注目，虽非支遁所创，但其来源自与《老》《庄》有关，值得进一步探讨。其实他整篇序文都是如此，既是宣讲《般若经》之教义，又是述说《老》《庄》之思想。

这里我们再引汤用彤先生的几句精确概括：

> 因此而《般若》各家，盖即不受《老》《庄》之影响，至少亦援用《老》《庄》之名辞。读今日佚存之书卷，甚为显著……③

---

① 汤用彤：《汉魏两晋南北朝佛教史》上册，中华书局，1983年，第240页。
② 《出三藏记集》卷八，《大小品对地要抄序》，《大正藏》第55册。
③ 汤用彤：《汉魏两晋南北朝佛教史》上册，中华书局1983年版，第172页。

我们再举一例，慧远的佛学著作，也是引用《老》《庄》思想和“名辞”较多的，例如他的《沙门不敬王者论》，就既有《老子》思想，也有《庄子》思想，其第四篇《体极不兼应》中就有这样的论述：

六合之外，存而不论者，非不可论，论之或乖；六合之内，论而不辨者，非不可辨，辨之或疑。春秋经世先王之志，辨而不议者，非不可议，议之者或乱。①

我们且看《庄子·齐物论》之文：

六合之外，圣人存而不论；六合之内，圣人论而不议；春秋经世，先王之志，圣人议而不辩。故分也者，有不分也；辩也者，有不辩也。曰：何也？圣人怀之，众人辩之，以相示也。故曰辩也者，有不见也。

可以说，慧远不仅是引用，而且是创造性地引用。另外，他引用《庄子》，有时还反其意而用之。例如他在《形尽神不灭》的论文中，一方面再三引“《庄子》曰”作为自己论证的依据，另一方面他引用并曲解《庄子·齐物论》中“方生方死”之说的辩证思想，而为其“神不灭”说服务：

论者不寻无方生死之说，而或聚散于一化；不思神道有妙物之灵，而谓精粗同尽，不亦悲乎？②

看来，慧远所善之《庄》《老》在其佛学理论上大大地派上了用场。

应该说，对佛学的影响，《庄子》比《老子》更大，如果老子“栖神冥累之方犹未尽善”（前引僧肇所说）的话，那么《庄子》以寓言等丰富内容说明道德原理更能使人明白，所以梁慧皎在《高僧传序》中所说的第一句话是：

---

① 慧远：《沙门不敬王者论》，僧祐：《弘明集》卷五，上海古籍出版社 1991 年版，第 31 页。

② 慧远：《沙门不敬王者论》，僧祐：《弘明集》卷五，上海古籍出版社 1991 年版，第 32 页。

> 原夫至道冲漠，假蹄筌而后彰。

这无异于说，冲漠之至道，靠《庄子》之论说才能更加明白。其“蹄筌”即《庄子》之言，《庄子·外物》云：

> 筌者所以在鱼，得鱼而忘筌；蹄者所以在兔，得兔而忘蹄；言者所以在意，得意而忘言。

众所周知，佛学大大发挥了“得意忘言”之义。

据上所述，般若学与《庄子》有密切的关系，《庄子》的思想丰富了般若学。反过来，般若学也必影响庄学的发展。

第四章　隋唐时期的庄学

第一节　政治与文化的特点

一、统一与开放

从东汉末年州郡牧守和豪强武装割据（公元 184 年以后）算起，到公元 589 年隋灭陈，将近四百年，基本上是一个分裂局面，而隋唐继秦汉以后的再统一，不但规模更大，而且具有新的历史内容。

从统一的范围和力度看，隋唐超过了秦汉。就范围而言，《新唐书·地理志》说：

> 举唐之盛时，开元天宝之际，东至安东，西至安西，南至日南，北至单于府，盖南北如汉之盛，东不及而西过之。

更重要的是东西南北沿边各地与内地、与中央王朝的关系也有了很大的不同。例如汉代虽也有安西都护府之设，但到了唐代在四边都设了都护府，有安东、安西、安南、安北等六个都护府。安西的碎叶、龟兹、于阗、疏勒四镇，无论范围或实际的管辖，都超过了汉代。汉代知之甚少的吐蕃，到了唐代，与唐朝关系甚为密切，太宗时有文成公主去吐蕃，高宗曾拜松赞干布为驸马都尉，封西海郡王。总之，中央王朝对四边的控制愈来愈加强，隋唐的统一是空前的。有的学者仅就西北的情况考证说：

> 龙朔元年六月，置州县，使王名远进《西域图记》，并请于于阗以西、波斯以东十六国，分置都督府十六，州七十二，县一百一十，军府一百二十六……隶安西大都护府，仍于吐火罗立碑纪德，我国声

威之远暨，蒙古前所未有也。①

唐代因为其空前的统一局面而声威远播，这是确定无疑的。这个空前的大统一带来了中国历史的繁荣昌盛也是确定无疑的。中国古代历史上的汉唐盛世，唐更盛于汉。

隋唐大统一，有一个突出的特点，那就是更多民族的大统一。两晋南北朝时期，有近三百年时间是各少数民族统治中国北方，而且政治、文化多有建树。隋唐是在这样的基础上统一的，因此其政治、文化自然吸收了许多少数民族的内容。史学家陈寅恪先生在其名著《隋唐制度渊源略论稿》中写道：

隋唐之制度虽极广博纷复，然究析其因素，不出三源：一曰（北）魏、（北）齐，二曰梁、陈，三曰（西）魏、周。②

其“魏、齐”是指经过北魏改造并由北齐大集结的“汉魏”制度，还包括河西文化。其“魏、周”则包含有“六镇鲜卑之野俗”的“混合产品”。

这种混合的大统一，在人们思想观念上有明显的反映，因而极有利于政治、文化的健康发展。众所周知，唐太宗有一句名言：

自古皆贵中华，贱夷、狄，朕独爱之如一，故其种落皆依朕如父母。③

这是他自己总结“能服戎狄”并且“成功”超过古帝王的“五事”之一。此言确能反映他对少数民族的思想，因为这前后他都有一致的言论，例如《资治通鉴》又记其同年三月辛卯的话说：

朕于戎、狄所以能取古人所不能取，臣古人所不能臣者，皆顺众人之所欲故也。昔禹帅九州之民，凿山槎木，疏百川注之海，其劳甚

① 岑仲勉：《隋唐史》，中华书局1982年版，第127页。
② 陈寅恪：《隋唐制度渊源略论稿》，中华书局1963年版，第1页。
③ 司马光：《资治通鉴》卷一百九十八，《唐纪十四》，中华书局1976年版，第6247页。

矣，而民不怨者，因人之心，顺地之势，与民同利故也。①

此前，他在贞观十八年（644 年）十二月一次讨论突厥问题时说：

> 夷狄亦人耳，其情与中夏不殊。人主患德泽不加，不必猜忌异类。盖德泽洽，则四夷可使如一家；猜忌多，则骨肉不免为仇敌……突厥贫弱，吾收而养之，计其感恩，入于骨髓，岂肯为患，且彼与薛延陀嗜欲略同，彼不北走薛延陀而南归我，其情可见矣。②

隋唐统一王朝的另一个突出特点就是它们的开放性。说明开放性的最好例子是当时的城市文明。长安城内有为数甚多的少数民族，也有不少外国人，可称为一个古代的国际大都市，向达先生的《唐代长安与西域文明》一书资料丰富，集中地说明了这方面的问题。

又如广州，是唐代海外贸易第一大港，来往商船很多，《唐大和上东征传》云：

> （天宝九年）广州……江中有婆罗门、波斯、昆仑等舶，不知其数；并载有香药、珍宝，积载如山。……师子国、大石国、骨唐国、白蛮（欧洲人?）、赤蛮（非洲人？或阿拉伯人?）等往来居住，种类极多。③

居住在广州的外国人也不少，史书记载黄巢在广州曾杀二十万胡商，数字可能有夸大，但来华常住者不少是不用怀疑的。其聚居地称为“蕃坊”，设有各种官吏管理。当时与外国人不仅有经济交流，还有宗教文化交流，例如阿拉伯商人苏莱曼在《东游记》中写道：

> 中国商埠为阿拉伯商人麇集者，曰康府（Khanfu，即广州）。其处有回教牧师一人，教堂一所……各地回教商贾既多聚集广府，中国

① 司马光：《资治通鉴》卷一百九十八，《唐纪十四》，中华书局 1976 年版，第 6246 页。
② 司马光：《资治通鉴》卷一百九十七，《唐纪十三》，中华书局 1976 年版，第 6215 页。
③ ［日］真人元开：《唐大和上东征传》，中华书局 1979 年版，第 74 页。

> 皇帝因任命回教判官一人，依回教风俗，治理回民……判官为人正直，听讼公平。一切皆能依《可兰经》圣训及回教习惯行事。故伊拉克（Irak）商人来此方者，皆颂声载道也。[①]

当然更典型的还是首都长安，外国商人、传教士不少，更有各国派来的使臣及其所带的各种文化使者，据《新唐书》《唐会要》等记载，有七十多国。因为外国使臣多，唐王朝对外国使臣有不少规定，甚至给予资粮供应，《唐会要》卷一百的《杂录》中有较集中的记载，例如：

> 证圣元年九月五日敕："蕃国使入朝，其粮料各配等第给：南天竺、北天竺、波斯、大食等国使宜给六个月粮，尸利佛誓、真腊、诃陵等国使给五个月粮，林邑国使给三个月粮。"
>
> 圣历三年六月六日敕："东至高丽国，南至真腊国，西至波斯、吐蕃及坚昆都督府，北至契丹、突厥、靺鞨，并为八蕃，以外为绝域，其使应给料各依式。"

看来还有统一的"给料"标准（"式"）。记载表明，在唐代的法律中，有一些保护和优待外国侨民的律令，例如《唐户令》规定：

> 诸没落外蕃得还，及化外人归朝者，所在州镇给衣食，具状送省奏闻。化外人于宽乡附贯安置。[②]

外国人很容易得到"绿卡"！又如《赋役令》规定：

> 诸没落外蕃得还者，一年以上复三年，二年以上复四年，三年以上复五年，外蕃人投化者复十年。[③]

外国人到中国，不仅来去自由，而且享受一些优待。对外国留学生的优待

---

① 张星烺编注：《中西交通史料汇编》第二册，中华书局 1977 年版，第 201 页。
② ［日］仁井田：《唐令拾遗》，长春出版社 1989 年版，第 147 页。
③ 杜佑：《通典》卷六，《食货六》，中华书局 1988 年版，第 109 页。

更大了，留学生考科举、入仕做官的也有不少，此不详述了。

这种“天朝”气派，当然对外国人有很大的吸引力。外国人来中国，带来了外国的物品，带来了外国的科学技术（如历法、医术），带来了宗教，带来了各种各样的文化艺术乃至生活习俗，因而长安的文化生活变化大得很，快得很。有些东西传入之后，很快就传播开来，竞相仿效，此类记载甚多，人们常引的两首诗可为代表：

> 自从胡骑起烟尘，毛毳腥膻满咸洛。女为胡妇学胡妆，伎进胡音务胡乐。……胡音胡骑与胡妆，五十年来竞纷泊！①
>
> 胡旋女，出康居，徒劳东来万里余。中原自有胡旋者，斗妙争能尔不如。天宝季年时欲变，臣妾人人学圜转。②

此类变化，正史亦有记载，如《旧唐书·舆服志》云：

> 武德、贞观之时，宫人骑马者，依齐、隋旧制……开元初，从驾宫人骑马者，皆着胡帽，靓妆露面，无复障蔽。士庶之家又相仿效，帷帽之制，绝不行用。俄又露髻驰骋，或有着丈夫衣服靴衫，而尊卑内外，斯一贯矣。
>
> …………
>
> 武德来，妇人着履，规制亦重……开元来，妇人例着线鞋，取轻妙便于事，侍儿乃着履。臧获贱伍者皆服襕衫。太常乐尚胡曲，贵人御馔，尽供胡食，士女皆竞衣胡服，故有范阳羯胡之乱，兆于好尚远矣。

“好尚”引起安史之乱这个说法是不对的，但“好尚”变化之渐是很明显的，而且是由宫中到京城，由王公贵人到士庶之家，由京城到外地传播着。大量吸收外来文化，是唐代政治、文化开放性的表现。当然，这种开放性也表现在向外传播中国文化，例如对日本、新罗等国的重大影响，中

① 元稹：《法曲》，彭定求编：《全唐诗》卷四百十九，中华书局 1960 年版，第 4617 页。
② 白居易：《胡旋女》，彭定求编：《全唐诗》卷四百二十六，中华书局 1960 年版，第 4693 页。

国造纸术、丝织术等传入西方，对世界文化发展做出重大贡献，世所公认，不在此详述。

唐代统一与开放的特点，与唐朝的繁荣昌盛，与唐代的经济、文化发展有着密切的关系。

二、承前启后

任何一个朝代都是承前启后的，隋唐所承有诸多方面，其所启颇有开拓意义。这在政治、文化方面都表现得十分明显，十分突出。

前已提到陈寅恪先生的隋唐制度三源说，陈先生从礼仪、职官、刑律、音乐、兵制、财政等多方面作了详细的考证。又例如在中国古代史上有重大深远影响的科举制，虽是开拓性的创造，但它也是有所承的，人们在讨论隋唐科举制萌芽时，也追溯到南北朝，其中引用的重要材料是《北齐书·儒林·马敬德传》：

> 马敬德……少好儒术……河间郡王……将举为孝廉，固辞不就。乃诣州求举秀才。举秀才例取文士，州将以其纯儒，无意推荐。敬德请试方略，乃策问之，所答五条，皆有文理。乃欣然举送至京。依秀才策问，唯得中第；乃请试经业，问十条并通。擢授国子助教，迁太学博士。

“诣州求举秀才”可说是“投牒自进的萌芽”，而州先策问方略，然后举送京师策问并“试经业”，可说是科举制州郡考试于前朝廷再考于后的萌芽。

唐代设立史馆并开集体修史之先例，则是承前启后开拓创新的一个突出事例。中国古代早有史官，但唐以前之修史都成于一人之手。唐代在南北朝已有史馆萌芽的情况下，正式设立史馆，并且有移史馆于禁中，以宰相监修国史等措施，而且表现出一种新的大统一的气派。如《唐会要》卷六十三《修前代史》中记有高祖武德五年（622 年）十二月二十六日诏云：

> ……自有魏至乎陈、隋，莫不自命正朔，悬历岁祀，各殊徽号，删定礼仪。然而简牍未编，纪传咸阙，炎凉已积，谣俗迁讹，余烈遗

风，泯焉将坠。顾彼湮落，用深轸悼。有怀撰次，实资正直……

实际上南北朝的史书并不是完全没有，主要的问题是“自命正朔”、“各殊徽号”。例如梁沈约《宋书》立《索虏传》记述北魏的历史，梁萧子显的《南齐书》也有《魏虏传》，而且称北魏建国为“僭称魏”，反复称“伪太后”、“伪太子”、“伪尚书”、“伪刺史”等等，以明南齐为正朔。而北齐魏收的《魏书》则与之针锋相对，立《僭晋司马睿传》《岛夷桓玄传》《海夷冯跋传》等。他把司马睿和李雄合为一卷，最后说：

司马睿之窜江表，窃魁帅之名，无君长之实，跼天蹐地，畏首畏尾，对之李雄，各一方小盗，其孙皓之不若矣。

到了唐代，人们不以南北朝这种观念上的对立为然，史书中当然要除掉这种南夷、北虏的偏见。这一点在李大师、李延寿父子撰写的《南史》和《北史》中表现得最为明显。此二书号为私撰，但与官修相去无几，而且曾请监修四史的令狐德棻校阅，并“遍咨宰相”而后上表奏于朝廷，故其思想观点是有代表性的。《北史·序传》说：

大师少有著述之志，常以宋、齐、梁、陈、魏、齐、周、隋南北分隔，南书谓北为“索虏”，北书指南为“岛夷”。又各以其本国周悉，书别国并不能备，亦往往失实。常欲改正，将拟《吴越春秋》，编年以备南北。

《北史》也有《僭伪附庸列传》，主要是北魏道武帝以后被灭的夏、燕、后秦等，并且明确表示：

至于晋、宋、齐、梁虽曰偏据，年渐三百，鼎命相承。《魏书》命曰“岛夷”，列之于传，亦所不取。

至于史馆所修的“五代史”，主要是从一个统一国家的立场出发看待以往的历史，所谓南北朝都是统一国家一个阶段、一个地区的历史，没有的就首先补齐。这一点刘知几在《史通·古今正史》中写道：

> 初，太宗以梁、陈及齐、周、隋氏，并未有书，乃命学士分修，事具于上。仍使秘书监魏征总知其务。……合五代纪传并目录，凡二百五十二卷，书成下于史阁。唯有十志，断为三十卷，寻拟续奏，未有其文。又诏左仆射于志宁、太史令李淳风、著作郎韦安仁、符玺郎李延寿同撰。其先撰史人，唯令狐德棻重预其事。太宗崩后，刊勒始成。其篇第虽编入《隋书》，其实别行，俗呼为《五代史志》。

除了补缺之外，似乎并无修断代史之意，其意在会通。《五代史志》则更为明显，均包括有梁、陈、周、齐各段各地的内容，而其《经籍志》更是上承《汉书·艺文志》。

在文化政策方面，唐代虽有三教归一的政策措施，但为政之主要思想仍是儒家，如唐太宗所说：

> 朕今所好者，惟在尧舜之道，周孔之教，以为如鸟有翼，如鱼依水，失之必死，不可暂无耳。①

《隋书·儒林列传》开头就说："儒之为教大矣。"但是对唐以前的儒学必须作一番清理，唐初君臣对此有明确的认识，所以《隋书·儒林列传》在序文中分析南北朝之儒时写道：

> 南北所治章句，好尚互有不同。江左：《周易》则王辅嗣、《尚书》则孔安国，《左传》则杜元凯。河洛：《左传》则服子慎，《尚书》《周易》则郑康成。《诗》则并主于毛公，《礼》则同遵于郑氏。大抵南人约简，得其英华；北学深芜，穷其枝叶……

既然南北有所不同，而统一王朝选拔人才、开科取士，就有必要总结、考定"前儒之异说"，因而有五经正本和《五经正义》的产生。《贞观政要·

① 吴兢：《贞观政要》卷六，《慎所好》。

崇儒学》中记其事云：

> 贞观四年，太宗以经籍去圣久远，文字讹谬，诏前中书侍郎颜师古于秘书省考定五经。及功毕，复诏尚书左仆射房玄龄集诸儒重加详议。时诸儒传习师说，舛谬已久，皆共非之，异端蜂起。而师古辄引晋、宋……古本，随方晓答，援据详明，皆出其意表，诸儒莫不叹服。太宗称善者久之……颁其所定书于天下，令学者习焉。太宗又以文学多门，章句繁杂，诏师古与国子祭酒孔颖达等诸儒，撰定五经疏义，凡一百八十卷，名曰《五经正义》，付国学施行。

一个定本令天下学者学习，一个疏解作为统一的标准，都表现出大一统的气派。《五经正义》更在前人的基础上多有创获，成为不朽之作。

唐代政治、文化方面承前启后的特点是很明显的，以上只是几个具体的例子。

三、宗教的兼容

唐代的统一开放、兼容并包，在宗教方面也充分表现出来。唐朝的宗教，除了早已传入的佛教和日益发展完善的本土道教之外，还有景教、伊斯兰教、摩尼教、祆教等，其情状略述如下：

景教，在唐朝立大秦寺。《唐会要》卷四十九《大秦寺》载：

> 贞观十二年七月，诏曰："道无常名，圣无常体，随方设教，密济群生。波斯僧阿罗本远将经教来献上京，详其教旨，元妙无为，生成立要，济物利人，宜行天下。所司即于义宁坊建寺一所，度僧廿一人。"
>
> 天宝四载九月，诏曰："波斯经教，出自大秦，传习而来，久行中国，爰初建寺，因以为名。将欲示人，必修其本，其两京波斯寺，宜改为大秦寺。天下诸府郡置者，亦准此。"

景教之寺先叫波斯寺，后统一名为大秦寺，而且除两京之外已在各地流行了。后世出土的建中二年（781 年）寺僧景净所建《大秦景教流行中国碑》，以及敦煌石室发现的《景教三威蒙度赞》等有当时景教的情况记载。

《唐会要》卷四十九又有关于摩尼教的几条记载，如：

> 贞元十五年四月，以久旱，令摩尼师祈雨。
>
> 元和二年正月庚子，回纥请于河南府、太原府置摩尼寺，许之。

据《佛祖统纪》《册府元龟》等书记载，摩尼教唐前期已传入，后期才较为流行。史学家陈垣所作《摩尼教入中国考》，搜考颇详，可以参考。

伊斯兰教的有关记载较少，但唐当时与大食等伊斯兰教徒所建之国颇有关系，其人来唐必带来此教，前述广州情况即可见证。

祆教南北朝已传入，《通典》视流内萨宝诸官注云：

> 武德四年，置祆祠及官。常有群胡奉事，取火咒诅。

总之，唐朝对于各种外来宗教都允许其传布，表现出兼容并包的气派。对待早已传入的佛教和土生土长的道教，当然更是如此，而且有佛、道并重的现象。

两晋南北朝以来，存在着一个儒、释、道三教之间斗争的问题，因而也就有人提出“三教合一”、“平等三教”、“三教并用”之类的主张。隋朝大儒王通，在其著作《中说》中提出了“三教可一”的思想：

> 子读《洪范谠议》，曰：“三教于是乎可一矣。”程元、魏征进曰：“何谓也？”子曰：“使民不倦。”①

这“可一”不能说是“合一”，而是可以一起用来“使民不倦”，可说是用来加强思想统治，这在另一论述中表现得很清楚，他说：

> 《诗》《书》盛而秦（汉）世灭，非仲尼之罪也；虚元长而晋室乱，非《老》《庄》之罪也；斋戒修而梁国亡，非释迦之罪也。《易》

---

① 王通：《中说》卷上，《问易篇第五》，中华书局1985年版，第17页。

不云乎，苟非其人，道不虚行。①

汉、晋、梁三朝之亡，是“非其人”，与儒、释、道三教的盛行没有关系，言外之意，三教的道对统治者都是有用的，因而他认为“三教可一”。他是一位儒者，主张儒家的王道、仁政，有人问废佛、道何如，他说：

非尔所及也。真君（按：北魏太武帝年号）、建德（按：北周武帝年号）之事，适足推波助澜，纵风止燎尔。②

二武灭佛的事件表明，事后佛教更变本加厉。所以他的主张是：

安得圆机之士，与之共言九流哉！安得皇极之主，与之共叙九畴哉！③

“九流”是“百家”之意，“九畴”是《尚书·洪范》中所记禹治天下的九类大法，这都有兼容之意。

历史发展至隋唐时代，出现了王通这样的主张是不奇怪的。我们看到的历史是唐代的“皇极之主”实践了“共叙九畴”，可以说做到了“三教可一”。

儒家实际上并不是宗教，但在三教之争的时期，它确曾受到佛、道的威胁，如“玄风大畅”以及梁武帝崇佛之类。到了唐代，重新确立了儒家的崇高地位。同时又有佛道并重的多种举措，这都是比较清楚的事实。

下面谈谈佛道并重的问题。

首先值得一说的是，唐朝统治者，例如太宗时君臣由于对前朝的总结，对儒、佛、道有比较清醒的认识，在上引《贞观政要·慎所好》说唐太宗自称好“周孔之教”时，前面还有一段铺垫的记述：

贞观二年，太宗谓侍臣曰：……下之所行，皆从上之所好。至如

① 王通：《中说》卷上，《周公篇第四》，中华书局 1985 年版，第 14 页。
② 王通：《中说》卷上，《问易篇第五》，中华书局 1985 年版，第 17 页。
③ 王通：《中说》卷上，《周公篇第四》，中华书局 1985 年版，第 13 页。

> 梁武帝父子志尚浮华，惟好释氏、老氏之教，武帝末年，频幸同泰寺，亲讲佛经，百寮皆大冠高履，乘车扈从，终日谈论苦空，未尝以军国典章为意。及侯景率兵向阙，尚书郎已下，多不解乘马，狼狈步走，死者相继于道路。武帝及简文卒被侯景幽逼而死。孝元帝在于江陵，为万纽于谨所围，帝犹讲《老子》不辍，百寮皆戎衣以听，俄而城陷，君臣俱被囚蛰。庾信亦叹其如此，及作《哀江南赋》，乃云："宰衡以干戈为儿戏，缙绅以清谈为庙略。"此事亦足为鉴戒。

因此，唐朝统治者，虽有佛道并用的种种举措，但大多数皇帝本身并未沉醉于佛道。

但是，李唐王朝为了把自己的统治神圣化，便宣称自己是老子李耳的后裔，尊老子为国祖。《唐会要》卷五十《尊崇道教》开头的一条写道：

> 武德三年五月，晋州人吉善，行于羊角山，见一老叟，乘白马朱鬣，仪容甚伟，曰："为吾语唐天子，吾汝祖也。今年平贼后，子孙享国千岁。"高祖异之，乃立庙于其地。乾封元年三月二十日，追尊老君为太上玄元皇帝。……至天宝二年正月十五日，加太上玄元皇帝号为大圣祖玄元皇帝……

用传说（或者制造的传说）以使自己的统治合法，这是统治者惯用的伎俩，本不值一叙，但它却准确地反映了唐统治者尊重道教的思想根源。武则天虽曾大力扶植佛教为其当女皇大造舆论，有释教升于道教之上的诏令，但并未完全排斥道教，也认为"佛道二教，同归于善"①。有趣的是，她在光宅元年（684年）改元、改制、改都之时，还来了一个"追尊老子母为先天太后"的举措，用心良苦，极有意思。大约到了玄宗时期，尊崇达到顶峰。

但是佛教势力已经很大，如何对待佛、道问题，朝廷上常常发生争论。最高统治者为了并用，常常会对一些偏激的意见提出疑问，例如唐太

① 宋敏求编：《唐大诏令集》卷一百一十三，《条流佛道二教制》，商务印书馆1959年版，第587页。

宗就曾问极力反对佛教的傅奕：

> 佛道元（按："元"乃避"玄"讳）妙，圣迹可师，卿独不悟何也。[1]

总之，佛道并重是唐朝基本国策，反映的是兼容并包、兼收并蓄的政治、文化特点。这种政策，对佛、道的发展，特别是在思想方面的发展和影响是有很大意义的，佛教和道教的文化、思想在唐朝达到了一个高峰。

庄学是在上述这样的大背景、大条件下发展的。

第二节 庄学的继续发展

一、从注《庄子》看庄学发展

隋朝的时间短，《隋书·经籍志》没有关于隋人注《庄子》的记载，《旧唐书·经籍志》和《新唐书·艺文志》也没有记载，但实际上还是有的，《隋书·儒林·何妥传》就记何妥有《庄子义疏》四卷，还有张羡的《道言》五十二篇之类。总的来说，数量很少。

唐代注《庄子》的似乎也不是很多，我们先看看著录的情况，《旧唐书·经籍志》只著录陆德明、成玄英等人两三种注疏，《新唐书·艺文志》著录要多一些，计有：

杨上善注《庄子》十卷
陆德明《庄子文句义》二十卷
卢藏用《庄子内外篇》十二卷
成玄英注《庄子》三十卷，疏二十卷
张游朝《南华象罔说》十卷
孙思邈注《庄子》
柳纵注《庄子》

① 王溥：《唐会要》卷四十七，《议释教上》。

尹知章注《庄子》
甘晖、魏包注《庄子》
元载《南华通微》十卷
陈庭玉《庄子疏》
李含光《老子庄子周易学记》三卷，又《义略》三卷
张隐居《庄子指要》三十三篇
帅夜光《三玄异义》三十卷

唐代的《庄子》注、疏当不只这些，《旧唐书·经籍志》列冯廓撰《庄子古今正义》十卷于陆德明、成玄英作品之间，当亦为唐初之作。其人事迹难考，《隋书·经籍志》亦无该书目录。另有唐玄宗时道士文如海的《庄子疏》十卷未见于《艺文志》，《道藏》中收有《南华邈》。唐后期的马总有《庄子意林》一卷。又《艺文志》神仙类有贾参寥《庄子通真论》三卷等等。

总之，唐代《庄子》注、疏不会只有《新唐书·艺文志》中所记的这些，但主要的也记录下来了。从上述记录的情况，可作出如下一些分析：

第一，除开陆德明、成玄英的作品之外，大多数的注本都亡佚了，有的在著录时连卷数都没有了（“卷亡”）。有些人，如杨上善、柳纵、甘晖、魏包、陈庭玉、李含光、张隐居、帅夜光等注《庄子》者，仅仅在《艺文志》中露面，人和书都被历史淘汰了。张游朝在《新唐书·张志和传》中提到他“通《庄》《列》二子书，为《象罔》《白马证》诸篇佐其说”。这种情况又多少有些与魏晋情况相仿，郭象《庄子注》的流传取代了其他家的《庄子》注，唐代主要流传下来的是成玄英的《庄子疏》，这也许是优胜劣汰，内容本身决定其存亡。

第二，《艺文志》所录的注《庄子》者，大多是唐玄宗时期及其以前的人，仅张隐居一人为代宗、德宗时期之人，另外上述马总为德宗以后的人，则唐代后期几乎没有像样的庄学了。原因看起来有点和汉代的情况相似，知识分子的主要精力为儒学所吸引了。如果说，汉代知识分子视儒学、经学为利禄之途，趋之若鹜的话，唐代科举考试以儒学为主（玄学虽有，毕竟是支流），那是更有吸引力的。唐代的尊崇儒学，无论举措、规模都大大超过汉代，“四方儒士多抱负典籍云会京师”，国学之内“鼓箧而

开讲筵者八千余人，济济洋洋焉”[①]，的确盛况空前。唐代还有两点与汉代不同：一是佛学的大发展，佛学理论的独立发展（不像魏晋那样尽力与老、庄拉扯，搞所谓“格义”），对知识分子又有另一种吸引力，这样自然要分出很大一部分精力或者兼学释典，或者专攻佛学；二是道教及道教理论的发展，道教经典的制作，《庄子》虽被称为《南华真经》，但人们也不会都专注于此。这些情况加在一起，也许是唐代庄学不甚兴盛发达的原因。

第三，除陆德明和成玄英我们将专章讨论之外，前述注《庄子》者，大体上可分为两类：一类是出于自己的爱好而写作。例如孙思邈，今天我们称之为大医药学家，这位神话式的百岁老人，历经北周、隋、唐，魏征等修史时，“恐有遗漏，屡访之，思邈口以传授，有如目睹”[②]。他善《庄》《老》，又“好释典”，其所注《老》《庄》也曾“行于代”，一度流传过，只不过没有像他的《千金方》那样影响后代罢了。

又例如，儒学之士尹知章，《旧唐书·尹知章传》：

> 少勤学……尽通诸经精义，未几而诸师友北面受业焉。……所注《孝经》《老子》《庄子》《韩子》《管子》《鬼谷子》，颇行于时。

其所注《庄子》也曾一度流传过的，后来才被淘汰。

另一类注《庄子》者，则是奉命或应时而作。上述甘晖、魏包之注《庄子》，其本注云：

> 开元末，奉诏注。

为什么要下诏注《庄子》？原因是比较明显的，因为唐朝统治者尊崇道教，实际上是把《老子》《庄子》都当成道教经典，并且设崇玄学，实行“道举”。《唐会要》卷七十七《崇元生道举附》的记载说：

---

① 刘昫等：《旧唐书》卷一百三十九上，《儒学列传上》，中华书局1975年版，第4941页。
② 刘昫等：《旧唐书》卷一百九十一，《孙思邈列传》，中华书局1975年版，第5096页。

> 开元二十九年正月十五日，于元元皇帝庙置崇元学，令习《道德经》《庄子》《文子》《列子》，待习成后，每年随举人例送名至省，准明经考试，通者准及第人处分。其博士置一员。

既然和儒学一样要学习、要考试，当然也要有像五经定本和《五经正义》那样的统一本子，《旧唐书·司马承祯传》就记载说：

> 承祯颇善篆、隶书。玄宗令以三体写《老子》经，因刊正文句，定著五千三百八十言为真本以奏上之。

这就是仿五经定本之意。甘晖等人奉诏注《庄子》亦是如此，是和诏撰《五经正义》一样的。

统治者的提倡，当然会引起一些趋时之作，元载的《南华通微》恐怕就是这样的作品。《旧唐书·元载传》记载说：

> 载自幼嗜学，好属文，性敏惠，博览子史，尤学道书。……天宝初，玄宗崇奉道教，下诏求明庄、老、文、列四子之学者，载策入高科……

元载就是因有“学道书”的基础而应诏入选的。所以他作《南华通微》应视为应时之作。因为其人品不好，“弄权自恣，人皆恶之”，也许书的内容也不怎么样，所以就没有流传开。

以上对隋唐《庄子》注情况的分析，大体上反映了隋唐庄学的状况。至于有多少人读《庄子》，是难以回答的问题，不过可以肯定，几乎所有知识分子，特别是可称为大家、名家者，很少有不读道家，不读《老子》《庄子》的，因为此时比东汉有更多的人走博通之路。我们打开《旧唐书·儒学传》看那些儒士，许多人都是如此，或者兼通经史，或者博涉诸家，如陆德明初“善学玄理”，除以《经典释文》名世之外，也曾有《老子疏》十五卷“并行于世”；曹宪“又精诸家、文学之书”；李玄植是“三礼”专家，贾公彦的学生，同时又“博涉汉史及《老》《庄》诸子之说”，且能“与道士、沙门”辩论；祝钦明“少通五经，兼涉众史百家之说”；

徐岱“好学六籍、诸子，悉所探究，问无不通，难莫能诎”；苏弁“聚书至二万卷，皆手自刊校”；等等。《儒学传》最后赞曰：

积学成功，开谈辩治，儒、道玄机，圣人雅旨，出必由户，行迹其轨，邈有其人，光乎信史。

我们认为此儒道非儒家之道的儒道，而应该点开读，一方面“积学”、“开谈”均有儒、道之内容，另一方面仅“儒道”也没有多大“玄机”，多为政治、人伦之常理，只有《老》《庄》之“玄机”甚多。老、庄也是“圣人”，其旨堪称“雅”，所以人们要探其“微”，指其“要”，即有老学和庄学。

二、《庄子》与道教

郎擎霄在其《庄子学案》中说：

隋代研究庄学者甚鲜……迨至唐世，斯学复盛，惟崇尚庄子之主旨，已与前代异趋，何则？庄子虽列道家，但魏晋间，仅谓之善谈玄理，至是则一变而为神仙。盖唐既祖老聃为玄元皇帝，老庄为世俗所通称，故亦尊庄子为真人焉（南华真人）。匪特尊其人也，而尤重其书也，有唐一代，屡诏校定及诏求《老》《庄》等书之事。[①]

此说虽不尽全面，但作为唐代庄学的一个主要特点却是符合实际的，特别是尊重其书的统治者是如此。

庄子在南北朝时便已被神化为仙人，列入道教神团体系。梁陶弘景撰的《真诰》与《真灵位业图》中就是如此，《真诰》卷十四云：

庄子师长桑公子，授其微言，谓之《庄子》也。隐于抱犊山……白日升天，上补太极闱编郎。

其仙官名闱编郎，《真灵位业图》将他列在第三仙阶的右位。由此可见，

① 郎擎霄：《庄子学案》，天津古籍书店 1990 年版，第 330 页。

其并非唐代才“一变而为神仙”。而且以神仙看待庄子，在唐朝的政界、学界并不十分突出。唐朝统治者始终保持着清醒的头脑，例如贞观二年（628 年）唐太宗曾对侍臣说：

> 神仙事本是虚妄，空有其名。秦始皇非分爱好，为方士所诈，乃遣童男童女数千人随其入海求神仙，方士避秦苛虐，因留不归。始皇犹海侧踟蹰以待之，还至沙丘而死。汉武帝为求神仙，乃将女嫁道术之人，事既无验，便行诛戮。据此二事，神仙不烦妄求也。①

唐高宗也曾说过：

> 自古安有神仙！秦始皇、汉武帝求之，疲弊民生，卒无所成。果有不死之人，今皆安在！②

至于天宝元年（742 年）二月，“追赠庄子南华真人，所著书为《南华真经》”③，“南华”之名也是前朝早已有之。《隋书·经籍志》子部道家类就有梁旷的《南华论》二十五卷和《南华论音》三卷，《旧唐书·经籍志》则著录梁旷撰《南华仙人庄子论》三十卷，《新唐书·艺文志》神仙类同。据考证，梁旷大约是北魏时期的人，则南北朝时已有“南华”乃至于“南华仙人”之名称。唐代之追赠，原有所本。

当然，重要的是对《庄子》的重视。据《隋书·经籍志》记载：

> 大业中，道士以术进者甚众，其所以讲经，由以《老子》为本，次讲《庄子》及《灵宝》《升玄》之属……

隋代，《庄子》在道教、道经中的地位，由此可见一斑。

开元初年，就有诏求治诸子学者，并有“进讲”活动，《新唐书·康子元传》记载说：

---

① 吴兢：《贞观政要》卷六，《慎所好》。

② 司马光：《资治通鉴》卷二百，《唐纪十六》，中华书局 1976 年版，第 6303 页。

③ 王溥：《唐会要》卷五十，《杂记》。

开元初，诏中书令张说，举能治《易》《老》《庄》者。集贤直学士侯行果，荐子元及平阳敬会真于说，说借以闻，并赐衣币，得侍读……

崇玄学之设，是提倡道家《老》《庄》诸子的重要举措，但记载并不完整，据《旧唐书·礼仪志》的记载，是在开元二十年（732 年），其文曰：

开元二十年正月己丑诏："两京及诸州各置玄元皇帝庙一所，并置崇玄学，其生徒令习《道德经》及《庄子》《列子》《文子》等，每年准明经例举送。"

本纪记此事于二十九年（741 年）。《新唐书·选举志》亦记于二十九年，并有"始置""道举"等文字。而《资治通鉴》又有二十五年（737 年）七月"初置玄学博士，每岁依明经举"的记载，略有矛盾。但不管如何，《庄子》随老子其人其书地位的提高，也日益被重视。

天宝元年（742 年）在玄元皇帝（老子）频频显圣①的气氛中，庄子地位再次提高，《旧唐书·礼仪志》云：

（天宝元年）二月丁亥，御含元殿，加尊号为"开元天宝圣文神武皇帝"。辛卯，亲祔玄元庙。丙申诏：史记古今人表，玄元皇帝升入上圣。庄子号南华真人，文子号通玄真人，列子号冲虚真人，庚桑子号洞虚真人。改《庄子》为《南华真经》，《文子》为《通玄真经》……

其尊崇老庄，的确比汉代之尊孔子有过之而无不及。联系上述，开元末诏令甘晖、魏包等人注《庄子》，那就是很自然的了。

以上所言，我们看到的是《庄子》随道教的发展，而日益受到重视。

① 这两年记载中，或者玄宗本人梦见，或者有人在"空中"传言"天下太子，圣寿无疆"等等。见《旧唐书·礼仪志》。

这里我们要强调指出的是，《庄子》对道教理论发展有重要的影响。

从表面的情况看，道教经典直接引述《老子》的词句较多，但从宗教哲学、神仙思想以及修道养生之法等诸多方面，则大量是从《庄子》中吸取营养。《庄子》之学是道教理论的重要依据。有的学者初步研究指出，《庄子》"以'道'为造物主，为天地鬼神之宗祖"，"将'道'与'神'、'仙'相联系，得'道'可成'仙'"，"将修'道'与致'长生'相联系"，"将'道'与养生'方术'相联系"……"言浮生若梦"，"言斋戒与坐忘"等十个方面，为道教构造宗教义理提供了思想资料①。其中特别是人生态度和养生方法方面最为突出。唐代道士吴筠著作甚多，《玄纲论》为其总论性著作，其中《长生可贵章》云：

> 或问曰："道之大旨，莫先乎老庄，老庄之言不尚仙道，而先生何独贵乎仙者也?"愚应之曰："何谓其不尚乎? ……《老子》曰：'深根固蒂，长生久视之道。'又曰：'谷神不死。'《庄子》曰：'千载厌世，去而上仙，乘彼白云，至于帝乡。'又曰：'故我修身千二百岁，而形未尝衰。'又曰：'乘云气，驭飞龙，以游四海之外。'又曰：'人皆尽死，而我独存。'又曰：'神将守形，形乃长生。'斯则老庄之言长生不死、神仙明矣，曷谓无乎!"

引《老子》两句，引《庄子》五句，亦可见《庄子》的言论具体、丰富，道教学者从中吸取之营养更多于《老子》。《庄子》思想中确实可以看出，得道可以为神、仙，或者至人、真人，并可以看到对仙境存在和仙人生活的描述，是道教构造仙人、仙迹的重要依据。

又例如另一位著名道士司马承祯，属上清派（茅山宗），著作也有十余种，其《坐忘论》《天隐子》对后世道教影响很大。"坐忘"、"心斋"可谓《庄子》所首创，司马承祯之《坐忘论》也就多处引用《庄子》之文。其《敬信一》曰：

> 庄周云："隳肢体，黜聪明，离形去智，同于大通，是谓坐忘。"

① 李养正：《道家与诸子百家》，北京燕山出版社1993年版，第87～95页。

夫坐忘者，何所不忘哉？内不觉其一身，外不知乎宇宙，与道冥一，万虑皆遗。故《庄子》云“同于大通”，此则言浅而意深。惑者闻而不信，怀宝求宝，其如之何？

其《断缘二》曰：

《庄子》云“不将不迎”，无为交俗之情故也。又云：“无为名尸，无为谋府，无为事任，无为知主。”若事有不可废者，不得已而行之，勿遂生爱，系心为业。

其《简事四》曰：

《庄子》云：“达生之情者，不务生之所无以为。”生之所无，蔬食敝衣，足延性命，岂待酒食罗绮然后为生哉！是故于生无要，用者并须去之，于生虽用有余者亦须舍之。

其《泰定六》曰：

《庄子》云：“宇泰定者，发乎天光。”宇则心也，天光则慧也。心为道之器宇，虚静至极则道居而慧生。慧出本性，非适今有，故曰天光。但以贪爱浊乱，遂至昏迷。……黜聪、隳体，嗒焉坐忘不动于寂，几微入照。履殊方者，了义无日，由斯道者，观妙可期，力少功多，要矣妙矣。

从引文看，有些文字可说是在为《庄子》作注，当然和所有注《庄子》者一样，是发挥自己的思想，是为自己立论，故曰《坐忘论》。

此类引《庄子》事例甚多，不烦详举。由此我们可以说，道教有些经典和有关著作，应该视为庄学之一部分。

三、《庄子》与文学

《庄子》之文属于先秦诸子散文之一，由于它脱离了像《论语》那种语录体的形式，而被誉为代表先秦散文的最高成就。一般的文学史著作，都会对《庄子》加以论述。这里我们且征引一部《中国文学史》的论述：

> 用艺术形象来阐明哲学道理，是《庄子》的一大特色。战国文章，普遍多假寓言、故事以说理，但仅仅作为比喻的材料，证明文章的观点。《庄子》不仅如此。从理论意识来说，庄子这一派本有“言不尽意”的看法，即逻辑的语言并不能充分地表达思想。与此相关，在表现手法上，许多篇章，如《逍遥游》《人间世》《德充符》《秋水》，几乎都是用一连串的寓言、神话、虚构的人物故事连缀而成，把作者的思想融化在这些故事和其中人物、动物的对话中，这就超出了以故事为例证的意义。而且，作者的想象奇特而丰富，古今人物、骷髅幽魂、草虫树石、大鹏小雀，无奇不有，千汇万状，出人意表，迷离荒诞，使文章充满了诡奇多变的色彩……
>
> 《庄子》的文章又富于抒情性……
>
> 《庄子》的文章结构，也很奇特。看起来并不严密，常常突兀而来，行所欲行，止所欲止，汪洋恣肆，变化无端，有时似乎不相关，任意跳荡起落，但思想却能一线贯穿。句式也富于变化，或顺或倒，或长或短，更加之辞汇丰富，描写细致，又常常不规则地押韵，显得极有表现力，极有独创性。①

我们之所以作这样大段的征引，是因为从文学的角度看《庄子》，以上论述是比较全面、准确的。这些内容又正是《庄子》在文学上影响后世的主要方面。另外，《庄子》虽是散文，但在韵文方面也同样发生了影响。

汉代一些著名的文学作品，从文章气势、写作手法上多有模仿《庄子》，直接引用之文也不少，包括寓言、故事以及词语、文句都有。

魏晋时期，玄学大盛，读《庄子》注《庄子》成风，在文学方面影响也很大，《宋书·谢灵运传》论说：

> 有晋中兴，玄风独振。为学穷于柱下，博物止乎七篇，驰骋文

① 章培恒、骆玉明主编：《中国文学史》上，复旦大学出版社 1996 年版，第 129～131 页。

辞，义单乎此。自建武暨乎义熙，历载将百，虽缀响联辞，波属云委，莫不寄言上德，托意玄珠，遒丽之辞，无闻焉尔。

“七篇”当指《庄子》内七篇，老庄之义太盛，玄学过分抽象，使得文学成为牺牲品，变得枯燥无味。与《晋书》作者沈约同时的梁人刘勰更进一步说：

自中朝贵玄，江左称盛，因谈余气，流成文体。是以世极迍邅，而辞意夷泰，诗必柱下之旨归，赋乃漆园之义疏。故知文变染乎世情，兴废系乎时序。原始以要终，虽百世可知也。①

“时序”、“世情”等影响“文体”的变化，我们从中看到的是《庄子》和《老子》对当时文学的影响很大。此其突出而且走向极端之例。其实并不只是东晋如此，从西晋阮籍、嵇康以来，许多诗可说是由庄老的哲理与神仙隐士的思想织成。具体例子这里就不列举了。

《庄子》对唐代文人、文学的影响，可以先以李白为例。李白的思想比较复杂，但是道家，特别是《庄子》的思想对他影响是很大的。他平生蔑视富贵、王侯，得罪高力士、杨贵妃，嘲鲁儒甚至轻尧舜：

鲁叟谈五经，白发死章句。问以经济策，茫如坠烟雾。②

尧舜之事不足惊，自余嚣嚣直可轻。③

其轻世肆志的态度可说与庄子一脉相承。他又以大鹏自比，其《大鹏赋》云：

刷渤解之春流，晞扶桑之朝暾。炬赫于宇宙，凭陵乎昆仑。一鼓一舞，烟朦沙昏。五岳为之震落，百川为之崩奔。乃蹶厚地，揭太

① 刘勰：《文心雕龙》卷九，《时序》，商务印书馆 1935 年版，第 130～131 页。
② 李白：《嘲鲁儒》，彭定求编：《全唐诗》卷一百八十四，中华书局 1960 年版，第 1875 页。
③ 李白：《怀仙歌》，彭定求编：《全唐诗》卷一百六十七，中华书局 1960 年版，第 1727 页。

清，亘层霄，突重冥。激三千以崛起，向九万而迅征。背叢太山之崔嵬，翼举长云之纵横。左回右旋，倏阴忽明。历汗漫以夭矫，羾阊阖之峥嵘。簸鸿蒙，扇雷霆。斗转而天动，山摇而海倾。①

把《庄子》中的大鹏写得更生动，更有文学感染力。又，其创作形式自由纵恣，纵横驰骋，随意抒写，在有些长篇作品中，忽而五言，忽而七言，时而短至三四字，时而又长至十几字，跳跃性很大，激情随之一步步推向高潮。这是《庄子》“其言洸洋自恣以适己”的传统。刘熙载《艺概·诗概》说：

太白诗以《庄》《骚》为大源。

这话是很有道理的。

《庄子》作为散文，在形式、技巧上对唐代文学影响更大。唐代的古文运动以韩愈、柳宗元为突出代表，他们提倡古文是“文以明道”，为了明儒家之道，韩愈还是大力排斥佛老的。但他们也会在形式、技巧等方面参考《庄子》。

韩愈虽然是以明儒家之道为己任，但道与文毕竟是两回事，在为文方面，他是能兼收并蓄，采集众家之长的。这在其《进学解》中假借弟子之嘲戏有明确的表述：

口不绝吟于六艺之文，手不停披于百家之编，记事者必提其要，纂，言者必钩其玄，贪多务得，细大不捐。

因此他有广泛的师承：

……沈浸酡郁，含英咀华，作为文章，其书满家。上规姚、姒，浑浑无涯；周诰、殷《盘》，佶屈聱牙；《春秋》谨严，《左氏》浮夸；《易》奇而法，《诗》正而葩；下逮《庄》《骚》，太史所录；子云、相

① 李白：《大鹏赋》，《李太白集》卷一，商务印书馆1930年版，第2页。

如，同工异曲。先生之于文，可谓闳其中而肆其外矣。

上至儒家经典，下至《庄子》《离骚》《史记》以及扬雄、司马相如的文章，韩愈认为它们有同工异曲之妙。

韩愈还说过：

俚言绍庄、屈。①

俚言泛指方言俗语，这方面是承继了庄子和屈原的。所以宋人秦观论韩愈之文时说他“钩《列》《庄》之微”：

夫所谓文者，有论理之文，有论事之文，有叙事之文，有托词之文，有成体之文……钩《列》、《庄》之微，挟苏、张之辩，摭班、马之实，猎屈、宋之英，本之以《诗》、《书》，折之以孔氏，此成体之文，韩愈之所作是也……杜氏、韩氏亦集诗文之大成者欤？②

韩愈自己说，他读书时“记事”提要，“纂言”钩玄，所以秦观具体说“钩《列》、《庄》之微”。

前人早已注意到，其《答李翊书》、《送高闲上人序》、《原道》等篇，均有学《庄》之处。除了有些文章中引用“庖丁解牛”、“一生死解外胶”等故事和思想之外，主要是从文章写法上讲其学《庄》的，如上引秦观之文中又说：

探道德之理，述性命之情，发天人之奥，明死生之变，此论理之文，如列御寇、庄周之所作是也……③

与韩愈并驾齐驱的柳宗元，其为文同样是兼采众家，而且对《庄子》

① 韩愈：《献山南郑相公樊员外酬答为诗其末咸有见及语樊封以示命以赋十四韵以献》，《韩昌黎全集》卷七，世界书局1935年版，第111页。

② 秦观：《韩愈论》，《淮海集》卷十一。

③ 秦观：《韩愈论》，《淮海集》卷十一。

比韩愈学习得更多一些。其兼采众家的思想有明确的表述。在《答韦中立论师道书》中说：

本之《书》以求其质，本之《诗》以求其恒，本之《礼》以求其宜，本之《春秋》以求其断，本之《易》以求其动——此吾所以取道之原也。参之穀梁氏以厉其气，参之《孟》、《荀》以畅其支，参之《庄》《老》以肆其端，参之《国语》以博其趣，参之《离骚》以致其幽，参之太史公以著其洁——此吾所以旁推交通而以为之文也。

在他心目中，孟、荀与老、庄没有高下之别，对所有这些不同内容、不同风格、不同语言和表达方式都“旁推交通而以为之文”。所以他的文学创作是高水平的，韩愈自认弗及，刘昫在《旧唐书》韩、柳等人之传后评论说：

贞元、大和之间，以文学耸动缙绅之伍者，宗元、禹锡而已。其巧丽渊博，属辞比事，诚一代之宏才……①

又，柳宗元在《报袁君陈秀才避师名书》中说：

文以行为本，在先诚其中。其外者，当先读六经，次《论语》、孟轲书，皆经言；《左氏》、《国语》、庄周、屈原之辞，稍采取之；穀梁子、太史公其峻洁，可以出入，余书俟文成异日讨也。其归在不出孔子。

公开承认是“采取”了庄周之辞的，事实上他在文章中也是经常提到庄子的。

《庄子》“洸洋自恣以适己”的风格，对柳宗元的文章也是有影响的，他也提倡文章“猖狂恣睢”②，努力使文章的立意与结构多奇变，避免平

① 刘昫等：《旧唐书》卷一百六十“史臣曰”，中华书局 1975 年版，第 4215 页。

② 柳宗元：《答韦珩示韩愈相推以文墨事书》，《柳河东集》卷三十四。

庸，富于创造。韩愈评论他：

为词章，泛滥停蓄，为深博，无涯涘。①

其构思之奇有一个比较突出的例子，那就是他的《贺进士王参元失火书》。人家失火，他致书以贺，这当然很新奇，但我们很容易就会想到庄子在妻子死后鼓盆而歌的故事。不过《庄子》故事是与其“齐生死”的哲理相连的，而柳宗元奇特的构思自然也有有意义的主题，其文开头就说：

得杨八书，知足下遇火灾，家无余储。仆始闻而骇，中而疑，终乃大喜，盖将吊而更以贺也。道远言略，犹未能究知其状。若果荡焉泯焉，而悉无有，乃吾所以尤贺者也……

接下来讲他转吊为贺的原因，王参元虽能文章，但为富豪子弟，为好廉名者所避忌，柳宗元虽曾为之延誉，亦恐扬其善而得谤。这一次大火将其家财烧光，反倒给了他显扬才名的好机会，所以可喜可贺。可以说这奇特的构思，是曲折地反映了当时社会上以财论交的风气，乃至官场上权豪当道、欺诈公行等积弊，表现的也是一个严肃的主题。

联系前面所说李白诗“以《庄》《骚》为大源”，韩、柳文亦可见其与《庄》、《骚》之关系，可以证明唐代文人从《庄子》中是吸取了不少营养的，特别是在“为文”方面。

如果再深入爬梳整理，《庄子》对唐代文学乃至对后代文学的影响，还可能发现许多。

第三节　陆德明《庄子音义》

一、《经典释义》和《庄子音义》

唐朝初年，陆德明的《经典释文》得到唐太宗的赞赏：

---

① 韩愈：《柳子厚墓志铭》，《韩昌黎全集》卷三十二。

> （贞观）十六年四月甲辰，太宗阅陆德明《经典音义》，美其弘益学者。叹曰：“德明虽亡，此书足可传习。”因赐其家布帛百匹。[①]

嘉奖的原因，当因为其书有总结性的意义，有承前启后的意义。不过该书是陆德明的个人著作，因而对其人应有所了解。《旧唐书·陆德明传》记载说：

> 陆德明[②]，苏州吴人也。初受学于周弘正，善言玄理。陈太建中，太子征四方名儒讲于承光殿，德明年始弱冠，往参焉。国子祭酒徐克开讲，恃贵纵辨，众莫敢当。德明独与抗对，合朝赏叹。解褐始兴王国左常侍，迁国子助教。陈亡，归乡里。
>
> 隋炀帝嗣位，以为秘书学士。大业中，广召经明之士，四方至者甚众。遣德明与鲁达、孔褒俱会门下省，共相交难，无出其右者，授国子助教。王世充僭号……德明耻之……
>
> 王世充平，太宗征为秦府文学馆学士，命中山王承乾从其受业。寻补太学博士。后高祖亲临释奠，时徐文远讲《孝经》，沙门惠乘讲《波若经》，道士刘进喜讲《老子》，德明难此三人，各因宗指，随端立义，众皆为之屈。高祖善之，赐帛五十匹。
>
> 贞观初，拜国子博士，封吴县男，寻卒。撰《经典释文》三十卷、《老子疏》十五卷、《易疏》二十卷，并行于世。太宗后尝阅德明《经典释文》，甚嘉之，赐其束帛二百段。[③]

陆德明历仕陈、隋、唐三朝，人们根据“陈太建中……年始弱冠”，推定其生于公元550年，根据贞观十六年（642年）已亡，断定其卒年为630年，大体上是可以的。至于著作《经典释文》，根据其《序录》中有“癸卯之岁”这么一个提示，一般断定始撰于至德元年（583年）。成书时间就众说纷纭了，有七八种之多，这里不想多说，反正唐太宗早期就已看到并

① 王钦若等编：《册府元龟》卷九十七，《奖善》，中华书局1960年版，第1754页。

② 《新唐书·陆德明传》：“陆元朗字德明，以字行。”

③ 因为是卒后所赐，故《新唐书·陆德明传》的记载是：“以布帛二百段赐其家。”

且已经“行于世”，这是最基本的事实，这对于本书的述论就够了。

《经典释文》是一部怎样的著作，陆德明为什么要撰写这么一部著作，我们读读其《序录》可明其大概，其文曰：

> 夫书音之作，作者多矣……汉魏迄今，遗文可见，或专出己意，或祖述旧音，各师成心，制作如面。加以楚夏声异，南北语殊，是非信其所闻，轻重因其所习。后学钻仰，罕逢指要。夫筌蹄所寄，唯在文言，差若毫厘，谬便千里……
>
> 余少爱坟典，留意艺文，虽志怀物外，而情存著述。粤以癸卯之岁，承乏上庠，循省旧音，苦其太简。况微言久绝，大义愈乖，攻乎异端，竞生穿凿。不在其位，不谋其政，既职司其忧，宁可视成而已。遂因暇景救其不逮，研精六籍，采摭九流，搜访异同，校之苍雅，辄撰集五典、《孝经》《论语》及《老》《庄》《尔雅》等音，合为三帙三十卷，号曰《经典释文》。古今并录，括其枢要，经注毕详，训义兼辩，质而不野，繁而非芜，示传一家之学，用贻后嗣。令奉以周旋，不敢坠失，与我同志，亦无隐焉。但代匠指南，固取诮于博识，既述而不作，言其所用，复何伤乎云尔。

他撰述的原因、态度、作法都一一表明了。从以上引文中我们可看到，首先，前人之作多有偏颇，他有意于作一番总结、梳理，这正符合南北朝后期隋唐文化学术发展的一般趋势。其次，他引用《庄子》“筌蹄”所引出的言意思想，欲著述以明“久绝”之“微言”和“愈乖”之“大义”，“救其不逮”。再次，他在著述之时，精与博相结合，“研精六籍，采摭九流，搜访异同，校之苍雅”，“苍雅”是指《三苍》《尔雅》等文字训诂之书。最后，他虽然表明自己是“代匠指南”（此亦用代大匠斫之意），实际是“示传一家之学，用贻后嗣”。虽然，他说只是“述而不作”，但其“辨”别、选择并非没有自己的见解，因此“与我同志亦无隐焉”，观上述其与徐克之“抗对”、与鲁达等人“共相交难”，可见其追求真理的态度。

《经典释文》包括《周易》、《古文尚书》、《毛诗》、三礼、《春秋》、《孝经》、《论语》、《老子》、《庄子》、《尔雅》等十几种音义，把《老》《庄》与儒家经典编在一起，这也是比较突出的，也可说是综合、兼容、统一发展大势的表现之一。关于《庄》《老》，他在《序录·条例》中说：

> 至于《庄》《老》，读学者稀，故于此书，微为详悉。

《庄子音义》即为《经典释文》之一部分，它既与全书一起“行于世”，也曾单独以一书流传。这是记载和流传的实物都可以证明的。华人学者黄华珍先生在日留学期间，既编校了《日藏宋本庄子音义》（上海古籍出版社 1996 年出版），又撰写并出版了《庄子音义研究》，其研究精深，本章撰写多有参考。现将其关于《庄子音义》流传的主要结论抄录如下：

> 总之，《经典释文》的流布流传经历了一个复杂的过程。《庄子音义》作为《经典释文》的一部分自然有着和母体大体相同的历史，不过由于它所具有的相对独立性，又具有脱离母体以附录等形式在世上流传的独特经历。
>
> ……根据《玉海》《宋会要辑本》所载资料，景德二年（公元 1005 年）由孙奭、杜镐校定《庄子释文》。由此可知，该释文比《经典释文》所收诸经的校勘都要晚。长期以来，《庄子音义》还以附录或散在《庄子》经文中的形式传世。除宋元递修本所收《庄子音义》之外，奈良天理大学图书馆所藏宋刻本《庄子音义》也是已知的贵重版本之一。①

手抄时期，反复转抄，字句差异是必然的。后来雕版印刷时，一般都进行过校勘，这可引两条记载说明，《五代会要》第八卷《经籍》记载：

> 显德二年二月，中书门下奏：“国子监祭酒尹拙状称：准敕校勘《经典释文》三十卷，雕造印板，欲请兵部尚书张昭、太常卿田敏同校勘。”敕：“其《经典释文》已经本监官员校勘外，宜差张昭、田敏详校。”

---

① 黄华珍：《庄子音义研究》，中华书局 1999 年版，第 22～23 页。

又，《宋会要辑稿》第五十五册《崇儒四之一》记载：

> 真宗咸平……六年四月，诏选官校勘《道德经》……其年六月毕，并《释文》一卷送国子监刊版。景德……二年二月国子监直讲孙奭言，诸子之书，《老》《庄》称首……唐陆德明撰《经典释文》三十卷，内《老子释文》一卷，《庄子释文》三卷。今诸经及《老子释文》共二十七卷并已雕印颁行。唯阙《庄子释文》三卷，欲望雕印，冀备一家之学……亦请依《道德经》例，差官校定雕印。诏可。仍命奭与龙图阁待制杜镐等同校定、刻板……

每次刻印之前都是经过校定，但是尽管如此，仍会有误，所以流传的刻本之间也会有差异。黄华珍先生就宋刻北图本和天理本进行了比较研究，并在编校《日藏宋本庄子音义》之后又附录了一个《庄子音义校勘记》，都是很有参考价值的，这里就不一一复述了。

二、《庄子音义》与诸家注

《经典释文》除《序录》之外各卷均称音义，所以既可称《庄子释文》，亦可称《庄子音义》。该书主要内容为注音，这一点陆德明在《序录》中是有明确交代的，如前所引开头就说“书音之作，作者多矣”，因为音和义的关系至为密切，所以他在《序录·条例》中开头又写道：

> 先儒旧音，多不音注，然注既释经，经由注显，若读注不晓，则经义难明……

注音是为了释经，为了明经义。

陆德明为什么以音义为主要内容？这也是有当时的背景的，这里我们可以引用《中国音韵学史》的一段论述来说明：

> ……“音义”一类的书……多数是东汉至隋唐间的作品，尤其是魏晋六朝时，这一类书的发生最为丰盛。音义一类的书，在体例上看来，就是从字书训诂进到“韵书”中间一种过渡的东西，几乎完全是

> 为着注音而设的，而注音的方式又是多数应用反切。所以这一类书在魏晋时最为发达，便是表示那时读音系统上发生了转变，以致注音方法上应用了反切……①

从以上引述看，魏晋南北朝时期是音韵学上一个重要转折时期，注音问题受到特别重视，《颜氏家训》就有《音辞》专篇论述这一问题。上一章已指出《庄子》音注的著作多种，一些重要的注家，如司马彪、李轨、徐邈等人都有专门的音注。从音注的角度看，《庄子音义》有总结性质。

《庄子音义》兼采诸家之注不少，陆德明在《序录》中列举有：

> 崔撰注，十卷，二十七篇
> 向秀注，二十卷，二十六篇
> 司马彪注，二十一卷，五十二篇
> 郭象注，三十三卷，三十三篇
> 李颐集解，三十卷，三十篇
> 孟氏注，十八卷，五十二篇
> 王叔之义疏，三卷
> 李轨音，一卷
> 徐邈音，三卷

当然，书中还有引用其他的注，例如简文帝等人所作注释，以及某些单篇注，如支遁注《逍遥游》。

《庄子音义》中，除了采用专注《庄子》的著作外，也用了其他一些人的著作，例如王肃、孔安国、如淳、宋均、服虔、皇甫谧、高诱、韦昭、许慎、郭璞、郑玄等人的著作。

《庄子音义》中直接引用的古籍也不少，如经部的《易》《诗》《礼》《春秋》和“三传”、《论语》以及《说文》《尔雅》《方言》《释名》等各种训诂书，史部的《史记》《汉书》乃至各种杂史（《吴越春秋》《战国策》《高士传》《山海经》《十国记》《地理书》《汉武帝内传》《白虎通》《汉令》

① 张世禄：《中国音韵学史》上册，上海书店1984年版，第127页。

《清泠传》等），先秦两汉诸子书如《孟子》《鲁连子》《管子》《尹文子》《墨子》《尸子》《吕氏春秋》《淮南子》《说苑》《星经》《长历》《黄帝素问》等，以及《楚辞》《西京赋》《百赋音》等集部著作，采摭范围相当广泛。

这样广泛地“采摭九流，搜访异同，校之苍雅”，其学术价值由此可见一斑。

《庄子音义·序录》在述“注解传述人”时对庄子和“注解传述人”有一个基本看法和态度，他写道：

> ……时人皆尚游说，庄生独高尚其事，优游自得，依老氏之旨，著书十余万言，以逍遥、自然、无为、齐物而已。大抵皆寓言，归之于理，不可案文责也。然庄生弘才命世，辞趣华深，正言若反，故莫能畅其弘致。后人增足，渐失其真。故郭子玄云：一曲之才，妄窜奇说，若《阏弈》《意修》之首，《危言》《游凫》《子胥》之篇，凡诸巧杂十分有三。《汉书·艺文志》《庄子》五十二篇，即司马彪、孟氏所注是也。言多诡诞，或似《山海经》，或类占梦书，故注者以意去取。其内篇众家并同，自余或有外而无杂，唯子玄所注，特会庄生之旨，故为世所贵，徐仙民、李弘范作音，皆依郭本，今以郭为主。

自从郭象编定三十三篇之后，许多作音注者以之为本、为主。《庄子音义》同样如此，是按其三十三篇作注的，注文中明显引郭注者很少，大约是因为以郭本为主，与郭本不同或需强调者，才引他注、他书、他人之说，或出已意以施注。避免重复，崇尚简明，是其著述的原则。他在《序录》中也有说明：

> 旧音皆录经文全句，徒烦翰墨，今则各标篇章于上，摘字为音，虑有相乱，方复具录。……今之所撰，微加斟酌，若典籍常用，会理合时，便即遵承，标之于首。其音堪互用，义可并行，或字存多音，众家别读，苟有所取，靡不毕书，各题氏姓，以相甄识。义乖于经，亦不悉记。其或音一音者，盖出于浅近示传闻，见览者察其衷焉。

在具体写《庄子音义》时，他是贯彻了上述原则的，这就给我们保留了许多旧注，成为我们深入研究当时庄学的珍贵资料。

《庄子音义》中引用各家注的具体情况，黄华珍先生作了详细的统计[①]，根据其统计，我们着重说明以下两点：

第一，司马彪的注征引最多，共749次，各篇都有。其次是李注，有608处，各篇都有，也许包括李颐、李轨注（另有明写李颐者5处）。再次就是崔撰注，征引507次，外、杂篇有八篇没有。徐邈注有429处，也遍及三十三篇。由上可见，司马彪、崔撰之注本在当时还在流传，而且是其引述的重点，特别是在释义方面引用较多，而其对徐、李则注音引用较多（徐则主要为注音）。

第二，内篇施注多于外、杂篇。内七篇合计945注，外十五篇合计有1002注，杂十一篇合计只有697注。显然《庄子音义》是以内篇为重点，特别是《逍遥游》和《齐物论》等反映《庄子》主要义旨的篇章，而且与郭象注《庄子》的情况也大体相同。

三、《庄子音义》之释义

如上所述，注音是为了释经，是为了明经义，因此音义之作，既包括注音，也包括释义。释义即注释者对于经义的理解和阐释，包括发微、指要之类，这实际是反映注释者之看法和思想。《庄子音义》虽有大量篇幅是辨音的内容，但也不乏表明观点的注释。

陆德明认为，《庄子》十余万言（这还是原始的《庄子》），“以逍遥、自然、无为、齐物而已”，这几个方面即其微言大义，即其要旨，他认为郭象所注“特会庄生之旨”。因此其书也是在郭象义的基础上的进一步发挥。

首先，比较突出的是《庄子音义》有每一篇的解题，即他所认为的郭象所编三十三篇各篇之义。其解题之文如下：

> 《逍遥游》 逍，音“销”，亦作“消”；遥，如字，亦作“摇”；遊，如字，亦作“游”。《逍遥游》者，篇名，义取闲放不拘，怡适

① 黄华珍：《庄子音义研究》，中华书局1999年版，第70～90页。

自得。

《齐物论》　力顿反，李如字。（按：大约“齐物”二字，音义明白，故不出注。与前篇注音义之多形成鲜明对比。）

《养生主》　养生以此为主也。

《人间世》　此人间见事世所常行者也。

《德充符》　崔云：“此遗形弃知，以德实之验也。”

《大宗师》　崔云：“遗形忘生，当大宗此法也。”

《帝王》　崔云：“行不言之教，使天下自以为牛马，应为帝王者也。”

《骈拇》　举事以名篇。

《马蹄》　举事以名篇。

《胠箧》　举事以名篇。

《在宥》　以义名篇。

《天地》　以事名篇。

《天道》　以义名篇。

《天运》　司马作“天员”，以义名篇。

《刻意》　以义名篇。正文解释：司马云“刻，削也，峻其意也”。案：“谓削意令峻也。”《广雅》云：“意，志也。”

《缮性》　以义名篇。正文解释：善战反。崔云：“治也，或云善也。”性，本也。

《秋水》　借物名篇。正文解释：李云“水生于春，壮于秋”。《白虎通》云：“水，准也。”

《至乐》　音“洛”，以义名篇。正文解释：至，极也；乐，欢也。

《达生》　以义名篇。正文解释：达，畅也，通也。《广雅》云：“生，出也。”

《山木》　举事以名篇。

《田子方》　以人名篇。

《知北游》　以义名篇。

《庚桑》　以人名篇，本或作“庚桑楚”。

《徐无鬼》　以人名篇。

《则阳》 以人名篇。

《外物》 以义名篇。正文解释：王云“夫忘怀于我者，固无对于天下，然后外物无所用心焉。若乃有所执为者，谅亦无时而妙矣”。

《寓言》 以义名篇。正文解释：寓，寄也。以人不信己，故托之他人，十言而九见信也。

《让王》 以事名篇。

《盗跖》 以人名篇。

《说剑》 以事名篇。

《渔父》 以人名篇。

《列御寇》 以人名篇，或无“列”字。

《天下》 以义名篇。

由上引可见，其对内七篇（《齐物论》例外）各篇意旨均有简要的说明，其中有三篇还是引用崔注；外、杂篇则分别标明“以事”、“以人”、“以义”名篇，以义名篇者，因篇名即正文开头文字，在正文注中对其义也作了解释。

其次，更有意义的是其书虽以注音为主，但释义内容有一些很有价值。释义又包含多种情况，或释字义，或对人物、地名注明，或对事、物解释，或者发挥义理。这最后一类最有思想、哲学方面的意义。这方面内容不少，而且又主要分两种方式表述：一种是较详细地引证前人注的内容；一种是用自己的语言说明，有时也引其他古书以证己说。两种情况也有混合使用的时候。下面我们就大体按书的顺序择要摘引，并略加说明，如《逍遥游》“无何有之乡，广莫之野”下注云：

谓寂绝无为之地也。简文云：“莫，大也。”

此其对《庄子》要旨之理解。

《齐物论》“小恐惴惴”下注云：

李云：“小心貌。”《尔雅》云：“惧也。”

“（大恐）缦缦”下注云：

李云：“齐死生貌。”

这就与一般的理解颇不相同。而此前“缦者”下注：“简文云：‘宽心也。’”

《人间世》“虚室生白”下注引：

司马云：“室比喻心，心能空虚，则纯白独生也。”

此句在《庄子》言心斋的一节文字之中。

《德充符》“是接而生时乎心者也”下注引：

司马云：“接至道而和气在心也。”李云：“接万物而施生，顺四时而俱作。”

对于内篇，在注中义理的发挥似不很多，可能因为逍遥、齐物之义皆很明确，不必多言，而且其他各篇解题中也已指明。

外篇以下，有的则多加发挥，而且似乎己意的发挥更多。如《骈拇》虽“举事以名篇”，但主旨在于说人的行为当合自然、顺人情之常，一开头就指出矫饰仁义非自然正道，《庄子音义》在“淫僻于仁义之行”下注引：

崔云：“骈枝赘疣，虽非性之正，亦出于形，不可去也。五藏之情，虽非道德之正，亦列于性，不可治也。今设仁义之教以治五藏之情，犹削骈枝赘疣也，既伤自然之理，更益其疾也。”

又如在《天地》篇“天地”二字下有一大段注释：

《释名》云：“天，显也，高显在上也；又坦也，坦然高远也。地，底也，其体低下，载万物也。”《礼统》云：“天地者元气之所生，万物之祖也。”《易说》云：“元气初分，清轻上为天，浊重下为地。”

引各种古籍以表明自己对天地与道家大体相同的看法。

《在宥》“因众以宁所闻”下注云：

因众人之所闻见委而任之，则自宁安。

“不如众技众矣”下注云：

若役我之知达众人，众人之技多于我矣，安得而不自困哉！

又如《知北游》“大美”注：

谓覆载之美也。

“其内”注：

谓不能出自化也。

“天地之强阳气也”注：

郭云：“强阳犹运动耳。”案：“言天地尚运动，况气聚之生，何可得执而留也。”

“未有子孙而有孙子”注：

言其要有由，不得无故而有传世，故有子孙不得无子而有孙也。如是天地不得先无而今有也。

由此或可见他不赞成无能生有。下面《庚桑》篇亦为此意，在“有所出”、“而无”之下分别注曰：

夫生必有而所出也。

此明所出是无也，既是无矣，何能有所出耶？

以下各篇中出以己意而且有明显观点的注释好像越来越多，如《徐无鬼》“若亡其一”注：

一，身也。谓精神不动，若无其身也。

“成材”注：

字亦作才。言自然已足，不须教习也。

《则阳》“复命摇作”注：

摇，动也。万物动作生长，各有天然，则是复其命也。

“不识”注：

反物性而强令识之。

又如《外物》“视若营四海”注：

夫劳形役智以应世务，失其自然者也。故尧有亢龙之喻，舜有卷娄之谈，周公类之走狼，仲尼比之逸狗，岂不或信哉！

“亢龙”，出自《易·乾》“亢龙有悔”，意指居高位者当以自满为戒，否则会有失败之祸。“卷娄”见《徐无鬼》中“卷娄者舜也”，意言操劳过度，显得衰老驼背。“走狼”、“逸狗”之喻也是疾速、忙碌之意。看起来，陆德明是赞同庄、老，反对“劳形役智”，主张无为而治的。下面“圣人踌躇，以兴事以每成功”注云：

> 每者，每有成功也。踌躇者，从容也。从容兴事，虽有成功，圣人不存，犹致弊迹，流毒百世，况动矜善行而载之不已哉！

《寓言》篇，在“睢睢盱盱”下注云：

> ……《广雅》云：“睢睢盱盱，元气也。而，汝也。言汝与元气合德，去其矜骄，谁复能同此心。”解异郭义。

此处明确表示与郭注之不同。

《让王》“不以所用养害所养”注：

> 地所以养人也。今争以杀人，是以地害人也。人为地养，故不以地故害人也。

显然是反对“争地以战”。

《天下》篇是其释义重点篇目之一，内中引述司马、李注者很有几条，关于“大同而与小同异”几句，陆德明自己出了一条长注，其文曰：

> 同体异分，故曰小同异。死生、祸福、寒暑、昼夜、动静、变化，众辨莫同，异之至也。众异同于一，物同之至也。则万物之同异一矣。若坚白，无不合，无不离也。若火含阴，水含阳，火中之阴异于水，水中之阳异于火，然则水异于水，火异于火。至异，异所同；至同，同所异。故曰大同异。

这种很辩证的论述是颇有意义的。

《庄子音义》里《天下》篇最后几个大字，“论者……好事”，非《庄子》之文，像郭象注文，因而陆德明的最后一条注，是论郭象注，其文曰：

> 子玄之注论其大体，真可谓得庄生之旨矣。郭生前叹濠梁之途说，余亦晚睹贵游之妄谈，斯所谓异代同风，何可复言也。或曰：庄

惠标濠梁之契，发郢匠之模，而云其书五车，其言不中，何也？岂契若郢匠，褒同寝斤，而相非之言如此之甚者也。答曰：夫不失欲极有教之肆神明其言者，岂得不善其辞，而尽其喻乎！庄生振徽音于七篇，列斯文于世，重言尽涉玄之路，从事发有辞之叙。虽谈无贵辩，而教无虚唱，然其文易览，其趣难窥，造怀而未达者，有过理之嫌，祛斯之弊，故人举惠子之云辩也。

既是讲郭象注，也涉及对《庄子》的看法，无论对《庄子》之义理，或者对郭注之旨意，陆德明都有一个整体的看法，注文虽是随文而作，通篇的考虑、前后的关照却都是有迹可循的，例如《胠箧》篇中就有一条明显的关照之文，其在“为之斗斛以量之”下注云：

向云：“自此以下，皆所以明苟非其人，虽法无益。”

陆德明对众家注有所选择，在以郭注为主的基础上，时而用司马，时而用崔、李或者其他，向注也单用，理解明显与郭不同时还特别标明。据此，我们可以说，《庄子音义》的义理，是陆德明的义理，即便征引也是他所认同的。

第四节　成玄英《庄子疏》

一、成玄英其人

成玄英是唐朝初年著名的道教学者，但是其生平事迹却没有较完整的记载，只有一些片断的材料，现列举一些主要的资料再作分析。首先是《新唐书·艺文志》：

道士成玄英注《老子道德经》二卷，又《开题序诀义疏》七卷。注《庄子》三十卷，《疏》十二卷。

注云：

玄英，字子实，陕州人，隐居东海，贞观五年，召至京师。永徽中流郁州。书成，道王元庆遣文学贾鼎就授大义，嵩高山人李利涉为序，唯《老子注》《庄子疏》著录。

唐玄宗开元十年（722 年）成书的韦述《两京新记》记载说：

垂拱中，有道士成玄英，长于言论，著《庄》《老》数部，行于时也。

其他记载，如道宣的《集古今佛道论衡》中有“（贞观十年）黄巾蔡子晃、成玄（原作世）英，道门之秀”，与名僧慧净论战。又“（贞观二十一年）道士蔡（子）晃、成（玄）英二人，李宗之望”，就《道德经》译梵文事，与玄奘论战①。

《法苑珠林》卷五十五记载：“（贞观二十二年）清都观道士张惠元、西华观道士成玄（原作武）英”就《三皇经》真伪事，奉旨进行勘定。

据以上这些记载提供的线索，关于成玄英其人可以得出如下一些明确的结论：

（1）成玄英，字子实，陕州（今河南陕县）人。

（2）早年曾“隐居东海”（今江苏北部），最后又被“流郁州”（今江苏省连云港市），中间至少有二十年生活在京师长安。这是他一生辉煌的时期。他被称为“道门之秀”、“李宗之望”，是一位高道，特别为佛门名僧所重视。然而，东海却是他成名发迹的基地，他在那里成就了学问基础，崭露头角，才得以被征召入京。后来被流放郁州，或有发配原籍之意。

（3）其生卒年不详，但据贞观五年（631 年）被征召，如果是三十岁左右的话，也出生于隋代，垂拱中（685—688 年）还活着，那就有八十岁左右。如果韦述之“行于时也”，到了玄宗开元后间，那就是一位百岁老人。

（4）生活在长安时，应该主要是住在西华观，故有“西华观道士”的

① 《续高僧传》亦有记载。

说法，他也因此被唐太宗加号为西华法师。

（5）一生的主要成就在于注释《老》《庄》和整理道教经典。当时佛道两家人士在一起共同商讨《道德经》译成梵文之事，成玄英是道教界的代表之一，亦可见其对《道德经》之素养。对《庄子》这部书，他自己说是“少而习焉，研精覃思三十年”①。另外从一些零星的记载看，成玄英曾对《三皇经》进行过勘定，作过《度人经注》《九天生神章经注》②。可见他对道教经典既有广泛涉猎，又有重点的钻研之作。

（6）成玄英是一位高道，这从其被征召以及参与的活动中能够看出，而且，当时佛教名僧对这位“道门之秀”极为重视，一方面力图贬低他，另一方面又以能战胜他为荣，对于成玄英的学识是相当肯定的，例如中唐名僧、佛教华严学的理论家澄观，就有如下评述：

> 《老子》云：“窈兮冥兮，其中有精，其精甚真。”《庄子》云：“有真君存焉。”如是等文，后儒皆以言词小同，不观前后，本所建立，致欲混和三教。现如今时成（玄）英尊师，作《庄》《老》疏，广引释教，以参彼典。但见言有小同，岂知义有大异。后来浅识，弥复惑焉。③

成玄英引“释教”注《老》《庄》，足见其学养、道行之高。

二、郭象注与成玄英疏

《庄子》一书经郭象删定之后；人们所知道和了解的就是郭注之《庄子》，唐初的成玄英学习和钻研的《庄子》，当然也就是郭注本《庄子》。他是通过郭注《庄子》来认识庄子其人其学的。事实上这里就有两个方面的问题：一方面是对庄子其人其学的认识。另一方面是对郭象及其《庄子注》的认识。

对于《庄子》，成玄英是高度肯定和赞扬的，他说：

---

① 《庄子序》。
② 强昱：《成玄英评传》，南京大学出版社 2006 年版，第 20～21 页。
③ 《大方广佛华严经随演义钞》卷十四，《大正藏》第 36 册。

> 夫《庄子》者，所以申道德之深根，述重玄之妙旨，畅无为之恬淡，明独化之窈冥，钳楗九流，括囊百氏，谅区中之至教，实象外之微言者也。①

在他看来，道德、重玄、无为、独化是《庄子》的核心思想。《庄子》的学说思想“钳楗九流，括囊百氏”，既是“微言”，也是“至教”，有极大的价值。实际这也是表达他自己的理想，是对他自己的重玄学思想的理论概括。

对于郭象编定的三十三篇《庄子》及其内、外、杂篇之分，成玄英也采取完全肯定的态度，并且视之为一个有机的整体，在陆德明等人认识的基础上作了进一步的阐述：

> 所言内篇者，内以待外立名，篇以编简为义……内（篇）则谈于是理本，外（篇）则语其事迹。事虽彰著，非理不通；理既幽微，非事莫显。欲先明妙理，故前标“内篇”。内篇理深，故每于文外别立篇目……《逍遥》《齐物》之类是也。自外篇以去，则取篇首二字为其题目，《骈拇》《马蹄》之类是也。②

成玄英还创造性地发掘出内七篇之间的逻辑关系，他说：

> 所以《逍遥》建初者，言达道之士，智德明敏，所造皆适，遇物逍遥，故以逍遥命物。夫无待圣人，照机若镜，既明权实之二智，故能大齐于万境，故以《齐物》次之。既指马天地，混同庶物，心灵凝澹，可以摄卫养生，故以《养生主》次之。既善恶两忘，境智俱妙，随变任化，可以处涉人间，故以《人间世》次之。内德圆满，故能支离其德，外以接物，既而随物升降，内外冥契，故以《德充符》次之。止水流鉴，接物无心，忘德忘形，契外会内之极，可以匠成庶品，故以《大宗师》次之。古之真圣，知天知人，与造化同功，即寂

---

① 《庄子序》。
② 《庄子序》。

即应，既而驱驭群品，故以《应帝王》次之。①

这种阐发，得到后来一些学者的称赞，也影响和启发着后来的学者。本书第一章第三节的写作亦为此意。

成玄英肯定和赞同了郭象所编定的《庄子》，对于其所作之注，虽然他自己说是“依子玄所注三十［三］篇辄为疏解”，实际上则既有赞同，也有明显不同的解释。由于时代的不同，个人学养的不同，其对于郭象有所修正是必然的。

即便是认同郭象之说，他也多半有所引申发挥。例如，关于郭象所阐发的独化、无待思想，成玄英就多有发挥，论说得更为详尽，他反复强调独化说：

夫物之形质，咸禀自然，事似有因，理在无待。而形影非远，尚有天机，故曰万类参差，无非独化者也。②

夫聚散死生，皆独化日新，未尝假赖，岂相因待。……死，独化也，岂更成一物哉！死既不待于生，故知生亦不待于死，死生聚散，各自成一体耳，故无所因待也。③

又说：

夫形之生也，不用火日；影之生也，岂待形乎？故以火日况之，则知影不待形明矣。形影尚不相待，而况它物乎？是知一切万法悉皆独化也。④

他对郭象独化、无待说作了许多引申发挥，但说得如此绝对，难免有些偏颇。

---

① 《庄子序》。
② 《庄子·齐物论》“吾有待而然者邪”疏。
③ 《庄子·知北游》“不以死死生”、“皆有所一体”疏。
④ 《庄子·寓言》“而况乎以［无］有待者乎”疏。

如果把郭、成二人之说放在一起比较，又可见到明显的不同。如《庄子·齐物论》：

彼是莫得其偶，谓之道枢。枢始得其环中，以应无穷。

郭注云：

夫是非反覆，相寻无穷，故谓之环。环中空矣。今以是非为环，而得其中者，无是无非也。无是无非，故能应夫是非。是非无穷，故应亦无穷。

成疏曰：

夫绝待独化，道之本始，为学之要，故谓之枢。环者，假有二窍；中者，真空一道。环中空矣，以明无是无非，是非无穷，故应亦无穷也。

《庄子·知北游》：

孙子非汝有，是天地之委蜕也。

郭注云：

气自委结而蝉蜕也。

成疏曰：

阴阳结聚，故有子孙，独化而成，犹如蝉蜕也。

又《庄子·大宗师》：

彼特以天为父，而身犹爱之，而况其卓乎？

郭注云：

卓者，独化之谓也。夫相因之功，莫若独化之至也。故人之所因者，天也；天之所生者，独化也。人皆以天为父，故昼夜之变，寒暑之节，犹不敢恶，随天安之。况乎卓尔独化，至于玄冥之境，又安得而不任之哉！既任之，则死生变化，惟命之从也。

成疏曰：

卓者，独化之谓也。彼之众人禀气苍旻，而独以天为父，身犹爱而重之，至于昼夜寒温不能返逆。况乎至道窈冥之乡、独化自然之境，生天生地，开辟阴阳，适可安而任之，何得拒而不顺也！

我们可以看到，成玄英的独化说中，有至道，有一个道之本始。而郭象之独化说，有万物无根无本、凭空而生之意。

再如解释《庄子·大宗师》之“夫道……自本自根，未有天地，自古以固存，神鬼神帝，生天生地。”郭注云：

无也岂能生神哉！不神鬼帝而鬼帝自神，斯乃不神之神也；不生天地而天地自生，斯乃不生之生也。故夫神之果不足以神而不神则神矣，功何足有，事何足恃哉！

成玄英疏另作解释：

言大道能神于鬼灵，神于天帝，开明三景，生立二仪，至无之力有兹功用。斯乃不神而神，不生而生，非神之而神、生之而生者也。

又如解释《知北游》之“夫昭昭生于冥冥，有伦生于无形，精神生于道。”郭象作注说：

> 皆所以明其独生而无所资借。

成玄英则说：

> 夫昭明显著之物生于窅冥之中，人伦有为之事生于无形之内，精神智识之心生于重玄之道，有形质气之类根本生于精微。

这样几乎是针锋相对的不同解释，还有很多。

成玄英和郭象的种种不同解释，关键在于二人对道的理解不同。郭象认为道就是无，无不能生有，道不能生万物，万物自生，这就是他的无待、独化思想。成玄英则相信道是存在的，而且是道生万物。可列举二人不同的说法以明之，郭象的说法有：

> 至道者，乃至无也。①

> 无既无矣，则不能生有。……然则生生者谁哉？块然自生耳。②

> 道无能也，此言得之于道，乃所以明其自得耳，自得耳，道不能使之得也。③

道不能生万物的观点十分明显。成玄英的说法则完全相反，如：

> 万象之前，先有此道……虽复天覆地载，而以道为源。④

> 道者，可通之境也。道能通生万物，故非道不生；德能鉴照理原，故非德不明。⑤

① 《庄子·知北游》注。
② 《庄子·齐物论》注。
③ 《庄子·大宗师》注。
④ 《庄子·大宗师》疏。
⑤ 《庄子·天地》疏。

大道在恍惚之内，造化芒昧之中，和杂清浊，变成阴阳二气。二气凝结，变而有形。形既成就，变而生育，且从无出有，变而为生，自有还无，变而为死。[1]

“道能通生万物”十分肯定，而且是“非道不生”。成玄英作为一个道教徒，支持道的神圣性，是维护和发展道教所必需的，也是必然的。

成玄英对《庄子》的评价远比郭象要高，虽然郭象也称《庄子》为“百家之冠”，成玄英更进一步认为《庄子》是“钳键九流，括囊百氏”。所以对于郭象注《庄子》中曲解或批评《庄子》观点的文字，成玄英或者曲为解释，或者明确表示反对。这样的例子也很多，且略举一二：

例如《逍遥游》中所记“许由曰：‘子治天下，天下既已治也’”，郭象注云：

夫能令天下治，不治天下者也。故尧以不治治之，非治之而治者也。今许由方明既治，则无所代之。而治实由尧，故有子治之言。宜忘言以寻其所况。而或者遂云：治之而治者，尧也；不治而尧得以治者，许由也。斯失之远矣。夫治之由乎不治，为之出乎无为也。取于尧而足，岂借之许由哉！若谓拱默乎山林之中，而后得称无为者，此庄老之谈，所以见弃于当涂。〔当涂〕者，自必于有为之域而不反者，斯之由也。

对老庄颇有微词，成玄英则试图为庄子开脱，他说：

言尧治天下，久以升平，四海八荒，尽皆清谧，何劳让我，过为辞费。然睹《庄》文，则贬尧而推许，寻郭注乃劣许而优尧者，何耶？欲明放勋大圣，仲武大贤。贤圣二涂，相去远矣。故尧负扆汾阳而丧天下，许由不夷其俗而独立高山，圆照偏溺，断可知矣。是以庄子援禅让之迹，故有爝火之谈；郭生察无待之心，更致不治之说。可谓〔探〕微索隐，了文合义，宜寻其旨况，无所稍嫌也。

① 《庄子·至乐》疏。

同意郭象之注说，但认为对于《庄子》，应当“寻其旨况，无所稍嫌”。

明确否定郭象注的例子也有。例如郭象注《养生主》之“古者谓是帝之县解”说：

以有系者为县，则无系者县解也。县解而性命之情得矣。此养生之要也。

成玄英疏云：

帝者，天也。为生死所系者为县。则无死无生者，县解也。夫死生不能系、忧乐不能入者，而远古圣人谓是天然之解脱也。且老君大圣，冥一死生，岂复逃遁天刑、驰骛忧乐？子玄此注，失之远矣。若然者，何谓安时处顺、帝之县解乎？文势前后自相鉾楯，是知遁天之型，属在衷恸之徒，非关老君也。

又如郭象注《齐物论》“人之生也，固若是芒乎？其我独芒，而人亦有不芒者乎”：

凡此上事，皆不知其所以然而然，故曰芒也。今夫知者皆不知所以知而自知矣，生者（皆）不知所以生而自生矣。万物虽异，至于生不由知，则未有不同者也，故天下莫不芒也。

成玄英认为郭象违背了庄子原意，疏云：

芒，昧暗也。言凡人在世，芒昧如是，举世皆惑，岂有一人不昧者？而庄子体道真人，智用明达，俯同尘俗，故云而我独芒。郭注稍乖，今不依用。

据上所述，无论从哪一方面看，成玄英之疏，虽自称是“依子玄所注”而作，实际上具体内容不同之处更多。郭象注《庄子》主要是借题发挥，阐扬他自己的玄学思想，所以注文往往简略，如他在《逍遥游》注中所说：“宜要其会归而遗其所寄，不足事事曲与生说，自不害其宏旨，皆可略之耳。”这给成玄英之疏留下了很大的空间，除了上述引申、发挥、调解、辨正（郭注之“乖旨”、“失意”）等之外，还补充大量的训释，这大致有两个方面：

一是文句的训解与人名、地名的考释，使人们能读懂和更好地理解《庄子》。例如《逍遥游》之“北冥有鱼，其名为鲲。鲲之大，不知其几千里也。化而为鸟，其名为鹏”。郭象注云：

> 鹏鲲之实，吾所未详也。夫庄子之大意，在乎逍遥游放，无为而自得，故极小大之致，以明性分之适。

也许郭象之明“庄子之大意”并不错，但成玄英的训释更加明白：

> 溟，犹海也，取其溟漠无涯，故为之溟。东方朔《十洲记》云：“溟海无风，而洪波百丈。”巨海之内，有此大鱼。欲明物性自然，故标为章首。《玄中记》云：“东方有大鱼焉，行者一日过鱼头，七日过鱼尾。产三日，碧海为之变红。”故知人物生于大处，岂独北溟而已。……夫四序风驰，三光电卷。是以负山岳而舍故，扬舟壑以趋新，故化鱼为鸟，欲明变化之大理也。

再如《齐物论》之“百骸、九窍、六藏，赅而存焉”。郭象仅注：“付之自然，而莫不皆存也。”成玄英则详为疏解：

> 百骸，百骨节也；九窍，谓眼、耳、鼻、舌、口及下三漏也；六藏，六腑也，谓大肠、小肠、膀胱、三焦也；藏谓五藏，肝、心、脾、肺、肾也。赅，备也。言体骨在外，藏腑在内，窍通内外，备此三事，以成一身，故言存。

如此逐字逐句地训释，真正起到注释的基本作用。

而他对人名、地名的考释也是如此。许多人名，特别是虚拟人物，郭象一般无注，陆德明《庄子音义》有些简短注文，成玄英往往作审慎的疏解。如《齐物论》中的“南郭子綦”,《庄子音义》录司马彪“居南郭，因为号”之语，成玄英考释说：

> 楚昭王之庶弟，楚庄王之司马，字子綦。古人淳质，多以居处为号，居于南郭，故号南郭，亦犹市南宜僚、东郭顺子之类。其人怀道抱德，虚心忘淡，故庄子羡其清高而托为论首。

想必他是有所据的。没有把握的，他会存疑，如《养生主》疏：

> 秦失者，姓秦名失，怀道之士，不知何许人也。

对于虚拟人物，他则揭示其假设之用意，如《则阳》疏解释“少知”和“太公调”：

> 智照狭劣，谓之少知。太，大也；公，正也。道德广大，公正无私，复能调顺群物，故谓之太公调。假设二人，以论道理。

揭示其用意，无疑有助于理解《庄子》的思想。

大量地名之疏证也是极有参考价值的，如其疏证《秋水》中的“濮”和“濠”：

> 濮，水名也，属东郡，今濮州濮阳县是也。

> 濠是水名，在淮南钟离郡，今见有庄子之墓，亦有庄、惠遨游之所。

据此，至少成玄英当时，人们所指的地点是这样的，应该为现今讨论庄子生地、游地所参考。

此外，关于事物也多有考释，其说或以古书为证，引书颇多①，或者

① 注明的近三十种，引证的许多文字必出于各种书籍。

还有自己的实际经验。例如《逍遥游》中“以为大樽而浮乎江湖”，郭象无注，成疏云：

> 樽者，漆之如酒樽，以绳结缚，用渡江湖，南人所谓腰舟者也。

还有像“如今之××”等类疏解亦颇多，既便于读《庄子》，又增加人们不少知识。

另一方面，成玄英把《庄子》内、外、杂篇当一个整体看，对于每一篇也是关注其整体思想的，所以他的疏解还注意对全篇文字的串讲，让人们更好地理解《庄子》之意。例如《大宗师》中如下一段文字：

> 泉涸，鱼相与处于陆，相呴以湿，相濡以沫，不如相忘于江湖。与其誉尧而非桀也，不如两忘而化其道。

成玄英之疏指出，前五句是“起譬”，后两句是“合喻”，其文曰：

> 此起譬也。江湖浩瀚，游泳自在，各足深水，无复往还，彼此相忘，恩情断绝。洎乎泉源旱涸，鳣鲔困苦，共处陆地，赪尾曝腮。于是吐沫相濡，呴气相湿，恩爱往来，更相亲附，比之江湖，去之远矣。亦犹大道之世，物各逍遥，鸡犬声闻，不相来往。淳风既散，浇浪渐兴，从理生教，圣迹斯起。矜蹩蘉以为仁，踶跂以为义，父子兄弟，怀情相欺。圣人羞之，良有以也。故知鱼失水所以呴濡，人丧道所以亲爱之者也。
>
> …………
>
> 此合喻。夫唐尧圣君，夏桀庸主，故誉尧善而非桀恶，祖述尧舜以勖将来，仁义之兴，自兹为本也。岂若无善无恶，善恶两忘；不是不非，是非双遣。然后出生入死，随变化而遨游；莫往莫来，履玄道而自得。岂与夫呴濡圣迹，同年而语哉！

这样具体、详细的阐释、串讲，让人们能很好地理解《庄子》一些比喻文字的真正意思。这中间也充分表达了成玄英自己的看法和发挥的思想，如

“是非双遣”、“履玄道而自得”之类。

成玄英通过揭示譬喻进行串讲的例子很多，所以在《庄子疏》中常常看到“举譬”、“起譬”以及“合譬”、“结譬”，或“起喻”、“合喻”等字样。其甚至于把几个譬喻联系起来作统一的理解，如《达生》篇中“夫醉者之坠车……是故逆物而不摄”之下疏云：

自此已下，凡有三譬，以况圣人任独无心：一者醉人，二者利剑，三者飘瓦。此则是初（譬也）。夫醉人乘车……

“利剑”，即下文“复仇者，不折镆干”，疏云“此第二谕也”。“飘瓦”即“虽有忮心者，不怨飘瓦”，疏云：“飘落之瓦，偶尔伤人……此第三喻也。”如此对《庄子》寄寓之意一一点明，无疑极有利于人们对《庄子》的理解。

成疏有大量的训释、串讲，郭注所无，是疏与注的又一明显不同之处，从后人阅读《庄子》来说，成玄英疏优于郭象之注。

三、《庄子疏》的主要思想

《庄子疏》是成玄英一生的精心之作，名义上是疏解《庄子》一书，阐明《庄子》一书的思想，实际上在疏解之中还充分表达了成玄英本人的思想，同时又可以反映成玄英那个时代的庄学思想。

前已揭出，成玄英在《庄子疏》的序中，概括《庄子》的思想，用了道德、重玄、无为、独化四个核心概念，它们是互相关联、互相渗透的。仅从名词上看，道德、无为是《老子》《庄子》书中所固有的，独化则是郭象所着重阐明的，重玄这个概念，隋唐时期已经流行起来。成玄英对这些都有所发挥，而对于重玄思想阐发更为突出，贡献也最大。

这里我们不打算全面、具体地介绍成玄英《庄子疏》的思想，仅指出如下几个方面的特点，以便深入去解读《庄子疏》的思想。

首先，作为一名高道，一位道教理论家，成玄英为弘扬道教、发展道教理论，特别注重道教最原始的经典《老子》和《庄子》，发掘和发挥道的根本理论，走回归老庄之路。

成玄英注意《老》《庄》互证。它们论道的不同表述，成玄英处处加以联系，如《庄子》“道有情有信……自本自根，未有天地，自古以固存”，引《老子》之“有物混成，先天地生”；《庄子》“神鬼神帝，生天生地”，引《老子》之“天得一以清，神得一以宁”；《庄子》“道隐于小成”，引《老子》之“大道废，有仁义”；《庄子》“言隐于荣华”，引《老子》之“信言不美，美言不信”。据统计，其明确引《老子》文的有三十多处（比较而言引用其他文献虽不少，但引用次数不多），而运用《老子》大道、无为、无知、无欲思想解释《庄子》的例子更多，例如《大宗师》讲坐忘：

> 隳肢体，黜聪明，离形去知，同于大通，此谓坐忘。

成玄英疏云：

> 大通，犹大道也。道能通生万物，故谓道为大通也。外则离析于形体，一一虚假，此解“隳肢体”也。内则除去心识，悗然无知，此解“黜聪明”也。既而枯木死灰，冥同大道，如此之益，谓之坐忘也。

又如《人间世》有“支离其形”一语，成疏云：

> 夫支离其形，犹忘形也；支离其德，犹忘德也。……夫忘德者，智周万物而反智于愚，明并三光而归明于昧，故能功成不居，为而不恃，推功名于群（有）〔才〕，与物冥而无迹，斯忘德者也。

总之，运用《老子》之说，证明《庄子》思想的例子是很多的。甚至因为《庄子》的有些思想是《老子》中所没有或者不明显的，成玄英会努力加以疏证。如《庄子》的逍遥思想，《老子》中是没有的，成玄英在疏解《逍遥游》“孰（肯）弊弊焉以天下为事”时说：

> 虚舟悬镜，应感无心，谁肯劳形弊智！经营区宇，以事为事，然后能事。故《老子》云：“为无为，事无事。”又云：“取天下，常以

无事；及其人有事，不足以取天下也。”

成玄英自觉地、刻意地“会通老庄”，这在老庄学发展史上是很有意义的，是老庄学史的又一新阶段。

其次，在《庄子疏》中成玄英凸现重玄是又一个特点。

以阐发老庄思想为特色的魏晋玄学，探讨过当时社会的一些思想理论问题，随着时代的发展，特别是道教和佛教的发展与变化，思想理论也随之而变化，重玄学的产生成为玄学发展的一个新阶段，也是老庄学发展的一个新阶段。

把《老子》“玄之又玄，众妙之门”的说法加以发挥，概括成“重玄”，西晋末到东晋已经出现了，人们已注意到成玄英在《老子道德经开题序诀义疏》中引用了孙登提出的“托重玄以寄宗”。成玄英是“以孙氏为正”，而具体加以阐发。

《庄子》中确有许多重玄思想和方法的论述，郭象注《庄子》时已经注意到了，但由于认识的不同，发掘得不够，甚至有不同的理解，成玄英则一一予以揭示，作了更充分的阐述。“重玄”二字在成玄英《庄子疏》中出现得很多，而且阐述得相当充分。例如《齐物论》中有“今且有言于此，不知其与是类乎？其与是不类乎？类与不类，相与为类，则与彼无以异矣”，郭象注云：

> 今以言无是非，则不知其与言有者类乎？不类乎？欲谓之类，则我以无为是，而彼以无为非，斯不类矣。然此虽是非不同，亦固未免于有是非也，则与彼类矣。故曰类与不类，又相与为类，则与彼无以异也。然则将大不类。莫若无心，既遣是非，又遣其遣，遣之又遣之，以至于无遣，然后无遣无不遣，而是非自去矣。

对于郭象这种“遣之又遣”的“双遣”重玄思想，成玄英明确地予以揭出：

> 类者，辈徒相似之类也，但群生愚迷，滞是滞非。今论乃欲反彼世情，破兹迷执，故假且说无是无非，则用为真道。是故复言相与为

类，此则遣于无是无非也。既而遣之又遣，方至重玄也。

重玄是“道之根本”所在的一种境域，所以才有此“方至重玄”以及“方造重玄”的说法。注《大宗师》“玄冥闻之参寥”时，郭象云：

夫阶名以至无者，必得无于名表。故虽玄冥，犹未极，而又推寄于参寥，亦玄之又玄也。

成玄英之疏则说：

参，三也。寥，绝也。一者绝有，二者绝无，三者非有非无，故为之三绝也。夫玄冥之境，虽妙未极，故至乎三绝，方造重玄也。

关于重玄，他还有各种描述，如：

重玄妙理，超越形名，故不可以言象求也。①

重玄之域，圣心所不能知，神口所不能辨。若以言知索真，失之远矣。②

万物云云，悉归空寂，倒置之类，妄执是非，于重玄道中，横起分别，何异乎胆（附）肝生，本同一体也。③

这个“众妙之门”的重玄，“超绝形名”之外，“圣心所不能知，神口所不能辩”，确实是“玄之又玄”的。成玄英将它贯穿于整个《庄子》的疏解当中，包括使用“遣之又遣”、“玄之又玄”这样《老子》所固有、郭象所发挥的词语，特别是广泛运用“善恶两忘”、“境智两忘”、“物我两忘”、“是非双遣”、“能所双遣”、“内外双遣”等。明显可用重玄思想疏解的，

① 《庄子·则阳》疏。
② 《庄子·徐无鬼》疏。
③ 《庄子·德充符》疏。

当然随时揭出；表面看似乎没关系的论点，往往也会用重玄色彩的语言予以解说。这样的例子不少，如《天运》："使亲忘我易，兼忘天下难；兼忘天下易，使天下兼忘我难。"成玄英疏云：

> ……其德不见，故天下忘之，斯则从劣向优，自粗入妙，遣之又遣，玄之又玄也。

又如《达生》："精而又精，反以相天。"成疏云：

> 夫遣之又遣，乃曰精之又精，是以反本还原，辅于自然之道也。

成玄英就这样在处处凸现重玄之中，完成了他的重玄理论，成为一个集重玄学说大成的道教学者。

再次，成玄英作《庄子疏》时，明显地受到了佛教思想的影响。一方面他公开地引佛教著作，例如《天下》疏说：

> 夫车之运动，轮转不停，前迹已过，后途未至，除却前后，更无蹍时。是以轮虽运行，竟不蹍于地也。犹《肇论》云：旋风偃岳而常静，江河竞注而不流，野马飘鼓而不动，日月历天而不周。复何怪哉！复何怪哉！

从成玄英的语气看，他对《肇论》极为熟悉而且运用自如。这个《肇论》在《庄子疏》中至少征引过两次。

另一方面，他运用佛教的理论和方法疏解《庄子》，据《集古今佛道论衡》卷丙《文帝诏令玄奘法师翻〈老子〉为梵文事》：

> 令玄奘法师与诸道士共译出。于时道士蔡（子）黔，成（玄）英二人，李宗之望。自余锋颍三十余人，并集五通观日别参议。……诸道士等并引用佛经《中》《百》等论，以通玄极。……成（玄）英曰：老经幽秘闻必俱仪，非夫序胤何以开。请为翻度，惠彼边戎。

在这事件中，成玄英等道士与玄奘展开争论，玄奘认为不能“以佛义解老文”，道士们引用佛教中观派的《中论》《百论》等佛教经典，以僧肇引《老子》《庄子》著书为例，主张以佛义理解《老子》。由此，我们不难断定，成玄英会用佛教的理论和方法来疏解《老子》《庄子》。除了直接引用之外，更多的是在阐释重玄等理论时反映出来，如重玄的“遣之又遣”，即佛教中观派的思维方法。佛教“诸法皆空”的精神境界，也在《庄子疏》中大量出现，如《齐物论》疏中有：

> 彼此是非，相因而有；推求分析，即体皆空也。

> 诸法空幻，何独名言？是知无即非无，有即非有，有无名数，当体皆寂。

> 万境虚幻，无一可贪，物我俱空，何所逊让？

> 三界悉空，四生非有，彼我言说，皆在梦中。

如前所引，《德充符》疏中更有“万物云云，悉归空寂”之说。

一些明显的佛教用语也成为疏解之文，如“三界”（欲界、色界、五色界）、“四生”（卵生、胎生、湿生、化生）、“六根”（眼、耳、鼻、舌、身、意）、“六尘”（色、声、香、味、触、法）等等。“根尘”二字在解释如何长生、如何修道等时常用，如在解释《在宥》篇“形乃长生”时，郭象注说：“此皆率性而动，故长生也。”成疏云：

> 任视听而无所见闻，根尘既空，心亦安静，照无知虑，应机常寂，神淡守形，可长生久视也。

把“空”、“根尘”的佛义引进来了。又如《外物》篇，对“目彻为明，耳……知彻为德”疏云：

> 夫六根无壅，故彻，聪明不荡于外，故为德也。

紧接着解释下几句话时，他反复地说：

故六根穷彻，则气息通而生理全。

或纵恣六根，驰逐前境，或窍穴哽塞，以害生崖。

自然之道，不游其心，则六根［舛］逆，不顺于理。

成玄英认为“世俗之人”难绝根尘，常常是“纵恣六根”，只有至人、真人、圣人才能做到“遗六根”、绝尘垢，如其疏释《达生》“至人之行”时说：

夫至人立行虚远清高，故能内忘五藏之肝胆，外遗六根之耳目，荡然空静，无纤介于胸臆。

最后，修性养生是《庄子疏》的重要内容。长时间以来，人们渴望有某种神丹妙药来解决长生不死的问题，炼丹术一度特别发达就是一种说明。当丹药不能解决问题，甚至根本不解决问题时，人们再寻求另外的途径，其中之一就是修身养性。《庄子》中有相当丰富的修身思想，成玄英予以疏解，并大加阐发。在《养生主》疏中有较集中的论述：

夫生也受形之载，禀之自然，愚智修短，各有涯分，而知止守分、不荡于外者，养生之妙也。

养生之妙道，依自然之涯分，必不贪以夭折也。

把生提到道的高度，因为生是受之于自然，所以要依自然而行，他说：

养生之士，体道之人，运至忘之妙智，游虚空之物境，是以安排造适，闲暇有余，境智相冥，不一不异。

人禀之于自然的有形和性，所以他又说：

所禀形性，各有限极，而分别之智，徇物无涯。遂使心困形劳，未慊其愿，不能止分，非养生之主也。

这种形性禀受于自然的观点，他在其他篇中也反复说明：

人禀性自然，各守生分，率而行之，自合于理。①

夫禀受形性，各有涯量，不可改愚以为智，安得易丑以为妍。是故形性一成，终不中途亡失。适可守其分内，待尽天年矣。②

养生必须是率自然之性，“守其分内”，不能求其“分外”，如《人间世》疏中所说：

夫视听知能，若有涯分。止于分内，可以全生；求其分外，必遭夭折。全生所以为福，夭折所以为祸。而分内之福轻于鸿毛，贪竞之徒不知载之在己；分外之祸重于厚地，执迷之徒不知避之去身。

《养生主》疏中又说：

夫惟妙舍二偏而处于中一者，故能保守身形，全其生道。外可以孝养父母，大顺人伦；内可以摄卫生灵，尽其天命。

究竟如何修性养生，成玄英有不少论述，如：

鱼在大水之中，窟穴泥沙以自资养供给也。亦犹人处大道之中，清虚养性，无事逍遥。故得性分，静定而安乐也。③

---

① 《庄子·缮性》疏。
② 《庄子·齐物论》疏。
③ 《庄子·大宗师》疏。

任视听而无所见闻，根尘既空，心亦安静，照无知虑，应机常寂，神淡守形，可长生久视也。①

既有这样原则性的论述，也有具体一些的要求，如：

知饥饱之时，达喜怒之节，通于物理，岂复危亡。②

保恬淡一心，处中和妙道，摄卫修身，虽有寿考之年，终无衰老之日。③

夫栖遁之人，全形养生者，故当远迹尘俗，深就山泉，若婴于利禄，则粗而浅也。④

修炼的关键是心、性的修炼，包括前述绝根尘、守空寂这些佛教的理论和方法，也包括饥饱、视听、喜怒等的合理安排。对于唐宋时期心性修炼的兴起，道教内丹学的发展，成玄英的思想和论述，应该是有他自己的贡献的。

四、成玄英疏的价值

清代的《四库全书》未收成玄英的《庄子疏》，但参与的馆臣当时是抄录了，并且写过提要，《四库未收书目提要》⑤ 中明确写道："今依明道藏本抄录，为卷三十五。"故其篇名题为《南华真经注疏三十五卷提要》。此提要除依据《唐书·艺文志》《读书敏求记》《郡斋读书志》等材料写作之外，还提出了作者自己的看法：

唐人著书，传世少，此唐初之书，至今首尾完具，尤为罕得。疏

---

① 《庄子·在宥》疏。
② 《庄子·人世间》疏。
③ 《庄子·在宥》疏。
④ 《庄子·庚桑楚》疏。
⑤ 收入《揅经室外集》，《四库全书总目》附录也有。

之所本为郭象注，象注扫除旧解，标新领异，大半空言，无所征实，不免负王弼注《易》之累。玄英此疏，则称意而谈，清言曲畅。至序文云：庄子字子休，生宋国睢阳蒙县，师长桑公子，受号南华仙人。殆出《真诰》之类，殊可以广异闻。

我们说郭、成注疏《庄子》，都是借以发挥己意，发挥玄学、重玄之类的思想，但如我们前面比较中所能看出的，郭象“标新领异”的空言较多，而成玄英“称意而谈”，作了不少征实，包括文字、地理、史事、佛老之言等的疏证。对于后人阅读《庄子》，理解《庄子》本义，成玄英疏给人的帮助要大一些。郭象讲玄学，“不免负王弼注《易》之累”。成玄英讲重玄学，不仅“会通老庄”，还开了以佛解《庄》以及解《老》之先河。这从后来李荣、强思齐等人之注疏《老子道德经》可以看出来，而北宋王雱的《南华真经新传》，明代陆西星的《南华真经副墨》，清代林云铭的《庄子因》，宣颖的《南华经解》等著作，更可看出以佛解《庄》的发展。

另外，“以广异闻”方面，如前所述，成疏对许多人名、地名进行考释，对后人的研究很有参考价值。他还广引他书并有自己的梳理，如《胠箧》篇的疏文中就大量引用历史事实：

齐即太公之后，封于营丘之地。逮桓公九合诸侯中，一匡天下，百姓殷实，无出三齐。……境土宽大，二千余里……

夫人非土不立，非谷不食。故邑封土祠曰社，封稷祠曰稷。稷，五谷之长也。社，吐也，言能吐生万物也。《司马法》：“六尺为步，步百为亩，亩百为夫，夫三为屋，屋三为井，井四为邑。”又云：“五家为比……五州为乡。”郑玄云：“二十五家为闾……万二千五百家为乡也。”

田成子，齐大夫陈桓［恒］也，是敬仲七世孙。初，敬仲适齐，食菜［采］于田，故改为田氏。鲁哀公十四年，陈恒弑其君，君即简公也。割安平至于郎邪，自为封邑。……自敬仲至庄公凡九世知齐政，自太公至威王三世为齐侯，通计为十二世。庄子，宣王时人，今不数宣王，故言十二世也。

成玄英熟悉经典、史书，能将历史事件梳理得清清楚楚。

为了疏证某人某事，他有时还引用多条材料，如《骈拇》中“属其性于五味，虽通如俞儿”，疏曰：

> 《孟子》云：“俞儿，齐之识味人也。”《尸子》云：“俞儿和姜桂，为人主上食。”夫自无天素，效物得知，假令通似俞儿，非其善故也。

这比郭象“率性通味乃善”的注好理解得多，又“广”了“异闻”。

对于《骈拇》中谈得较多的曾、史、杨、墨等人，成玄英云：

> 夫曾参、史鱼、杨朱、墨翟，此四子行仁义者，盖率性任情，禀之天命，譬彼骈技，非由学得。而惑者视曾、史之仁义，言放效之可成；闻离、旷之聪明，谓庶几之必致，岂知造物而亭毒之乎！故王弼注《易》云：“不性其情，焉能久行其政。”斯之谓也。

这里又引王弼注《易》之言以证己说。其也有直接用《易》的，如《说剑》疏：

> 《易》以震卦为诸侯，故雷霆为诸侯之剑也。

而他在《徐无鬼》疏中解释“郢人”时说：

> 郢，楚都也。《汉书·扬雄传》作獿，乃回反。郢人，谓泥画之人也。

此处引《汉书》实际只指出一个字的问题。但由此可见其旁征博引。

以上举例说明，成疏在“可以广异闻”方面也是极有价值的。

总之，成玄英的《庄子疏》，既在当时有名，又长时间对后世研究《庄子》者发生过影响，时至今日亦有很大的参考价值，在庄学史上应该有其重要的地位。

第五节 《庄子治要》《庄子意林》《南华邈》

庄学的发展多半以注释《庄子》的形式来表现，人们通过注释表述自己对《庄子》思想的理解，同时也表达自己的思想。从本章第二节中我们可以看到，除开直用注、疏（包括“文句义”）为名之外，还有指要（张隐居的《庄子指要》）和通微（元载的《南华通微》）之类名称。此二书已佚，但现存还有一些有关古籍，尚可见其他形式的表述，这就是《庄子治要》《庄子意林》和《南华邈》，它们也是唐代庄学思想的一种反映，今略述如下。

一、《庄子治要》

《庄子治要》是《群书治要》的一小部分，但有其特殊意义。《群书治要》乃贞观初年魏征等人奉敕编撰，《旧唐书·魏征传》记载说：

(魏征) 贞观二年迁秘书监，参预朝政。征以丧乱之后，典章纷杂，奏引学者校定四部书，数年之间，秘府图籍粲然毕备。

魏征为该书作序时，官爵为秘书监钜鹿男，后来，“寻进爵郡公。七年代王珪为侍中”。所以《群书治要》是贞观初年（约三至五年间）编成的。

其编选之目的及指导思想在序中说得很清楚：

……皇上以天纵之多才，运生知之睿思，性与道合，动妙几神，玄德潜通，化前王之所未化，损己利物，行列圣之所不能行……俯协尧舜，式遵稽古……将取鉴乎哲人。以为六籍纷纶，百家踳驳，穷理尽性，则劳而少功，周览泛观，则博而寡要，故爰命臣等，采摭群书，剪截浮放，光昭训典，圣思所存，务乎政术，缀叙大略，咸发神衷，雅致钩深，规摹宏远，网罗政体，事非一目。……其立德立言，作训垂范……可以弘奖名教，崇太平之基者，固亦片善不遗……或倾城哲妇，亡国艳妻……时有所存，以备劝诫。

爰自六经，讫于诸子，上始五帝，下尽晋年，凡为五帙，合五十卷。本求治要，故以“治要”为名。

但《皇览》遍略，随方类聚，名目互显，首尾淆乱，文义断绝，寻究为难。今之所撰，异乎先作，总立新名，各全旧体，欲令见本知末，原始要终，并弃彼春华，采兹秋实，一书之内，牙角无遗，一事之中，羽毛咸尽。用之当今，足以鉴览前古，传之来叶，可以贻厥孙谋，引而申之，触类而长……可久可大……日用日新……将金镜以长悬。

由这篇序文我们可以看出：

第一，魏征等人编《群书治要》是奉命而作，所以说：“爰命臣等，采摭群书……”其书之编撰，大约受曹丕命编《皇览》之影响。《皇览》一书今不存，《三国志·魏书·文帝纪》记其事曰：

帝好文学，以著述为务。自所勒成，垂百篇。又使诸儒撰集经传，随类相从，几千余篇，号曰“皇览”。

唐人司马贞为《史记·五帝本纪》所作索隐说：

《皇览》，书名也。记先代冢墓之处，宜皇王之省览，故曰“皇览”。

是否仅“记先代冢墓之处”是一个问题，“宜皇王之省览”，供皇家阅览是可以肯定的。

第二，编撰的宗旨和原则是“务乎政术”。无论是有道或是无道之君，不管是“嘉言美事”还是“大奸巨猾”，采摭起来，“本求治要”，目的是“崇太平之基”。

那么，“要”是什么呢？“记事记言，皆所以昭德塞违，劝善惩恶。”

第三，纠正《皇览》等书的弊病。一是篇幅太大，《皇览》千余篇当即千余卷①，而《群书治要》包括群经、诸子还有史书，总共才有五十卷。

---

① 清人姚振宗考证，见《二十五史补编·隋书经籍志考证》。又《三国志·魏书·杨俊传》引《魏略》：“合四十余部，部有数十篇，通合八百余万字。”

二是《皇览》以类相从，有“文义断绝”的毛病。而《群书治要》是原书原文的摘抄，“见本知末，原始要终”。其数量不多，“弃彼春华，采兹秋实”，对于有鉴览作用的内容“牙角无遗”、“羽毛咸尽”。当然这事实上是很难做到的，主要看其取舍标准。

《群书治要》对于一般认为比较远离政治的《庄子》，也注意了其有用于治道的一些内容。从《胠箧》《天地》《天道》《知北游》《徐无鬼》等篇进行了摘引，除《天地》篇摘引两段之外，其余均各引一段。

例如《胠箧》篇，抛开其“圣人生而大盗起”之类的内容，摘引“昔者容成氏”至“智诈同异之变多，则俗惑于辩矣”一段，前面去掉了“子独不知至德之世乎”一句实际是他们并不同意的话，后面省掉了“好知之乱天下”的一些进一步说明。其摘引时，连同表明某些政治思想的郭象注文，也一并采摭了，如“民结绳而用之”下注云：

> 足以纪要而已。

“甘其食，美其服”下注云：

> 适故常甘，当故常美。若思夫侈靡，则无时慊意矣。

想侈靡，就永远得不到满足！此乃戒奢。“车轨结乎千里之外”下注云：

> 至治之迹，犹致斯弊。

或可说明，他们并不同意所谓“至治”、“至德之世”，这是比较现实的观点。“上好智之过也”下注云：

> 上，谓至治之君，智而好之，则有斯过矣。

在“智多”则“乱”之下注云：

> 攻之愈密，避之愈巧，则虽禽兽，犹可不图之以智，而况人哉。

故治天下者，唯不任知，任知则无妙也。

上之所多者，下不能安其少也。性少而以逐多则迷矣。

由此可见，魏征等人有清静无为思想，有去知少事的思想，因为其所未引的《庄子》结语说得很明白：

释夫恬淡无为而悦夫啍啍之意，啍啍已乱天下矣。

《天地》篇摘引华封人晓喻尧及伯成子高责禹行刑政两段文字。前一段华封人晓喻尧，要随遇而安，无心任自然，如鸟飞行而无迹。其所引郭象注一再表明："天生万民，必授之职……何惧之有?"如"富而使人分之，则何事之有"下注云：

寄之天下，故无事也。

"圣人鹑居"下注：

无意而期安也。

"而鷇食"下注：

仰物而足。

"鸟行而无彰"下注：

率性而动，无常迹也。

"天下无道，则修德就闲"下注：

虽汤武之事，苟顺天应人，未为不闲也。故无为而无不为者，非不闲也。

“千岁厌世，去而上仙”下注：

夫至人极寿命之长，任穷通之变，其生也天行，其死也物化，故云厌世而上仙也。

“乘彼白云，至于帝乡”下注：

气之散，无不之。

值得注意的是，“天下有道则与物皆昌”句下之郭象注文有“猖狂忘行而自蹈大方也”一句，《庄子治要》未引。对这一句不太好解释的话，魏征等人未予征引，可见其摘引时是很注意思想内容的。

《天道》篇采摭的文字最长，虽然其大部分内容被后来学者认为是伪作，不过郭象不认为是伪作而加以注释，魏征等人也是当作《庄子》的内容而征引的。其内容是“以无为为常”，以“无为”为贵，反复解释无为与有为及其本末关系，讲圣王取法天地，“无为而天下功成”。魏征等人也采取了摘引的方法，在“大道之序也”之后省“语道而非其序者非其道也”等百余字，一直到“非上之所以畜下也”，都是节引。最后引尧与舜的对话（这被认为是《庄子》原文），说明治天下当法天地自然。其摘引的目的，显然是表明主张无为而治的思想，这是符合唐初实际的主张，也符合唐太宗、魏征君臣诸人的思想。

《知北游》的节引更为明显，兹引其文以明其义：

（黄帝曰……）圣人行不言之教。道不可致，（德不可至……）失道而后德，失德而后仁，失仁而后义，失义而后礼。礼者，道之华而乱之首也。故曰：为道者日损，损之又损之，以至于无为，无为而无不为也……

天地有大美而不言，四时有明法而不议，万物有成理而不说。（圣人者，原天地之美而达万物之理，是故）至人无为，大圣不作，观于天地之谓也。

括号内之文字为其省去之文字。其中心思想也是讲无为。

《徐无鬼》节引黄帝遇一牧马小童而言为天下之寓言，为天下和牧马一样，只要除去害马就行了，发挥了无事、无为的思想。

由上述内容可知，《庄子治要》采摭的就是《庄子》无为而治的思想。它是符合《群书治要》编撰的目的和原则的。

这是对《庄子》的一种理解和运用。

二、《庄子意林》

《庄子意林》是马总《意林》的一小部分。《意林》也是摘录原文汇集成书，但与《群书治要》之摘引又有所不同，它主要只摘抄子书，而且摘抄方法不录篇章，目的与《群书治要》是大同小异，只是角度有所不同。有两首御题《意林》绝句概说得很好：

> 集录裁成庾颍川，《意林》三轴用兹传。漫嫌撮要失备载，尝鼎一脔知味全。

> 六经万古示纲常，诸子何妨取所长。节度岂徒务占毕，要知制事有良方。

此书之缘起、旨趣幸有当时马总友人戴叔伦、柳伯存所作之序得以知晓。戴叔伦序于“贞元二年五月二十一日”，柳伯存重述于“贞元丁卯岁夏之晦”，丁卯即贞元三年（787 年），由此成书的时间大体可以确定了。关于书的缘起及旨趣，戴序写道：

> ……篇简繁夥，罕备于士大夫之家，有梁颍川庾仲容略其要会，为《子书钞》三十卷，将以广搜采异，而立言之本，或不求全。大理评事扶风马总元会（按：《旧唐书》本传作会元），家有子史，幼而集录，探其旨趣，意必有归。遂增损庾书，详择前体，裁成三轴，目曰“意林”。上以防守教之失，中以补比事之阙，下以佐属文之绪。有疏通广博洁净符信之要，无僻放拘刻激蔽邪荡之患。君子曰“以少为贵”者，其是之谓乎。

柳序写道：

> ……扶风为余语其本，尚且日编录所取，先务于经济，次存作者之意。罔失篇目，如面古人。予懿马氏之作，文约趣深，可谓“怀袖百家，掌握千卷”。之子用心也远乎哉！

这些记述并无过美之辞，从中我们可看出：

第一，马总之作《意林》，是继庾仲容《子书钞》而作。在其基础上有所增损，但总的来说更为精简。

第二，对于诸子内容的选取，“务于经济”，首先考虑的是经国济民，这一点和《群书治要》一样，要有览鉴之意义。具体来说，“上以防守教之失，中以补比事之阙，下以佐属文之绪”，比《群书治要》编撰的目的更宽泛一些。

第三，“次存作者之意”，编录时考虑和探求了诸书作者之本意。“探其旨趣，意必有归”，“意林”之作为书名，当即此意，也就是马总对于各书旨趣、本意之理解。

除此之外，据四库全书馆臣考证，《意林》还有另一重要价值：

> 今观所采诸子，今多不传者，惟赖此仅存其概，其传于今者，如《老》《庄》《管》《列》诸家，亦多与今本不同，不特《孟子》之文如《容斋随笔》所云也……合计卷帙当已失其半，非总之原本矣。然残璋断璧，益可宝贵也。

《意林》是很有价值的。

《庄子意林》在《意林》卷二之中，目云“庄子十卷”。从今存的情况看，共摘引《庄子》之文 76 条，各篇情况如下：

《逍遥游》5 条
《齐物论》8 条
《养生主》2 条
《人间世》4 条

《德充符》1 条
《大宗师》8 条
《应帝王》1 条
《骈拇》3 条，实 4 条（未分）
《马蹄》1 条（含 2 处）
《胠箧》3 条
《在宥》4 条，实 5 条
《天地》3 条（2 条文异）
《天道》1 条
《天运》2 条
《刻意》4 条，实 5 条（全为短文，缮性几句附此）
《缮性》1 条（1 条附前）
《秋水》6 条
《至乐》1 条
《达生》1 条
《山木》3 条
《让王》10 条
《盗跖》4 条

内七篇均有摘录，最多的《齐物论》和《大宗师》也只各 8 条，《应帝王》仅 1 条。外篇除《田子方》《知北游》之外，各篇均有一些，《秋水》6 条，最多。杂篇仅《让王》《盗跖》二篇有所摘录，《让王》摘 10 条，是摘录最多的一篇。其真可谓“以少为贵”了。

从《庄子意林》的内容看，其似乎并无什么经国济民之言，引文大多是一些格言警句，往往在长篇大论中摘引一两句，如：

水之积也不厚，则其负大舟也无力。
鹪鹩巢于深林不过一枝，偃鼠饮河不过满腹。(《逍遥游》)

不就利，不违害。(《齐物论》)

吾生也有涯，而知也无涯，以有涯随无涯，殆已。（《养生主》）

慎汝内（全真也），闭汝外（守其分也），多智为败（智无涯，故败也）。（《在宥》）

事求可，功求成，用力少，见功多者，圣人之道也（按：今本无“也”字）。（《天地》）

自细视大者不尽，自大视细者不明。（《秋水》）

摇唇鼓舌，擅生是非。
好面誉人者，亦好背而毁之也。（《盗跖》）

甚至在一篇文字中专门节引这样的格言警句，以对《刻意》篇的节引为例：

……平易恬淡，则忧患不能入，邪气不能袭，故其德全而神不亏矣。

前删去“故曰：夫恬淡寂漠虚无无为，此天地之本而道德之质也……平易则恬淡矣”等40余字。

……不为福先，不为祸始，感而后应，迫而后动，不得已而后起。……故无天灾，无物累，无人非，无鬼责。其生若浮，其死若休……

“故无天灾”前删“去智与故，循天之理”等字。“其生若浮，其死若休”后亦删节。接下去：

……喜怒者道之过，好恶者德（按：考证认为当为“心”）之失。……一而不变，静之至也……不与物交，淡之至也……形劳而不休则弊，精用而不已则劳（按：原文尚有“劳则竭”，今改为“精用不已则竭”）……

《意林》将所有省略号的内容均去掉了，只摘引一些短句，实为格言警句。

另一方面，从其摘引之主要内容看，似乎是以道家的贵生、重生思想为主，特重思想、精神上的养生之道，如其引《养生主》之文说：

……遁天倍情，忘其所受（天性所受，各有本分，不可逃，亦不可加也）……适来，夫子时也（时自生也）；适去，夫子顺也（理当死也）。安时而处顺，哀乐不能入（哀乐生于得失也……若任其所受，哀乐无所措其间也）。

括号内为郭象注文，马总有些注文引，有些不引。从此处看，引注文也有删节，目的是突出主要思想。养生之主为精神，要以养神为主，养神的方法就是“安时而处顺”，顺任自然。

《大宗师》中，庄子对真人有诸多描绘，《意林》的节引情况可见其摘引的主要思想：

古之真人，其寝不梦（无意想也），其觉无忧（当所遇而安）……不知悦生，不知恶死（与化为体）……其心志（所居而安曰志。按：后人考证当为“忘”字，然郭象至唐均以为“志”字无疑），其容寂（虽行而无伤于静）……凄然似秋，暖然似春（杀物非为义也，生物为仁也）……

“所遇而安”、“与化为体”皆有“安时而处顺”之意，其引《大宗师》另一处之文又说：

得者，时也，失者，顺也（所遇之时，世谓之得时，不暂停，顺往而去，世谓之失）。安时处顺，哀乐不能入也。

接着引：

鱼相忘于江湖，人相忘于道术（各自足而相忘，天下莫不皆能至人常足，故常忘也）。

再接着“长于上古而不老”之后：

隳肢体，黜聪明，离形去智，同于大通，此之谓坐忘。

《大宗师》摘引完之后就是《应帝王》。《应帝王》这篇讲为政当顺自然而无治，但《意林》仅摘引一句：

至人之用心若镜，不将不迎，应而不藏，故能胜物而无伤（物来则鉴，鉴不以心，故虽天下来照，而无劳心。按：今本“无伤”作“不伤”）。

这里也避开谈为政，而讲心性的修养。

总之，其绝大部分摘引的内容都是以养生——特别是精神休养为主的，因为《意林》认为，庄子深深懂得：

道无终始，物有死生。①

其重养生而不重为政，引《让王》的内容最为明显：

……帝王之功，圣人之余事也，非所以完身养生也。今世俗之君子，多危身弃生以殉物，岂不悲哉！……有人于此，以随侯之珠，弹千仞之雀，世必笑之。是何也？其以所用者重，所要者轻也。夫生者，岂特随侯珠之重哉！

当然，也有少数几条稍稍涉及为政的，但也是无为、无治的观点，例如引《齐物论》：

---

① 《庄子·秋水》。

六合之外，圣人存而不论；六合之内，圣人论而不议。春秋经世先王之志，圣人议而不辨（按：今本作“辩”）。

《庄子意林》为什么重生而轻政呢？也许正如前述戴叔伦所说，其集录的原则是：

探其旨趣，意必有归。

马总作《庄子意林》时，是认为《庄子》之旨趣所归是贵生、养生。这不失为一种客观的态度。

最后，顺便说一句，在《庄子意林》中没有发现其引文未传于今本《庄子》者。不过文字之差异是有的，特别突出的是许多“也”字之类的虚词用得少（个别今本无的又有）。不过《意林》许多都是节引，有的甚至是用自己话概述的，如“列御寇不受郑子阳遗粟”、“子贡问原宪先生何病也”之类。这些不必多说。

三、《南华邈》

《正统道藏》中收有《南华邈》一书，与《南华真经直指》同卷，明白云霁《道藏目录详注》云：

崇德悟真大师贾善渊述。

《南华真经直指》肯定为贾善渊所作，《南华邈》则不能确定。严灵峰《无求备斋庄子集成初编》收录此书时，定为“唐明皇时，剑南道士”文如海作。文如海其人其事不详，《宋史·艺文志》著录文如海有《庄子疏》十卷，《庄子邈》一卷。《庄子邈》当即《南华邈》，其注解或云正义，或云疏，实为一书。关于《庄子疏》，宋人晁公武的《郡斋读书志》记载说：

文如海《庄子疏》十卷。右，唐文如海撰。如海，明皇时道士也。以郭象注放乎自然而绝学习，失庄生之旨，因再为之解。凡九万余言。

由此可见，宋人见过文如海的著作，并略知其人。同时，也可略见文如海注《庄子》之旨趣。

今存《南华邈》是一个残本，仅有《天地》《天道》《天运》《刻意》《说剑》《渔父》等六篇，《列御寇》篇有目无文。何谓“南华邈”？邈为深远之意，则该书为探讨《庄子》之深远旨意，以解题的方式，理解《庄子》，此乃庄学之又一形式。残存文字不多，不妨全录其文以明其意。关于《天地》篇：

天尊地卑，乾坤所以列位；君上臣下，贵贱所以崇班。天地均化于无心，君臣股肱于一体。故得陶钧万类，康济苍生，九有宅心，万方乐业。野老不知于帝力击壤，岂识于尧年变浇俗之颓风，归淳素于上古。此所以合《天地》之旨也。

这不失为一种追本探源的理解，“天地均化于无心”，这与今人理解之“天地自然”有相通之处，其目的也是“康济苍生”，“变浇俗之颓风”。

《天道》篇：

天者，定体之名；道者，虚通为用。体非用无以运覆，用非体无以生成。体用相须，所以为万物资始。夫帝王者，首出万物，自称一人，虽天下称为至尊，必须体道以为用。尧舜得道以治四民，不失于丰年；桀纣失道以临人，万姓告无辜于上帝。道之所在，圣人尊之。故轩后膝行而顺风，孔父朝闻而夕死。《天道》之旨，其斯谓欤。

强调帝王必须“体道”，作为道士能如此关注为政之道，也颇为突出。

《天运》篇：

天者，自然之称也。运者，转之不息也。天形左转，日月右旋。日行迟，一岁一周天，月行疾，一月一周天。五纬经天以迭行，四时代谢而成岁。谁使之然哉？自然而然耳。大君受命亦复如之，天门开阖而不常，金石更生而不息，当须知进、知退，知存、知亡。尧舜禅让而复昌，桀纣亢极而世绝，帝王既尔，人事亦然，此天之运始也。

这似乎讲的是《老子》的“人法地，地法天，天法道，道法自然”。这里，我们还不得不佩服作者还有一定的天文知识——关于日月之运行。

《刻意》篇：

> 刻者，削也；意者，心之用也。言人峻削其意，高尚其行，欲得出众，志在声名，或蹈海而不归，或抱木而枯死。修儒者必非于墨，修墨者亦……（缺文）

可惜全文不存，但“刻意”讲雕砺心志的意思是很明显的。《庄子》原文，也确实是从几种人格形态，讲到“养神”、“贵精”。

《说剑》篇：

> 剑采于越之铁，选瓯冶之工，匣吐青莲，环生初月，陆紑犀象，水断蛟龙。荆卿提之入秦，白虹贯日；张华睹之丰狱，气射斗牛。虽即威慑三军，盖是一夫之勇，非君子之器不得已而用之。今以贤相为工，良牧为冶，明宰为炭，百姓为铜，淬元气之锋，砺氛氲之锷，用仁义为匣，以礼乐为镡，自然巨盗亡魂，奸臣丧魄，万方归化，四夷来王。按之无敌于天下。此《说剑》之旨也。

《说剑》篇唐代被视为庄子所作的文章，《南华邈》探其深旨，把具体的剑提高到为政之剑——仁义礼乐之类，作者的思想是很明确的。

《渔父》篇：

> 昔平王东迁，周室微弱，礼乐征伐出自诸侯，邪说得升，直言见放，君子在野，小人满朝，渔父隐居，藏名避世。扁舟鼓棹，乐道江湖，歌沧浪而吊屈原，手杖挐而讥孔子。欲使帝王亲有德远谗人，访道山林，搜扬隐逸，使河滨无洗耳之叟，磻溪绝垂钓之人，自然九泽来朝，万方归化，此《渔父》之旨也。

《渔父》篇的内容，本来是渔父斥孔子“饰礼乐，选人伦”，指责他“苦心劳形以危其真”，教导孔子“谨修而身，慎守其真”。是批评礼乐、人伦的，《南华邈》以“搜扬隐逸”为题而谈为政之道，远离了《渔父》之旨。但是，这是作者的理解。

从《南华邈》现存的内容看，作者热切地希望为政以德，符合大道自然，意思是溢于言表的。假如作者是道士，为什么如此之关心政治？这是值得探讨的问题。

据上所述，从几个具体例子来看，有唐一代的庄学，对《庄子》的理解，和汉以来道家思想的发展一样，是分政治和养生等几个方面来展开的，由此可分析、看待当时所有的庄学著作，包括现有的和亡佚的。

后　　记

2003年湖南人民出版社在"学海一牛鸣"学术著作丛书中出版了《中国庄学史》，当时我写了一篇后记，现在先抄录如下，以便读者了解该书的缘起：

> 在《中国老学史》出版之后，自然而然地提出是否写《庄学史》的问题，当时一是考虑难度，二是考虑时间和精力，单是《老学史》的许多问题就有待深入开展研究，所以好几年都没有考虑《庄学史》的问题。2000年9月，我从美国探亲回来，见到一个庄子学术讨论会的邀请，虽然事先没有回执联络，承蒙应允，准予参加。于是草拟了一个"急就章"——《重述庄子的历史地位》，完全是按1993年参加老子学术讨论会的思路，讲了一些庄子研究在历史上的大致发展情况，但仍无动手编写《庄学史》的打算。会上见到中国社科院的余敦康先生，他几乎是肯定地说："你是否又准备写《庄学史》?"这句话倒是一个极大的推动。回汉之后，立即与刘韶军同志商量，分析了我们现有的条件和情况，觉得可以从事这一工作。一是资料不困难，严灵峰先生编的《庄子集成初编》和《庄子集成续编》都在手边；二是写《老学史》的经验可以借鉴；三是有一定的研究成果可作参考，除早年郎擎霄的《庄子学案》等书以外，新的研究如崔大华先生的《庄学研究》、王重民先生关于庄子的研究以及一些有关的论文等等，比写《老学史》时的情况似乎更好一些；四是老学史研究中已经涉及不少庄学史的问题，例如刘固盛同志在完成《宋元老学研究》的博士论文后，博士后的研究课题即为"宋代老庄学和理学"。
>
> 本书撰写的时间虽然不长，但我们这段时间是全力以赴的，包括利用酷热的暑期，甚至是加班加点。当然，更重要的是几个合作者思想更成熟，思路更加明确。例如，我们仍然坚持注意各个历史时期的

时代条件，但努力避免写《老学史》某些“泛”的毛病，而特别注重学术文化的背景和条件；又例如，在写各个时期庄学概貌时，更加注意其全面性和系统性，注意前后照应和比较。或者《庄学史》比《老学史》略胜一筹，这不是自夸，而是一点自信。

本书名为《中国庄学史》，也只写到清代，这似乎已被认为是可以的。20 世纪的庄学发展史是当另成一页的，本书也附了一个书目，和《中国老学史》一致起来。

值得一提的是，本书有幸列选为国家社会科学基金项目，也是华中师范大学道家道教研究中心成立后出版的第一部著作。全书唐以前由我执笔，其中唐代成玄英一节由董恩林同志执笔，宋元部分由刘固盛同志执笔，明清部分由刘韶军同志执笔，20 世纪的庄学书目，是华中师范大学图书馆刘艳娥同志整理并提供的。

这本书原来是想交出版我们《中国老学史》的福建人民出版社的，由于某些客观原因未能实现。到 2007 年底和 2008 年初，福建刘亚忠、史霄鸿等同志重提此事，征得湖南人民出版社同意，决定由福建人民出版社重新出版。同时，我们共同商量应该趁此机会作些修订，决定扩大篇幅，补充一些内容。因为此前我们听到一些意见，有些个案应该补充。此次修订，隋唐以前改动不大，只是成玄英一节为求体例一致，我进行了重写。宋元和明清部分有较大的修改，补充了一些个案，综述的内容也作了相应的修改。肖海燕参加宋元部分的修订工作，撰写了王安石、吕惠卿、陈详道、林疑独、黄裳、李士表、程俱、赵以夫、吴澄等九个个案，并与刘固盛教授一起编写宋元时期的庄学提要。她虽然博士刚刚毕业，但近六七年以来专攻庄学，硕士学位论文《论王安石学派的庄学思想》，博士学位论文《宋代庄学思想研究》，也算是有些积累的。台湾钱奕华参加明清部分工作，明清时期的庄学提要是她作的，宣颖、潘基庆、程以宁等个案是她撰写的，她的硕士学位论文是《宣颖南华经解之研究》，博士学位论文是《林云铭庄子因以文解庄之研究》（均已在台湾出版）。明清部分另有关于金圣叹的一节是四川大学文学院汤君女士撰写的，她对金圣叹有较专门的研究。

为学如积薪，对于整个学术的发展和每个人的个人治学都是如此。我们在撰写和修订这部书稿时都注意了这一点。写作时，对于前人和已有的著作，我们是尽量学习和参考的，这些在书稿中有较明显的反映。2008年11月，华东师大方勇教授的《庄子学史》巨著出版，召开了一次学术研讨会，我们才得知方勇教授多年埋头著述。方勇教授较少与外界联络，我们也无法学习、交流，无论是2000年的撰写还是2008年的修订，只能借助、参考公开发表的一些论著。但他的著作出版时，我们的修订尚未完成。一方面我在会上戏称，如果修订稿有相同之处，应该是“英雄所见略同”；另一方面，我们又不得不注意方勇教授的著作，例如钱奕华研究《南华经解》，曾费好大功夫，“披沙捡金”，搜集一些零碎资料，在读《庄子学史》之后，发现方勇教授也都有所搜集，并进行撰述，她再补写这一节，就不得不再作一番推敲，免得简单雷同。既然是各写各的，也就该多少有些自己的特点，这是我们此次修订的原则之一。篇幅比原来增加一倍，这也是修订开始就计划了的，目的是给读者提供更多的参考资料。同时，也因为有些同志对原书的意见和建议，我们才决定扩充补写的。

如实地将写作情况告诉读者，或可使大家放心一些。

熊铁基

2009年11月19日

总后记

本人文集的编辑出版，花了他人不少时间和精力，虽不得已，但是应该铭感在心。

酝酿出版文集前后也有两三个年头了，范军、吴琦、赵国华、刘固盛等几位教授反复谋划、合计促成了此事。文集的编选、整理阶段，刘固盛教授做了大量具体的组织工作。另外还邀请了叶秋菊、肖海燕、王闯几位老师参加，博士生则有聂新、杨志昆、张盼盼、张亚伟、杜文君、魏淑贤、张艳鸽等，他们都花了许多时间和精力，仅仅规范注释，按出版的要求，就是一个很费时间的细致工作。

这里我要说明一下，实际上有些注释的格式难以完全按照出版规范统一起来。例如过去写文章，如果引用《史记·五帝本纪》《汉书·礼乐志》的内容，注释只需注明书名就可以了，但现在的规范一般要求标明出版社、出版时间和引文的页码等。是为了读者，为了编辑，还是为了“统一”、“好看”？类似的要求似乎存在某些不合理之处。如果读书、写书的人，连基本的史料例如二十四史之类都不知道，那还谈什么学问？何况有些史料没有标点本，或者有而不准确，注明出来又有何用？所以本文集在注释规范方面虽然尽了很大的力，但仍然会有那么一些并不规范之处，也是不得已，特此说明。

参考已出的一些文集，本文集也选用了一些照片，是新来的硕士生杨帆帮忙完成的，想反映一下人生经历和师友关系。师友很多，学生更是不少，也只能选用有代表性的几张合影，由于选用的数量有限，遗漏恐怕还是有的。

华中师范大学出版社从过去到现在的领导和许多成员都是我的朋友，文集的出版，有他们的关注和支持。负责本文集具体实施的冯会平同志前后也交往多年了，她工作热情积极，此次也费力不少。还有梅杰、张怀东、张建英、曾艳、庞丹、卢格蕙、陈良军编辑的辛劳，都是应该衷心感谢的。

本文集的出版得到华中师范大学中国史一流学科建设的经费支持和历史文化学院的关心，在此一并致谢。